◎ 高等院校供应链管理专业系列精品教材

物流空间学

LOGISTICS SPATIAL SCIENCE

姜　旭◎著

首都经济贸易大学出版社
Capital University of Economics and Business Press
·北 京·

图书在版编目(CIP)数据

物流空间学 / 姜旭著. -- 北京 : 首都经济贸易大学出版社, 2022.4
ISBN 978-7-5638-3306-1

Ⅰ. ①物… Ⅱ. ①姜… Ⅲ. ①物流—教材 Ⅳ. ①F252

中国版本图书馆 CIP 数据核字(2021)第 236897 号

物流空间学
姜 旭 著

责任编辑 王玉荣
封面设计 李 煜
出版发行 首都经济贸易大学出版社
地 址 北京市朝阳区红庙(邮编 100026)
电 话 (010)65976483 65065761 65071505(传真)
网 址 http://www.sjmcb.com
E-mail publish@cueb.edu.cn
经 销 全国新华书店
照 排 北京砚祥志远激光照排技术有限公司
印 刷 唐山玺诚印务有限公司
成品尺寸 170 毫米×240 毫米 1/16
字 数 469 千字
印 张 26.25
版 次 2022 年 4 月第 1 版 2022 年 4 月第 1 次印刷
书 号 ISBN 978-7-5638-3306-1
定 价 55.00 元

《 序 》

物流可以使我们的社会更进步，可以使我们的生活更美好，可以使我们的国家更强大。在中华民族大踏步迈向复兴伟业的征程中，伴随着我国经济社会各领域的飞速跃进，我国物流业的“产学研”也进入了新阶段。北京物资学院姜旭教授所著的《物流空间学》，正是应经济社会发展所需的一部理论力作。

当前，在加快构建国内大循环为主、国际国内双循环的新发展格局中，让先进制造业发展增速，促进我国产业迈向全球价值链中高端，培育若干世界级先进制造业集群，交通运输业是重要保障。作为交通运输基础性、战略性、方向性、关键性的物流业，如何加快提升物流供应链能力和体系建设，在新一轮科技革命的助力下，努力实现物流业与制造业的“两业”互动融合尤为重要。《物流空间学》一书，注重空间规划与产业发展，借资源集聚优势，助供应链高质量集群化发展，其研究探索，正当其时，正应其势。

创新开拓每时每刻都引领着中国物流业的当下和未来。我国的物流研究方兴未艾，许多青年学者的研究非常值得期待和关注。比如物流空间系统研究、物流复杂网络研究、智慧物流系统研究；又比如城市物流研究、物流服务研究、逆向物流研究、应急物流研究等。《物流空间学》通过对物流空间要素与布局、节点与网络、产业集群与物流集群等进行了系统分析，全面阐释了物流集群和蔓延、物流空间演变的影响因素及其作用机理等内容，理论知识丰富，案例数据翔实，引领了物流空间学理论的发展，成为我国第一本全面研究物流与空间的教学著作，对现代物流研究具有良好的启示意义。

探索物流，必然离不开分析空间，研究空间又绕不开分析区位。姜旭教授通过对各区位理论的研究对象、追求目标进行分析，按其发展进程分为古典区位论、近代区位论、现代区位论三个阶段，解释了运输成本、劳动力成本、需求场所差异等因素对企业生产空间布局的影响。同时，结合物流技术与交通网络的发展，淡化距离约束，重新审视和阐述了物流和区位的关系，以增强区位理论的实用性，实现对现实物流场景模拟程度的最大化。

研究物流空间学，离不开分析点、线、网络。在服务内容方面，现代物流从运输、仓储等基础功能拓展到包含深加工、信息处理在内的全链条服务；在服务范围方面，点到点、链条式的物流空间布局已经难以满足全国范围乃至跨国物流的发展需要。《物流空间学》力图通过科学设置物流结点，合理规划物流线路，优化物流网络布局，建立起畅通高效、标准规范、智能绿色的现代物流体系，以期加快推进区域物流一体化，提升物流节点对城市集聚辐射的能力。

理论是行动的先导。姜旭教授历经15年潜心撰写的《物流空间学》教材，具有知识性、创新性，堪称物流基础教育领域的一部佳作。正因姜旭教授这样一批“入细心愈研”的学者，将自己的理论研究成果倾其所有授人以渔，以空间学理论为依据，通过定性与定量相结合的科学方法，培养学生对物流活动的分析能力，从而极大提升其解决供应链中现实问题的能力，以“物流强国”之智，助推中国物流更好地服务于中国经济社会发展。

教育部高等学校物流管理与工程类专业教学指导委员会主任 黄有方

2022年1月14日

前 言

往古来今谓之宙，四方上下谓之宇——这是中国古代先哲对时间、空间的认知，这样的认知已将空间着眼在了三维的视野。墨家思想在《墨经》中对空间（宇）也有五个字的极简阐述：东、西、家、南、北。其中最有意思的是，空间里东、西、南、北以何为参订，墨经思想提出应以生活中心“家”为中心点来参照。古人的哲思，给了笔者在研学《物流空间学》中的一个启发，自人类诞生伊始，因人在空间的特定核心位置，便开始逐渐有一座“有形无形之桥”，从空间上将商品相互“连接”，将人所赖以生存的空间区域、自然资源乃至社会推进中逐步形成的农业区位、工业区位等社会活动与经济活动基础“连接”，更跨出一个个“墙郭”“城堡”，将一座又一座城市、一个接一个国家“连接”，最终通向人类所能达到的任何一个地域。物流，因人的活动而生，又因人对生存空间的不断拓展而发展壮大。

《物流空间学》一书有对物流空间历史的回顾与分析，有对物流空间当下的研究与回应，还有对物流空间未来的探求与期许。

回顾华夏历史，黄河、长江孕育了绵延数千年的华夏文明，但其东西走向的河道与横向封闭的自然水系，反过来制约着中原大地的交通往来和经济文化的交流发展。在如何设法利用省力又经济的“水道运输”的探索中，我们的祖先开始尝试开凿南北走向的人工河——运河，最后竟让一条贯穿了几个历史朝代的京杭大运河，成为沟通海河、黄河、淮河、长江、钱塘江五大水系并纵贯南北的水上交通要道，对中国南北地区的社会、经济、文化发展与交流起到巨大作用。这不就是《物流空间学》的最佳案例吗?!

在中国“物流空间”演进的历史长河中，我们还可以骄傲地举出一个个生动的事例：承担货物运输“重任”的镖局和马帮、承担运输中途休息和换马的驿站，见证着华夏文明曾经的繁华盛世；茶马古道，有力促进了中原社会经济与游牧文化的交流交融；丝绸之路，将西方渴求的“唐货”，远送四域。然而近代，我们的社会衰败了，我们的物流也因空间的凋敝而凋零。新中国成立到改革开放，再到今天我们大踏步迈向中华民族复兴伟业的奋斗征程，空间的日新月异，也让中国的物流发展一日千里。当下，物流业在祖国各处的交通毛细血管中奔涌：鄂州机场正致力于打造“东方孟菲斯”，京东“亚洲一号”布局全国，上海洋山港的集装箱“琳琅满目”，国家物流枢纽、冷链物流基地建设持续推进，几万公里的高铁线集聚同城效应，中欧班列连通日益多极化的世界。2021 年初，中共中央、国务院印发的《国家综合立体交通网规划纲要》，更为我们加快建设交通强国，构建现代化高质量国家综合立体交通网，支撑现代化经济体系和社会主义现代化强国建设，规划出了一幅恢宏的物流空间蓝图……“全国 123 出行交通圈”“全球 123 快货物流圈”，四个地区“极”、八个地区“组群”、九个地区“组团”，6 条主轴、7 条走廊、8 条通道……一个接一个可持续发展的交通强国科学谋划，让今人更深层次地理解了祖先“往古来今谓之宙，四方上下谓之宇”的深刻含义。

可见，物流是一门离不开空间的学科，离开人所居于中心的空间，物流便如水中“浮木”，失去了物流的“初心”。但是，我国目前尚无从空间角度解释物流学科的书籍。因此，笔者从空间的角度，将区位理论、节点与网络、集群等理念与物流实践联系起来，形成了当下的《物流空间学》。

本书着手过程中，我常想起金庸先生的一句话“侠之大者，为国为民”。物流亦是如此，“物流之大者，利国利民”。撰写本书的初心，即是为国家培养扎根于基础理论、实践于物流产业、贡献于中华复兴的科学人才。

本书孕育于经济地理学，突破了就“物流”论“物流”的枷锁，将物流放在区位环境、产业集群、区域经济、全球化发展背景下的社会经济大系统中加以考察，完成了从经济地理向物流空间的范式转移。本书的内容既是多年教学经验的总结，也是多年物流空间领域研究成果的结晶。物流理论包罗万象，本书并不奢望以一书之力让读者掌握全面的物流理论，但期望通过本书的学习，能让读者认识到物流的魅力，感悟出物流的智慧。比如，为什么新冠肺炎疫情会导致无接触配送服务增加？疫情下我们的生活物资从哪里来？是什么导致了日本夕张市的没落？是什么决定了麦当劳的成功？网购商品如何试穿试用？京东的全球购如何运作？宜家价低质优的秘密在哪里……《物流空间学》一书会带着你在阐述中交流、在辩论中碰撞、在思考中共鸣。

古人贱尺璧而重寸阴，惧乎时之过已！经过 15 年潜心研究、潜心教学，《物流空间学》终于可以出版了。我希望本书可以开拓国内关于物流研究的新视角，让阅读者学有所获、学有所思、学有所用。

虽有“十年磨一剑”的千磨万击，但也有“霜刃未曾试”的青涩，书中难免存有疏漏，望各位专家、读者不吝赐教。也谨以此书，向物流界各位专家的鼎力支持致敬，向默默理解和支持我的妻子、家人致意，同时感谢我的研究生姜西雅、王孟媛、郭祺昌、杨正凡、卓越、杨洋等人的倾力帮助。一切支持与关怀，皆铭记于吾心！

2022 年 1 月 14 日

目 录

第一章　绪论

【学习目标】

1. 掌握物流的实质、效应、变化、发展方向。
2. 理解物流空间学的研究对象和方法。
3. 理解我国物流空间的演变。
4. 理解我国物流空间布局。

【重点与难点】

1. 掌握物流的实质、效应、变化、发展方向。
2. 理解我国物流空间的演变。

第一节　空间角度的物流定位

一、物流的实质

物流是国民经济的动脉，是联系生产和消费、城市和乡村的纽带和派生需求，在国民经济和地区经济中具有基础性作用和带动性作用。人类社会自从有经济活动开始就有了物流，只是当时社会没有这样的认识和文字定义。自 18 世纪末人类发明并开始使用汽车后，运输业更加发达，推动和促进了物流的发展，与此同时产生的物流问题也引起了广泛关注，许多国家加强了对有关物流问题的研究。美国、欧洲、日本等成立了国家或区域性物流协会或学会，一些跨国公司成立了物流部，统一协调和管理公司物流活动。自 20 世纪 60 年代以来，出现了如下几种有代表性的物流定义：

1981 年，日本日通综合研究所在《物流手册》上将物流定义为：物流是物质资料从供给者向需要者的物理性移动，是创造时间性、场所性价值的经济活动。从物流的范畴来看，包括包装、装卸、保管、库存管理、流通加工、运输、配送等诸种活动。如果不经过这些过程，物就不能移动。

1994 年，欧洲物流协会将物流定义为：物流是在一个系统内对生产人员或商品的运输、安排及与此相关的支持活动的计划、执行与控制，以达到特定的目的。

1998 年，美国物流管理协会将物流定义为：物流是供应链的一部分，是为了满足客户的需求而对商品、服务及相关信息从原产地到消费地的高效率、高效益的正向和反向流动及储存进行的计划、实施与控制的过程。

2021 年，中国国家标准《物流术语》（GB/T 18354—2021）将物流定义为：根据实际需要，将运输、储存、装卸、搬运、包装、流通加工、配送、信息处理等基本功能实施有机结合，使物品从供应地向接收地进行实体流动的过程。

尽管世界上对物流的定义并不统一，不同的国家从不同角度给出的物流定义，在其所包含的内容以及所涵盖的范围上有不小的差别，但从空间的角度来看，每个地区的物流活动都有一定的共性，即商品在空间上发生位置移动，在正确的时间送到正确的地方，以解决商品生产和消费的空间差异。物流作为实现区域之间货物位移的主要手段，一方面克服了自然资源分布和社会经济发展不平衡造成的地域生产不平衡，实现了地域之间优势互补；另一方面增强了不同地域之间产业活动的联系，实现了产业之间的相互促进，增强了产业竞争力。

二、物流的效应

由于社会的分工和专业化，经济不断发展，因此市场上就出现了物流活动。物流通过有效安排商品的仓储、管理和转移，将商品在需要的时间运至需要的地点。物流涉及实物从供给方向需求方的转移，这种转移既要通过运输来解决空间位置的变化问题，又要通过储存保管来调节供求双方在时间节奏方面的差异。因此，货物流动克服了需求方和供给方在空间维度方面和时间维度方面的限制，创造了商品的空间效应和时间效应，并在流通加工过程中产生了形质效应，在社会经济运作中起到至关重要的作用。

（一）物流的空间效应

物流的空间效应是指，由于供给方与需求方的地域不同，商品从供给方到需求方之间有一段空间差，商品在流通过程中通过这个空间转换所产生的效应。从需求方的角度来看，空间效应是因商品空间转换所带来的效用满足或消费者剩余的增加，体现了“从无到有”或“从小到大”的过程。效用满足可以使当地本来没有但又是消费者需要的商品转移到当地，且产生了正向效用。从供给方的角度来看，空间效应是商品实现空间转换前后给供给方带来的收益增额，包括外地的原材料价格低于本地所带来的额外收益。物流的空间效应主要通过物流的运输功能来实现，解决了资源分散化和生产需求异地化的问题，促使资源流向创造效益最大的区域。例如，花卉作为云南省重点发展的高原特色现代农业八大产业之一，鲜切花产量连续多年保持全国第一，顺丰速运通过专业包装方案和冷链保鲜技术，将云南的花卉送达全国各地，这一过程便产生了物流的空间效应。

（二）物流的时间效应

商品从供给方到需求方存在一段时间差，物流的时间效应是指改变这一时间差所创造的效应。物流的时间效应主要包括资金使用效率的提高和更好地把握商机形成的增量效益，以及通过把握物流时机实现相关收入的增加、资源占用及资源消耗成本的减少。时间效应形成的最基本特征，是通过把握最佳的物流时机来实现最佳的整体效益。物流的时间效应主要结合物流的仓储功能来实现，通过调节库存来解决商品供需的波峰、波谷。从物流时机的把握和控制来看，物流活动形成时间效应的形式包括两种：一是延长时间创造效应。对于某些季节性的商品，由于其生产特征和所受自然条件的限制，生产和消费之间存在时间差。如果延长仓储时间，可以使商品在更好的时点上获得更高的实现价值。这种时间效应是通过物流活动克服季节性生产和经常性消费的时间差才得以实现的。例如，秋季集中产出的粮食、棉花等农作物，通过物流的储存有意识地延长仓储时间，以均衡消费需求。二是缩短时间创造效应，即企业通过大幅度压缩仓储时间，甚至实现无滞留时间，以减少库存，实现无产成品积压，提高资本周转率，进而提高企业的整体效益。例如，日本丰田汽车公司的准时生产，其基本思想是在需要的时候，按需要的量，生产所需的产品，追求一种零库存或库存达到最小的生产系统。

（三）物流的形质效应

物流的形质效应是指，处于流通过程中的物品通过特定方式的加工，将供应方手中所具有的物资的形状性质改造成需求方所需要的形状性质，从而增加产品的附加价值。现代物流的一个重要特点就是根据自身优势从事一定的补充性加工活动。流通加工是物流领域常用的手段，这种加工活动不是创造商品主要实体、形成商品主要功能和使用价值，而是带有完善、补充、增加性质的加工活动。例如，苹果公司通过采购获得硬盘、主板、光驱、显示器、键盘等零部件原材料，然后通过加工进行组装制成苹果电脑。通过组装过程，产品形态发生了变化，并且这种变化增加了产品的价值，也就产生了产品的形质效应。

三、物流的变化

（一）物流功能的变化：单一到多元

在计划经济体制时代，物流的功能比较单一，主要是“少品种、大批量、少批次、长周期”的货物储存和运输。传统物流过程中的各个环节相互割裂、没有整合，其中的运输、装卸、仓储、加工等环节，由互不沟通的不同经济实体分别承担，各经济实体之间忽略了利益的共生关系，无统一服务标准。而随着社会经济的发展，物流功能也发生了较大的变化，现代物流将运输、储存、装卸搬运、包装、流程加工、配送、信息处理等七个环节的功能有机结合在一起。现代物流更注重整合资源，使之充分、有效、高效而协调地有机连接运行。现代物流通过一个计划、管理、控制的过程，把这几个环节加以组织，以最少的费用、最高的效率、客户最满足的程度把产品送到用户手里。因此，现代物流不仅是运输功能的空间转移，还包括仓储、装卸搬运等功能的空间转移。

（二）物流服务的变化：区域到全球

传统物流是由生产企业到批发企业再到零售企业的物流运动，是点到点或线到线的区域运输，而且运输工具单一。随着经济全球化的不断推进，对外贸易对物流服务提出了更高的要求。现代物流业是厂商直接与终端用户打交道，物流的领域将扩大到全球的任何一个地方。现代物流提供门到门的服务，只要消费者需要，可通过网络提供全面的服务，利用综合运输将产品送货到位，促使现代物流必须构建一个全球服务性网络。例如，塑造了“快时尚”神话的 ZARA，1 分钟制造 1.8 万件衣服，2 周完成“设计—打版—制作成衣—店铺上架”，配套 90 个足球场大的专业物流中心，可以在 24~72 小时内，将新货从产地配送至全世界（如图 1-1 所示）。

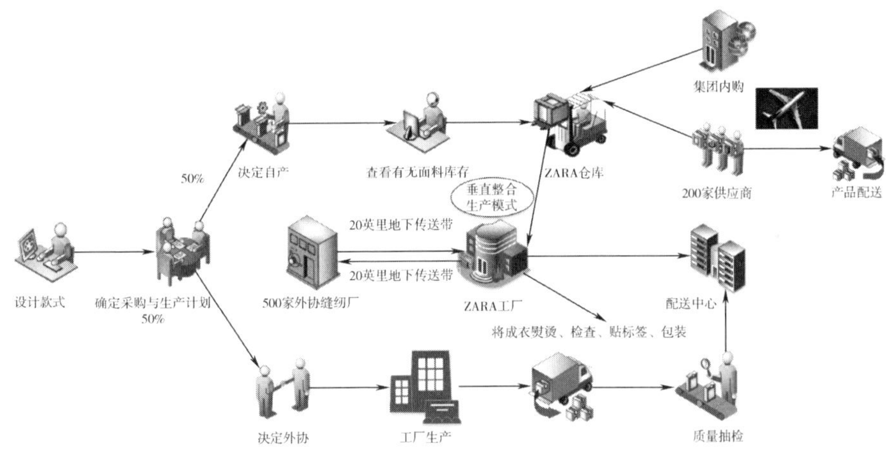

图 1-1 ZARA 极速供应链

（三）物流资源的变化：分散到集聚

物流资源分散易导致物流资源利用率不高，形成投资浪费。物流资源分散在不同地域、不同企业的这种发展格局已不适应时代的要求。因此，很多地区开始形成物流资源集聚，物流园区的形成与演进正是来自物流资源集聚的推动作用。在物流园区开始建设初期，由政府或其他投资主体建设公共设施，使其成为交通便利、通信发达、生活设施相对完善的区域。随着经济活动日益频繁，物流需求开始凸显，对各类物流企业形成强大的吸引力，相关物流企业开始相继入驻。为促进物流企业之间的联系和合作，金融、报关、法律、科研、教育等服务机构不断介入，资源更为丰富。此外，很多地区通过建设物流园区信息平台，整合园区的信息资源，实现各企业之间信息共享，不断加深园区内各企业的合作力度，从而不断提高物流园区的服务能力，增强物流园区的吸引力。物流园区竞争力的不断提升，促进了新的资源不断进入，从而使物流园区各项功能不断趋于完善。由此可以看出，物流资源集聚贯穿于物流园区的整个演进过程，是物流园区形成的驱动源。物流园区的空间集聚和功能集聚效益极大提升了物流服务水平，有利于实现物流服务的规模化、综合化和现代化。例如，浙江传化物流基地依托良好的交通圈、经济圈优势，实现第三方物流企业、物流工具与设施、货物和服务四大资源的集聚与整合，成功集成了信息交易中心、管理服务中心、运输中心、仓储中心、配送中心、零担快运中心，加之完善的配套服务功能，吸引上千家物流企业入驻该基地。

四、物流的发展方向

（一）共享物流

从国外的优步（Uber）、爱彼迎（Airbnb），到国内的滴滴，再到现在的共享单车、共享充电宝，一大批关于共享经济模式的新行业正在被创造。共享物流指的是，通过物流资源的共享实现资源的优化配置，从而达到提高物流系统效率，降低物流综合成本，推动现代物流体系改革的物流模式，它是共享经济在物流领域的应用。典型的共享物流模式包括云仓储、共同配送等。

云仓储是指将空间位置上分散的、属于不同所有者的仓储空间，利用互联网的手段，集中管理、运营，通过这种方式，实现物流资源的有效配置和整合。通过虚拟仓储，提升供应链效率，实现需求侧和供给侧的空间契合，使得仓储资源得以合理布局，是仓储资源共享的最佳表现。例如，在“双十一”等网络购物节到来之前，通过历年大数据分析，预测某片区的商品需求量，利用虚拟仓储实现提前布局，合理调配库存，实现及时送货，避免由单一仓库发货而导致物流节点“爆仓”。

共同配送（共享第三方物流服务）是指多个客户联合起来共同由一个第三方物流服务公司来提供配送服务。共同配送的本质是通过作业活动的规模化降低作业成本，提高物流资源的利用效率。共同配送模式需要建立一个共同配送中心，共同配送中心实现了供应链的整合，通过收集各个供应商生产的同类产品，集中统一地向自己辖区进行配送。共同配送模式可以对物流静态空间（仓储）、动态空间（道路）、物流设备和人力（车辆）形成一种共享模式。

（二）第六产业

1994 年，东京大学名誉教授今村奈良臣最先提出了“第六产业”的概念。“第六产业”不仅包括第一产业中的农林水产业，而且融合了第二产业中的产品加工业和第三产业中的产品流通服务业，是集产品种植、生产、加工、物流、销售等功能于一体的产业链。将第一、第二和第三产业相加（1+2+3）或相乘（1×2×3），结果都等于 6，所以就有了“第六产业”的叫法。“第六产业”的本质是第一、第二、第三产业的融合。即把产前的种子、饲料等生产资料的供应环节，产中种植养殖业的生产环节，以及产后的分级、包装、加工、储藏、运输、销售等环节进行一体化发展，统一种植某类产品、进行统一加工、统一直销、创造统一产品品牌，建立一体化的农业协作组织。最终，实现产品各种资源的有效利用，促进一、二、三产业的同步协调发展，形成产业集群融合，获得更多的产品附加值，达到“第六产业”以一带多的效果（如图 1-2 所示）。

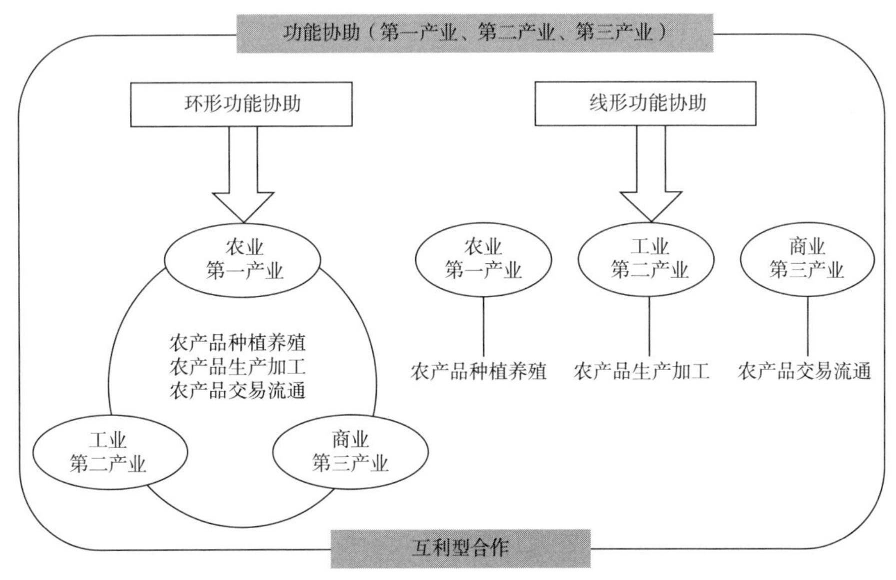

图 1-2　第六产业

2015 年 12 月 30 日，国务院办公厅印发《关于推进农村一二三产业融合发展的指导意见》，三产融合成为国家战略；2020 年，国家发改委印发《推动物流业制造业深度融合创新发展实施方案》，对促进物流业、制造业深度融合创新发展作出全方位安排。当前，我国物流业、制造业融合发展趋势不断增强，物流已从附属服务转变为提高制造企业市场竞争力、降低成本、挖掘利润空间的重要方面，物流企业与制造企业间风险共担、利益共享的联动融合发展格局正在形成。现代制造业，需要建立生产大量客制化生产模式，为消费者提供规模化、个性化产品。为此，通过发展创新型“第六产业”，利用“互联网+”、云计算、大数据、物联网、人工智能等现代信息技术，构建智能物流技术体系，在现代信息平台上将制造业和服务业深度融合，依托动态应用服务提供商系统（ASP）、复合云平台、滴滴打货车、滴滴打船、求车・求货・求库・求资金系统、无人仓・无人机・无人车等智能设备系统，实现跨部门、跨区域、跨行业之间物流信息的交换和资源共享（如图 1-3 所示）。

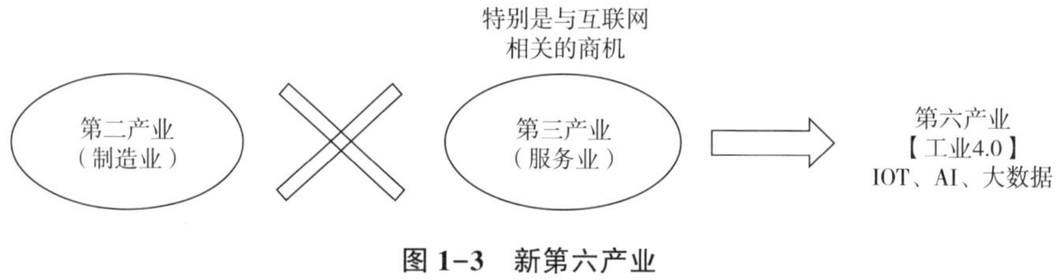

图 1-3 新第六产业

总之，发展“第六产业”可实现产业集群和物流集群的共融共通、相互推进，有助于单纯的制造业向服务型制造业转变，通过提升产品和服务的附加值实现整体利润的增加。

（三）数字物流

数字化转型（Digital transformation，DX）是指，企业通过先进的技术，改变企业为客户创造价值的方式。数字化转型给物流行业带来巨大变革，数字物流将成为物流行业的常态。数字物流是以电子计算机技术为主要生产资料的物流形态，在这个系统中，数字技术被广泛使用并由此带来了整个环境和物流活动的根本变化，各种信息在计算机网络中以数字形式加以收集、处理、交换和传送，从而高质量、高速度地控制、实现和完成物流系统各个环节的功能或活动。传统物流由于信息化程度低，物流各个环节会经常出现各种差错，导致效率低下。由于数字物流涉及大数据、云计算、区块链、人工智能等各种互联网信息技术，因此物流活动变得更加高效。

数字技术可以实现物流全程可视化管理。目前，物流追踪大多具有延迟性，而且并非全程无缝。随着业务的发展和用户需求的提升，企业对货物的追踪可视化将有更大的需求。而数字技术可将仓库与车载视频监控画面精准可视化展现，并实时进行监控、计算、分析和预警，从而提升运输效率，提高货物定位与跟踪精准度，帮助企业最大限度地节约成本。

数字技术可以实现物流路径的优化。路径规划过程中涉及配送员距离消费者远近、路况、订单分配等问题，从下单到推送订单，再到分拣出库，最后的配送车辆路径问题都是各物流企业所关注的问题。物流与数字技术的融合，可以在车辆配送环节中，降低车辆使用数量和车辆行驶距离，减少从前端订单下发到末端货物配送的周转，直接根据最优的路线配送，从而提升客户体验，大幅度降低配送成本。

数字技术可以实现车辆与货物的智能匹配。无车承运等车货匹配平台作为信息中介，通过数字技术实现车货匹配，打破发货找货的时间与空间的局限性。货车司机不用在货运场等待业务，而是将卡车资源投放于车货匹配平台当中，货主可以通过平台发布和寻找最适合的承运企业、承运车辆和承运人。智能的车货匹配模式在短时间内促进车主与货主的联系，提高了卡车运输的最优装载率，降低了卡车回程的空返率。

第二节　物流空间学的研究对象和方法

一、研究对象

物流空间学是一门新兴学科，是伴随着现代物流业的发展而成长起来的。物流空间学是物流学与经济地理学相结合的一门综合性学科。总体来讲，物流空间学是从空间的角度分析物流现象，研究各种物流经济活动在地球空间上的分布规律。其研究对象包括微观层面的企业物流、中观层面的区域与城市物流、宏观层面的国际物流空间的分布规律。

二、研究方法

（一）系统分析方法

物流活动不是一种孤立的社会经济现象，物流活动同其他一切经济活动，同各个企业、各个产业，同生产、分配、消费都有着密切的联系。物流是国民经济大系统的一个组成部分，物流活动与其他各种社会经济活动相互联系、相互制约、相互依存。研究物流活动只有从国民经济这个大系统出发，全面系统分析物流与国民经济及其内部的相互关系，才能揭示物流空间的客观规律。同时，物流活动也不是单一地发生在某个节点、通道上，物流活动可以小到企业、大到全球，因此，需要运用系统分析方法来研究物流现象。

（二）比较分析方法

物流空间学中所存在的规律是不同企业、不同城市、不同国家发展实践的经验总结。研究物流空间学就是为了探寻经济活动在空间分布中客观存在的规律，以便更好地指导未来物流的发展。物流空间规律寓于经济活动发展过程中，由于不同的国家、城市、企业的自然资源、技术水平、资金实力、经济体制及所处的社会经济形态和发展阶段存在差异，物流空间的表现形态不可能完全一样。因此，需要运用比较分析方法，对不同国家、城市、企业的物流经济活动进行比较分析，才能总结出特定的空间分布规律。

（三）动态分析方法

物流经济活动随着客观经济条件的变化随时发生变化。同时，这种发展不是在原有基础上的简单重复，而是由低级到高级的上升过程。不同地区的区位条件会受环境的影响而变化，进而影响物流经济活动。在物流空间学的研究中，需要用动态分析的方法去研究各种物流经济活动现象，才能系统了解物流经济活动的全过程，从而较好地揭示物流空间的规律性。

第三节　我国物流空间的演变

一、古代物流空间

在古代时期，生产以游牧、农业和手工业等为主，少量农产品、手工业品等商品的交易以居民地为中心在有限的范围内进行。这种社会经济活动逐渐积累形成码头、城镇内的流通节点，且相对分散、孤立地分布在区域空间中，此时各种物流经济多数处于自发状态，物流经济活动及影响空间范围比较小。少部分距离较远的地区由于货物交流形成了单一的物流通道，较远的距离运输主要依赖水路，近距离运输主要依靠马车和人力。在这一时期形成了许多影响深远的物流通道（如丝绸之路、茶马古道、京杭大运河等）和物流组织（如驿站、镖局等）。

丝绸之路是人类古代史上最发达、最辉煌的国际物流现象，丝路文化也成了古代最灿烂的物流文化。由于不同国家商品生产的差异化，各国之间需要进行往来贸易，丝绸之路作为一条跨国物流通道，实现了不同国家商品的货畅其流。丝绸之路分为“陆上丝绸之路”和“海上丝绸之路”。“陆上丝绸之路”从西汉开始，繁荣于汉唐，结束于12世纪。以西安为起点，南路到达印度，北路到达中亚各国，西路到达地中海与北非。“海上丝绸之路”起于秦汉，兴于隋唐，盛于宋元，明初达到顶峰，明中叶因海禁而衰落。东洋航线到达朝鲜和日本，南洋航线到达东南亚各国，西洋航线到达南亚、阿拉伯和东非沿岸各国。我国通过丝绸之路，与沿途36个国家进行了商品与文化交流。

茶马古道是西南地区经济文化交流的走廊。茶马古道源于我国唐代汉族产茶区的茶和吐蕃良马的交易，史称茶马互市或茶马互易，距今已有1 400多年的历史。商人在官方指定的交易地点，进行茶和马的互相交易，时间久了就有了相对固定的茶马互易通道。茶马古道是一条古老的物流通道，通道上有各种中转站、驿站或帐篷等，流通的商品则是茶、藏药、盐以及其他一些日用品。目前，被确认的位于滇、川、藏三角地带的“茶马古道”有两条：一条是从云南的普洱出发，经大理、丽江、中甸（香格里拉），进入西藏察隅、波密、拉萨、日喀则、江孜、亚东、柏林出口到尼泊尔、印度等国；另一条是由四川雅安出发，经康定、昌都、拉萨至尼泊尔、印度等国。

京杭大运河也是我国比较成熟的物流通道，以当时世界著名的经济文化中心洛阳为起点，从隋唐开始，开凿了一条东达于海，南下苏杭，西至关陇，北朔幽燕，全长1 800公里的大运河，贯通海河、黄河、淮河、长江、钱塘江五大水系。京杭大运河不但发展了水利，进行南水北调，有利于农耕灌溉、排涝防洪，还打通了南北物流运输，促进两地经商贸易，满足了当时粮、盐与工程物资的跨区域物流需求，影响深远。

古代物流主要以邮驿为主，驿站作为古代典型的物流组织。早期驿站是专门为朝廷传递官府文书和军事情报的人或来往官员提供途中食宿、换马的场所。驿站在我国古代运输中有着重要的地位和作用，在通信手段十分原始的情况下，驿站负责各种政治、经济、文化、军事等方面的信息传递任务，在一定程度上也是物流信息的一部分，也是一种特定的网络传递与网络运输结点。

随着我国商品市场的发展和金融行业的兴起，加之驿站只负责官方业务，这就导致民间的商业往来时常得不到保障，于是在这种情况下镖局行业应运而生。镖局相当于现代的“物流公司”，不但承接私家财物保送，还运送地方官上缴的饷银。随着金融业的兴起（票号的产生），镖局的主要业务就是为票号押送银镖，这就形成了镖局走镖的两大镖系：银镖和票镖。后来随着票号的逐渐衰败，镖局的主要业务对象就转化为替一些有钱的客人押送一些衣、物、首饰，或者提供人身安全服务，这就形成了粮镖、物镖、人身镖三大镖系。走镖其实也就是押运，既运货也保护客人的旅途安全，这是当时镖局的最大业务。

二、近代物流空间

近代，工业化开始逐步发展，铁路的修建初步实现能源、原材料等大宗货物及商品的远距离流通需求；同时，由于对外贸易被国外打开，长江及沿海各通商口岸相继开放，航运物流实现了沿江、沿海地区的货物运输。港口、货站规模开始扩大，并为沿线区域提供仓储或集货的功能。物流节点数量也随着区域经济发展而增多，交通条件也进一步改善，物流点、线规模不断扩大并逐步连接成网络。

我国第一条实用铁路——唐胥铁路就是在商品流通对近代物流业的极大需求下开始兴建的。19 世纪 80 年代，随着天津等环渤海城市和近代工业、航运业的兴起，对煤炭的需求迅速增长。在北方，唐山煤炭质量好，开采也较容易。但是煤炭的重量大，且煤矿距离水陆交通较远，实际上仅距离几公里也很难以传统方式运载，修建运河地势又要受环境条件等的严格限制，修建唐胥铁路成为唯一选择。随后，詹天佑主持修建了我国第一条自建铁路——京张铁路。京张铁路建成后，虽然也有过波折与不足，但是开辟了我国铁路的先河，扩大了近代的物流通道规模。铁路的修建开辟了新的物流通道，减少了运输时间，使得内陆地区、边远地区与沿海港口城市的联系密切起来。

在航运方面，19 世纪 60 年代，载重 50 吨到 300 吨的快艇开始用于沿岸航运，其目的不仅是从事于通商口岸间，而且也从事于租赁人所指定的任何口岸间的土货沿岸贸易。后来，安庆军械所内试制成功的我国第一艘自行设计制造的蒸汽轮船，成为航运物流划时代的标志。之后轮船招商局陆续开辟多条航线，来往于长江水域及我国沿海，形成遍及上海、长江干支流及东南沿海和珠江流域的航运网络。

三、现代物流空间

近年来，区域经济的快速发展产生了大量物流服务需求，促使区域之间多种运输方式建设并重，逐渐形成方向一致的综合运输通道，多式联运成为物流运输的重要方式。除了港口、货站等物流节点不断发展外，物流枢纽城市等新型的综合性物流节点开始出现。随着现代信息化的发展，物流通道除了运输干线的进一步建设，信息技术的投入和使用形成了物流信息线路，各物流节点既是货物集中处理中心，又是物流信息集中与交换中心。物流通道规模、路况等级得到提升，物流信息传输线路、物流信息处理设备等物流信息通道的建设促使形成综合化的物流通道。同时，在物流通道的带动下，区域内物流网络密度进一步增加，形成了公路、铁路、水路、航空共存的综合物流网络系统。

现代物流空间表现为网络化、层次化、多中心、多域面的空间格局。由于物流与相关产业的协同性加强，一些经济和产业发达地区被深度开发，形成了一定数量的物流节点，物流空间规模进一步扩大。核心物流节点对周边地区物流的集聚和扩散作用开始凸显，呈辐射状发展并形成许多中小型物流节点和物流集散中心。同时，物流空间结构向多级化发展，形成不同的层次体系。其中，一些核心物流节点与周围中小物流节点联系紧密而形成物流域面。例如，长三角物流圈、珠三角物流圈、京津冀物流圈等。国家物流网络不断完善的同时，一方面，许多中小物流节点依托核心物流节点得以开发并不断演进和提高其等级；另一方面，节点与节点之间由于物流网络的完善可以直接联系，各级物流节点集散能力得到增强，其辐射范围得以扩大。节点之间呈现多中心纵横交错的网络层次空间结构。

现代物流空间的管理活动，由物资管理向物流管理、供应链管理转变。在物资管理阶段，货物实行统运、统存、统配、统包，物流空间活动的特点是物资由国家向地区分配流动。物资全部由物资部统一管理，国家对生产资料和主要消费品的生产、分配等实行计划管理，计划部门管指标、物资部门管调拨、交通部门管运送。分配体制就是国家统管所有物品，不是商品，没有交易，全是计划。生产多少、库存多少、销售多少、销售给谁，完全按照指令性计划进行。按照不同生产资料的重要程度和产销特点，重要物资主要分为三类：第一类是国家统一分配物资，简称“统配物资”，这类物资全部由国家计委统一分配；第二类是中央各部门统一分配物资，简称“部管物资”，这类物资由中央各部在全国范围内统一分配；第三类是地方管理物资，通称“三类物资”。在物流管理阶段，货物实行专运、专存、专配、专包，物流空间活动的特点是企业内部的物流活动。物流各环节由专门的部门提供各自服务，从原材料运送到工厂形成产成品，再运送到配送中心，再到最后交付到客户手中，每个阶段都需要特定的物流服务，企业各自职能部门负责相应的物流活动。许多企业有自己的专业物流部门，包括采购部、仓储部、加工装配部等，从而综合管理企业内部的物流活动。在供应链管理阶段，货物实行通运、通存、通配、通包，物流空间活动的特点是企业与企业之间的物流活动。物流各个环节一体化，更注重企业间的合作，从供应商开始，经由制造商、分销商、零售商直到最终客户，供应链上下游全部打通，形成完整的链条，不同企业集成起来提高了供应链效率，以达到全局最优。

第四节　我国物流空间布局

一、国家物流节点布局

（一）国家物流节点布局时间轴

近年来，我国加快建设国家级物流节点，先后布局了多个节点城市、试点城市、示范城市等（如图 1-4 所示）。

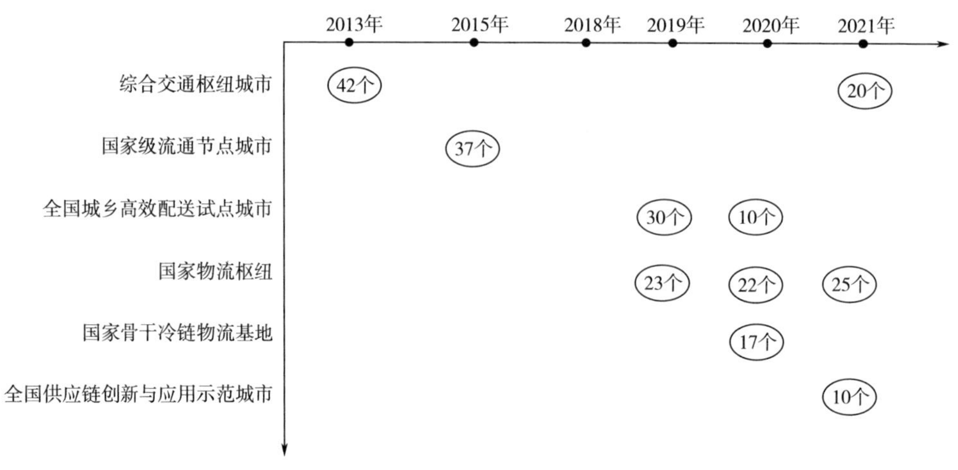

图 1-4　国家物流节点布局时间轴

（二）国家物流节点分类

1. 国家物流枢纽

国家物流枢纽，是指集中实现货物集散、存储、分拨、转运等多种功能的物流设施群和物流活动组织中心。国家物流枢纽是物流体系的核心基础设施，是辐射区域更广、集聚效应更强、服务功能更优、运行效率更高的综合性物流枢纽，在全国物流网络中发挥关键节点、重要平台和骨干枢纽的作用。国家物流枢纽通过完善“通道+枢纽+网络”物流运作体系，配合京津冀协同发展、长江经济带发展、粤港澳大湾区建设、长三角一体化发展等国家重大战略实施需要，撬动区域经济新增长（如图 1-5 所示）。

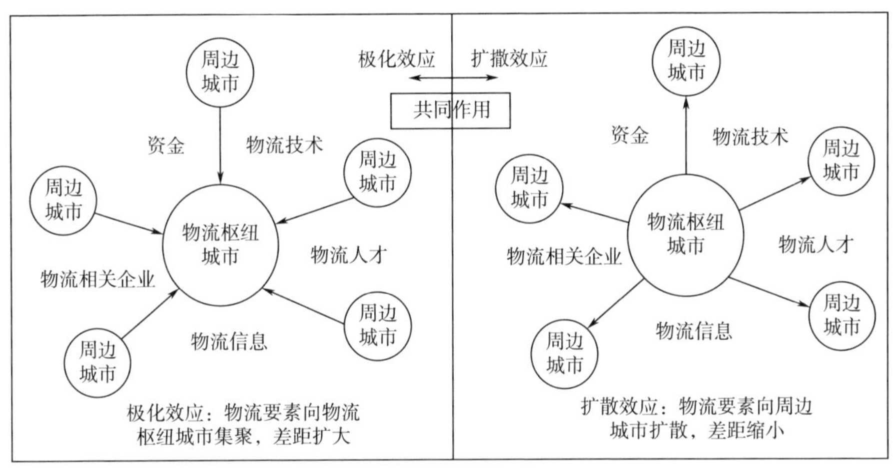

图 1-5　国家级物流枢纽城市作用原理示意图

2019 年，国家确定首批 23 个物流枢纽建设名单，其中东部地区 10 个（天津、上海、南京、义乌、临沂、广州、宁波—舟山、厦门、青岛、深圳）、中部地区 5 个（太原、赣州、郑州、宜昌、长沙）、西部地区 7 个（乌兰察布—二连浩特、南宁、重庆、成都、西安、兰州、乌鲁木齐）、东北地区 1 个（营口）。[①]

2020 年，国家确定第二批 22 个物流枢纽建设名单，其中东部地区 8 个（北京、唐山、苏州、济南、佛山、钦州—北海—防城港、青岛、深圳）、中部地区 4 个（芜湖、洛阳、武汉、岳阳）、西部地区 7 个（重庆、遂宁、贵阳、昆明、

① 《关于做好 2019 年国家物流枢纽建设工作的通知》（发改经贸〔2019〕1475 号）。

延安、格尔木、阿拉山口)、东北地区3个（大连、长春、满洲里）。①

2021年，国家确定第三批25个物流枢纽建设名单，其中东部地区8个（天津、石家庄、连云港、温州、金华、日照、福州、深圳)、中部地区6个（合肥、南昌、安阳、商丘、武汉、衡阳)、西部地区8个（柳州、重庆、达州、拉萨、西安、呼和浩特、霍尔果斯、石河子)、东北地区3个（沈阳、黑河、珲春）。②

国家物流枢纽一共有六种类型，即陆港型、港口型、空港型、生产服务型、商贸服务型和陆上边境口岸型，每种类型都有不同的作用。陆港型国家物流枢纽主要是依托公路、铁路等各种陆路交通运输通道以及物流基地等，衔接内陆地区的各个干支线的运输，其主要作用是保障各区域的生产以及生活，对于区域的产业布局进行优化，从而提高区域经济的竞争能力，为各大物流组织和区域提供可以畅通国内并且联通国际的分拨服务；港口型国家物流枢纽主要依托的是沿海以及内河港口，并与国内国际航线以及港口集中运输网络对接，实现水路中转以及水路联运的有机衔接，其主要作用是为港口腹地以及其相关地区提供转口贸易、货物集散、国际中转、税务监管等物流服务，同时还有一些其他增值服务；空港型国家物流枢纽主要以航空枢纽机场为依托，其主要作用是为空港以及相关区域提供最高效快捷的国内和国际航空运输以及与铁路、公路的联运服务；生产服务型国家物流枢纽主要以大型的厂矿、制造基地、农业主产区与产业聚集地等为依托，其主要作用是为农业或者工业生产提供原材料供应和产品运输、分销、储存等一体化的现代供应链服务；商贸服务型国家物流枢纽主要以贸易聚集地、大型专业市场、大城市消费市场为依托，其主要作用是为国际国内的贸易活动大规模的消费需求提供商品储藏、联运、分配等物流配送服务以及相关的增值服务；陆上边境口岸型国家物流枢纽主要依托于沿边的陆路口岸，并与国际国内购物通道物流通道相对接，其主要作用是为国际贸易活动提供综合性的物流服务。

2. 国家骨干冷链物流基地

2020年，国家确定17个国家骨干冷链物流基地建设名单。包括北京平谷、山西晋中、内蒙古巴彦淖尔、辽宁营口、江苏苏州、浙江舟山、安徽合肥、福建福州、山东济南、河南郑州、湖北武汉、湖南怀化、广东东莞、四川自贡、云南

① 《关于做好2020年国家物流枢纽建设工作的通知》（发改经贸〔2020〕1607号）。

② 《关于做好“十四五”首批国家物流枢纽建设工作的通知》（发改经贸〔2021〕1697号）。

昆明、陕西宝鸡、青岛西海岸新区国家骨干冷链物流基地。[①]

国家骨干冷链物流基地的建设，有利于加强冷链物流设施设备改造，促进冷链业务流程和经营模式创新，不断提高冷链物流服务能力和效率。我国冷链物流建设总体上还比较滞后，这不仅造成农产品在流通中损耗大、成本高，还制约农业转型升级。国家骨干冷链物流基地的建设将带动地区冷链产业发展，形成线上与线下融合发展的产业集群。

3. 国际交通枢纽城市

2013 年，国家确定 42 个全国性综合交通枢纽城市，包括北京、天津、哈尔滨、长春、沈阳、大连、石家庄、秦皇岛、唐山、青岛、济南、上海、南京、连云港、徐州、合肥、杭州、宁波、福州、厦门、广州、深圳、湛江、海口、太原、大同、郑州、武汉、长沙、南昌、重庆、成都、昆明、贵阳、南宁、西安、兰州、乌鲁木齐、呼和浩特、银川、西宁、拉萨。[②]

2021 年，国家确定 20 个国际性交通枢纽城市。包括北京、天津、上海、南京、杭州、广州、深圳、成都、重庆、沈阳、大连、哈尔滨、青岛、厦门、郑州、武汉、海口、昆明、西安、乌鲁木齐。[③]

综合性交通枢纽城市的规划作用有三：一是为区域内部和区域外部的人员及物资交流提供集散和中转服务，带动和支撑区域经济的发展。二是实现不同方向和不同运输方式间客货运输的连续性，完成运输服务的全过程。以信息化、网络化为基础，改进运输组织方式，实现各种运输方式一体化管理，完成运输服务全过程，是提高运输效率、降低运输成本、节约资源、实现交通可持续发展的有效途径，而综合交通枢纽正是实现这一目标的关键。三是为运输网络吸引和疏散客货流，促进交通运输产业的发展。

交通枢纽城市的规划有利于构建便捷顺畅、经济高效、绿色集约、智能先进、安全可靠的现代化高质量国家综合立体交通网，以实现国际国内互联互通，有力支撑“全国 123 出行交通圈”（城市区 1 小时通勤、城市群 2 小时通达、全国主要城市 3 小时覆盖）和“全球 123 快货物流圈”（国内 1 天送达、周边国家 2 天送达、全球主要城市 3 天送达）。

① 《关于做好 2020 年国家骨干冷链物流基地建设工作的通知》（发改经贸〔2020〕1066 号）。

② 《关于印发“十二五”综合交通运输体系规划的通知》（国发〔2012〕18 号）。

③ 《国家综合立体交通网规划纲要》。

4. 国家供应链创新与应用示范城市

2021年，国家确定首批10个国家供应链创新与应用示范城市。包括北京、上海、张家港、杭州、宁波、厦门、青岛、武汉、广州、深圳。①

国家供应链创新与应用示范城市的确立，有利于构建产供销有机衔接和内外贸有效贯通的现代供应链体系，促进经济循环流转和产业关联畅通，培育全球产业链、供应链竞争新优势，提升供应链弹性韧性和自我修复能力，维护产业链、供应链安全稳定，助力畅通国内大循环，促进国内国际双循环。

5. 全国城乡高效配送试点城市

2019年，国家确定首批30个全国城乡高效配送试点城市。包括北京、天津、上海、重庆、承德、太原、临汾、沈阳、松原、哈尔滨、齐齐哈尔、南京、无锡、徐州、温州、鹰潭、赣州、宜春、烟台、潍坊、淄博、武汉、黄石、湘潭、广州、东莞、成都、贵阳、黔南、兰州。②

2020年，国家确定第二批10个全国城乡高效配送试点城市，包括保定、唐山、通化、南昌、济南、临沂、郑州、洛阳、泸州、遂宁。③

全国城乡高效配送试点城市的确立，一方面有利于完善配送网络，包括构建三级配送体系、构建冷链物流体系等；另一方面有利于优化配送模式，包括物流园区落地模式、连锁经营统一配送模式、商圈便利店共同配送模式、专业市场商户共同配送模式、末端资源共享模式、统仓统配模式、信息平台整合资源模式等。

6. 国家流通节点城市

2015年，国家确定37个国家级流通节点城市。包括北京、天津、石家庄、太原、呼和浩特、沈阳、大连、长春、哈尔滨、上海、南京、苏州、杭州、宁波、合肥、福州、厦门、南昌、济南、青岛、郑州、武汉、长沙、广州、深圳、南宁、海口、重庆、成都、贵阳、昆明、拉萨、西安、兰州、西宁、银川、乌鲁木齐。④

国家流通节点城市的规划，有利于适度整合分散于各城市的流通设施，推动

---

① 《关于公布第一批全国供应链创新与应用示范城市和示范企业名单的通知》（2021年第312号）。

② 《关于进一步落实城乡高效配送专项行动有关工作的通知》（商流通函〔2019〕60号）。

③ 《关于继续推进城乡高效配送专项行动有关工作的通知》（商建函〔2020〕195号）。

④ 《全国流通节点城市布局规划（2015—2020年）》。

流通节点城市加强合作，共建共享大型流通设施，引导流通功能衔接、优势互补，促进区域协调发展。同时，国家级流通节点城市将在引领消费升级、实现创新驱动、优化产业结构和促进资源节约等方面发挥重要作用。

二、国家物流通道布局

2015 年，国家确定了“三纵五横”的全国骨干流通大通道体系，并依托丝绸之路经济带的六大经济走廊以及“海上丝绸之路”向外延伸，实现与国际物流通道的有机衔接。

（一）南北向流通大通道

1. 东线沿海流通大通道

以深圳经济特区、上海浦东新区、天津滨海新区等经济特区和国家级新区为引擎，沿线包括东北地区、京津冀、山东半岛、长三角、海峡西岸、珠三角等地区，依托我国人口和生产力布局最密集、产业最集中的地区，促进商品和要素自由流动，提高现代服务业发展水平，形成联结东西、贯穿南北、辐射全国、面向亚太的流通产业发展战略空间，从而提升我国流通产业国际竞争力。

2. 中线京港澳流通大通道

依托京港澳高速、京广高铁、京广铁路等综合交通运输通道，串联京津冀城市群、中原城市群、长江中游地区、珠三角地区，联系香港和澳门地区，涵盖北京、石家庄、郑州、武汉、长沙、广州、深圳等重要的流通节点城市，促进农产品和工业品跨区域流动，形成贯穿南北、衔接东西、辐射全国的重要流通大通道。

3. 西线呼昆流通大通道

以西部的呼和浩特、西安、成都、重庆、昆明为支点，以沿线的重庆两江新区等国家级新区为牵引，促进西部地区流通基础设施建设，向东联系京津冀、长三角、珠三角地区，向南辐射南亚、东南亚，形成联系东西、纵贯南北的流通大通道。

（二）东西向流通大通道

1. 西北北部流通大通道

发挥天津滨海新区龙头带动作用，以北京、呼和浩特、石家庄、太原、银川、乌鲁木齐为支点，经哈萨克斯坦、俄罗斯、白俄罗斯到达欧洲，促进环渤海地区和西部地区流通产业联动发展，发挥欧亚大陆桥功能，辐射中亚、西亚和东北亚地区。

2. 陇海兰新沿线流通大通道

通过陇海、兰新线等运输通道，串联乌鲁木齐、西宁、兰州、西安、郑州、连云港等流通节点城市，向西出阿拉山口、霍尔果斯，连接中亚，经莫斯科到达欧洲；以喀什为支点向西，通过中亚、西亚，经伊斯坦布尔到达欧洲。依托国际铁路运输通道，提升郑州、西安、兰州、西宁、乌鲁木齐等节点城市流通服务功能，向西北联系中亚、西亚和欧洲，向南辐射我国云贵地区，带动我国西部地区开发开放。

3. 长江沿线流通大通道

以上海为龙头，以南京、杭州、宁波、苏州、合肥、武汉、重庆等为支点，串联起江苏、浙江、安徽、江西、湖北、湖南、四川、贵州、云南九省沿江节点城市，依托长江经济带综合立体交通走廊，建设长江沿线流通大通道，发挥承东启西、通江达海的区位优势，带动长江经济带和东中西部联动发展。

4. 沪昆沿线流通大通道

依托沪昆高铁、沪昆铁路、沪昆高速公路组成的综合运输体系，经缅甸联系南亚和孟加拉湾，串联长三角地区、长株潭地区、黔中地区、滇中地区，加强长三角沿海发达地区与中部内陆地区、西南沿边地区流通产业联动发展，形成横贯东中西部地区，联系南亚的流通大通道。

5. 珠江西江流通大通道

依托珠江—西江黄金水道和南广铁路、贵广铁路、云桂铁路等组成的综合运输体系，建设珠江西江流通大通道，经越南辐射东盟和南亚，发挥直接连接东西部地区、面向港澳、连接东盟的区位优势，促进形成西南中南地区新的经济支撑带，形成东西互动、优势互补、江海联动的流通大通道。

案例分析

日本通运株式会社启动中欧班列

2019年6月，日本最大物流企业——日本通运株式会社（简称日通）启动

“中欧班列”来连接中国和欧洲的货运列车。这趟列车将会定期运行，每周 3 趟，从西安开往波兰和德国，列车每年向欧洲运输 2 000 个长 40 英尺（约 12 米）的集装箱。还将推出“混载”服务，即使是装不满一个集装箱的货物量也可承揽。并且将从上海等其他地区收货，利用将卡车和铁路结合起来的一条龙运输提升竞争力。日通的新服务将使用飞机或货轮把货物从日本运抵中国，再换装货运列车运抵欧洲，再从欧洲的火车站以卡车运至最终目的地，同时提供相同路径的逆向服务。

早在 2013 年，日通就进驻西安综合保税区并成立日通西安公司，为日本在华企业提供保税仓储、保税物流等服务。2016 年 8 月，中欧班列（“长安号”）开通欧洲线路后，日通西安公司与陆港集团展开更为密切的合作，积极组织在华日企的出口货源上列，成为陆港集团最重要的国际物流合作伙伴之一。之后，日通受日本政府（经济产业省）委托，在中国等地开展了上列测试工作。经反复测试，给予西安港中欧班列（“长安号”）时效性和服务等方面的充分认可和高度评价，并决定选择西安作为日通整列运输班列的首选集货地和发运地。同时，选择陆港集团多式联运公司作为国际班列主运段运输承运商。

日本与欧洲之间的货物往来频繁，货主企业已经很难确保足够的载货空间。此外，由于航空公司谋求飞机小型化，航班的供求关系也开始紧张。一直以来由于关税手续问题，来自日本的海运和空运货物要即刻转入铁路运输都面临很大的困难。为此，日通与中国海关的谈判实现了货物的顺利转场。

众所周知，日本运输以海运为主，为何会选择“海陆”“空陆”联运而放弃传统模式？日通算了这样一笔账，从物流成本来看：如果中日之间使用海运、中欧间使用铁路运，总成本要比全程使用空运减少 50%～60%。如果中日之间改用空运，则总成本比全部使用空运也要低 30%～40%。考虑到中欧班列运力提升，成本还有望下降。

从时间成本来看：如果全程用海运，物流成本将控制在空运的 10%，但要经过苏伊士运河，从东京港到杜伊斯堡运输全程耗时将达 40 天。如果采用新的运输模式，日程就将缩短至 20～30 天。缩短的 10～20 天，意味着企业资金流转加快，能实现更高周转，原来只能发一趟货，现在能发 1.5～2 趟。而日本国际运输货物的种类，主要包括液晶显示面板、复印机、照相机、空气压缩机等高附加值的货物，收益不低。至于日通为何不用空运，主要是这些产品的市场限制，在单位时间内发不了那么多趟货，而且空运成本高。综合来看，走中欧班列最划算。

而日通为何选择西安，原因也有几点：一是西安属于“一带一路”上重要的节点城市，建有中国最大国际内陆港，具有国际化物流枢纽城市的优势；二是西安始发的中欧班列“长安号”的效率和成本优势；三是日通和西安内陆港具有多年合作关系。

第二章　区位

【学习目标】

1. 理解区位、区位因素、区位条件。
2. 掌握区位商的计算。
3. 理解物流对区位的作用。
4. 理解物流的空间要素。

【重点与难点】

1. 掌握区位商的计算。
2. 理解物流空间的流动要素。

第一节 区位要素

一、区位

“区位”源于德文的“standort”，于1886年被译为英文“location”。区位同位置不同，既有位，也有区，还有被设计的内涵。某活动的区位包含两层含义：一方面是该活动的位置；另一方面是该活动与其他活动的空间联系。

由于将区位定义为某活动占有的场所，现代区位理论并不把动植物行为占据某特定场所纳入区位理论范畴，而区位主要指人类经济活动所在的场所。

区位既然是人类活动所占有的场所，那么人类活动的领域和空间的扩展必然导致区位的发展与变化。因此，对于区位的理解与把握也必须从动态和发展的角度入手。农业经济时代中，人类如何选择作为其主要经济活动区域的农业活动场所是社会面临的主要问题，由此产生了杜能的农业区位理论。在工业经济时代早期，工业生产活动的场所主要取决于生产成本的大小，运费作为一个影响空间成本的重要因子，受到格外关注，最早出现了以成本最小为核心的韦伯工业区位理论。随着工业经济社会的发展，社会生产更多地受到市场的直接制约，市场因子开始备受关注，出现了廖什的市场区位理论；20世纪40年代以后，人类生活方式和价值观进一步多样化，仅考虑单一的经济因素已不能全面地反映工厂区位选择的目标，从而重视非经济区位因子以及行为因素的新的区位理论应运而生。人类活动不仅在生产活动中，在消费和流通活动中的区位问题也不断受到重视，出现了反映作为人类生活基本场所的城市和聚落的空间配置规律的理论，其中克里斯塔勒中心地理论得到了发展。随后，由于人类经济活动的组织形式发生重大变化，对于企业组织的空间规律进行探索的多部门企业区位理论随之发展。

二、区位条件

人类活动所占有的场所就是区位。由于不同的场所存在不同的区位条件，人类活动并不是均匀分布的，而是集中在特定场所进行的。区位条件是经济活动区位所特有的属性或资质。

人类对自身活动场所的选择在很大程度上取决于区位条件的好坏。区位条件是相对于区位主体而言的。区位主体不同，区位条件随之不同。例如：在选择工业区位时，劳动力、资本、原料、能源、运输、市场等是主要的区位条件；而在选择农业区位时，光热与温度条件、土壤条件、劳动力条件、交通以及市场条件则构成主要的区位条件。区位条件也是随时间而变化的。就某一区位主体而言，对其局部区位的要求会随时间而变，因而要求的区位条件也随之变化。例如，就选择工业区位而言，随着交通运输技术的发展、工业活动本身制造工艺技术的进步以及生产中的物耗水平和投入比例的变化，在区位选择中，原料、能源、运输等区位条件的地位会相对下降；相反，劳动力尤其是高技能劳动力、地区智力密集程度、市场等区位条件的地位则不断提高。

三、区位因素

区位因素也称区位因子、区位力量，最早由韦伯提出。韦伯将区位因素定义为：经济活动在某特定地点进行时所得到的利益即费用的节约，用生产成本来衡量区位条件的优劣。在实际运用当中，将区位因素作为衡量区位条件的指标来使用。因为对于生产者而言，在确定生产场所的位置时，仅考虑当地是否具备了生产条件还不够，尤其是当多个地点同时具备了相应生产条件的情况下，还必须确定哪个地点的区位条件最好，这时就需要选取一系列相关指标来评价、比较各个地点的区位条件，例如，用交通设施的类型、数量、质量以及综合运输成本等指标来评价交通运输条件，这些相关的指标就是区位因素。以此而论，区位因素是指衡量区位条件优劣的指标。

区位因素有许多，其中有些与生产经济活动本身直接相关，例如土地的价格、运输成本等，这些属于经济因素；还有一些与生产经济活动本身没有直接的联系，例如投资者的个人嗜好等，这些属于非经济因素。在实际运用过程中，不同的人或不同的研究分析方法所选用的区位因素也不尽相同。韦伯的工业区位论以生产成本最低为准，采用的是成本因素；而廖什则以利润最大为准，采用的是利润因素。在评价生产区位条件时多采用经济因素，但在特殊的时期或特定的情况下，非经济因素也有可能起到决定性的作用。例如，海外华侨回故乡投资、大三线建设中的战备要求、工程的防灾标准、少数民族政策等。受固定性区位条件严格制约的农业、采矿业等经济活动，自然条件是其区位选择的决定性因素。

四、区位商

区位商（Location Quotient，LQ），也称为区位商数、区位熵、专门化率，是一个区域经济学与经济地理学常用的指标，用来衡量一个区域特定产业的重要程度。

区位商由哈盖特（P. Haggett）首先提出并运用于区位分析中，其计算公式如下所示：

$$LQ_{ij} = \frac{L_{ij} / \sum_{j=1}^{m} L_{ij}}{\sum_{i=1}^{n} L_{ij} / \sum_{i=1}^{n}\sum_{j=1}^{m} L_{ij}} \tag{2-1}$$

其中：

i 为第 i 个城市（$i=1, 2, \cdots, n$）；

j 为第 j 个产业（$j=1, 2, \cdots, m$）；

L_{ij} 为第 i 个城市、第 j 个产业的产出（可以是就业人口、产值、产量）；

LQ_{ij} 为某城市 i 的产业 j 的区位商。

该计算公式表示，i 城市的 j 产业的产出份额与全省（或全国）j 产业占全省（或全国）总产出份额之比。

实际计算时，区位商可以简化表示，简化计算公式如下所示：

$$LQ = \frac{e_j / e}{E_j / E} \tag{2-2}$$

其中：

e_j 为某城市的 j 产业的就业人口（产值、产量）；

e 为某城市的全部产业的就业人口（产值、产量）；

E_j 为全省（或全国）的 j 产业的就业人口（产值、产量）；

E 为全省（或全国）的全部产业的就业人口（产值、产量）。

LQ 对于产业来说：

当 $LQ > 1$ 时，表示该产业是该城市的重要产业，具有产业优势，在该城市该产业可以形成产业集群；

当 $LQ < 1$ 时，表示该产业不是该城市的重要产业，不具有产业优势，在其他城市该产业可以形成产业集群；

当 $LQ = 1$ 时，表示该产业处于该城市内外平衡状态。

LQ 对于产品来说：

当 $LQ>1$ 时，表示该产业的产品有剩余，可以向该城市以外输出，物流流向表现为由该城市向其他城市流动；

当 $LQ<1$ 时，表示该产业的产品不能满足该城市的自身需求，需要从其他城市输入，物流流向表现为由其他城市向该城市流动；

当 $LQ=1$ 时，表示该产业的产品在该城市可以自给自足，物流流向表现为向该城市内部、或其他城市流动。

以下为某城市主要产业的区位商。其中，LQ_1 为该城市某产业的产出占全省份额，LQ_2 为该城市某产业的产出占全国份额。根据该城市主要产业的区位商，进而可以分析该城市的产业特征（如表 2-1 所示）。

表 2-1　某城市主要产业的区位商

行业	LQ_1	LQ_2
黑色金属矿采选业	0.260	0.360
有色金属矿采选业	0.060	0.170
非金属矿采选业	0.020	0.030
农副食品加工业	0.360	1.300
食品制造业	0.140	0.100
饮料制造业	0.010	0.010
烟草制造业	2.410	3.800
纺织业	1.260	0.400
纺织服装、鞋、帽制造业	0.400	0.020
皮革、毛皮、羽毛（绒）及其制品业	0.003	0.002
木材加工及木、竹、藤、棕、草制品业	0.180	0.400
家具制造业	1.020	0.260
造纸及纸制品业	0.590	0.780
印刷业和记录媒介的复制	0.220	0.210
文教体育用品制造业	1.580	0.040
石油加工、炼焦及核燃料加工业	0.090	0.040
化学材料及化学制品制造业	1.150	1.250

行业	LQ_1	LQ_2
医药制造业	0.490	0.870
橡胶制品业	0.520	0.110
塑料制品业	0.150	0.070
非金属矿物制品业	0.420	0.590
黑色金属冶炼及压延加工业	2.250	2.680
有色金属冶炼及压延加工业	1.090	3.160
金属制品业	0.530	0.100
通用设备制造业	1.480	0.490
专用设备制造业	2.180	2.550
交通运输设备制造业	2.740	4.240
电气机械及器材制造业	0.280	0.130
通信设备、计算机及其他电子设备制造业	0.040	0.010
仪器仪表及文化、办公用机械制造业	0.060	0.120
电力、热力的生产和供应业	0.420	0.750
燃气生产和供应业	1.350	0.770
水的生产和供应业	0.600	1.190

第二节 区位与物流

一、物流对区位的作用

（一）集聚作用

1. 物流的发展促进资源要素向中心城市集聚

一个结构稳定、有效运作的物流网络，既可以有效降低中心城市物流运行的交易成本和商务成本，又可以促使中心城市内信息、技术、人才、资金以及政策等一系列资源要素的流动和整合，从而提高中心城市内部的生产、流通效率。由于经济活动的需要，中心城市作为一个开放系统，不断和周围区域发生信息、技术、资金以及其他生产要素的流动，生产要素会追求效益最大化。物流业的发展可以提高城市的生产效率，进而提高要素报酬率，促使生产要素向中心城市集聚。

2. 物流的发展促进核心产业集聚

物流业作为重要的现代服务性产业，连接着生产与消费，因此农业、制造业、工商业等发展都离不开物流的支撑。在一些交通发达的地区，有着良好的物流环境，许多物流企业会聚集在这些物流基础设施较好的地区，形成物流产业集聚。同时，物流业也对该区域内的核心产业提供便利，通过降低物流成本、提高物流效率等路径影响核心产业竞争力，形成核心产业的集聚。同时，物流业能够通过加强区域的集聚效应，将相关企业彼此联系得更加紧密，并起到润滑剂的效用，使核心产业集聚的各个环节相互协调，从而带动核心产业发展。

（二）区域分工与专业化的作用

物流的发展促使区域分工深化。美国经济学家亨德里克·霍撒克（Hendrik S. Houthakker）认为，市场容量由运输条件决定，专业化经济与交易成本之间的两难冲突可以解释分工水平（如图 2-1 所示）。

由于分工促进了专业化，因此边际生产成本随着分工程度的加深而降低，而边际交易成本则随着分工程度的加深而增长。边际交易成本与边际生产成本的交点，就是分工水平。当交易效率上升时，边际交易成本曲线则会向下移动，从而

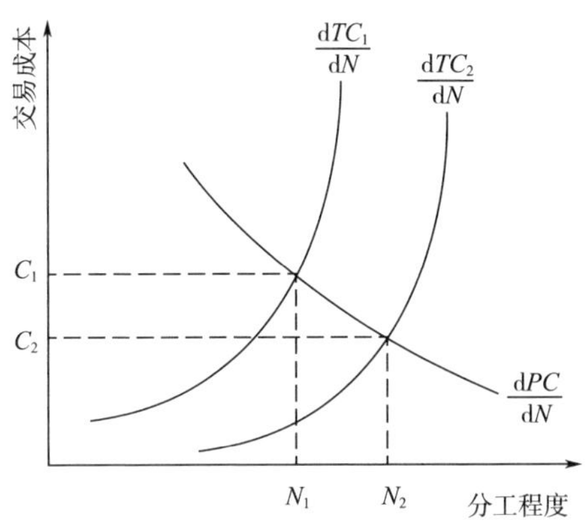

图 2-1 交易成本与分工的关系

注：C 为交易成本；N 为交易次数，即分工程度；$\frac{dTC}{dN}$ 为边际交易成本；$\frac{dPC}{dN}$ 为边际生产成本。

提高专业化分工水平。第三方物流企业提供了专业化的物流服务，不仅具有较高的物流效率，同时可以为多个客户提供物流服务，具有一定的规模经济优势，可以较低的成本为客户提供采购、仓储、库存、包装、运输、配送等综合物流服务功能。当企业通过签订合约，采取外包的方式把物流委托给专业的物流企业进行管理时，能不断提高市场的交易效率，降低边际交易成本，促进了分工的演进，即由 N_1 移动到 N_2 。

二、物流空间要素

（一）物流空间结构要素

物流节点、物流通道和物流网络是物流空间分布的三类构成要素，其在一定区域内的组合形式及相互关系形成物流的空间分布。从物流活动的内容上看，任何地域的物流活动都在物流点、线、网络上进行。运输和物流信息传输发生在线路上，而仓储、配送、流通加工、包装、装卸搬运等均发生在节点上，物流节点和线路构成物流网络。因此，物流节点、物流通道、物流网络是物流空间结构的三个基本要素。其中，物流网络是物流空间结构的重要表现形态。

1. 物流节点

物流节点是区域空间经济活动最密集、最活跃的地方，是物流作业活动的空间“聚集点”，也是物流线路的起点、中转点和终点，是连接通道的连接之处。

物流节点以城市或产业园区为载体，表现为点状分布。无论是在全球背景还是国家背景之中，城市都是社会生产力最发达、经济发展水平最高的地区。社会再生产过程中既要从地域之中聚集大量的生产要素，又要使大量商品流向市场。这种聚集生产要素和商品流动的过程，也就是物流需求的形成过程。正是由于区域中的生产力分布不均匀，导致区域范围内物流节点的物流需求存在质量上的非均质性。由于同一区域中分布的物流节点的规模程度和重要程度不尽相同，因此物流节点具有不同的层次性。而区域范围内存在不同层次的物流节点，使得各层次的物流节点处于相互联系、相互作用的关系之中。

2. 物流通道

物流通道也称为物流轴线或物流干线，是物流活动的轨迹，是由交通、通信、信息等基础设施组成的线状路径，也是连接各个物流节点之间的通道。物流活动除了集聚在物流节点外，还发生在点与点之间的连线上，以消除生产、流通、消费领域中的空间障碍，建立物流节点的空间联系，实现物流的空间效应。物流通道的载体为不同形式的交通线路，包括铁路、公路、管线、航道、航线等。物流通道的形成与发展主要受两种因素的影响和制约：一是自然环境因素；二是社会经济因素。二者共同作用决定了物流通道的方位、走向和等级。区域内不同规模的节点形成不同等级的物流节点，由于区域之间有着密切的经济联系，不同等级的物流节点之间和相近等级的物流节点之间均发生物流联系，形成“树枝状”的物流通道。一个物流节点通过物流通道与其他多个物流节点产生物流联系，但并不是一一对应的关系。核心物流节点与少量次级物流节点之间形成骨干物流通道，次级物流节点再与其他中小物流节点之间形成区域物流通道。根据物流通道在体系中的重要程度，可以分为骨干、区域以及城市等不同等级的物流通道。

3. 物流网络

物流网络是由各级物流节点和通道构成的相互联系、相互作用的系统结构形式。随着物流节点和物流通道规模的扩张，相互之间通过关联促使物流网络产生，形成物流空间组织的相对成熟状态。物流网络包括由铁路运输网络、公路运输网络、水路运输网络、航空运输网络构成的综合运输网络体系。物流网络体系保证区域内具有复杂、交错、便利的物流资源流动通道，使得货物的运动方向不再单一，在地区间表现出均质化特征；同时，可促进物流资源的聚集、吸引和辐射效应，提高物流经济要素在地域上的集聚密度。

（二）物流空间流动要素

1. 流向

流向是指流体从起点到终点的流动方向。物流的流动方向有三种：一是自然流向，就是根据产销关系所决定的商品流向，这表明一种客观需要，即商品要从产地流向销地；二是市场流向，即根据市场供求规律由市场确定的商品流向；三是实际流向，即在物流过程中实际发生的流向。在现实生活中，货物正反方向都能流动。正向物流是制造商经制造程序将产品完成再销售到最终客户的一连串过程，而逆向物流是为了回收价值或者适当处置的目的将货物从客户移动到厂家的过程（如图 2-2 所示）。例如，丰田公司从原材料的采购到企业的制造生产，再将生产的汽车销售给客户，最后将客户产品逆向回收，形成了完整的物流体系。

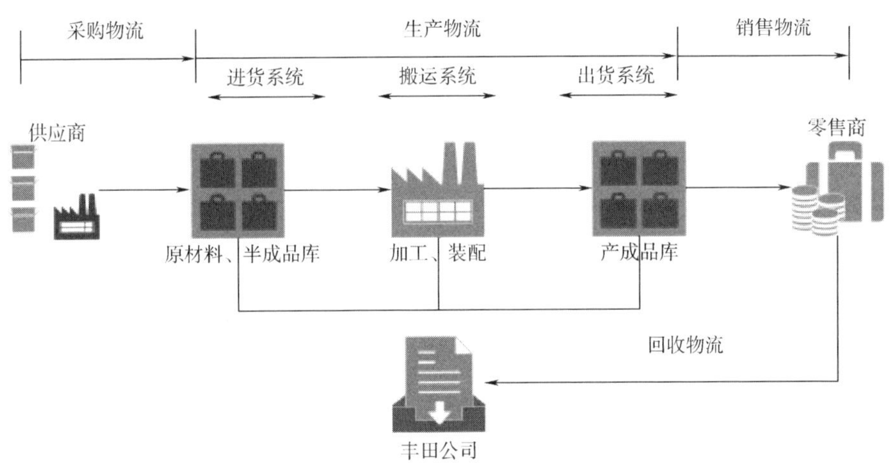

图 2-2 丰田公司的物流体系

2. 流量

流量是指流体在一定流向上的数量表现。流量与库存不可分割，每一种流量都有一种库存与之相对应，即货物的入库和出库需要保持一个平衡。因此，考虑货物的安全库存非常必要。安全库存也称安全存储量，又称保险库存。安全库存是指，为了防止不确定性因素（大量突发性订货、交货期突然延期、临时用量增加、交货误期等）而预计的保险储备量。

（1）安全库存情形一：需求发生变化，提前期为固定常量。先假设需求的变化情况符合正态分布，由于提前期是固定的数值，因而可以直接求出在提前期的需求分布的均值和标准差。或者可以通过直接的期望预测，以过去提前期内的需求情况为依据，从而确定需求的期望均值和标准差。提前期内的需求状况的均值和标准差一旦被确定，就可利用如下公式计算安全库存量 SS 。

$$SS = Z \times SQRT(L) \times STD_1 \tag{2-3}$$

其中：

STD_1 为在提前期内，需求的标准方差；

L 为提前期的长短；

Z 为一定顾客服务水平下需求变化的安全系数（如表 2-2 所示）。

表 2-2　顾客服务水平及安全系数表

顾客服务水平（%）	安全系数	顾客服务水平（%）	安全系数
100.00	3.09	96.00	1.75
99.99	3.08	95.00	1.65
99.87	3.00	90.00	1.80
99.20	2.40	85.00	1.04
99.00	2.33	84.00	1.00
98.00	2.05	80.00	0.84
97.00	1.88	75.00	0.68

【例 2-1】某饭店的啤酒平均日需求量为 10 升，并且啤酒需求情况服从标准方差是 2 升/天的正态分布，如果提前期是固定的常数 6 天，试确定满足 95%的顾客满意的安全库存量的大小。

解：由题意知：$STD_1 = 2$ 升/天，$L = 6$ 天，$F(Z) = 95\%$ ，则 $Z = 1.65$，从而 $SS = Z \times SQRT(L) \times STD_1 = 1.65 \times SQRT(6) \times 2 = 8.08$，即在满足 95%的顾客满意度的情况下，安全库存量是 8.08 升。

（2）安全库存情形二：提前期发生变化，需求为固定常数。如果提前期内的顾客需求情况是确定的常数，而提前期的长短随机变化，在这种情况下：

$$SS = Z \times STD_2 \times d \tag{2-4}$$

其中：

STD_2 为提前期的标准差；

Z 为一定顾客服务水平下需求变化的安全系数；

d 为提前期内的日需求量。

【例 2-2】如果在例 2-1 中，啤酒的日需求量为固定的常数 10 升，提前期随机变化，而且服从均值为 6 天、标准方差为 1.5 天的正态分布，试确定 95%的顾客满意度下的安全库存量。

解：由题意知：$STD_2 = 1.5$ 天，$d = 10$ 升/天，$F(Z) = 95\%$，则 $Z = 1.65$，从而 $SS = Z \times STD_2 \times d = 1.65 \times 1.5 \times 10 = 24.75$，即在满足 95%的顾客满意度的情况下，安全库存量是 24.75 升。

（3）安全库存情形三：需求情况和提前期都是随机变化的。在多数情况下，提前期和需求都是随机变化的。此时，假设顾客的需求和提前期相互独立，则 SS 为：

$$SS = Z \times SQRT(STD_1 \times STD_1 \times L + STD_2 \times STD_2 \times D \times D) \tag{2-5}$$

其中：

Z 为一定顾客服务水平下需求变化的安全系数；

STD_1 为在提前期内，需求的标准方差；

STD_2 为提前期的标准差；

D 为提前期内的平均日需求量；

L 为平均提前期水平。

【例 2-3】如果在例 2-2 中，日需求量和提前期相互独立，而且变化均严格满足正态分布，日需求量满足均值为 10 升、标准方差为 2 升的正态分布，提前期满足均值为 6 天、标准方差为 1.5 天的正态分布，试确定 95%的顾客满意度下的安全库存量。

解：由题意知：$STD_1 = 2$ 升，$STD_2 = 1.5$ 天，$D = 10$ 升/天，$L = 6$ 天，$F(Z) = 95\%$，则 $Z = 1.65$，从而 $SS = 1.65 \times SQRT(2 \times 2 \times 6 + 1.5 \times 1.5 \times 10 \times 10) = 26.04$，即在满足 95%的顾客满意度的情况下，安全库存量是 26.04 升。

3. 流程

（1）物流作业环节的流程。物流企业无论是自己承担物流服务，还是提供物流方案的物流服务，物流环节的专业化作业流程是物流企业的核心业务。物流企业作业流程是指，货物到达仓库后，经“进货”作业确认收下货品后依序将货品存储入库，而后为确保在库货品受到良好的保护管理，再施以定期与不定期的“盘点”检查。当客户订单进来后，先将订单依其性质作“订单处理”之后即可依处理后的订货信息执行“拣货”作业。拣货完成一旦发现拣货区所剩余的存量过低，则必须由存储区来“补货”。当然，若整个存储区的存量低于预设标准，便需要向上游争取新的货运业务来补货。而从仓库拣出的货品经过整理后可准备“出货”，有的功能齐备的物流企业还有配合厂商的促销活动对货品进行必要的“流通加工”，货品加工后等待出货。司机将出货品装上配送车，将其“配送”到各个客户。因为所有作业中都少不了搬运的动作，所以也将“搬运”列为作业之一。因此，物流企业基本作业归纳为 10 项，分别是进货作业、搬运作业、储存作业、盘点作业、订单处理作业、拣货作业、流通加工作业、补货作业、出货作业、配送作业（如图 2-3 所示）。

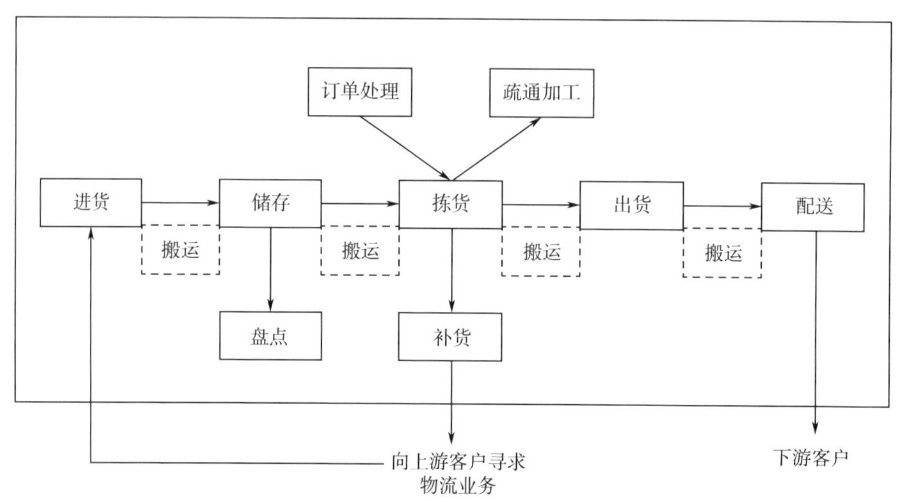

图 2-3　物流企业基本作业流程

①进货作业。货物卸下后进行货物实地的验收，核对数量、规格等是否与订单相符。如果正确无误，则按分类标准加以分类，并登记进货及进行进货记录。如果与订单不符或有破损的情况，则做出相应处理。

②搬运作业。将不同形态的散装、包装或整体的商品（原料、半成品或产成品）在平面或垂直方向进行移动，可能是要运送，或是重新摆置，使货品能适时、适量移至适当的位置或场所存放。

③储存作业。事前做好仓储位置的规划，把将来要使用或者要出货的商品作适度的摆放，不会造成后续一些不必要的搬动。经常检查库存品，善用空间，弹性调配，最大利用，同时也要注意存货的管理，尽量降低库存成本。

④盘点作业。货品因不断进出库，在长期的累计下容易产生库存资料与实际数量不符的现象。或者有些货物因存放过久、不恰当，致使货物品质受影响，难以满足客户需求。为了有效控制货品数量，需要定期对各存储场所进行数量清点作业。

⑤订单处理作业。由接到客户订单开始至准备着手拣货之间的作业阶段，称为订单处理。主要工作为接单后有关客户及订单的资料确认、存货查询、订单整理与编号及订单出货资料处理。传统处理方式为人工作业，优点是具有弹性，适合少量订单，缺点是一旦订单数量稍多，处理过程就会变得缓慢且容易出错。电脑化处理可以提供较快的处理速度及较低的成本，适合大量订单，但是要导入电脑化处理，需要客户端做出一些配合，使用电子订货系统（EOS）、电子数据交换（EDI）的订货方式，才能发挥最佳效能。

⑥拣货作业。每张客户的订单中至少都包含一项以上的商品，拣货作业就是要决定一个拣取策略，将不同种类数量的商品，以最有效率的方式和最小的成本，从库存货架上取出集中在一起。

⑦流通加工作业。物流企业发展过程中，流通加工不仅是完善服务功能的重要手段，而且成为打造新的核心竞争力、寻求新的利益诉求点的功能要素和提升物流服务水平的主要途径。流通加工是客户因促销等原因，要求对其货品进行处理时需要物流企业进行的简单加工或包装。流通加工都会将旧有的标签、包装拆除，或加入赠品或改变商品数量后重新包装、贴标。

⑧补货作业。当动态拣货区货品被拣取完毕或数量不足时，则会从保管区域将货品移动至订单拣取的动态拣货区域，然后进行记录或电脑存档。同时，必须控制保管区域的存货水准，若降至安全存量以下，则发出新业务需求通知。

⑨出货作业。为了确保出货数量、品质、规格的正确性，将拣取分类完成的货品做出货检查，看是否符合订单要求，检查无误后装入适当的容器以避免旅途中的碰损并方便卸货，然后贴上标签，根据车辆的货运分配表或不同的厂商、客户等指示将物品运至出货准备区，最后装车配送。

⑩配送作业。利用运输工具，将被订送的货物从货源地或现代物流企业的中转区送至客户。其主要工作内容由管理人员从电脑中利用订单资料的电子文档，将当日预定出货的订单内容汇总，查询车辆调用文档、司机派用文档、客户资料文档与该地区电子地图文档等后，依其配送地点划分区域，再统计该区出货商品的体积和重量，汇总出每条路线需运载的总数，然后进行该路线车辆的配置，订

出出车批次、装车及配送行程。

（2）物流路径的流程。物流路径的流程多应用于路径方案的选择中。例如，政府在修建某条公路时，会制订多个路径方案，此时需要进行综合决策。一方面，由于路线长的修建费用和运营费用较高，所以路线长被认为是一项缺点；另一方面，长线方案又具有特定的优点，连接的城市、工矿区等运输集散点多。项目影响区内各运输集散点不可能都在路线起终点间的直线上，如果要求路线经过每个运输点，路线就太迂回曲折，行驶的车辆势必增加行驶里程；如果不照顾到中间各运输点，则又使各运输点的运距增长。因此，上述两种情况各有利弊。在路线方案选择时，都要进行车辆的起终点调查（OD 调查）。以项目影响区内的车辆和运输点为整体，通过 OD 表可全面、定量评价路线各方案的里程。

【例 2-4】OD 表在物流通道选择的应用

假设拟建起点为 A、终点为 D 的一条物流通道，项目影响区内的运输集散点有 A，B，C，D。路线方案有甲、乙两种情况（如图 2-4 所示），从整体角度来评价甲、乙两个方案的里程长短。

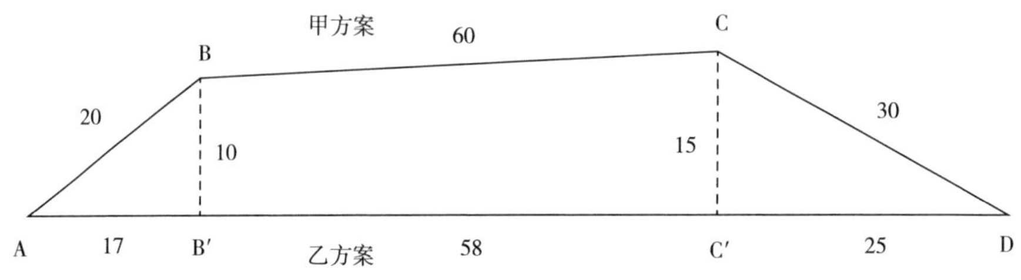

图 2-4　方案路线图

在图 2-4 中，实线 A—B—C—D 为甲方案路线，经过 A、B、C、D 四点；实线 A—B'—C'—D 为乙方案路线，经过 A、B'、C'、D 四点，虚线 BB' 和 CC' 为甲乙路线的连接线。路段上的数字为里程数（公里）。用一般方法来评价甲、乙两个方案，结论是：甲方案多连接了 B、C 两个运输点，但线路里程较长，总长为 110 公里。乙方案路线短捷，为 100 公里。乙方案比甲方案短 10 公里，但离 B、C 两个运输点较远。且需修建 25 公里的连接线。甲、乙两个方案各运输点之间里程的计算结果如表 2-3、表 2-4 所示。

表 2-3　甲方案各运输点之间的里程

起点	终点			
	A	*B*	*C*	*D*
A	0	20	80	100
B	20	0	60	90
C	80	60	0	30
D	110	90	30	0

表 2-4　乙方案各运输点之间的里程

起点	终点			
	A	*B*	*C*	*D*
A	0	27	90	100
B	27	0	83	93
C	90	83	0	40
D	100	93	40	0

比较表 2-3 与表 2-4 可知，针对各运输点之间的运距，甲、乙两方案各有优势，应从整体出发权衡甲、乙两个方案在里程方面的利弊。利用 OD 表计算两方案各运输点之间车辆行驶的总里程之和，用以进行综合评判，具有一定的合理性。假定该项目影响区内车辆 OD 表如表 2-5 所示。

表 2-5　*A*—*D* 运输点公路车辆 OD 表

起点	终点			
	A	*B*	*C*	*D*
A	0	250	150	100
B	250	0	200	180
C	150	200	0	220
D	100	180	220	0

令项目影响区内车辆的总行驶量为 D 。

甲方案：$D1=(250\times20+150\times80+100\times110+200\times60+180\times90+220\times30)\times2=1\ 256$ 公里/日；

乙方案：$D2=(250\times27+150\times90+100\times100+200\times83+180\times93+220\times40)\times2=1\ 478$ 公里/日。

计算结果 $D1 < D2$。由于甲、乙两方案所服务的车辆相同，完成的运输量相同，而车辆按甲方案行驶的总里程小于按乙方案行驶的总里程，所以从整体上考虑甲方案优于乙方案。

案例分析2-1

日本夕张市区位条件的变化

从日本北海道首府札幌到夕张市60公里，高仓健曾在这里拍过电影《幸福的黄手帕》。2006年6月，夕张市因财政收入出现大量赤字而宣布破产。2005年决算时，夕张市负债总额达到632亿日元，而年财政收入仅10亿日元。从2007年4月起，夕张市政府职员由300人减少到150人，7所小学和4所中学合并为各1所。关闭美术馆、敬老院、图书馆、游泳池等30处公共设施。夕张市为增加财政收入被迫加重市民的负担，被日本称为“最高的居民负担、最少的公共服务、最多的老龄人口、最低的收入阶层”。

2005年，夕张市人口仅1.3万人。夕张市曾有日本“煤炭之都”之称，20世纪50年代有大小煤矿20个，人口最多时达到11万人。伴随煤炭供应及需求的减少，市内煤矿先后关闭，20世纪90年代初最后一个煤矿关闭，煤炭产业完全消失。市内人口与煤矿同步减少。为实现产业结构转换，保持经济社会持续发展，从20世纪80年代开始，夕张市重点投资观光产业，主题公园、滑雪场和酒店等相继开业。90年代泡沫经济崩溃，经济进入长期萧条，观光产业收入下降，投资成本难以收回。

案例分析2-2

江苏省三大城市圈的产业分工分析

随着经济全球化的加速和城镇化的发展，城市圈成为区域经济的主导力量，未来城市之间经济实力的竞争更可能演化为各城市圈之间的竞争。作为国内较早进行城市圈规划实践的南京城市圈、苏锡常城市圈、徐州城市圈在其发展过程中均发挥了城市圈的优势。

根据《江苏省城镇体系规划（2015—2030年）》，南京城市圈是以南京为核心，以长江为主轴，形成由南京辐射至周边城市的放射式城镇空间格局，跨越江苏、安徽两省，包括南京、镇江、扬州、淮安、马鞍山、滁州、芜湖、宣城8个城市。苏锡常城市圈包括苏州、无锡、常州三个设区市，以沪宁走廊为主轴，与上海呼应，同时加强对周边城市的辐射作用。徐州城市圈的地域辐射范围较大，跨越了江苏、山东和河南三省，以京沪、陇海铁路、徐宿淮盐高速公路等为发展轴，包括徐州、宿迁、连云港、宿州、淮北、山东枣庄、济宁市微山县和河南商丘的永城市。可以看出，除了苏锡常城市圈外，其他两大城市圈都超出了江苏省的范围，从而赋予了这两大城市圈一定的经济区划的内涵，同时也增加了城市圈内区域发展的复杂性和不确定性。城市圈的形成并不是城市功能的单纯相加，要真正发挥城市圈的综合优势，不仅需要其具有较高的发展水平、较大的规模和增长潜力，更需要城市圈内部能够厘清发展水平和特点，明确产业分工，优化产业结构。而区位商分析法是衡量某产业在区域经济发展中的功能差异，分析评价区域优势产业和薄弱环节所在的有效方法。通过区位商分析方法可对江苏省三大城市圈的产业分工状况进行分析研究（如表2-6所示）。

表2-6 江苏省三大城市圈各产业的区位商

	第一产业					第二产业			第三产业				
	总体	农业	林业	牧业	渔业	总体	工业	建筑业	总体	零售业	物流业	金融业	房地产业
南京城市圈	0.63	0.54	0.44	0.43	0.94	1.14	1.19	0.86	0.95	0.89	1.09	0.92	0.94
苏锡常城市圈	0.2	0.14	0.21	0.09	0.4	1.16	1.27	0.59	1.01	1.52	1.47	0.9	0.93
徐州城市圈	1.25	1.2	0.69	1.12	0.99	1.13	1.14	1.04	0.84	1.42	1.17	0.46	0.94

（1）第一产业区位商。江苏省三大城市圈中，只有徐州城市圈第一产业的区位商大于1，相对于全国第一产业水平有比较优势，且比较优势较为突出。而南京城市圈和苏锡常城市圈则在第一产业上具有比较劣势，同时南京城市圈又相对苏锡常城市圈在第一产业上有比较优势。因而，在江苏省三大城市圈中，第一产业的比较优势上是徐州城市圈>南京城市圈>苏锡常城市圈。从第一产业内部农业、林业、牧业、渔业的区位商上可以看出，南京城市圈和苏锡常城市圈在农业、林业、牧业、渔业的区位商都比较低，说明在这四个行业中的比较劣势较为

明显，城市圈内消费的产品与服务多来自外部供给；徐州城市圈在农业、牧业上的区位商分别是1.2和1.12，都获得了比较优势，但是其林业和渔业的区位商均低于1，相对全国林业和渔业水平都较低。

(2) 第二产业区位商。从总体上看，江苏省三大城市圈第二产业的区位商都大于1，说明这三大城市圈第二产业的专业化水平都要高于全国水平。三大城市圈在第二产业的比较优势上是苏锡常城市圈>南京城市圈>徐州城市圈。再看第二产业内部，在工业行业，三大城市圈的区位商值都大于1。这说明江苏省三大城市圈具有较高的工业专业化水平，工业产出不仅能够满足本区域的需求，且能向外输出，这也与三大城市圈的经济现实相符合。同时，还反映了工业行业在三大城市圈中都是主导产业，能够对经济的发展起主导作用。而在建筑行业，只有徐州城市圈的区位商为1.04，略大于1，说明其比较优势并不十分明显，仍然需要进一步发展，该地区建筑业产出绝大部分供本地区需求，可能有少量输出；而南京城市圈和苏锡常城市圈的建筑业区位商都小于1，处于比较劣势的地位，这也意味着这两个城市圈需要从区域外获得建筑业产品和劳务的供给。从工业行业的分析结果来看，苏锡常城市圈的工业区位商最高，而徐州城市圈较低一些，徐州城市圈中所包含的城市跨越了四省，这也使徐州城市圈的情况较其他城市圈更为复杂，对其工业水平的影响也较为多元化。

(3) 第三产业区位商。从三大城市圈第三产业的区位商来看，南京城市圈的区位商为0.95，小于1，但已经比较接近于1，可以说是潜在专业化的行业，说明南京城市圈的第三产业获得了一定的发展。但是，如果不重视该行业的发展也可能会成为低专业化水平的行业，即具有比较劣势。苏锡常城市圈第三产业的区位商为1.01，是三大城市圈中唯一一个在该行业区位商大于1的，说明苏锡常城市圈第三产业具有较高的专业化水平，是该城市圈经济发展的主导产业之一，第三产业的产出除了满足本区域需求外，还能向外输出。徐州城市圈在该行业的区位商仅为0.84，在三大城市圈中第三产业区位商最小。再看第三产业内部各行业的区位商，在批发零售业，除了南京城市圈，其他两大城市圈的区位商都大于1，这说明虽然南京的第三产业相对于徐州来说处于优势，但其第三产业内部的批发零售业水平仍低于全国水平，需要从外引入；而徐州城市圈虽然在第三产业的区位商最低，但在批发零售业、住宿和餐饮业以及交通运输、仓储和邮政业的区位商均大于1，高于全国水平，但不足的是其金融业区位商仅为0.46，在三大城市圈中最低，这也是因为徐州城市圈中的城市大多位于苏北以及与山东省和河南省毗邻地区，区域内因素比较复杂而导致的。另外，三大城市圈在住宿和餐饮业的区位商均大于1，这与近年随着江苏的发展，外来人员不断迁入有关；但在金融业和房地产业，三大城市圈的水平均低于全国水平，需要加强这方面的发展。同时，徐州城市圈也应大力发展第三产业，积极调整产业结构。

第三章　区位理论

【学习目标】

1. 理解杜能农业区位论的圈层结构。
2. 掌握韦伯工业区位论的最小运费原理。
3. 理解中心地理论的三原则和空间模型。
4. 掌握胡佛运输费用结构理论。
5. 了解区位因素的引入给俄林理论体系赋予的内涵。
6. 了解区位因素对新经济地理学核心机制的影响。

【重点与难点】

1. 掌握区位理论三个时期的发展特点（如表 3-1 所示）。
2. 掌握商圈网络模型和物流空间模型。

表 3-1　区位理论三个时期的发展特点

	古典区位论	近代区位论	现代区位论
起源时期	19 世纪 20 年代	20 世纪 30 年代	20 世纪 50 年代
研究对象	第一、二产业	第二、三产业	城市和区域
追求目标	节省运费、成本最小	市场最优、利润最大	综合优势
代表人物	杜能、韦伯	克里斯塔勒、胡佛	俄林、克鲁格曼

第一节　古典区位论

一、杜能农业区位论

1826年，德国经济学家约翰·杜能（Johann Heinrich von Thünen）出版了《孤立国同农业和国民经济之关系》（以下简称《孤立国》），阐述了空间距离对农业生产布局的影响，并据此构建了假想孤立国中农业生产布局的空间结构。这是有关区位理论研究的开山之作，为后来物流空间学的发展奠定了基础，杜能也被视为开创区位理论的先驱。

（一）杜能农业区位论的背景与目的

1. 背景——企业型农业的成立时代

杜能农业区位理论是德国（普鲁士）特殊社会经济背景下的产物。19世纪初，普鲁士进行了农业制度改革，农民在法律上成为自由农民，所有的国民都可独立支配属于自己的农场。这次农业制度改革，使贵族成为大的土地所有者和独立的农业企业家，出现了由农业企业家和农业劳动者构成的农业企业式经营，达到了降低农业运输成本的目标。杜能的《孤立国》试图解释企业型农业时代的农业生产方式问题。

2. 目的——探索农业生产方式的配置原则

当时德国农学家阿尔布雷希特·泰厄（Albrecht Thaer）认为，为了改变普鲁士农业的落后状况，应该以轮作式农业生产方式全面取代三圃式农业生产方式。杜能为了论证轮作式并非对所有地区都有利的观点，从地域角度对农业生产的地域配置原理进行了研究。然而，杜能的农业区位理论并非要说明当时普鲁士实际的农业区位状况，而是一种关于农业经营方式的理想模式。

（二）杜能农业区位论的基本原理

1. 理论前提

杜能对于其假想的“孤立国”，给定了以下六个假定条件：一是肥沃的平原中央只有一个城市；二是不存在可用于航运的河流与运河，马车是唯一的交通工具；三是土质条件一样，任何地点都可以耕作；四是距城市50英里（15.24米）

之外是荒野，与其他地区隔绝；五是人工产品供应只来源于中央城市，而城市的食品供应则只来源于周围平原；六是矿山和食盐坑都在城市附近。

在上述前提条件下，杜能重点分析了下列两个问题：一是农业将以怎样的经营状态在空间上展开；二是合理的农业生产经营与距离城市的远近存在何种关系。换句话说，为了从土地取得最大的纯收益，农场的经营随着与城市距离的增加而发生变化。

杜能认为，农产品的运输问题将会制约城市周围的农业生产布局。离城市近的地方应该种植运输成本高的东西，或是易于腐烂而必须新鲜消费的产品；离城市远的地方应该种植相对于其价值来说运费较低的东西。杜能考察问题的方法是"孤立化的方法"，利用这一方法是为了排除土质条件、土地肥力、河流等其他要素的干扰，只探讨市场距离要素的作用，即不考虑所有的自然条件差异，只考察在一个均质的假想空间里，农业生产方式的配置与城市距离的关系。由于运输费用的原因，再加上"孤立国"是处于一个均质的平原上，那么在城市四周将形成界限分明的同心圈，每个圈层内都有各自的产品。

2. 形成机制

根据假设，城市所需的农产品都由周围农村所供应，农村的农产品要运到城市出售，运费与距离及重量成比例，运费率因农产品不同而不同。由于农产品的生产活动是追求地租收入最大，杜能给出的地租收入关系的计算公式如下所示：

$$R = PQ - CQ - KtQ = (P - C - Kt)Q \tag{3-1}$$

其中：

R 为地租收入；

P 为农产品的市场价格；

C 为农产品的生产费；

Q 为农产品的生产量；

K 为距城市的距离；

t 为农产品的运费率。

由于 R 随 K 的增加而减少，当不同农产品的生产成本一定时，土地的收益曲线从左至右呈向下倾斜的直线，倾斜度由运费率来决定。由于 t 不同，所对应的倾斜度也就不同。随着 K 的增加，在不同的距离就会出现获得收益最高的农产品品种的替代，从而形成以中心城为圆点的圈层地带，每个圈层地带由一个获得收益最高的农产品所表示，从而形成了农业土地利用的杜能圈结构。

3. 农业生产方式的空间配置原则

农业生产方式的空间配置，在城市附近种植体积大、笨重的农产品，或者生产易于腐烂或必须在新鲜时消费的产品，而随着与城市距离的增加，则种植相对于价格而言运费小的农产品，最终在城市的周围将形成以某一种农产品为主呈环状分布的圈层结构，如图 3-1（a）所示。以城市为中心，由里向外依次为自由式农业、林业、轮作式农业、谷草式农业、三圃式农业、畜牧业这样的同心圆结构。

第一圈是自由式农业圈。由于当时运输工具为马车，速度慢，且缺乏冷藏技术。因此，自由式农业圈主要生产易腐难运的产品。例如，蔬菜、鲜奶等。

第二圈是林业圈。供给城市用的薪材、建筑用材、木炭等，由于重量和体积均较大，因此宜在城市近处种植。

第三圈是轮作式农业圈。该圈主要种植集约式的粮食产品，以谷物和饲料的轮作为主要特色。

第四圈是谷草式农业圈。为谷物、牧草、休耕轮作地带。

第五圈是三圃式农业圈。此圈是粗放农产品与牧场轮替圈。三圃式农业将农家近处的每一块地分为三区。第一区种黑麦，第二区种大麦，第三区为休闲。三区轮作，即为三圃式轮作制度。

第六圈是畜牧业圈。此圈之外，地租为零，为无人利用的荒地。

现实条件与杜能的假设存在很大差异。例如，土地的自然条件在一定范围内不可能完全均质，河流的存在使得比马车运输更廉价的水运方式的出现，都会使假设条件发生变化。因此，杜能提出了“孤立国”的修订模式。例如，考虑可通航河流和其他小城市对农业圈层结构的影响，如图 3-1（b）所示。

（三）北京城郊农业圈层结构

近年来，北京城郊农业区经历了一个经济快速发展、社会结构发生重大变化的时期。北京城郊农业区的发展分为低水平发展阶段和高水平优化阶段。

1. 低水平发展阶段（1988—1996 年）

在此阶段，北京市产业结构实现了由“二、三、一”向“三、二、一”的转变。北京城郊农业区的发展，围绕经济效益最大化这一核心展开（如图 3-2 所示）。

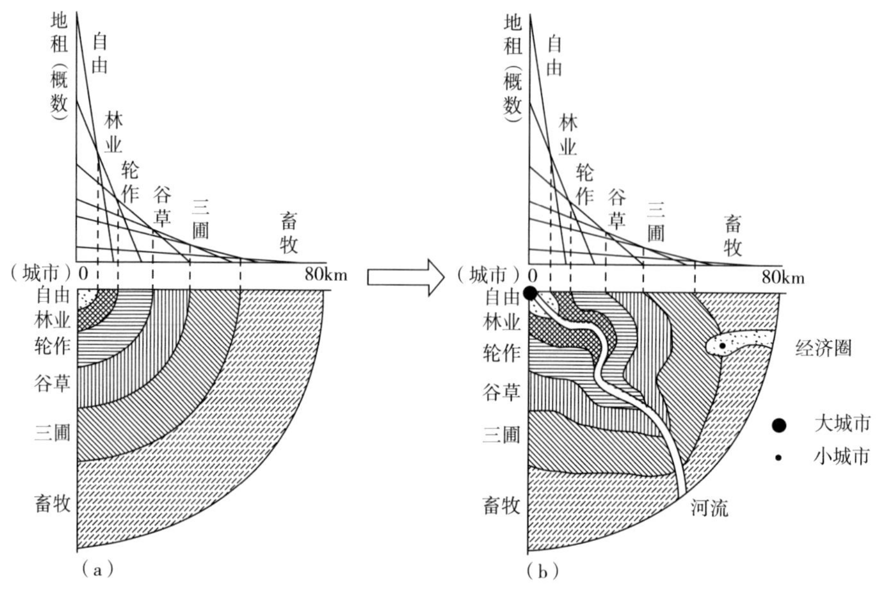

图 3-1　杜能农业圈层示意图

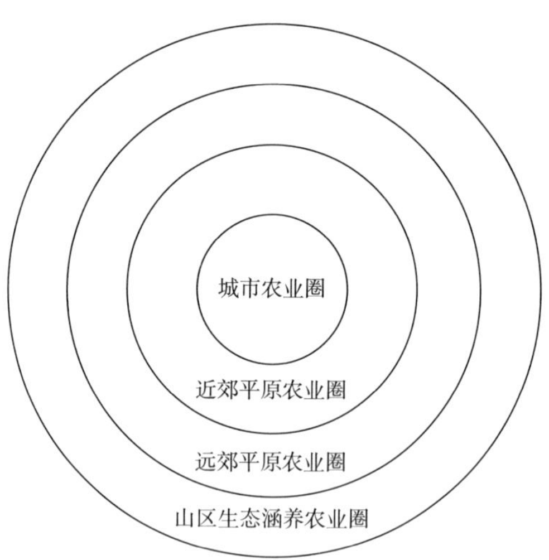

图 3-2　北京城郊农业区示意图

2. 高水平优化阶段（1997 年至今）

在此阶段，北京步入工业化后期阶段，不断增加的财政收入使政府有能力反哺农业。同时，消费者的消费结构也向着除食物消费之外的现代物质消费和精神

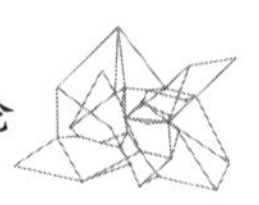

文化消费并重转变。这使社会各界不仅关心经济发展，而且更注重对生态环境的保护和建设。总体来看，北京城郊农业区各圈层的生态、社会服务等功能正逐渐增强，而农业生产功能则逐渐减弱，圈层结构的功能基础发生了较大变化。目前，北京城郊农业区的圈层结构以现有城乡功能结构及其变化为基础，并适应“三农”建设、区域协调发展需求，从而形成“现代农业、生态服务、绿色休闲”的空间布局（如图3-3所示）。

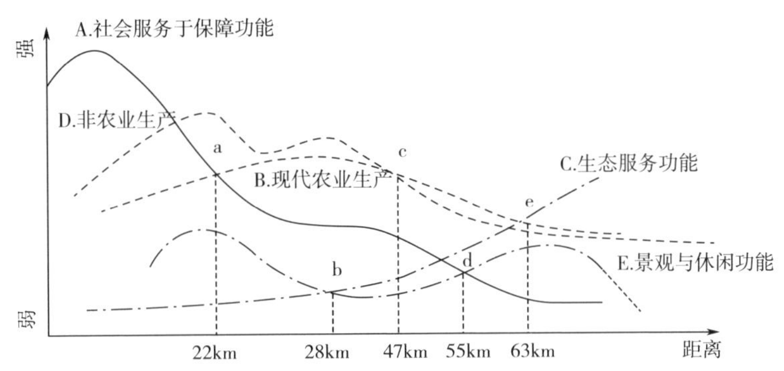

图3-3　北京城郊农业区多功能推移及空间界线示意图

a. 现代农业功能与社会服务保障功能的交汇线（城市与农村的分界线）

b. 景观休闲功能与生态服务功能的交汇线（人造景观与自然景观的分界线）

c. 农业功能强于非农业的分界线

d. 生态功能、景观功能强于社会服务功能的分界线（进入社会服务落后区）

e. 生态功能强于农业、非农产业的分界线（进入远郊山区农业区）

（四）影响农业空间结构的因素

冷链技术的发展与交通手段的发达减小了距离因素对杜能圈的影响，使某些农产品的供求延伸到数百或上千公里的空间范围。因此，在现实中想找到杜能所勾画的完整的圈层结构比较困难。

冷冻技术、保鲜技术的发展，为冷链物流提供了技术保障，农产品在仓储、运输和销售的各个环节中始终处于规定的温控环境下，在一定程度上使得生产地到消费地的时间距离缩短，保证了农产品质量，减少了农产品损耗。杜能自由式农业圈主要生产易腐难运的产品，例如蔬菜、鲜奶等，而冷链技术的发展减小了距离因素对农产品种植的影响。

在杜能农业区位论的研究过程中，交通条件落后、运输时间过长在很大程度上影响了农产品的种植。火车、汽车、飞机等交通工具的出现，扩宽了农产品的运输途径，缩短了运输时间，提高了农产品商品化率。交通手段的发达，使得农产品的供求范围得到延伸，以城市为圆点的圈层结构得到扩大。

二、韦伯工业区位论

1909年，德国经济学家阿尔弗雷德·韦伯（Alfred Weber）出版了《工业区位论》，首次系统地论述了工业区位理论，被视为近代工业区位论的创始人。韦伯认为，运输成本和劳动力成本是决定工业区位的主要因素。

（一）韦伯工业区位论的背景和目的

德国产业革命推动了工业的发展，伴随着大规模人口的地域间移动，产业与人口向大城市集中的现象极为显著，韦伯从经济区位的角度探索资本、人口向大城市移动背后的空间机制，韦伯工业区位论的核心是通过对运输、劳动力及集聚因素的分析和计算，解释人口的地域间大规模移动以及城市的人口与产业的集聚原因，找出工业产品的生产成本最低点，作为配置工业企业的理想区位。

（二）韦伯工业区位论

韦伯将区位因素定义为，经济活动在某特定地点进行时费用的节约。从工业区位论角度来讲，即在特定区位进行特定产品生产可以比别的场所用较少的费用。

在工业活动的开展过程中，运输成本主要体现在采购运输、生产运输、销售运输和逆向运输四个阶段。在当时的环境背景下，企业生产活动多集中于同一区域，较少跨地区进行生产，因此，生产运输成本忽略不计。由于当时经济发展水平的限制，工业活动并未考虑逆向运输，因此，逆向运输成本不予考虑。

1. 区域性区位因素的确定

首先，通过分析某些孤立的生产过程与分配过程，可以找出影响工业生产与分配的成本因素。从工业产品生产到分配的过程中，主要成本如下所示：

第一，选址过程中有布局场所的土地和固定资产费。

第二，加工过程中有原料和动力燃料费。

第三，制造过程中有制造加工费和劳动成本。

第四，运输过程中有物品的运费。

其次，在工业品的生产与分配过程中，与资本有关的利率、固定资产折旧率也必须纳入生产与分配成本中。因此，工业活动的成本因素增加如下所示：

第一，布局场所的土地费。

第二，固定资产费。

第三，获取加工原料和动力燃料费。

第四，劳动成本。

第五，物品的运费。

第六，资本的利率。

第七，固定资产的折旧率。

最后，分析工业活动的成本因素，布局场所的土地费在考虑集聚因素、分散因素之前认为相同，因此，不宜作为区域性区位因素；固定资产费主要反映在购入价格上，一般不与区位发生直接关系；资本的利率和固定资产的折旧率没有区位意义。因此，区域性区位因素只剩下以下三种：

第一，原料费、燃料费。

第二，劳动成本。

第三，运费。

同样的原料和燃料的价格受矿藏性质、矿藏位置、开采难度等因素的影响会因产地不同而变化，厂址选在靠近那些低价格的原料、燃料产地的位置上可以节约生产成本，进而从中获取利润。由于空间位置可以决定原料、燃料的成本差异。因此，原料、燃料成本是区域性区位因素。

不同地区的劳动力素质及供给状况差异很大，特别是在劳动力不能自由流动的情况下，因厂址区位不同而产生的劳动力成本必然有所差异，所以劳动力成本也是区域性区位因素。

运输成本是所有厂商在原料、燃料采购和产品配送时必然遇到的成本。因此，运输成本随厂址区位而发生变化。运输成本的大小取决于工厂距原料生产地的远近和产品距消费地的远近。工厂的区位不同，产生的运输费用也不同，所以运输成本也是区域性区位因素。

综上所述，原料费、燃料费、劳动力成本和运费是所有工业的区域性区位因素。将原料、燃料价格的地区差异用运费差异来替代，这样，影响工业区位的区域性区位因素就可概括为运费和劳动费。

2. 理论前提与构建步骤

（1）韦伯工业区位论的理论前提。

第一，原料产地的空间位置已给定。

第二，消费地的空间分布和规模已给定。

第三，劳动力分布在区域内若干个固定位置上，且不能流动。同时，进一步假设每个工业部门的工资是“固定值”，而且在这种工资水平上可供给无限的劳动力。

（2）韦伯工业区位论的构建步骤。在上述理论前提的基础上，韦伯先后分三个阶段逐一考察运输成本、劳动力成本和集聚分散这三种区位因素对工业分布格局形成的作用和影响。

第一阶段，研究运费因素单独起作用的情况下，工业最合理的布局模式。

第二阶段，研究运费因素和劳动力成本因素共同起作用的情况下，工业分布模式将发生何种变形。

第三阶段，研究运费因素、劳动力成本因素和集聚分散这三种区位因素共同起作用的情况下，工业分布模式又会发生何种变形。

（三）运费指向论

1. 运输重量与运输距离的设定

运输指向论只考虑运输成本对工业区位的影响，运输成本主要取决于距原料生产地和成品消费地的距离、所需运送物品的重量。而运输方式、货物性质等其他因素，都换算为重量和距离，从而得到货物周转量。工业生产与分配中的运输重量主要来源于原料、燃料以及最终产品的重量。为了简化问题，韦伯在运输指向的讨论中又做了以下进一步的假定：

第一，只有一个统一的运输系统，即以铁路运输系统及特定的运价结构为样板。

第二，除了运输重量和运输距离外，其他的影响因素可以换算为运量来考虑，只用重量和距离来表示所有运输成本的要素。

2. 原料指数与区位重量

按照原料的空间分布状况，可以分为遍在原料和局地原料。遍在原料，即为任何地方都存在的原料，例如普通砂石等；局地原料，是只有在特定场所才存在的原料，例如铁矿石、煤炭、石油等。根据局地原料生产时的重量转换状况不同，可将其分为纯原料和损重原料。纯原料，即为生产过程中几乎把全部重量都能转移到制成品中去的原料；损重原料，则为生产过程中只有部分重量转移到制成品中去的原料。

原料指数是指，生产一个单位产品时，需要局地原料的重量。原料指数大小决定理论上工厂的区位。原料指数的计算公式如下所示：

$$原料指数(M_i) = \frac{局地原料重量(W_m)}{产品重量(W_p)} \tag{3-2}$$

在整个工业生产与分配过程中，需要运送的总重量为最终产品和局地原料的和。区位重量是指，每单位产品需要运送的总重量。区位重量的计算公式如下所示：

$$区位重量 = \frac{局地原料重量 + 产品重量}{产品重量} = 原料指数 + 1 \tag{3-3}$$

3. 最小运费原理

在生产过程不可分割、市场和原料地只有一个的前提下，依据最小运费原理的区位可分为以下几类：

第一，仅使用遍在原料时，为消费地区位。

第二，仅使用纯原料时，为自由区位。

第三，仅使用损重原料时，为原料地区位。

根据最小运费原理，用原料指数和区位重量，得出一般的区位法则如下：

第一，原料指数（M_i）>1（或区位重量>2）时，工厂区位在原料地。例如，钢铁业、水泥业、造纸业、面粉业、葡萄酒酿造业、制糖业和乳制品业等，在原料产地布局，运费最低。

第二，原料指数（M_i）<1（或区位重量<2）时，工厂区位在消费地。例如：啤酒酿造业、清凉饮料制造业和酱油制造业等，这是典型的消费指向性工业。现实中，啤酒厂几乎都布局在城市或其周边，即消费者集中的地区。

第三，原料指数（M_i）=1（或区位重量=2）时，工厂区位在自由区位，即原料地、消费地都可。例如，石油精制工业、机械器材组装工业等，石油精制工业是把原油精制后生产汽油、轻油和重油等石油产品的工业，原油是局地原料，从原料到产品其重量几乎不发生变化，接近于纯原料，因此，可把石油精制工业的原料指数看作1。理论上，其生产区位是自由型。实际上，从世界石油精制工业的布局来看，既有原油产地，例如波斯湾和墨西哥湾等，也有消费地大城市，例如纽约。

4. 运输指向区位选择的数学表达式

韦伯采用力学方法，即范力农构架（如图3-4所示），确定工厂所在的地点。韦伯假定有一个市场和两个原料地，每生产一个单位的产品需要三个单位的M_1和两个单位的M_2。根据韦伯工业区位论的运费指向论，工厂区位应该在运费最小地点。韦伯假定运费只与距离和重量有关，那么运费最小地点应是 p 、M_1 和 M_2 的重力中心。

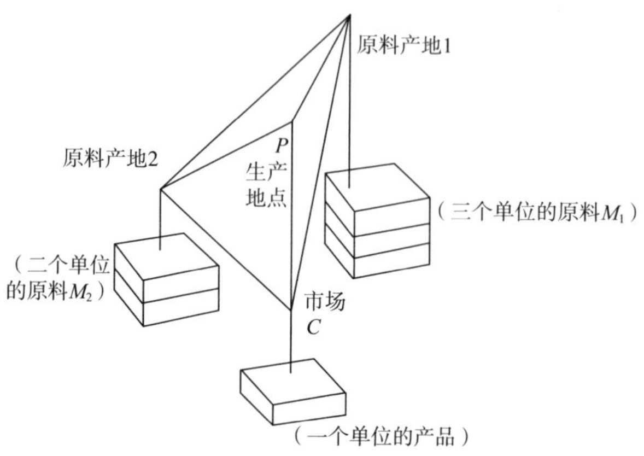

图 3-4　范力农构架

假设在生产过程中原料地为两个，且同市场不在一起时，其区位图形为一个三角形，即区位三角形，如图 3-5（a）所示，此时，工厂的位置不会在三角形以外，因为将产生不必要运输。在三角形以内，运费最低点取决于每种原料所需的数量和在加工中损失的重量。如果两种原料所需数量相同，其中一种失重较多，则生产地点应设在靠近离失重多的原料产地。如果两种原料失重情况相同，其中一种原料使用数量较多，则生产将设在使用较多原料的附近。当存在着两个以上的原料地，且同市场不在一起时，其区位图形为多边形，即区位多边形，如图 3-5（b）所示。

"范力农构架"可用公式来表示：即对两个原料地和市场的区位三角形而言，求解运费最小点即求解区位三角形的 P 点的坐标。图 3-5（a）中，M_1 、M_2 、C 为区位三角形的各个顶点；假设 P 点为运费最小点，其坐标为 (x, y) ，P 与各点间的距离为 r_i ，原料和产品的重量为 W_i 。那么在运费与距离、重量成比例的情况下，总运费 K 的计算公式如下所示：

$$K = W_1 r_1 + W_2 r_2 + W_3 r_3 \tag{3-4}$$

总运费 K 用坐标系可以表示为：

$$K = \sum_{i=1}^{3} W_i r_i = \sum_{i=1}^{3} W_i \sqrt{(x - x_i)^2 + (y - y_i)^2} \tag{3-5}$$

对于多个原料地和市场的区位多边形而言，总运费 K 用坐标系可以表示为：

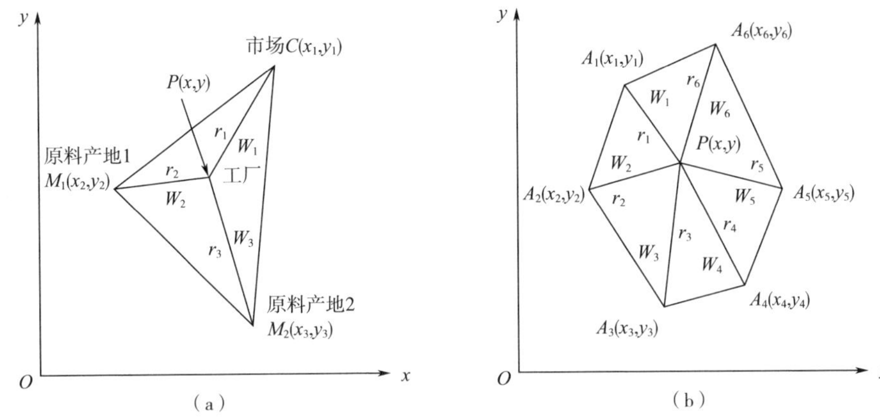

图 3-5 二维坐标中的区位三角形和区位多边形

$$K = \sum_{i=1}^{n} W_i r_i = \sum_{i=1}^{n} W_i \sqrt{(x - x_i)^2 + (y - y_i)^2} \tag{3-6}$$

求最小值需满足以下方程组：

$$\frac{\partial K}{\partial x} = \sum_{i=1}^{n} \frac{W_i}{r_i}(x - x_i) = 0 \tag{3-7}$$

$$\frac{\partial K}{\partial y} = \sum_{i=1}^{n} \frac{W_i}{r_i}(y - y_i) = 0 \tag{3-8}$$

求得重心法的计算公式如下所示：

$$x - \frac{\sum_{i=1}^{n} W_i x_i}{\sum_{i=1}^{n} W_i} \quad y - \frac{\sum_{i=1}^{n} W_i y_i}{\sum_{i=1}^{n} W_i} \tag{3-9}$$

5. 综合等费用线

最小运费指向是韦伯工业区位论的骨架，可以用综合等费用线来描述工厂厂址是位于消费地还是原料地的问题。综合等费用线是全部运费相等点的连线，即该线上所有运费的总和相等（如图 3-6 所示）。在图 3-6 中，设在单一市场 N 和单一原料地 M 下，运输一个单位重量的原料，每公里需 1 个单位货币；运输一个单位的产品，每公里需 0.5 个单位货币；这样表示相同运输费用线将分别围绕 N 和 M 呈同心圆状。同心圆的 1 个单位货币的间隔，对 N 而言，则为 2 公里；对 M 而言，则为 1 公里。这种呈同心圆状的线为等费用线。综合等费用线为图中 A—B—C—D—E—F 各点的连线，就是运费为 7 个单位货币的综合等费用线。A 点是原料地M的2个单位货币、市场N的5个单位货币的等费用线的交点；而B点是原料地M的3个单位货币、市场N的4个单位货币的等费用线的交点，依此类推。

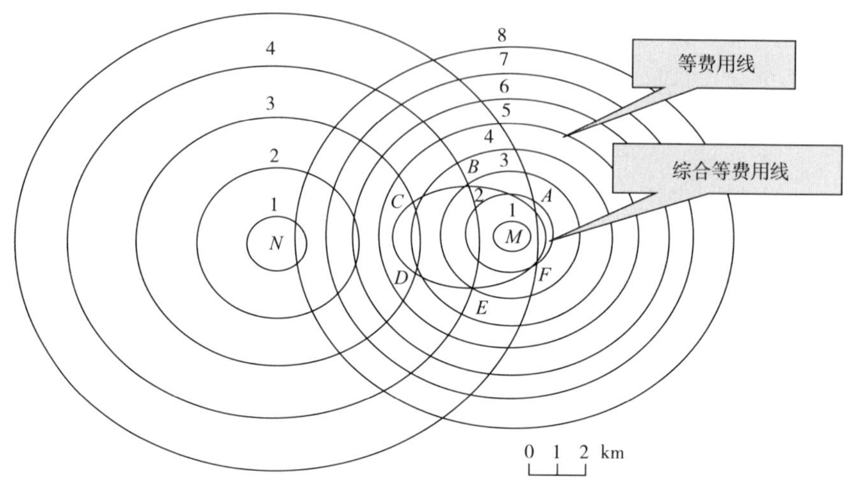

图 3-6　综合等费用线示意图

（四）劳动力指向论

劳动力成本的差异对工业区位会产生很大的影响。在此所说的劳动力成本不是工资的绝对额，而是每单位重量产品的工资，不仅反映了工资水平，同时也体现了劳动能力的差距。运费随着空间距离的变化，表现出一定的空间规律性；而劳动力成本是不同地区间的级差变化，属于地区差异性因素，是可以使运费形成的运输指向的区位格局发生变形的因素。劳动力成本存在地区差异的原因主要有两个：一是不同的劳动效率和工资；二是不同的组织效率和生产设备。

劳动力成本指数（劳动费指数）即生产单位产品所耗用的劳动力成本（劳动费）。劳动力成本指数可以判断工业受劳动力指向的影响程度，即每单位重量产品的平均劳动费。劳动力成本指数大，那么从最小运费区位移向廉价劳动费区位的可能性就大；否则这种可能性就小。劳动力成本指数（劳动费指数）的计算公式如下所示：

$$\text{劳动力成本指数(劳动费指数)} = \frac{\text{劳动力成本}}{\text{单位重量产品}} \tag{3-10}$$

韦伯劳动力指向论的思路是：工业区位由运输指向转为劳动力指向仅限于节约的劳动费大于增加的运费。即在低廉劳动费地点布局带来的劳动费用节约额比

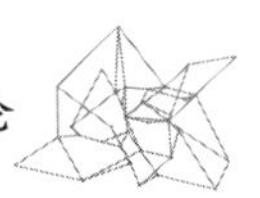

由最小运费点移动产生的运费增加额大时，劳动力指向就占主导地位。对此韦伯用临界等费用线进行分析（如图 3-7 所示）。围绕 P 的封闭连线即从运费最小点 P 移动而产生的运费增加额相同点的连线，理论上说以 P 为中心可画出无数条线，即相当于图 3-6 中的综合等费用线。在这些综合等费用线中，与低廉劳动供给地 L 的劳动费节约额相等的那条综合等费用线称为临界等费用线。

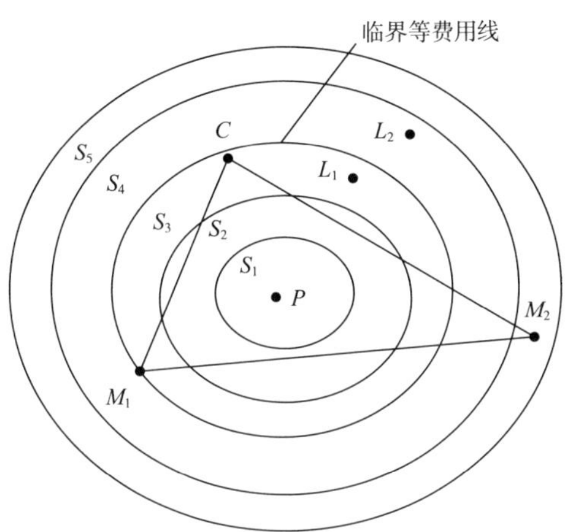

图 3-7　劳动费用最低区位的图解

在图 3-7 中，P 为运费最小地点，劳动力低廉地为 L_1 和 L_2，如果在 L_1 和 L_2 处布局工厂，分别比 P 处（最小运费地点）劳动费低 3 个单位货币。临界等费用线为标记为 3 的综合等费用线，因 L_1 在临界等费用线的内侧，即增加运费低于节约的劳动费，工厂区位将移向 L_1 处；相反，由于 L_2 在临界等费用线的外侧，则工厂区位不会转向 L_2 处。

韦伯认为，劳动费指数只是判断劳动力指向的可能性大小，而不是决定因素。因为尽管某种产品的劳动力成本指数大，但如果该产品生产所需要的区位重量非常大的话，也不会偏离运费最小区位。因此，韦伯提出了“劳动力系数”，即每单位区位重量的劳动费，用来表示劳动力指向的吸引力。劳动力系数的计算公式如下所示：

$$劳动力系数 = \frac{劳动力成本指数}{区位重量} \tag{3-11}$$

劳动力系数大，说明产品中的劳动力成本较高，导致生产区位远离最小运费区位，进一步说明劳动力系数越高，工业会向少数劳动廉价地集中。劳动系数小，说明生产成本中的运输费较高，导致生产区位趋向于最小运费区位的作用力强。

劳动力指向的环境因素主要体现在人口密度和运费率。人口密度低的地区劳动力的密度也低，人口密度高的地区劳动力的密度也高。劳动力指向与人口密度相关，人口密度低的地区劳动费相差小，人口密度高的地区劳动费相差大。因此，人口稀疏的地区工业区位倾向于运费指向；人口稠密的地区工业区位倾向于劳动费指向。当运费率低时，即使远离运费最小地点，增加的运费也不至于很多，从而增加的运费比节约的劳动费少。因此，可以使工业区位集中在这个特定的劳动供给地。

韦伯也论述了技术进步与区位指向的关系。运输过程中，运输工具的改善会降低运费率，劳动力供给地的指向将变强。例如，甩挂运输使牵引车和挂车能够自由分离，减少货物装卸的等待时间，加速牵引车周转，节省不必要的燃油消耗。而生产过程的机械化会带来劳动生产率的提高，降低劳动系数，导致在劳动供给地布局的工业会因运费的作用转向消费地。因此，技术的进步会产生两种相反的倾向。

综上所述，决定劳动费指向的三个条件：一是基于特定工业性质的条件，该条件通过劳动力成本指数和劳动力系数来测定；二是人口密度和运费率等环境条件；三是技术进步条件。例如，托盘运输可以改善单件装卸时费工多、效率低、货损大等问题，减少手工操作环节，加速车船的周转。

1. 韦伯劳动力指向论的应用

（1）劳动力系数越大，节约劳动费来降低生产成本的可能性越大，廉价劳动力地区对工业更有吸引力。

（2）韦伯测定了当时德国机械、金属和运输机械工业的劳动力指向程度。通过计算在劳动力源地布局的工业占德国整体工业的比例，结果显示贵金属工业占62%，金属工业占43%，精密器械和光学器械工业占43%，机械制造业占24%，汽车制造业占24%，电器机械工业占11%，航空机械制造业占0%。实际上，劳动力成本指数和劳动力系数大的纺织业和精密机械零件行业的区位是典型的劳动力指向性产业。在发达国家，纺织业及其他一些劳动密集型企业的区位，都是由大城市向城市周边和农村地域发展，然后再向发展中国家转移，其原因是大城市劳动费用高，而城市周边和农村却具有大量的廉价劳动力，但远离消费地的工业布局会造成与最小运费点和工业聚集地的空间偏离，带来运费增加和不能

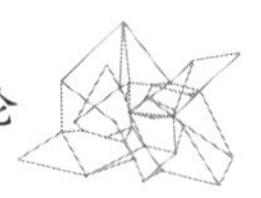

享受集聚利益的费用增加。因此，向城市周边和农村地域分散的工业大都是劳动系数高或对集聚（规模经济）利益要求不高、靠单纯劳动即可进行生产的行业。

2. 物流行业劳动力指向论的应用

随着剩余劳动力的逐渐转移和人口年龄结构的不断改变，劳动力供给不足成为我国劳动力市场的新常态。物流业作为劳动密集型产业，主要依靠运输设备和人力实现物品在空间的转移。然而，近几年劳动力成本却显著升高。2009 年，我国物流业从业人员为 634. 4 万人；2019 年，我国物流业从业人员达到了 815. 5 万人，增加了 28. 5%。然而，从劳动力成本的角度分析，我国物流业从业人员 2009 年的平均工资为 35 315 元；到 2018 年，年平均工资达到了 97 050 元，增加了 174. 8%，物流业的劳动力成本呈现出了快速增长的趋势。

我国物流业的劳动力成本上升，主要有三个方面的原因：一是物流业劳动力受教育程度有所提高，劳动力成本上涨成为必然趋势。二是劳动力供求关系发生变化。2010—2020 年，我国劳动年龄人口减少 2 900 万人。物流业尚属于劳动密集型行业，劳动力供给数量的变化必然会导致劳动力成本的上升，用工难度加大。三是政府政策的推动。国家人力资源和社会保障部建立了最低工资标准、工资调整指导线和带薪休假等工资支付保障体系，使得从业人员的收入刚性有了法律保障，提升了行业劳动力成本。受劳动力紧缺和社会经济压力的双重影响，近年物流企业劳动力工资都有了不同程度的上涨，六险二金、福利水平等的提高均增加了劳动力成本。

解决劳动力成本上涨的重要途径是提高劳动用工效率，面对每天大量的物流商品，通过提升物流人员效率转移企业成本。具体做法有：一是政府出台相应措施。通过加大劳动力市场制度改革，打破劳动力市场区域分割，提高劳动力市场流动性，降低劳动力自由流动成本，减轻劳动力成本上升对竞争力产生的负面影响。二是从传统物流业经营模式向智能物流模式转型。采用大数据、云计算、物联网等来实现高效物流，充分利用智能化平台，统筹公路运力，既解决交通运输企业司机紧缺问题，又避免运输过程中货车和司机资源的浪费。三是加快物流专业型、复合型人才培养，提高物流企业员工的技能水平和用工效率，以新的思维经营物流、发展物流，用新知识催生新革命。因此，要将物流理论与实践相结合，加快推动物流企业转型。

（五）集聚指向论

集聚因素是一定量的生产集中在特定场所带来的生产或销售成本降低。与之相反，分散因素则是集聚的反作用力，是随着消除这种集中而带来的生产成本降低，主要是消除由于集聚带来的地价上升造成的间接费、原料保管费和劳动费的上升。韦伯认为，集聚节约额比运费指向或劳动力指向带来的生产费用节约额大时，便产生集聚。

1. 集聚阶段

按集聚因素的作用，集聚分为两个阶段：第一阶段是因经营规模的扩大而产生的生产集聚，这种集聚是因“大规模经营或生产的利益”而产生的；第二阶段是因多种企业在空间上集中所产生的集聚，这种集聚是通过企业间的协作、分工和基础设施的共同利用而产生的。

按工业集聚的过程，集聚分为两个阶段：第一阶段（低级阶段）表现为工厂内部规模的扩大；第二阶段（高级阶段）表现为许多在生产上、销售上存在着密切联系的工厂向同一地点集中的外部规模的扩大。

2. 集聚规律

为了判断集聚的可能性，韦伯提出了加工（制造）系数的概念。加工系数即单位区位重量的加工价值。加工系数越高的工业，表明节约的成本绝对量就越大，每单位区位重量的产品可获得更大的节约量，临界等费用线将进一步扩大，集聚的可能性也更大；相反，集聚的可能性就小。加工系数的计算公式如下所示：

$$加工系数 = \frac{单位产品增加值}{单位产品区位重量} \tag{3-12}$$

实际上，发生集聚指向可能性大的区域是多数工厂互相邻近的区域（如图3-8 所示）。A、B、C、D、E 5 个工厂都处于最小生产费用点，假定当 3 个工厂集聚可产生的集聚利益是使单位产品节约 2 个单位货币的成本。为得到这一集聚利益，工厂必须放弃原有费用最小地点，从而增加运费。工厂移动的前提必须是增加的运费低于节约的 2 个单位货币。图中围绕各工厂的封闭连线，是同由集聚利益而节约的成本相等的运费增加额曲线，也即临界等费用线。在斜线部分，3 个工厂集聚可以带来 2 个单位货币成本的节约，又都在临界等费用线内侧，是最有可能发生集聚的区域。

随着产业集聚的发展，必然会产生一些核心企业，其他企业成员环绕在核心企业周围，形成供应链网络。供应链不仅是一条连接供应链到用户的物流链、信息链、资金链，而且是一条增值链，物料在供应链上因加工、包装和运输等过程

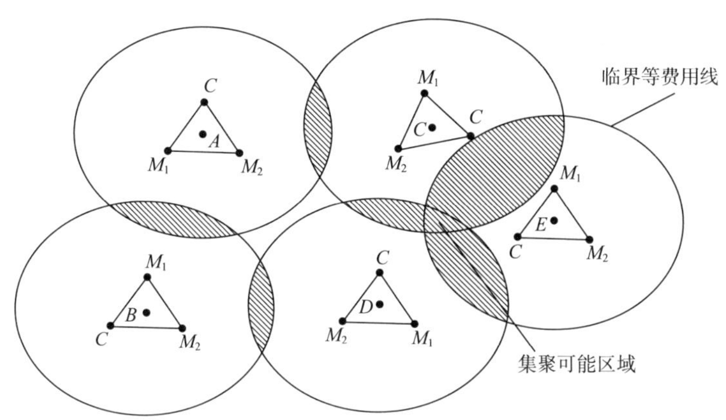

图 3-8　集聚指向示意图

而增加其价值，给相关企业带来收益，提高单位区位重量产品的加工价值。

3. 分散阶段

在集聚规模扩大的同时，地租与劳动力的价格会随之上涨，原料短缺、污染严重。这些分散因素会给集聚规模的扩大造成某种阻力。当阻力增大到一定程度时，集聚的经济效益就会丧失，以致走向反面，这时分散因素的作用开始占上风。工业分散可以充分利用各地的区位优势，接近市场、接近原料产地，利用廉价劳动力，达到降低生产成本、提高经济效益的目的。

4. 集聚指向的应用

工业由分散走向集聚、再由集聚趋于分散已成为工业区位空间运动的一个规律。美国东北部及五大湖地区因发现大量的煤炭资源，又得益于良好的交通运输条件，吸引了许多钢铁、汽车企业在此布局生产，从而形成了工业集聚。20 世纪六七十年代，该地的工业发展达到了“饱和”状态，并出现了环境污染、资源枯竭等问题。此时，美国在墨西哥湾沿岸又发现了大量的石油资源，于是，吸引力使得东北工业区的企业到墨西哥湾沿岸布局生产，这就形成了工业分散。

第二节　近代区位论

一、克里斯塔勒中心地理论

1933 年，德国经济地理学家瓦尔特·克里斯塔勒（Walter Christalle）出版了《德国南部的中心地》，系统阐明了中心地的数量、规模和分布模式。克里斯塔勒建立了城市区位的中心地理论，补充和发展了杜能的农业区位论和韦伯的工业区位论。中心地理论对人文地理学、经济学、区域规划和城市规划产生了重大影响，促进了理论地理学的发展。

（一）中心地理论产生的背景和目的

20 世纪以来，工业化和城市化发展，加速了工业、交通、商业、贸易和服务行业在城市聚集。城市在整个国民经济中逐渐占据主导地位，成为经济活动的聚集点。因此，对城市的研究显得日益重要，许多学者加大了对城市的数量、规模和分布模式的研究。

克里斯塔勒中心地理论的意义是探索“决定城市的数量、规模以及分布的规律是否存在”这一课题。克里斯塔勒认为，城市形成、发展的主要影响因素是经济活动。因此，克里斯塔勒从城市的位置、形成条件以及区域城市的数量、规模和空间结构等方面研究城市区位理论。

（二）中心地理论的基本概念

1. 中心地及其职能

中心地是向周围地区居民供给中心商品和服务的场所。经济活动区域必须具有自己的核心，这些核心由若干大小不等的城镇组成。而城镇具有娱乐、文化、商业等多种服务功能，大都位于其服务区域的中心位置，故被称为中心地。中心地具有以下特点：

（1）中心地所提供的商品和服务的级别决定了中心地的等级。

（2）中心地的数量、服务范围和分布均由中心地的等级决定。

（3）中心地体系由一个高级中心地、几个中级中心地和更多的低级中心地共同组成，这是中心地等级性的表现。

（4）一定等级的中心地在为周围区域提供相应级别的服务和商品的基础上，

还提供所有低于这一等级的服务和商品。

中心商品是在中心地生产并提供给中心地及周围地区居民消费的商品。中心商品的供应者，例如百货商店，在消费者容易到达的交通便利的少数地点布局。中心地职能是指，中心地具有向周围地区提供中心商品的职能。

2. 中心性

中心性，也叫“中心度”。中心性是指，中心地对周围地区而言的相对重要性或中心地发挥中心职能作用的程度。同时，中心性也是中心地供给自身中心商品后的剩余。在数值上等于中心地供给周围地区中心商品的数量，即中心地供给中心商品的总量与供给中心地自身的中心商品的数量之差。中心性的理论计算公式如下所示：

$$C = B_1 - B_2 \tag{3-13}$$

其中：

C 为中心地的中心性；

B_1 为中心地供给中心商品的总量；

B_2 为中心地供给中心地自身的中心商品的数量。

在实际计算中，可以用城镇的电话数（安装电话的家庭户数）占总人口户数的比率，作为衡量中心性的主要指标。电话数的多少，基本上可以反映城市作用的大小。中心性的实际计算公式如下所示：

$$Z_z = T_z - \frac{E_z T_g}{E_g} \tag{3-14}$$

其中：

Z_z 为中心地 z 的中心性；

T_z 为中心地 z 的电话门数；

E_z 为中心地 z 的人口；

T_g 为全地区 g 的电话数；

E_g 为全地区 g 的人口。

3. 补充区域

补充区域是指，中心商品除服务中心区域外所能达到的服务范围，也称市场区域——腹地。在中心地，中心商品有剩余，而在中心地的周围区域，中心商品不足。中心地中心商品的剩余部分便用于补充周围区域中心商品的不足部分，中心商品供给和需求均衡时的区域范围也就成为补充区域的范围。

4. 商品服务范围

商品服务范围分为上限和下限两种。商品服务范围上限由对中心商品的需求所限定，是消费者愿意去一个中心地得到货物或服务的最远距离，超过这一距离便可能去另一个较近的中心地。从理论上讲，商品服务范围上限为补充区域的边界。商品服务范围下限是保持中心地职能经营所必需的腹地的最短距离，即中心地存在所必需的最小腹地。

当商品服务距离大于商品服务范围上限时，商品服务可能超越自身职能，企业获得超额利润；当服务距离等于商品服务范围下限时，企业获取正常利润；当服务距离小于商品服务范围下限时，商品不可能以正常方式提供。根据中心商品服务范围的大小可以将中心商品分为高级中心商品和低级中心商品（如表 3-2 所示）。高级中心商品是指，商品服务范围的上限和下限都大的中心商品，例如汽车、奢侈品等；低级中心商品是指，商品服务范围的上限和下限都小的中心商品，例如农产品、副食品等。任何一个中心地，要想取得聚集经济效应，总是在想方设法地生产多种商品，使其商品多元化。由于商品的种类和级别不同，因而其形成的市场区（如图 3-9 所示的六边形区域）必然不同。

表 3-2　中心商品的级别

	高级中心商品	低级中心商品
单位占用资金	高	低
销售范围	大	小
销售价格	高	低
需求频度	低	高

5. 中心地的等级

依据提供商品的高低等级、服务范围，中心地可分为高级中心地和低级中心地。高级中心地数量少、服务范围广，提供的商品和服务种类多，例如超市、商场等；而低级中心地数量多、分布广、服务范围小，提供的商品和服务档次低、种类也少，例如便利店、服装店等。城市也可按其大小分为多种等级，城市规模越小，中心地等级越低，所发挥的功能也越小。

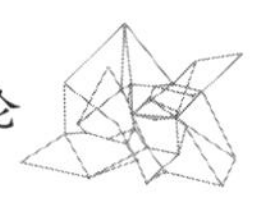

克里斯塔勒实地调查了德国南部不同等级中心地的数量、服务范围、提供商品的种类和中心地人口等，并对其进行分级，形成依次升高的中心地等级系统，该系统有 7 个级别的中心地（如表 3-3 所示）。

表 3-3　克里斯塔勒中心地等级划分

级别简称	名称含义
M	基本市场区位，最低一级的中心地
A	设有镇级官方机构的村镇
K	县级镇
B	地区主要中心
G	地区高级中心（地位超过 B 级中心）
P	省首府
L	跨区域首要城市中心

克里斯塔勒发现，最低等级（M）的村镇中心地数量最多，有 486 个，服务半径仅 4 公里，提供的商品和服务种类为 40 种，中心地的人口及其服务区人口也较少。随着中心地等级提高，中心地数量也愈来愈少，服务半径却逐渐增大，提供的商品和服务的种类也随之增加。中心地等级的分布具有规律性，市场区结构和分布就是由大小经贸点和市场区交错叠合而成的市场网络。任何一个经贸点（城市、村镇等）均在网络中占有一定位置，具有相对固定的市场区，从而使整个市场网络形成典型的蜂巢状体系（如图 3-9 所示）。

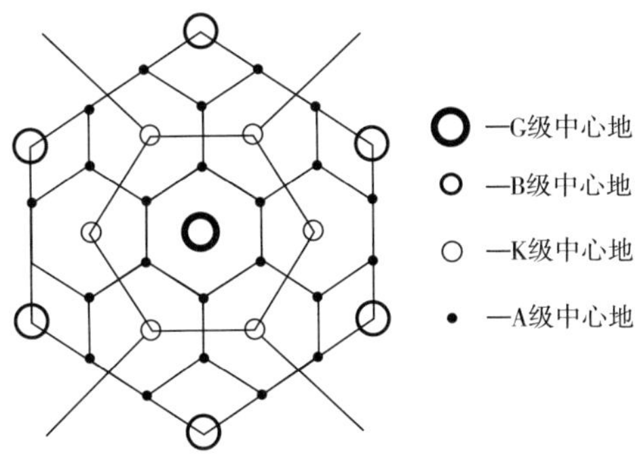

图 3-9　六边形市场区域图

6. 市场门槛与门槛人口

市场门槛是能够使中心地存在下去所必须获得的基本收益的市场区范围。门槛人口是能使某项城市商业服务活动正常开业并获得基本赢利的最小服务地域范围内的居民数。当服务人口大于门槛人口时，商业服务活动会盈利；当服务人口等于门槛人口时，商业服务活动会保本；当服务人口小于门槛人口时，商业服务活动则会亏损。

由于商店的销售范围取决于：

（1）居民愿意购买和支付的能力（X）。

（2）居民距离商店的距离（D），用往返路费表示（单位为元/公里）。

（3）商品的售价（P）。

则居民获得商品的数量（Y）为：

$$Y = \frac{X - 2CD}{P} \tag{3-15}$$

其中：

C 为运费率。

【例 3-1】假设香肠的售价为 1.5 元／公斤，运费率为 0.05 元／公里，香肠作坊必须在 30 公里范围内销售，否则香肠作坊不能收回成本，居民愿意拿出 6 元来购买香肠，但至少保证获得 1 公斤的香肠，否则居民放弃购买香肠，两个香肠作坊如何布局才能使双方有利可图？

解：当居民获得 1 公斤的香肠时：

$$1 = \frac{6 - 2 \times 0.05 \times D}{1.5}$$

$$D = 45$$

此时，居民距离香肠作坊的距离为 45 公里，倘若两家香肠作坊距离相距 90 公里以上，则每家香肠作坊都有最大销售范围，都能获得最大利润。实际上，居民距离香肠作坊的距离最大为 60 公里，由于距离越远，居民获得的香肠数量越少。因此，居民愿意购买香肠的意愿也就越低。

当香肠作坊能收回成本时：

$$Y = \frac{6 - 2 \times 0.05 \times 30}{1.5}$$

$$Y = 2$$

此时，居民愿意购买香肠，但两家香肠作坊相距距离的最低界限为 60 公里，即门槛销售范围。倘若两家香肠作坊相距距离小于 60 公里，则两家香肠作坊均不能收回成本。

因此，两家香肠作坊相距距离大于 60 公里且小于 90 公里时，双方均有利可图。

香肠作坊的销售范围如图 3-10 所示。

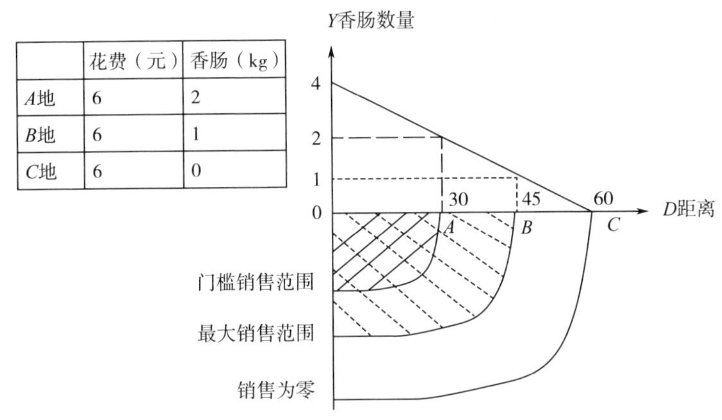

	花费（元）	香肠（kg）
A地	6	2
B地	6	1
C地	6	0

图 3-10 香肠作坊的销售范围

不同行业的服务范围和门槛人口不同；同一行业内部又因其活动和规模的差异，服务范围和门槛人口也不同。例如，以餐饮行业为例，小型餐馆因居民就餐的频率高，其服务范围和门槛人口较小；大型餐馆居民就餐频率低，其服务范围和门槛人口较大。测定不同行业、不同规模的城市商业服务业的门槛人口系数，可为商业服务网点的合理布局提供科学依据。

7. 经济距离

经济距离是决定各级中心地、商品和服务供给范围大小的重要因子，是用货币价值换算后的空间距离，是主要由费用、时间、劳动力三个要素所决定的距离，但消费者的行为也影响到经济距离的大小。交通发达、通信技术进步、设施改善等在一定程度上影响经济距离，从而影响中心地的形成与发展。因此，需要最大限度发现并缩小网络与用户需求之间的距离；创造与传统经济模式下不同的“空间（距离）”市场，找准市场的空白点，通过调整“距离”建立稳固的全球范围合作，最大限度发挥网络优势。

（三）中心地理论三原则与空间模型

1. 基本原则

克里斯塔勒认为，市场原则、交通原则和行政原则是支配中心地形成的三个主要原则，三原则从不同方面影响着中心地位置的分布和网络结构。市场原则是中心地形成的主要规律；交通原则和行政原则是次要规律，是对基于市场原则形成的中心地的修正和补充。

2. 中心地系统的空间模型

（1）以市场原则为基础的中心地系统。克里斯塔勒以农村市场中心为研究起点，以市场原则为基础建立中心地模型。中心地理论建立在“理想地表”之上，主要受杜能和韦伯区位论的影响，在以下假设条件的基础上建立起一种理想分布模型：

①中心地分布的区域为自然条件和自然资源相同且均质分布的平原。人口均匀分布，居民的收入、需求和消费方式相同。

②中心地区域内存在一个统一的交通系统，使同等规模中心地之间的交通便捷性相同，运费与距离成正比，且在各个方向上的移动都可行。

③供给中心商品的职能，尽量布局在少数的中心地，并且满足供给所有空间的配置形式。

④消费者遵循“最短距离原则”，去最近的中心地购买商品和服务，同一商品和服务在任何中心地的价格和质量都相同，支付的成本包含商品价格和交通费。

基于上述四个基本假设，克里斯塔勒假想有一系列圆形中心地在“理想地表”上均匀分布，从而推导出理想的市场区分布模式。该模型的市场区域无法覆盖到 3 个圆形相切形成的空白区，空白区得不到这 3 个圆形提供的商品和服务。因此，在这个空白区会产生 1 个次级中心地，以满足消费者消费。然而每 3 个次级中心地之间又存在空白区，会产生更低级中心地。依此类推，中心地存在多个等级。

每个中心地都想扩大商品的服务范围，相邻中心地就会出现重叠，根据最短距离原则，消费者将以中心线为界，划分重叠部分。通过逐步调整，形成以六边形为市场区的理想中心地模型。高级中心地的 6 个角成为低级中心地，且不同等级的中心地服务范围层层嵌套，各级中心地组成一个有规律递减的多边形图形。

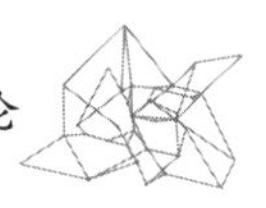

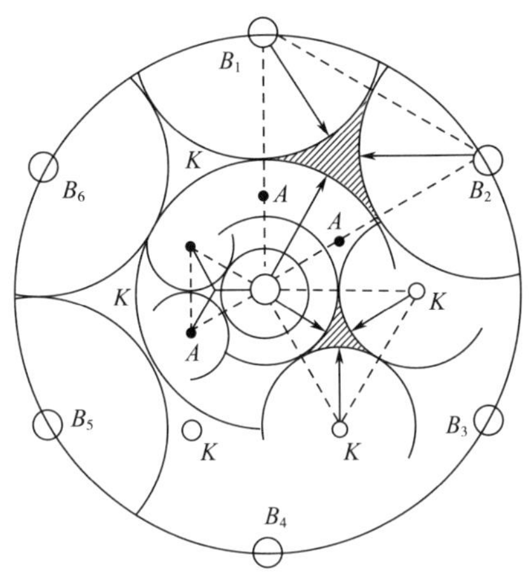

图 3-11　市场原则下的中心地系统形成原理示意图

由此形成 $K=3$ 的中心地系统，$K=3$ 表示各级中心地控制范围的比值（如图 3-11 所示）。

以市场原则形成的中心地系统，各中心地之间的距离有规律可循，即高级中心地之间的距离是低级中心地之间距离的 $\sqrt{3}$ 倍。假设低级中心地六边形的边长为 2，则低级中心地之间的距离 $AB=2\sqrt{3}$，如图 3-12（a）所示，高级中心地之间的距离 $CD=6$，如图 3-12（b）所示。

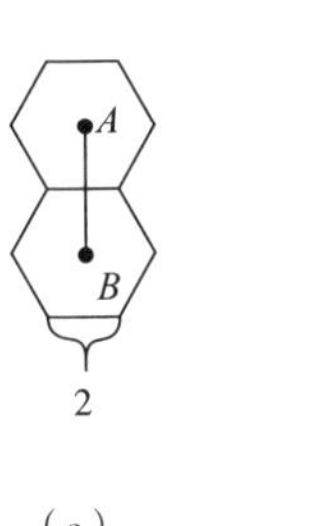

（a）

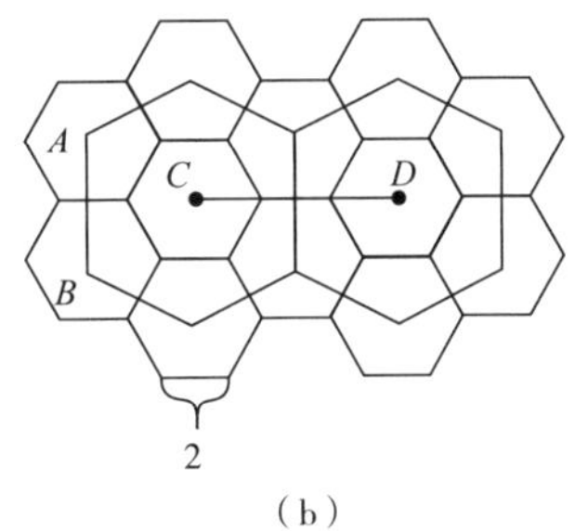

（b）

图 3-12　德国南部的中心地数量和距离

交通便利和经济发达的地区遵循市场原则。首先确定高级中心地的六边形市场区，在 6 个角的顶端各布置一个低级中心地，并形成相应的六边形市场区，其面积等于高级中心地的 1/3（如图 3-13 所示）。因此，每个高级中心地实际上只辖有自身和其他

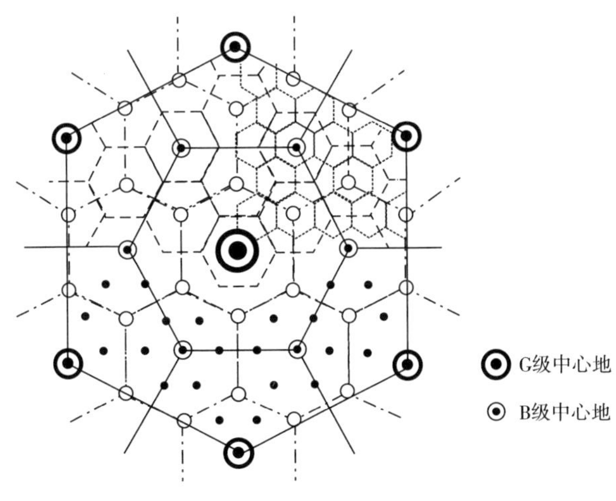

图 3-13　以市场原则为基础的中心地系统

两个完整的低级中心地，即一个较高的中心地市场区正好是下一级市场区的3倍，形成$K=3$的系统，市场区数量的等级序列是：1，3，9，27，…。从一个城市来讲，则可以理解为一个中心商业区的商品销售范围应包括相当于3个街区中心或9个社区中心或27个邻里中心的供应范围。由于每个高级中心地市场区覆盖低级中心地市场区，因此市场原则下各级中心地从属关系的序列是：1，2，6，18，…。

中心地的分布有规律，各等级中心地的数量、服务范围和提供商品的种类等呈几何数变化（如表3-4所示）。

表3-4　德国南部的中心地体系

中心地等级	中心地数量（个）	市场数量（个）	区域半径（公里）	区域面积（平方公里）	提供商品种类（种）	中心地人口（人）	区域人口（人）
M	486	729	4.0	44	40	1 000	3 500
A	162	243	6.9	133	90	2 000	11 000
K	54	81	12.0	400	180	4 000	35 000
B	18	27	20.77	1 200	330	10 000	100 000
G	6	9	36.0	3 600	600	30 000	350 000
P	2	3	62.11	10 800	1 000	100 000	1 000 000
L	1	1	108.1	32 400	2 000	500 000	3 500 000

以市场原则形成的中心地系统，其目的是组织商品销售，但其运输系统效率低。以G级中心地为起点向外辐射的交通线路理应通过市场区的6个角的顶点，但这样布局的线路能够连接的其他各级中心地的数量却很少，且G与B级之间的交通线路不经过任何K级中心地，不便于组织交通联系，除此之外，G与B级中心地之间没有直接的通路，这与事实不符。

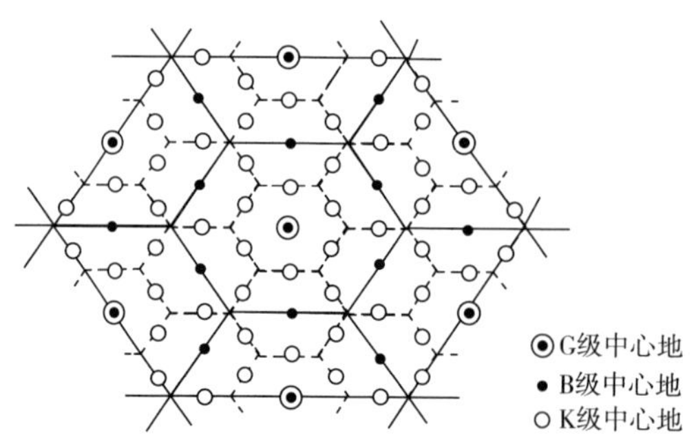

图3-14　以交通原则为基础的中心地系统

（2）以交通原则为基础的中心地系统。为了弥补$K=3$的缺陷，克里斯塔勒提出了$K=4$原则，即交通原则。克里斯塔勒认为，在新开发地区，移民拓荒沿着交通线进行，较低级的中心地布局在两

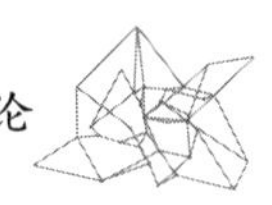

个较高级中心地的道路干线上的中点位置，导致较高级中心地的市场区是下一级的 4 倍，即 $K=4$（如图 3-14 所示）。以交通原则为基础的六边形网络的方向被改变。高级市场区的边界仍然通过 6 个次一级中心地，但次级中心地位于高级中心地市场区边界的中点，腹地被分割成两部分，分属两个较高级中心地的腹地内。而对较高级的中心地来说，除包含一个次级中心地的完整市场区外，还包括 6 个次级中心地的市场区的一半，即包括 4 个次级市场区，由此形成 $K=4$ 的系统。交通原则下市场区数量的等级序列是：1，4，16，64，…；各级中心地从属关系的序列是：1，3，12，48…。

以交通原则为基础形成的交通网，便于组织交通，从 G 级中心地经 B 级中心地向外辐射线路可以穿越 K 级，且 G 与 B 级之间的直达线路，被认为是效率最高的交通网。但其增加了 K 值，给市场组织带来一定困难。

（3）以行政原则为基础的中心地系统。在 $K=3$ 和 $K=4$ 的系统内，其共同的缺陷是使经济区与行政区完全脱节，因而经济中心也就不能兼任行政中心。因为在上述两种城市网络中，在每一个 G 级市场区内实际上只包括一个完整的 B 级市场区，其结果是：在整个区划体系中，各级市场区中的绝大多数区域属于跨界。而行政区划最基本的原则之一是：在各级行政区中，下级行政区的界线不允许超出上级行政区的界线。因此，克里斯塔勒提出以行政原则为基础的中心地系统，即 $K=7$ 的系统，在 A 级六边形市场的 6 个角上各布局一个 B 级中心地，并形成相应的六边形市场区（如图 3-15 所示）。因此，行政原则下市场区数量的等级序列是：1，7，49，343，…；各级中心地从属关系的序列是：1，6，42，294，…。

在 $K=7$ 的系统内，运输系统显示出消费者为购买中心性商品或服务所需的平均距离较另两个系统都长。因此，以行政原则为基础的运输系统 K 值过大，不利于组织市场供应和交通，被认为是效率最差的一种。

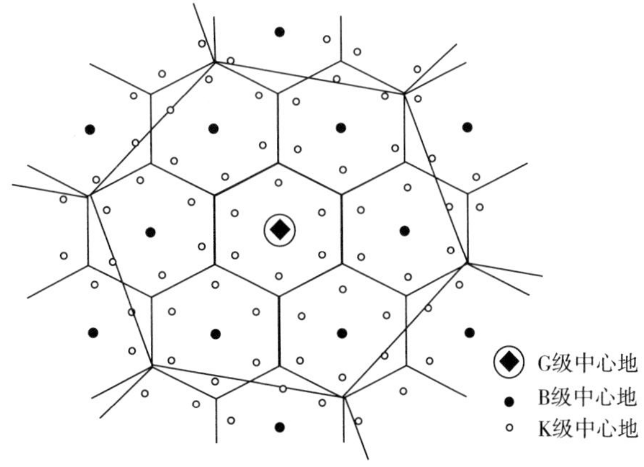

图 3-15 以行政原则为基础的中心地系统

克里斯塔勒认为，高级中心地对远距离的交通要求大，应按照交通原则布局；

中级中心地按照行政原则布局；低级中心地按照市场原则布局。除此之外，在开放、便于通行的地区，主要是依照市场原则；在山间盆地地区，主要是依照行政原则；在新开发区、交通过境地带，主要是依照交通原则。

（四）现实中的中心地理论

克里斯塔勒中心地理论基于严格假设条件提出，但现实中的中心地体系与理想的等级结构总是存在很大的偏差。因此，有必要对假设条件进行改变，不断缓和这些与现实不符合的条件，以增强中心地理论的适用性，实现对现实世界最大限度的模拟。

1. 交通条件对中心地系统的影响

中心地理论假设区域内存在一个统一的交通系统。事实上，交通运输条件在整个城市并不均匀分布。交通基础设施完善、可达性高的城市无疑可以增强中心地的吸引力和影响力，同时也影响次级中心地功能的发挥，并使区域内中心地的数量减少，高等级的中心地位更明显。

假设一条高等级公路出现在一个均质地区的场景。存在一个中心城市 M，以 M 为核心的放射状交通为均质分布，其市场区为圆形，周边均匀分布着各等级的中心地，分别占据各自的市场区，市场区处于一种均衡的状态。此时，在某一方向修建了一条开放的公路，那么可以预见，在该公路的便捷交通下造成的成本降低会使得等成本线出现沿该公路的凸起延展。对于该交通走廊沿线的原有中心地，由于其交通可以通过该运输线实现明显的提速，其可能的市场区将明显扩大，从而直接导致交通沿线附近的中心地等级提升、职能类型多样化，并沿着公路延伸分布（如图 3-16 所示）。

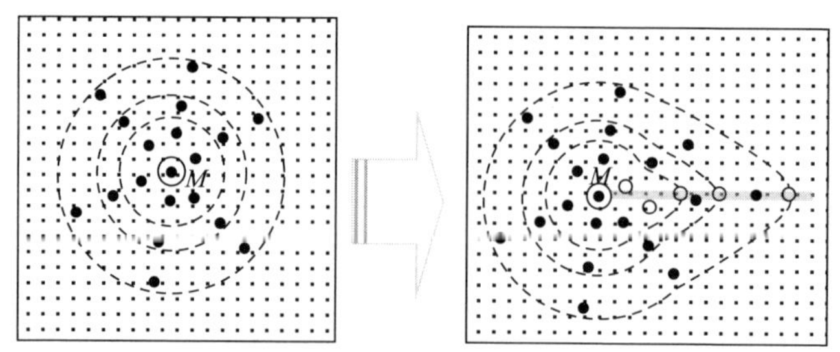

图 3-16　高等级公路影响下的中心地系统结构演变

2. 人口密度对中心地等级的影响

克里斯塔勒的中心地理论有一个人口均匀分布的前提，现实中人口的分布高

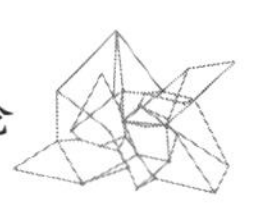

度不均匀。在人口密度低的区域，由于要达到门槛人口，必须扩大市场区，有可能一些职能由于需要的市场半径太大，而导致外围地区的居民无力承担这种消费，从而使得一些高等级职能无法在这种人口低密度的地区布置。在人口密集的区域，由于同样半径的市场区内会出现超过低等级职能最低需求人口的市场容量，当这个容量突破高等级职能的门槛需求时，该中心地可以获得较高等级职能，容易产生密集的中心地系统，且高等级的中心地也容易出现。

3. 中心地对中心地系统的反作用

中心地理论假设该区域原来没有中心地，三原则从不同方面影响着中心地位置的分布和网络结构。事实上，城市一旦形成就很难改变，即使其原先并不具有高级中心地职能，但在后期的发展中，一些成为政治中心的中心地，其行政原则得到加强，产生了新的中心职能而成为高级中心地。例如，雄安新区是继深圳经济特区和上海浦东新区之后的又一具有全国意义的新区，根据京津冀协同发展理念，打造北京非首都功能疏解集中承载地，在行政原则导向下，雄安的中心地等级得以提高，辐射范围得以扩大。

二、胡佛运输区位理论

1948 年，美国空间经济学家埃德加 · M. 胡佛（Edgar Malone Hoover）出版了《经济活动的区位》，首先提出了运输费用结构理论，建立了运输区位理论。胡佛认为，运输费用分为站场费用和线路运营费用，不同运输方式都存在着不同技术特征的运输费用递减现象，并提出了运费最小区位分析方法。同时，胡佛运输区位理论还修正了韦伯理论中运费与距离成比例的基本图形。

（一）运费结构与运输方式

1. 运费结构

胡佛非常重视运费结构的影响，认为运输距离、运输方向、运输量以及其他交通运输条件的变化会直接影响运费，从而引起企业区位选择的变化。韦伯的区位理论只考虑了线路运营费用，而胡佛则把运输成本分为线路运营费用和站场费用，其意义是尽量在各大中转场站布局，减少货物的中转次数。

线路运营费用包括线路维修费、燃料消耗费、保险费、运输工人工资等，与距离成正比。站场费用包括装卸费、仓库费、码头占用费等，与运输距离的变化无关。不论运输距离长短，从站场费用来看，运输距离越长，每吨公里分摊的站场费用越小；运输距离越短，分摊的站场费用越高。由于站场费用固定存在，与运输距离无关，必须支付，因此运输费用与运输距离之间就不是简单的等比例关系。

胡佛认为，运输费用随着运输距离的增加而增加，但每公里的平均运输费用不按等比例增加，而是呈递减的趋势。边际运费在整个运输过程中随着距离的增加不以同一比例变化，总运费是一条逐渐放慢的曲线，而不是直线。

由于站场费用和线路运营费用所占的比重有很大差别，运输费用也不是严格随着运输距离的增加而成正比例增长。例如，在铁路运输中，短途运输要用零担列车装载，沿途大量摘车、挂车，运行效率低。较长距离的大量货运，可用直达专列运输，行车效率高，途中费用也相对较低。

2. 运输方式与运费的关系

胡佛发现，由于运输方式不同，线路运行费用不同，分摊到运输距离上的运费也不同，即运费率也不同。当站场作业费用低，而线路运营费用高时，适合于短途运输；当站场作业费用高，而线路运营费用低时，适合于长途运输。胡佛对20世纪40年代密西西比河下游的水运、铁路、公路运输方式进行了研究，发现了如表3-5所示的运输方式和运输距离的关系。

表3-5　运输方式和运输距离的关系

运输距离 X	适合的运输方式
X<56km	公路
56≤X<608km	铁路
X≥608km	水路

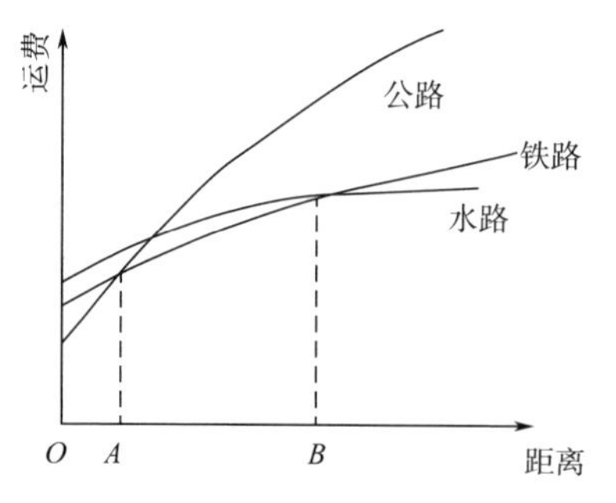

图3-17　各种运输方式运费随距离的变化

站场成本的大小为：水路 > 铁路 > 公路；线路运行成本的大小为：公路 > 铁路 > 水路。考虑综合运费，可得出公路适合短途运输，铁路适合中途运输，而水路则适合远途运输。公路运费随距离的增加上升较快，只有在较短的运输距离内，公路运费较低，具有相对优势；铁路与水路相比，随着距离的加长铁路运费上升更快（如图3-17所示)。因此，区域交通运输布局时，要根据当地的运输需要建设运输网，充分发挥各种运输方式的优势。

（二）送达价格与市场地域

胡佛区位理论在三个假设条件下研究运费和生产费用对区位影响：一是生产者或消费者之间完全竞争；二是生产要素完全自由流动；三是消费者从最低送达价格的供给地购买。

1. 采掘工业区位的选择

在资源分布地已知的条件下，胡佛研究了各采掘工业的生产地如何决定供给市场地域。采掘业的送达价格由采掘费和运费两部分组成，该值可由从生产地向外呈放射状的等送达价格线来表示。消费者从最低送达价格的供给地购买商品，如果空间上存在两个生产者，各自市场领域的界线就是以两个供给地为中心的送达价格相同地点的连线。

当采掘费一定时，运费成为影响价格的唯一的变量。在资源分布地已知的条件下，各采掘企业市场领域的划分可由送达价格线的交点决定。胡佛的研究在一定程度上考虑了收入递减的作用。胡佛认为，采掘工业的特点是随着市场地域的扩大，平均费用也伴随着生产的增加而上升。其对市场领域界线的影响如图 3-18 所示，在该图中纵轴表示费用或价格，横轴表示距离。采掘地为 X，A、B 和 C 表示在同一方向市场地域可能的终点。供给地域为 XA 时，生产费用 Xa 表示，直线 aa' 表示随着远离 X 点，运费的增加情况，即运费倾斜线，该线是等送达价

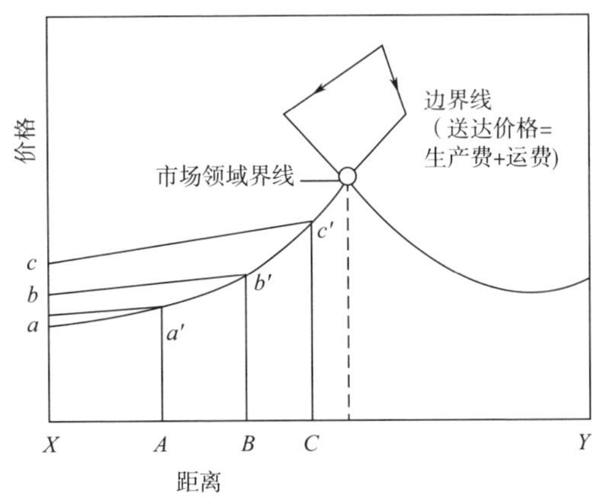

图 3-18　收入递减条件下的生产地区界限

格线图的断面图。当市场扩大到 B、C 点时，依此类推得到新的运费倾斜线 bb' 、cc' 。a' 、b' 和 c' 等类似的点为市场领域的终点，其连线称为边界线，即各区位送达价格的连接线。同理，画出同样矿物 Y 的供给地的边界线，则两者交点就是两市场地域的界线。在交点上送达价格从 X 或者 Y 运送都相同。但在别的地点，靠近产地一侧的市场区域，将由该产地以相对较低的价格供给产品。

2. 制造业区位的选择

利用上述方法，同样可以分析制造业产品的市场领域。制造企业的送达价格由制造费和运费两部分构成。制造业随着产出量的增加，生产成本有所下降。那么，即使消费地不断地远离生产地，边界线也会呈现下降的趋势。由于规模经济产生的报酬递增或远距离运费递减导致企业生产规模增大，独立的生产者数量将不断减少，因此生产者的市场地域将不断扩大。制造业规模与市场末端送达价格如图 3-19 所示，生产地为 A ，当市场领域分别到 L , M , N 时，对应的 A 点的生产费用分别为 C , R , T ，而市场领域末端送达价格分别为 Q , S , U 。因此，随着市场领域的扩大，规模经济带来了生产费用的降低；但在一定领域，生产过度集聚就会出现规模不经济，生产费用再次上升。胡佛把边界线与运费倾斜线相切的点作为市场的最佳规模。

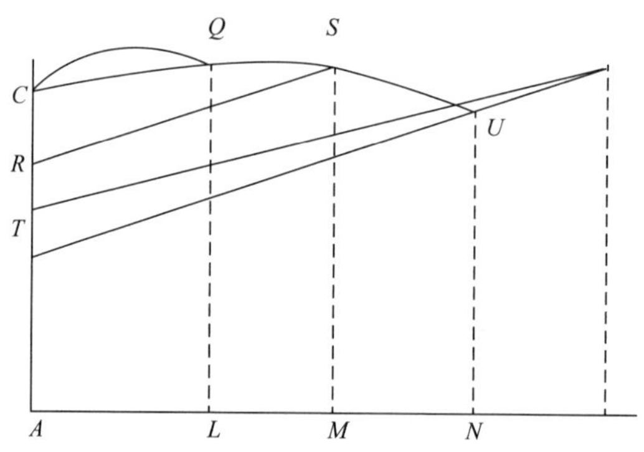

图 3-19　制造业规模与市场末端送达价格线

胡佛认为，在区位三角形内部很少存在最小运费点，而在三角形顶点处出现最小运费点的可能性较大。即使假定运费率不变，在三角形顶点之外的场所存在最小运费点的可能性也很小。

三、斯坦集市区位理论

1962年，美国地理学家詹姆斯·H. 斯坦（James H. Stine）出版了《韩国第三生产要素的时间表象》，解释了集市的形成机制与动态过程。斯坦认为，在商品经济不发达的地区，由于收入水平低，再加上交通不便影响消费者出行购物，商品需求量很难达到店铺正常经营的需求量。此时，集市的形成为买卖双方提供交易的场所。当经济发展使消费需求量增加、交通条件变好时，商人的巡回销售路线就变短，集市将逐渐由巡回型变为固定经营型。同时，斯坦提出，市场的发展受两个因素的影响，分别是“交通运输条件”和“经济水平条件”。

店铺经营成立必须具有维持最小限度销售量的地域范围，这就是克里斯塔勒中心地理论中的商品到达范围的下限。消费者购买中心商品受支付能力、交通便利程度等限制，有一个能够接受中心商品服务的空间范围，这个范围也就是商品到达范围的上限。商品到达范围的下、上限，由于区域消费需求和交通手段的差异，可表示出各种各样的组合。

斯坦将商品到达范围的下限和上限的组合分为四种类型，虚线表示商品到达范围的下限，实线表示商品到达范围的上限。

第一阶段，上限无穷小，下限无穷大，如图3-20（a）所示。这一阶段，消费者移动能力有限，消费需求极小，且交通不便。因此，商品供给者为了确保销售量会采取巡回销售的方法，在商品到达范围下限所包围的地域内移动，巡回销售，如图3-20（b）所示。巡回点数取决于上限和下限的大小，两者的差比越大，巡回点数也越多。消费者购买的时间安排与商人的来访相吻合，这样就避免了空间的制约。

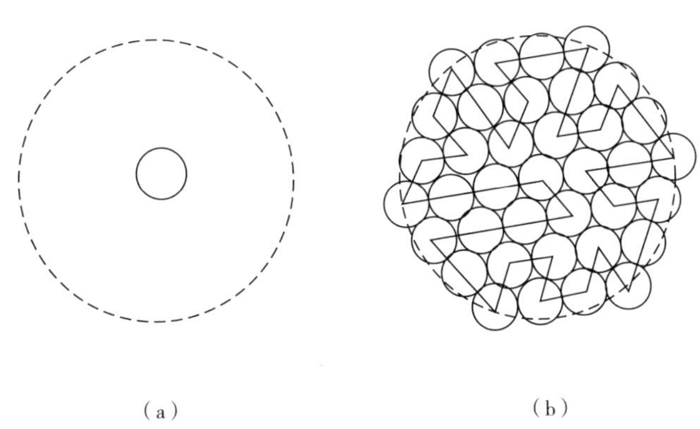

图3-20　第一阶段：上限无穷小，下限无穷大

第二阶段，上限与下限的差缩小，下限大于上限，如图 3-21（a）所示。这一阶段，经济有所发展，收入和人口密度不断增加，交通条件也相应改善，从而刺激了消费者需求的增加和活动范围的扩大。但下限仍然大于上限，商品供给者还须采取巡回销售的方法，如图 3-21（b）所示。巡回点数却减少，维持一定的销售量所需要的时间也缩短，移动方式类似于第一阶段情况。

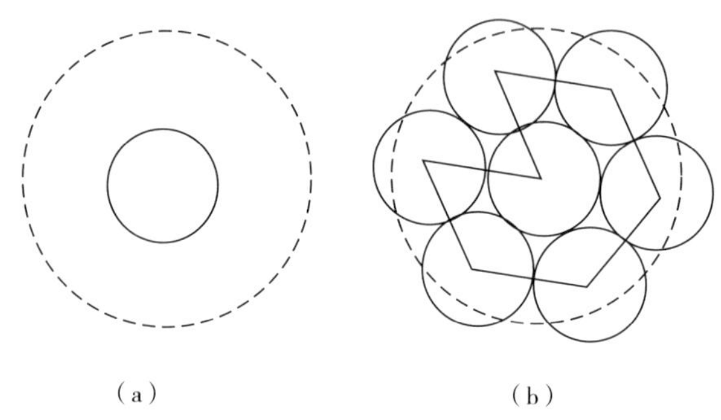

（a）　　（b）

图 3-21　第二阶段：上限与下限的差缩小，下限大于上限

第三阶段，下限和上限的差进一步缩小，巡回点数减少，移动距离也大幅度缩短，如图 3-22（a）所示。当下限和上限的差缩小到一致时，移动商人的巡回也就停止，商人可采取店铺销售模式，如图 3-22（b）所示；当上限大于下限时，商人就可得到超额利润，随着超额利润的增加，其他商人也将在此布局店铺。

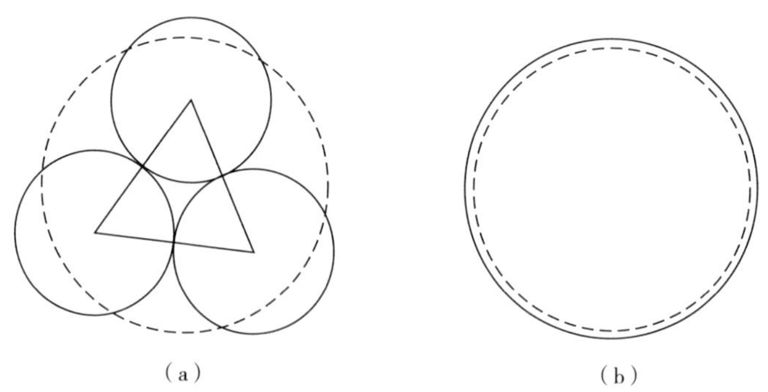

（a）　　（b）

图 3-22　第三阶段：下限和上限的差进一步缩小，甚至一致

第四阶段，上限无穷大，下限无穷小（如图 3-23 所示）。这一阶段，消费者需求更加多样化，交通条件更加便捷。此时，网络销售超越时空限制，以其简便、快捷、低价的独特优势激发消费者的需求。

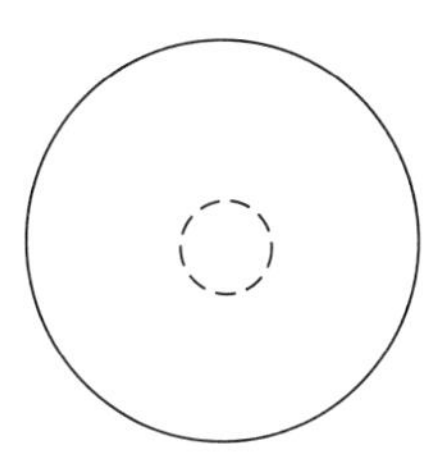

图 3-23 第四阶段：上限无穷大，下限无穷小

根据斯坦集市模型的形成过程，可知交通决定上限、经济决定下限，上限与下限的变化关系影响着集市的数量变化。随着交通运输条件的改善，运费会降低，从而导致商品到达范围的上限扩大；随着经济水平的提高，人口密度和收入不断增加，带来地域需求提高，从而导致商品到达范围的下限缩小。

斯坦的模型实际上研究了集市的一种形式，即商品在地域外生产由流动商人巡回供给各聚落。除此之外，还有另一种定期市场交易形式，即地域内生产的产品在集市上的定期交易。例如，农村地域的各种农副产品和工艺品定期的交易活动等。

四、帕兰德区位理论

1935 年，瑞典经济学家托德·帕兰德（Tord Palander）发表了《区位理论研究》。帕兰德把不完全竞争的概念引入区位理论研究中，以价格为变量研究区位空间的均衡。在运费分析上，提出了“远距离运费衰减”的规律，这是对韦伯费用最小区位论的完善，也是对区位理论发展做出的一大贡献。

（一）区位与市场地域

帕兰德在构建区位理论时，首先将以下两个基本问题进行了区分：一是在生产地、竞争条件、工厂费用和运费率已知的情况下，价格如何影响生产者的产品销售地域范围；二是在假定原料的价格、分布地以及市场的位置已知的条件下，生产在哪里进行，该问题也是韦伯要解决的问题。

关于市场地域大小如何决定的问题，帕兰德通过设计直线市场这一模型来说明，即假定有一直线市场，只有两个生产同样产品的企业，研究如何划定其市场地域。

某地的价格如果等于生产地价格加上到消费地的运费，那么该地方价格（运费与距离成比例时）将随着与生产地的距离增加而增加，在所有的方向都会同样增加。用几何学来说，地方价格的高低呈漏斗状，漏斗的下端部就是生产地。在所有的竞争地，其价格都呈漏斗状。在这些漏斗相交的地点价格相等，而与购入地无关。这样等竞争线可看作是两个漏斗相交部在平面上的投影线，该线就是这两个竞争地的市场地域分界线（如图 3-24 所示）。

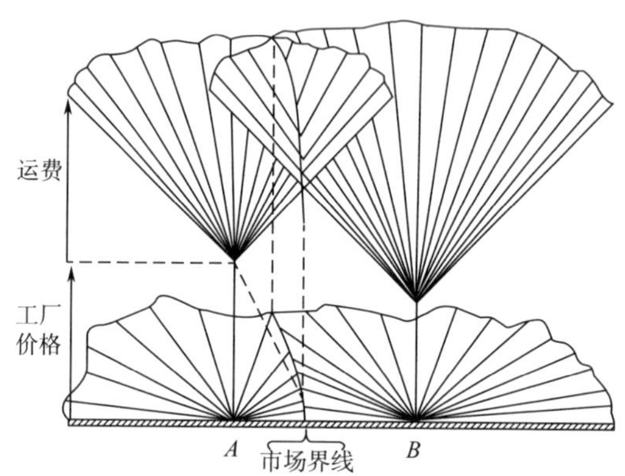

图 3-24　帕兰德的市场地域分割

生产者占有的市场地域大小将对其获得的利润产生影响。在每单位产品的生产费和利润给定时，如果销售量与市场地域的大小有关，那么总利润将是生产地与其销售市场间的距离的函数。任意一生产者的销售地域或利润将会受到其竞争者的区位行为决定或其他行为的影响。

（二）运费与区位理论

帕兰德从空间竞争观点分析了市场地域之后，又研究了在原料的价格、分布地和市场给定时，生产区位在哪里布局的问题。帕兰德对这一问题的研究既丰富了韦伯工业区位理论，又推动了运费理论的发展。

帕兰德为了说明运费对区位的影响，采用了韦伯的等费用线分析方法。不仅使用等费用线和等送达价格线，还提出了四个概念：一是等距离线，即从某一地点开始距离相同的点的连线；二是等时间线，即从某一地点开始运送时间相同点的连线；三是等商品费用线，即某商品所需要的费用相同地点的连线；四是等运送费线，即特定商品的运费相同地点的连线。

帕兰德在假定运费是运输距离的函数的前提下，认为运费有两种形式：一是距离比例运费，指运费与距离呈等比例增加，适合短途运输，这也是韦伯的等运费线；二是远距离递减运费，指随着距离的增加单位距离的运费在递减，适合长

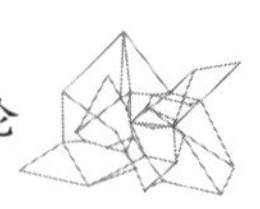

途运输。此外，根据运输距离确定运费还有两种形式：一是区段运价，指按不同的运输里程区段，对每吨货物运送收取全程规定的运费。例如，我国铁路货物运价采用分区段平均运价率，计算运费时，只要查到运距所属的里程区段，用该区段运价率乘上货物计费吨数，就可算出全程应收的运费总额。二是均一运价，即不考虑运输距离，收取统一的运费（如图 3-25 所示）。

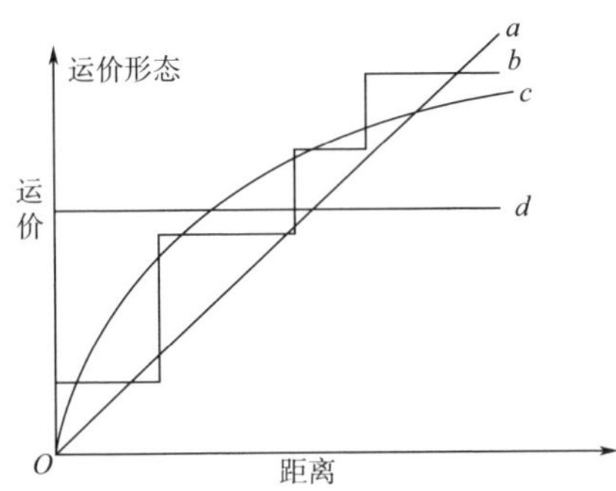

图 3-25　运价定价方式随运输距离变化示意图

为了进一步说明这一问题，帕兰德研究了原料地和消费地分别只有一个的简单模型。结果表明，当运费率为均等运费率时，总运费在原料地和消费地连线上到处都相等；当运费率为可变运费率时，总运费在原料地和市场地两点最低。

实际上，运费率一般可变，因此，最佳区位选择在原料地或者市场的可能性更大。等费用线的分析方法也适用于多种原料供给地或不同运输手段情况下的复杂模式研究。

帕兰德认为，在区位选择时，运费最小地点当然是最佳的生产地。可是随着生产地的选择，其他所有的费用也在发生变化。因此，生产地的位置就不能只从运费最有利的角度考虑，最佳的生产地应该满足生产的所有费用的总和最小。

五、霍特林相互依存区位理论

区位相互依存学派假定生产费一定，市场是在地域中分布的线状市场。企业的送达价格因区位不同而不同，各个企业都尽力以低于竞争企业的价格向消费者销售产品。而送达价格与克服企业与消费者间的距离所支付的运费大小有关。企业在选择区位时，都想尽量占有更大的市场地域，这样市场地域的位置和大小受到消费者的行为和其他企业的区位决定行为的影响。企业如果以低于其他竞争者的价格能够在某市场地域销售产品，那么，该市场就会被该企业所垄断。总之，该学派认为区位和市场地域间的空间模型产生于需求场所的差异和企业区位间的相互依存关系。

相互依存区位论探讨在直线市场条件下，存在两个竞争企业时，区位与市场地域的关系，其中比较有影响的是霍特林理论。

1929年，美国经济学家哈罗德·霍特林（Harold Hotelling）提出了空间竞争理论。霍特林把产品差异划分为空间中直线段上的不同点，从而使产品差异具有可检验的经验含义。

（一）无限非弹性需求条件下的企业布局

霍特林假定，相互竞争的两个冰激凌销售者向沿海岸均等分布的顾客供给相同的产品，各顾客每单位时间内购买一个冰激凌。在这种情况下，其结论是，两个销售者将在海岸的中央部位相对布局，分别占有市场的一半。霍特林的结论，在以下假定前提下产生。

第一，消费者在空间上均等地分布。

第二，对于产品需求无限而且非弹性。

第三，生产费在所有的区位都均等。

第四，产品的运费率在所有的区位都相等。

第五，生产者按照企业生产价格销售，从工厂到消费者的运费由消费者支付。

在以上条件下，如果只有一个企业 A 时，在任何区位布局都能占有所有市场。第二个企业 B 的区位选择同样自由，但考虑到与 A 的竞争，在市场中央尽量靠近 A 的地点布局最有利。这样企业 A 和 B 分别向市场的左半侧和右半侧供给，如图3-26（a）所示。如果 B 在其他的地点布局，如图3-26（b）所示，正如两条送达价格线表示的那样，B 在市场的右侧比在市场的中央布局送达价格要低。但需求是无限非弹性，买方不论在怎样的价格下，都会购买。因此，这样的区位选择对 B 来说没有任何益处。而且，离开 A 的区位选择，意味着 A 将会通过竞争占有 A 和 B 之间的部分市场。总之，尽量接近 A，且在市场中央布局是 B 支配一半市场的唯一区位，这样各企业能垄断支配属于自己的市场。

（二）需求弹性条件下的企业布局

若考虑需求的弹性，即价格对销售量有影响时，那么企业一定会选择与其最

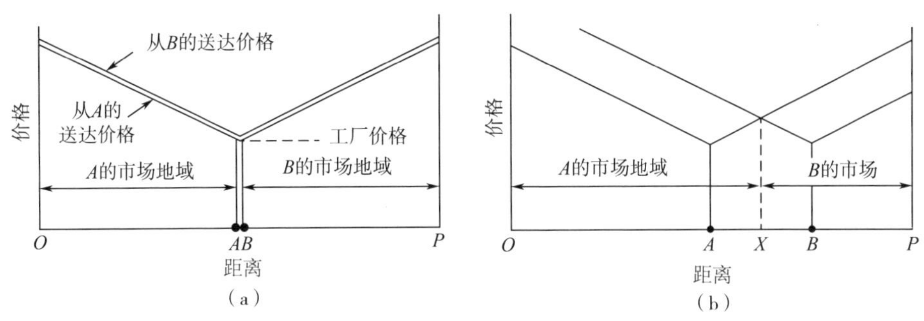

图 3-26　无限非弹性需求条件下的直线市场的竞争

终的消费者相邻近，这样可使反映到最终产品价格中的运输成本最小化，从而实现企业利润最大化。因此，位于中心的两家企业移至更外围的区域将获得最大的收益。在这种情况下，两个企业将在直线市场的 1/4 处布局，如图 3-27（a）所示。原因在于这样可使运费最小，从而达到消费量最大，各企业都能得到一半市场。这种区位选择的运费节约（阴影部分）与在中央布局的运费节约（斜线部分）相比较要大得多，并且比其他可能的区位选择也有利，如图 3-27（b）所示。对消费者而言，由于企业运输成本的降低，消费者将比先前企业集中于中心区位之处获得更多的节约，消费者对产品的需求也将不断增加。

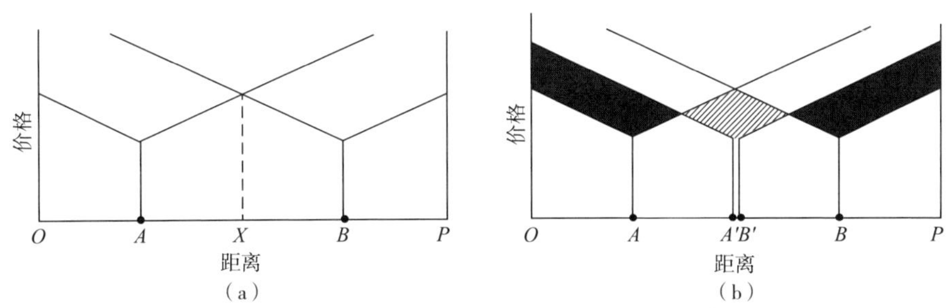

图 3-27　需求弹性条件下的直线市场的竞争

综上所述，霍特林相互依存区位理论，为企业在空间区位竞争中确定其位置及其空间均衡状态的性质提供了分析框架，并为市场中新进企业的空间选择定位提供了参照标准。

第三节　现代区位论

一、格林哈特工厂区位理论

1956年，美国选址理论家梅尔文·格林哈特（Melvin L. Greenhut）发表了《工厂区位的理论与实践》，对需求因子和影响区位的企业间相互依存的作用进行了详细的论述。格林哈特研究了在无限的需求弹性下，所有的生产者都可能在消费地进行选址，这是由于运费造成的价格增加会使总需求减少。这种观点区别于霍特林的两生产者集中于市场中心的理论。

格林哈特假设，各自都有产品市场和原料市场的 A 和 B 两个区域。其中，区域 A 的最终产品市场规模大于区域 B，两个区域生产成本和运输成本相等，但两个区域的市场完全分割。如果区域 A 的产品市场和原料市场之间距离小于区域 B 的相应距离，那么此时厂商将选择区域 A。因此，此时区域 A 的运输成本低，需求规模大，收益水平也较高。如果区域 A 的最终产品市场和原料市场之间距离大于区域 B 的相应距离，但由于区域 A 的市场规模大于区域 B，因而厂商仍然选择区域 A。市场规模效应可以抵消运输成本带来的较高生产成本，使得区域 A 的生产剩余将大于区域 B。

格林哈特认为，运费是影响工业区位的重要因子，如果运费占总费用的比例很大，企业会考虑降低运费。但只有在下列两种情况下，区位才表现出原料指向性：一是原料易损伤，加大了运输的难度；二是原料的运费比最终产品的运费大很多。除此之外，接近市场的区位选择最有利。

表3-6对宝钢与鞍钢的区位因素进行了对比。

表3-6　宝钢与鞍钢区位因素的对比

项目	鞍钢	宝钢
时间	1949年前	20世纪70年代后
铁矿石来源	当地供应	进口
能源来源	山西、黑龙江	安徽淮南、山西
消费市场	沈阳、大连、长春等	上海、南京、杭州及国外市场
主导因素	原料、燃料	消费市场

从宝钢和鞍钢的区位选择中可以看出两点：一是区位选择对动力和燃料的依赖性减弱，从而使得区位选择更加灵活；二是工业产业对信息市场的依赖程度更高，影响区位选择的主导因素从原料导向转变为消费导向。

二、俄林一般区位理论

1931 年，瑞典经济学家戈特哈德·贝蒂·俄林（Bertil Gotthard Ohin）完成了著称世界经济学界的著作《区际贸易和国际贸易》，提出需要更好地理解区位在经济生活中的作用。1966 年，在该书修订版中，俄林又提出贸易理论和区位理论交叉融合的观点，认为区位理论比国际贸易理论应用更为广泛，贸易理论的一大部分可以看作是区位理论的一小部分。俄林指出，区位决定因素取决于原料产地、工业区位和消费市场三者间相互依存和互相影响的关系以及运输边界程度的差异，从而挖掘了不同区域比较优势差异对资源配置的作用。

（一）区位因素的引入：多市场价格理论

一般价格理论几乎都是单一市场理论，而空间问题很少被提及。俄林认为空间在经济生活中显得相当重要：一是生产厂商在一定程度上被限制在特定的地点并且很难流动；二是运输成本和其他障碍阻止了产品的自由流动。因此，价格形成的理论必须扩大以包含密切相关的地方市场，而市场之间的边界，即要素流动的障碍使所有能匹配组合的要素不可能在同一个地区进行，从而有必要在关联性市场中拓展单一市场理论。区位理论本身就是在相互依存价格体系下，存在多个生产要素市场，并且存在运输成本、关税时得出的结论。

区位因素的引入给俄林的理论体系赋予了更加深刻的内涵，体现在以下两个方面：一是运输成本的引入限定了贸易品的范围，减少了贸易的可能性。如果运输成本高于不同地区生产成本的差别，那么每个地区就会自己生产这种产品，而不从其他区域进口这种产品。如果没有转运费用，几乎所有的产品都可以进行贸易。地区间贸易的本质是外部需求作用于内部供给以及内部需求作用于外部供给，运输成本干预该过程并减少了其对不同市场价格的影响。二是运输成本的引入在多个市场间建立起价格关联的纽带。一方面，地区间不同生产阶段产品的价格关联。当考虑生产的不同阶段时，初级阶段产品的贸易会影响高级阶段产品地区内价格，同样高级阶段产品的贸易会影响到初级产品地区内市场价格，而同阶段产品的贸易会使地区间其他阶段产品的区内市场价格趋同。另一方面，贸易品与非贸易品的价格关联。在两地区模型中，由于相同要素可以用于多种产品的生产，因此要素在不同用途上存在竞争关系。这一影响构建起了区际产品与区内市场产品的价格关联。如果在某个国家，其中一种产品进入国际贸易，那么其他属于区内市场产品的价格就会受到区际贸易的影响。

综上所述，运输成本的引入体现了空间因素对国际贸易的影响。运输成本的存在阻碍了产品在地区间的流动，使一些产品成为区内市场产品，从而减少贸易品范围。

（二）区位对贸易的影响：运输成本的作用

俄林认为，如果不考虑运输成本，厂商不会选择在那些要素成本高的地区生产。但是，如果有好的转运条件，即使是需要大量劳动力的产品也可以在高工资的地区生产。此外，一些厂商也可能集中在低工资地区生产以便充分利用该地区在生产成本上的优势，即使该地转运条件较差。例如，阿迪达斯和耐克多年前逐渐退出中国，前往越南投资设厂是为了降低劳动力成本。但是，未来制造业将渐渐走向自动化、无人化，用机器代替人工，而这个趋势也会成为劳动密集型企业的拐点。

在俄林的理论体系中，将运输部门视为一个独立的服务业部门，是必须标识一定价格的生产要素。因此，生产要素的物质属性不仅影响生产，还影响运输。运输成本的提高或降低会导致地区间要素价格差异的增加或减少。在某些条件下，要素和产品流动可以互相替代；而在其他情况下，其中的一种产品或要素出现新的流动，这将会使另外一种产品或要素发生更大的流动。综上所述，要素流动主要体现了生产条件对转运条件和需求条件的相适应，同时也表明了对转运条件和地区需求分配的适应。

三、克鲁格曼新经济地理学

1991 年，美国经济学家保罗·克鲁格曼（Paul Krugman）发表的《收益递增与经济地理》，标志着新经济地理学的诞生。克鲁格曼认为，以前主流经济学由于缺乏分析“规模经济”与“不完全竞争”的工具，导致空间问题长期被排斥在外。现在，由于规模经济、不完全竞争等分析工具的发展，可望将空间问题纳入主流经济学的范畴。克鲁格曼定义的新经济地理是指“生产的空间区位”，通过研究经济活动的空间分布规律，解释现实中存在的不同规模、不同形式的空间集聚机理。

（一）区位因素在新经济地理学中的地位

运输成本是克鲁格曼理论体系中的一个重要变量，运输成本的引入将区位因素纳入贸易模式分析中，而规模经济与运输成本之间的权衡成为新经济地理的基础。运输成本的存在引起商品价格差异，从而影响生产在空间上的流动，规模收益递增使这种差异和流动持续下去，进而决定贸易在哪里发生。克鲁格曼采用了萨缪尔森（Paul A. Samuelson）的“冰山理论”来描述运输成本，即每一单位运往外地的产品中仅有一部分到达目的地，而其余的都消耗在途中，此时，运输成本只影响价格，忽略了运输成本与距离的关系。对此，克鲁格曼引入距离因素对冰山运输成本函数进行了修正，使之具有如下的特征：一是运输距离的增加使得产品的市场价格将以递增的比例增加；二是运输产品价格与离岸市场价格成正比例变化；三是产品的运输费用率与运输产品的数量无关。这些特征使对运输成本问题的考虑更加真实。

（二）区位因素对新经济地理学核心机制的影响

新经济地理的研究表明，即使两个区域初始条件完全相同且不存在外力作用，经济系统的内生力量也将使地区之间的空间结构分化，最终形成产业集聚。而在内生演化的过程中，以运输成本为表现形式的区位因素成为各种机制得以运行的基础和前提。

1. 中心—外围结构

新经济地理的研究重心是经济行为的区位选择。因此，区位因素在新经济地理学中扮演着极其重要的角色。在规模收益递增、运输成本和劳动流动的相互作用下，基本条件原本相同的两个区域，由于核心区域的市场需求远远大于边远地区，核心区域进一步吸纳人口和产业转移，实现资本的不断积累和知识创造。由于中心区域更加靠近市场，运输和贸易成本的节约使中心区域相对于边缘区还具有成本低廉的优势，这种成本优势对产业和人口形成巨大吸引力。因此，形成了生产在靠近市场的中心区域聚集，在远离市场区域鲜有分布的中心—外围结构，最终演变成工业区的中心和农业区的外围，揭示了不同贸易成本下引致的不同区位格局和动态演化。

考虑我国制造业的空间布局，在 20 世纪 80 年代至 90 年代初，我国已有珠三角制造业中心，中心—外围结构揭示了有时多中心和单中心的空间都较稳定。

如果过去已有制造业中心，自然会得到维持；但是如果起初没有，则未必会形成中心。事实上，长三角的制造业中心地位得以维持，而东北或中西部至今也没有形成新的制造业中心。东北和中西部地区一些省份也有很好的工业基础，强化这些基础，也能形成次级中心。在我国，多中心空间是一种稳定均衡结构，通过实施西部大开发、振兴东北老工业基地等战略部署，可以实现这种多中心空间稳定均衡。

2. 聚集力与分散力的权衡

经济空间中并非只引发产业集聚的力量，不可流动的资源和生产要素、运输成本、贸易成本以及拥挤导致的不经济等因素导致了分散力的存在。当运输成本高时，靠近需求成为企业选择生产区位的主要诉求，此时规模经济发挥主导作用；当运输成本低时，节约生产成本成为企业选择生产区位的主要考量，此时要素禀赋发挥主导作用。简言之，地区自然位置、历史因素等先天禀赋因素和市场规模、产业关联等后天因素的共同作用是生产区位选择的决定因素，前者决定了生产的初始区位，后者则会通过聚集力和分散力对生产的初始定位发挥巩固或逆转作用，使产业从聚集走向分散。

贸易成本和偶然因素相当于加在衡量两种力量天平上的砝码，导致最终的经济区位格局。在贸易成本很低时，为了满足遍布各地的需求，人口和产业呈分散布局；在中等水平的贸易成本条件下，人口和产业在空间上迅速聚集；当成本很高时，为了利用不同区位源于先天优势的要素成本节约，人口和产业又倾向于分散布局。这意味着贸易成本存在一个门槛值，如果历史和偶然因素导致初始状态为聚集，随着贸易成本的提高，聚集动力不断减小，直到超过门槛值，经济活动空间则会出现由聚集变为分散的布局。

（三）区位对贸易的影响

贸易是不同地区供给和需求之间的匹配，而生产的分布必然会对产品的供给产生影响。以规模经济为特征的新经济地理框架，为分析区位对贸易的影响提供了全新的视角，从供给和需求区位分布角度解释了贸易格局产生的原因。

1. 本土供给对外部需求的适应

克鲁格曼分析了本国市场规模与一国出口的关系，指出存在规模经济和运输成本时，一国会成为其具有较大国内市场规模产品的净出口国，并首次把这种影响称为本土市场效应。本土市场效应存在的基础和前提是规模经济以及运输成

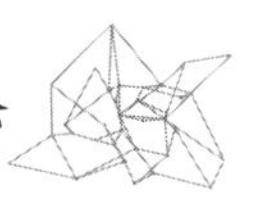

本。因此，生产具有规模经济效应的厂商可以通过扩大生产规模实现利润的增加。开放国际贸易带来的需求增长，会促使厂商扩大生产规模，实现规模经济，降低价格提高产品竞争力。运输成本的引入使厂商在考虑生产定位时，会倾向于将生产置于靠近市场规模大的地区，以节约运输和贸易成本。因此，在存在规模经济和运输成本的情况下，一个企业面临生产区位选择时，会选择那些具有较大国内市场规模的地区进行大规模生产以满足全球需求，在供应生产地需求的同时，通过出口供应其他国家的需求，以最大限度发挥规模经济效应和节约运输成本，从而产生本土市场效应。

2. 内部供给能力和外部市场潜力

贸易的实现需要商品的供给和需求，当供给和需求分别位于不同国家或地区时，国际贸易由此产生。因此，出口国的供给能力越强，进口国的需求越大，商品流动的成本越低，贸易越便利，贸易量就越大，而这是引力模型的核心构建思想。秉承引力模型的思想，新经济地理学将内部供给能力、外部市场潜力以及贸易成本作为影响贸易的三大变量，从供求角度解释贸易规模和流向。

在新经济地理学的视野中，贸易的本质是区位问题，生产的分布决定出口，需求的分布决定进口，而供给和需求在不同地域范围内的均衡决定了国际贸易的规模和流向。

第四节　商圈网络模型

随着消费者生活水平的不断提高，城市商圈呈现蓬勃发展的态势，商业企业间的竞争日趋激烈，商业企业要想在竞争中生存并求得更大的发展，选址问题显得至关重要。对于一个商业企业来说，选址是店铺经营成败的首要因素，关系着店铺的经济效益和未来的发展前景。两个同行业、同规模的商店，即使商品构成、服务水平、管理水平、促销手段等方面都相同，但仅仅由于所处的位置不同，店铺的经营状况就可能存在很大的差别。因为选择位置的优劣，将对今后的经营发展起着决定性的作用。正确的选址策略不仅是商业企业成功的先决条件，也是商业企业实现经营标准化、专业化的前提条件和基础。

一、商圈理论

（一）商圈的内涵

商圈是商店吸引顾客的空间区域，是商店的辐射范围，即商店行商的范围，可以用本店顾客来店的空间区域，或本店能够吸引的顾客来源来衡量。因此，商圈的内涵可以从三个方面来理解：第一，商圈是具体的空间区域，可以通过某些方法来确定；第二，在商圈的空间区域内，消费者购买商品的空间范围和企业出售商品的空间范围相重合；第三，商圈是供应链的终端，即企业销售地点的集合。

（二）商圈的层级

根据消费者的居住范围、商圈的辐射范围等可以将商圈分为三个层次（如图 3-28 所示），分别为核心商圈（顾客占 55%～70%）、次级商圈（顾客占 15%～20%）和边缘商圈（顾客占 10%）。不同层级商圈的差异主要体现在消费者的数量、销售额和路程等。

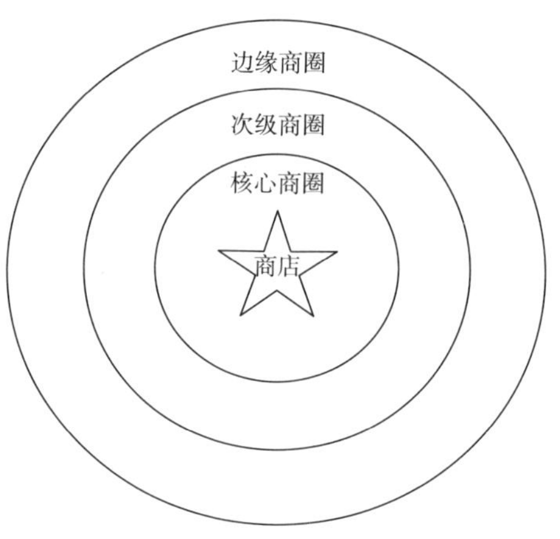

图 3-28　商圈的分类

1. 核心商圈（一级商圈）

核心商圈是最接近零售企业，并拥有高密度消费者群体的区域。核心商圈的销售额占总销售额的 60%～70%。区域内每个消费者的平均购买额最高，经营商品的档次也最高，在这一区域内适宜发展大型的百货商店或综合超市、著名品牌的专卖店、特色专业店、高档商业街等。

2. 次级商圈（二级商圈）

次级商圈在核心商圈的外围，销售额占到总销售额的 20%。该商圈内的消费者路程比核心商圈要远，人数比核心商圈要少，消费者也相对比较分散。

3. 边缘商圈（三级商圈）

边缘商圈在次级商圈的外围，销售额仅占总销售额的 10%。边缘商圈的辐射范围较远，且路程较长，消费者总数相对比较少，且消费者分布范围广，适合经营档次较低、挑选性不高的商品。

商业店铺在商圈内的消费者呈现一定规律性，即商圈距离消费者越远，消费者到该商圈购物的可能性就越小。因此，边缘商圈的销售总额最少。

（三）商圈的形状

在商圈的概念中，暗示着商圈的形状是圆形。实际上，由于诸多因素的影响，商圈呈现的是不规则的形状（如图 3-29 所示）。

造成商圈呈不规则形状的原因有两个：一是由于那些阻碍消费者去零售企业购物的客观因素的存在，那些在某个方位上与零售企业直线距离很近而实际到店距离很远的消费者，甚至不能为其商圈所覆盖，这些阻碍因素主要有道路隔离栏、宽阔或车速较高的道路、竞争店、交通不便等。二是由于某些客观的吸引力因素的存在，位于商圈某一方位的消费者来店购物会更方便，例如公交站的设立方便了消费者的出行。

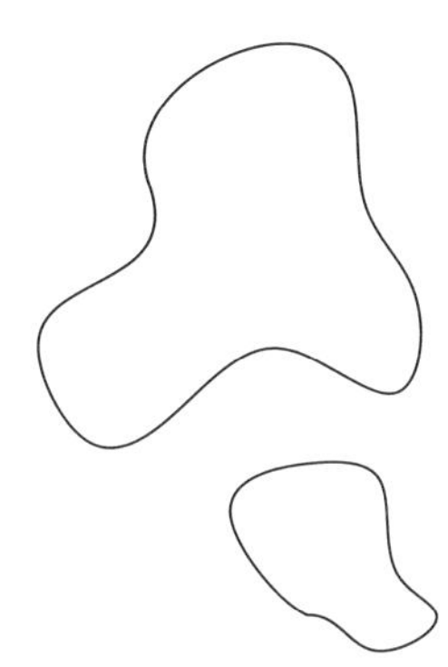

图 3-29　商圈的形状

客观的阻碍因素和吸引力因素的同时存在促成了商圈的不规则形状，同时也会使商圈的规模扩大或缩小。一般而言，商圈呈不规则形状，甚至可能因受到人口、地形、道路结构等因素影响而分处两地。

（四）影响商圈的主要因素

影响商圈的因素有很多，主要体现在经济因素、政策因素和环境因素三个方面。

1. 影响商圈的经济因素

经济因素主要包括生产要素供应、金融环境和市场环境等。经济发展水平越高，越会吸引投资者在该地投资建设商圈，获得的收益越高。在经济水平比较高的地区建设商圈，该商圈对消费者的吸引力也高，从而导致该商圈的租金相对比较高。例如，上海的南京路、北京的西单、广州的北京路等商业街的商店行商范围大，而位于城市一般地段的商店行商范围小。

2. 影响商圈的政策因素

政策因素主要包括政治、经济和法律的相关政策等。这些政策的出台既可以推动商圈的发展，也可以阻碍商圈的发展，其原因主要是政府的相关政策、城市规划在一定程度上起着导向作用。因此，具有一定营业规模的零售商都有必要进行商圈的政策因素调查与研究。

3. 影响商圈的环境因素

环境因素主要包括影响商圈发展的相关配套要素，具体为交通的通达性和城市区位分布情况。交通通达性是衡量该地区交通是否便捷的指标，而城市区位分布情况是消费者在不同区位中的构成。与城市郊区的商业区相比较，成熟的城市中心的商业区配套的道路交通设施更完善，同时，成熟的城市中心商业区也是人口集中的场所，从而带来较大的消费需求。但是，郊区高速公路网的大量出现，使得郊区的交通便利性提升，这也导致了人口居住向郊区延伸。在人口居住郊区化的趋势下，成熟的城市中心商业区的部分消费者转移到城市郊区，从而引起城市商圈的重新布局。

二、商圈测定模型

（一）赖利法则

1931 年，美国学者威廉·赖利（William Reilly）发表了《零售吸引力法则》。赖利利用 3 年时间，对 150 个城市商圈进行调查分析后，将牛顿万有引力定律运用到商圈分析中，总结出城市人口与零售引力的相互关系，被称为赖利法则或赖利零售引力法则。赖利认为，具有零售中心地机能的两个城市，对位于中间的一个城市或城镇的零售交易的吸引力与两城市的人口成正比，与到两城市的距离成反比。该法则证实，城市人口越多、规模越大，商业就越发达，随之当地供应的商品和服务在数量、品种和方式等方面就会有相应的较大发展，必然吸引更多的顾客去该地区购买商品。具有零售中心地机能的两个城市，对位于中间的一个城市或城镇的零售交易的吸引力与两城市的距离平方成反比，这是由于顾客要考虑购物成本，距离越远，购物成本越高，导致吸引力下降。

赖利零售引力法则，用城市人口取代物体质量，城市之间的距离取代物体之间的距离。其计算公式如下所示：

$$\frac{B_a}{B_b} = \frac{P_a}{P_b}\left(\frac{D_b}{D_a}\right)^2 \tag{3-16}$$

其中：

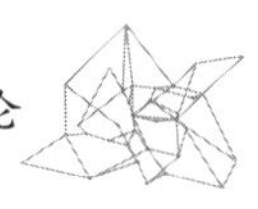

B_a 为城市 A 向 C 吸引的零售额；

B_b 为城市 B 向 C 吸引的零售额；

P_a 为城市 A 的人口；

P_b 为城市 B 的人口；

D_a 为城市 C 与 A 处的距离；

D_b 为城市 C 与 B 处的距离。

【例 3-2】假设 A 市有 40 000 人、B 市有 10 000 人，中间地带 C 市有 5 000 人。且 C 市距 A 市 40 公里，距 B 市 10 公里（如图 3-30 所示）。请问居住在 C 市的消费者分别会有多少人去 A 和 B 两城市购物？

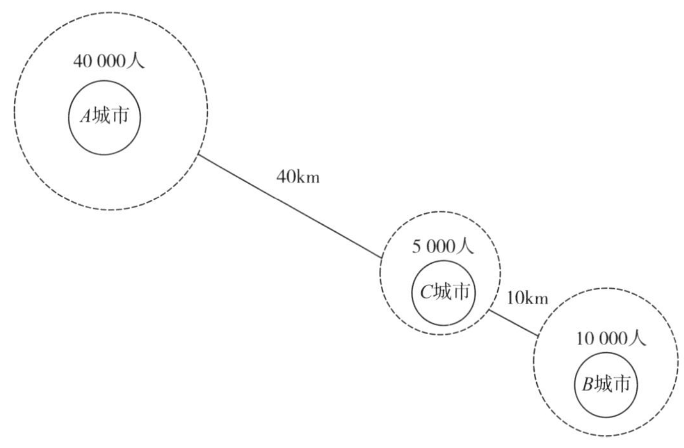

图 3-30　城市人口和距离示意图

解：用数学演绎如下：

$$\frac{B_a}{B_b} = \frac{P_a}{P_b}\left(\frac{D_b}{D_a}\right)^2 = \frac{40\ 000}{10\ 000} \times \left(\frac{10}{40}\right)^2 = \frac{1}{4}$$

C 市的人到 A 、B 两市购物的比例为 1∶4，说明 B 市对 C 市的吸引力较大，其主要原因是距离较近，消费者认为购物成本较低且购物便利。

$$\frac{B_a}{B_b} = \frac{1}{4} \Rightarrow \frac{5\ 000}{x + 4x} = 1 \Rightarrow x = \frac{5\ 000}{5} = 1\ 000(\text{人})$$

由于 C 市共有 5 000 人，因此有 1 000 人会去 A 市购物，4 000 人会去 B 市购物。若乘上 C 市人均消费购物支出，也可以算出 C 市有多少销售额流向 A 和 B 市。

赖利法则第一次提出了量化和衡量商圈的方法，如果企业无法在投资地获得更为详尽的资料，只能通过官方资料了解该地人口分布和空间布局情况，那么就可以利用赖利法则对该地点进行初步的吸引力判断。赖利法则运算方法简单，数据获得容易，是企业在决策早期经常使用的方法。

由于赖利法则建立在多个理想假设的基础上，所以赖利法则也存在着一些局限：一是只考虑了空间上的距离，没有考虑其他的交通情况。例如，使用不同的交通工具、城市路网状况以及存在山川、河流等各种交通障碍，在这种情况下或许用时间距离来代替空间距离更为合适。二是消费者所感知到的距离可能会受到诸多因素的影响。例如，品牌、服务以及设施等，可能会使消费者愿意选择更远的距离。三是由于消费水平的差异，以商业供给地的人口反映吸引力，有时并不具有代表性，以其他因素尤其是与商业相关的因素来反映吸引力可能更合适。同时，消费者到某个商业地购物存在着很大的随机性，即消费者的购物存在着概率。此外，赖利法则并不是确定某一网点的商圈，而是确定某一区域的商圈。

（二）康维斯法则

1948 年，美国伊利诺伊州大学教授保罗·康维斯（Paul Converse）依据赖利法则，提出了康维斯法则，用于测定商圈的无差异点，从而确定商圈的范围。康维斯先后调查了美国多个小城市流行商品的购买行为，发现在小城市内的购买量与在附近大城市的购买量之间存在一定的关系。基于这种关系，康维斯提出了康维斯法则。

商圈分界点是指两个商业供给地 A 和 B 之间对消费者吸引力相等的点。即，

$$\frac{B_a}{B_b} = 1 \tag{3-17}$$

因此，对赖利法则进行变形，就可以得出康维斯法则。其计算公式如下所示：

$$D_a = \frac{D_a + D_b}{1 + \sqrt{\frac{P_b}{P_a}}} \Leftrightarrow D_b = \frac{D_a + D_b}{1 + \sqrt{\frac{P_a}{P_b}}} \tag{3-18}$$

其中：

P_a 为城市 A 的人口；

P_b 为城市 B 的人口；

D_a 为城市 C 与 A 处的距离；

D_b 为城市 C 与 B 处的距离。

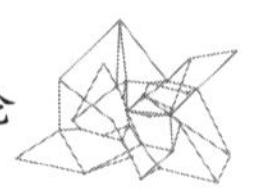

根据康维斯法则，已知 X，A，B，C 城市的人口，X 到 A，B，C 城市的距离，可以求取 X 与 A，B，C 各个城市之间的分界点，即行商的界限，从而界定商圈。

【例 3-3】假设 A 市有 4 万人、B 市有 16 万人，C 市有 25 万人，X 市有 1 万人，且 X 市距 A 市 60 千米、距 B 市 40 千米、距 C 市 72 千米，计算 X 到 A，B，C 三市的分界点，从而确定商圈。

解：

$$D_{a'} = \frac{D_{ax}}{1+\sqrt{\frac{P_x}{P_a}}} = \frac{60}{1+\sqrt{\frac{1}{4}}} = 40(\text{km})$$

$$D_{b'} = \frac{D_{bx}}{1+\sqrt{\frac{P_x}{P_b}}} = \frac{40}{1+\sqrt{\frac{1}{16}}} = 32(\text{km})$$

$$D_{c'} = \frac{D_{cx}}{1+\sqrt{\frac{P_x}{P_c}}} = \frac{72}{1+\sqrt{\frac{1}{25}}} = 60(\text{km})$$

确定的商圈如图 3-31 所示。

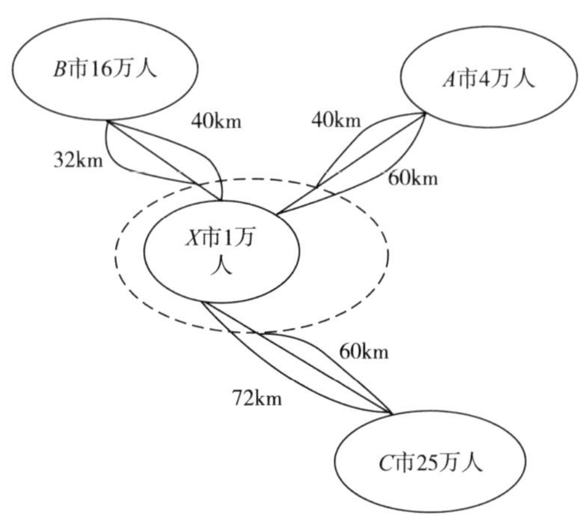

图 3-31　城市人口和距离示意图

从以上计算和图示可以看出，康维斯法则可找出多个商业街或城市间的行商界限，由此确定每个商业街或城市的商圈范围。

由于康维斯法则是对赖利法则进行的简单变形，与赖利法则选用了两个相同的因素——空间距离和人口，因此赖利法则的局限同样存在于康维斯法则中。

（三）阿普波姆法则

1965 年，美国学者科亨·阿普波姆（Cohen Apbohm）提出阿普波姆法则。阿普波姆法则是以赖利法则为基础进行的变形，该法则是从不同城市的销售场地面积的角度，界定商圈分界点，计算商圈大小。其计算公式如下所示：

$$D_a = \frac{D_{ab}}{1 + \sqrt{\frac{P_b}{P_a}}} \tag{3-19}$$

其中：

D_a 为城市 A 到商圈分界点的距离（汽车行驶时间）；

D_{ab} 为城市 A 与 B 之间的距离（汽车行驶时间）；

P_a 为城市 A 的销售场地面积；

P_b 为城市 B 的销售场地面积。

阿普波姆法则的创新点主要体现在以下两个方面：一是用一个与商业相关的因素，即某地的销售场地面积，反映该地的吸引力，舍弃了人口方面的影响因素；二是将两地间的距离换算为汽车的行驶时间，考虑了消费者购物路程中所面临的各种交通情况、使用不同的交通工具以及交通障碍的存在，更符合现代社会的特点。这两个因素的选择，都是阿普波姆法则相对于赖利法则和康维斯法则的进步之处。

在阿普波姆法则中，某地的销售场地面积越大，则该地的商业就越发达，对消费者的吸引力也就越大。但是，也存在一个现实问题，即统计某地销售场地面积是一项规模很大的工作。而且，用销售场地面积来反映吸引力，也存在着一个不可避免的问题，那就是具有相同销售场地面积的地区，必然具有了相同的吸引力。

【例 3-4】假设 A 市与 B 市两地之间的小汽车行驶时间为 150 分钟，A 市销售面积为 6 000 平方米，B 市销售面积为 24 000 平方米，求商圈分界点，从而确定商圈。

解.

$$D_a = \frac{D_{ab}}{1 + \sqrt{\frac{P_b}{P_a}}} = \frac{150}{1 + \sqrt{\frac{24\ 000}{6\ 000}}} = 50(\text{分钟})$$

$$D_b = \frac{D_{ab}}{1 + \sqrt{\frac{P_a}{P_b}}} = \frac{150}{1 + \sqrt{\frac{6\ 000}{24\ 000}}} = 100(\text{分钟})$$

确定的商圈如图 3-32 所示。

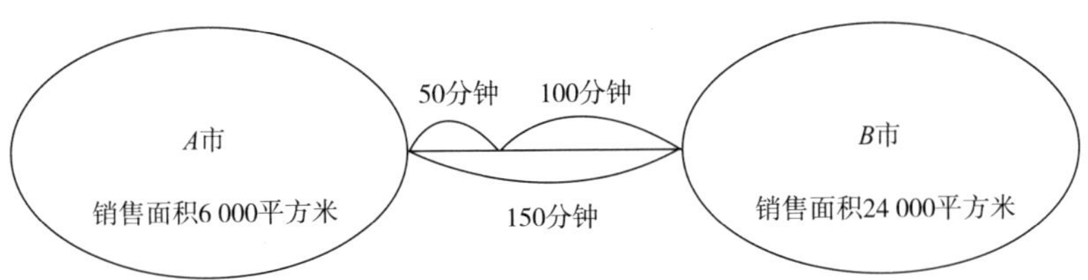

图 3-32 城市间时间距离和销售面积示意图

(四) 伽萨法则

伽萨法则也是以赖利法则为基础进行的变形，该法则从不同城市某个商店的销售场地面积的角度，来确定商圈分界点。其计算公式如下所示：

$$D_a = \frac{D_{ab}}{1 + \sqrt{\frac{S_b}{S_a}}} \tag{3-20}$$

其中：

D_a 为城市 A 到商圈分界点的距离（汽车行驶时间）；

D_{ab} 为城市 A 与 B 之间的距离（汽车行驶时间）；

S_a 为 A 商店的销售场地的面积（A 商店是位于 A 城市的商店）；

S_b 为 B 商店的销售场地的面积（B 商店是位于 B 城市的商店）。

伽萨法则与阿普波姆法则形式非常相近，唯一不同的就是，在伽萨法则中用某个商店的销售场地面积替代了阿普波姆法则中某地的销售场地面积。选用单店面积，相比之下，减少了统计某地销售场地面积的工作量。但是，仅以一个商店的销售场地面积来反映吸引力，缺乏严谨性。

【例 3-5】假设 A 市与 B 市两地之间的小汽车行驶时间为 150 分钟，A 市有 A 商店 500 平方米，B 市有 B 商店 2 000 平方米，求商圈分界点，从而确定商圈。

解：

$$D_a = \frac{D_{ab}}{1 + \sqrt{\frac{S_b}{S_a}}} = \frac{150}{1 + \sqrt{\frac{2\ 000}{500}}} = 50(\text{分钟})$$

$$D_b = \frac{D_{ab}}{1 + \sqrt{\frac{S_a}{S_b}}} = \frac{150}{1 + \sqrt{\frac{500}{2\ 000}}} = 100(\text{分钟})$$

确定的商圈如图 3-33 所示。

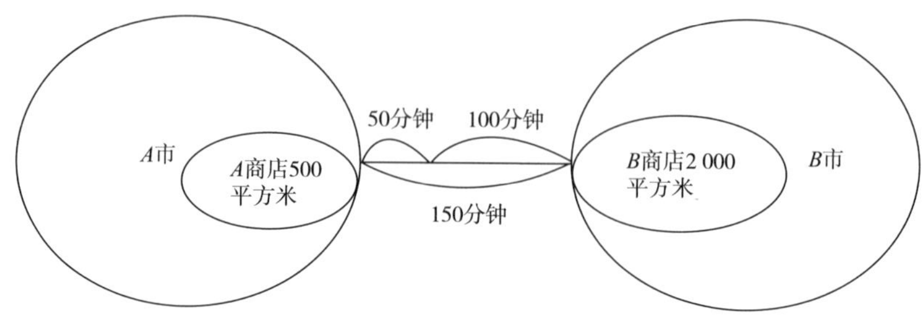

图 3-33　城市间时间距离和销售场地面积示意图

（五）哈夫模型

赖利及康维斯提出的商圈法则在美国、加拿大和欧洲得到较为广泛的应用，但实际运用中因人口密集度、道路交通条件等国情，导致现实与法则并不完全相符，加之汽车利用程度不断提高，距离已不再具有强烈影响力。

1963 年，美国加利福尼亚大学教授戴维·哈夫（D. L. Huff）将原来的商圈理论模型加以完善，提出了哈夫模型来确定网点商圈，证实了在大城市内消费者购买行为空间选择的随机性。哈夫把过去以城市为单位的零售商圈理论，具体到以商业街、百货店、超级市场为单位。哈夫提出，商圈测定的主要目的是测算某个地区的某个消费者到某个商店或商业聚集区购物的概率。哈夫认为，在数个商业聚集区集中于一地时，居民到哪一个商业聚集区购物的概率，由商业聚集区的规模和居民到商业聚集区的距离所决定。商业聚集区的规模为销售场地面积，距离为时间距离。利用哈夫模型，零售企业可以制订对消费者的营业对策，也为开店选址、网点布局等提供判断根据。其计算公式如下所示：

$$P_{ij} = \frac{\dfrac{A_j}{D_{ij}^{\lambda}}}{\sum\limits_{j=1}^{n}\left(\dfrac{A_j}{D_{ij}^{\lambda}}\right)} \tag{3-21}$$

其中：

P_{ij} 为住在 i 地区的消费者选择在 j 商店购物的概率；

A_j 为 j 商店的卖场吸引力（卖场面积、知名度、促销活动等）；

D_{ij} 为从 i 地区到 j 商店的距离阻力（交通时间、交通距离等）；

n 为互相竞争的零售商业中心或商店数；

λ 为根据经验估计的变数。

模型中的“λ”是消费者从居住地到商店聚集区路程中购物障碍的要素指标，例如立交道、河川、陡急的坡道、危险地带等。

由此，根据消费概率可以推导出某一地区的消费人数。其计算公式如下所示：

$$i\text{ 地区消费者光顾 }j\text{ 商店的概率} = \frac{j\text{ 商店的卖场吸引力}}{i\text{ 地区到 }j\text{ 商店的距离}} \div \left(\frac{i\text{ 地区各卖场的吸引力}}{i\text{ 地区到各卖场的距离}}\text{之总和}\right) \tag{3-22}$$

$$i\text{ 地区消费者光顾 }j\text{ 商店的人数} = i\text{ 地区消费者光顾 }j\text{ 商店的概率} \times i\text{ 地区消费者的数量} \tag{3-23}$$

哈夫模型在欧美得到广泛应用后，日本学者通过对哈夫模型加以修正，使之更加符合日本的商业情势。日本通商产业省（经济产业省）进一步把修正的哈夫模型调整为日本统一的客观尺度，并应用于商业营运机构。修正的哈夫模型，将原来的“λ”用赖利的“距离二次方反比”代替。该模型认为，消费者在某商圈购物的概率与卖场面积大小成正比，而与到达该商店距离的二次方成反比。其计算公式如下所示：

$$P_{ij} = \frac{\dfrac{A_j}{D_{ij}^2}}{\sum\limits_{j=1}^{n}\left(\dfrac{A_j}{D_{ij}^2}\right)} \tag{3-24}$$

其中：

P_{ij} 为住在 i 地区的消费者选择在 j 商店购物的概率；

A_j 为 j 商店的卖场吸引力（卖场面积、知名度、促销活动等）；

D_{ij} 为从 i 地区到 j 商店的距离阻力（交通时间、交通距离等）；

n 为互相竞争的零售商业中心或商店数。

其中，赖利法则及其派生的康维斯法则、阿普波姆法则、伽萨法则只适用于计算有关耐用品、专门品的商圈及商圈分界点，而不太适用于计算日常消费品。“修正了的哈夫模型”既适用于耐用品也适用于日用品，但必须把耐用品和日用品分别计算。

【例 3-6】假设新川社区 M 有 1 000 个消费者，现有 X 超级市场，其面积为

3 000平方米，距离新川社区 1.2 千米；Y 商业街，其面积为 1 500 平方米，距离新川社区 0.8 千米，A 决定进驻超级市场 X（如图 3-34 所示），求居住在新川社区的消费者分别会有多少人去 X 超级市场、Y 商业街购物？

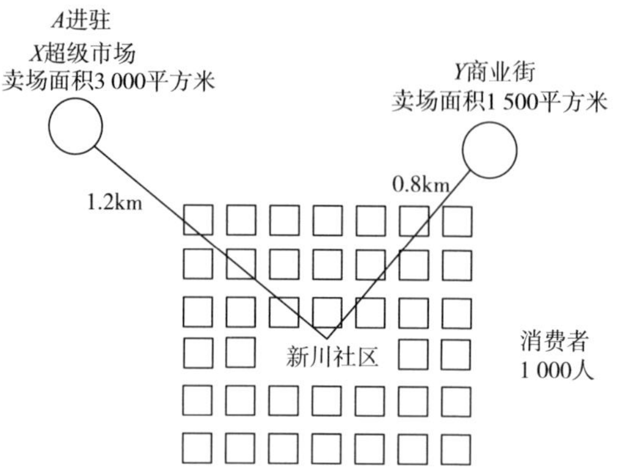

图 3-34　通产省修正版的哈夫模型

解：

$$P_{mx}=\frac{\frac{A_x}{D_{mx}^2}}{\frac{A_x}{D_{mx}^2}+\frac{A_y}{D_{my}^2}}=\frac{\frac{3000}{1.2^2}}{\frac{3\ 000}{1.2^2}+\frac{1\ 500}{0.8^2}}\approx 0.47$$

$$P_{my}=\frac{\frac{A_y}{D_{my}^2}}{\frac{A_x}{D_{mx}^2}+\frac{A_y}{D_{my}^2}}=\frac{\frac{1500}{0.8^2}}{\frac{3\ 000}{1.2^2}+\frac{1\ 500}{0.8^2}}\approx 0.53$$

通过运用修正版的哈夫模型，新川社区去 X 超级市场购物的概率为 0.47，去 Y 商业街购物的概率为 0.53，而新川社区消费者共 1 000 人，因此有 470 人前往 X 超级市场，530 人前往 Y 商业街。

（六）零售饱和理论

哈夫模型没有考虑商业的竞争状况。在现实中，商圈占据了有利的商业位置之后，可以不断吸引大量的零售企业入驻，业态的多元性和相似性使得商圈内的市场竞争日益激烈。在这种背景下，20 世纪 80 年代哈佛商学院创立了零售饱和理论，通过计算零售商业市场饱和系数来测定特定商圈内某类商品销售的饱和程度。位于饱和程度低的地区的商店，其成功的概率必然高于位于饱和程度高的地区的商店。其计算公式如下所示：

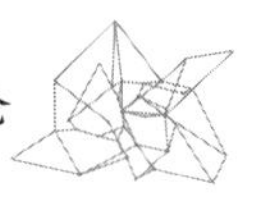

$$IRS = \frac{C \times RE}{RF} \tag{3-25}$$

其中：

IRS 为某地区某类商品零售饱和系数；

C 为某地区购买某类商品的潜在顾客人数；

RE 为某地区每一顾客用于购买某类商品的费用支出；

RF 为某地区经营同类商品商店的营业面积总数。

零售饱和理论是通过计算 IRS，来确定是否有必要在该区域再开一家经营该种商品的商店。IRS 值决定了该地区商店的盈利空间的大小。IRS 值越高，意味着市场未饱和程度越高，零售潜力大；IRS 值越低，意味着市场竞争相对激烈，零售潜力小。

【例 3-7】计划在 A，B 两地开设一家服装店，已知 A 地区购买服装的潜在顾客人数为 20 000 人，每一顾客用于购买服装的费用支出为 400 元，该地服装店的营业面积总数为 100 平方米；B 地区购买服装的潜在顾客人数为 40 000 人，每一顾客用于购买服装的费用支出为 300 元，该地服装店的营业面积总数为 200 平方米，在 A，B 哪个地方开设服装店更具投资价值？

解：

$$IRS_a = \frac{C \times RE}{RF} = \frac{20\ 000 \times 400}{100} = 80\ 000$$

$$IRS_b = \frac{C \times RE}{RF} = \frac{40\ 000 \times 300}{200} = 60\ 000$$

通过计算 IRS，可知在 A 地开设服装店更具投资价值。

（七）凯因吸引力模型

针对赖利法则、康维斯法则忽视了竞争店的卖场面积、顾客来店的地形、道路状况以及顾客的动机等缺点，1970 年，美国学者凯因（J. Kevin）提出了一种更为简单的模型。其核心是以人口、到商业供给地所需的时间、卖场面积三个因素的简单比率，决定两个商业供给地的分界点，并以此推出各自的销售额。其计算公式如下所示：

$$\frac{B_{ac}}{B_{bc}} = \frac{\frac{P_a}{P_b} + \frac{T_{bc}}{T_{ac}} + \frac{S_a}{S_b}}{3} \tag{3-26}$$

其中：

B_{ac} 、B_{bc} 分别为高等级城市（市场）A 、B 对低等级城市（市场）C 的引力；

P_a 、P_b 分别为高等级城市（市场）A 、B 的人口；

T_{ac} 、T_{bc} 分别为高等级城市（市场）A 、B 到低等级城市（市场）的时间；

S_a 、S_b 分别为高等级城市（市场）A 、B 的卖场面积。

凯因吸引力模型用某地吸引力因素与阻力因素各自的比率之和，来反映该地总的吸引力。该模型最大的特点就是可操作性强，只需计算几个简单的比率，就可以得出两个商业供给地的商圈分界点。但是，该模型只考虑了三个与商圈规模相关的因素，即人口、时间和卖场面积，因而并不全面。

【例 3-8】假设高等级城市 A 有 40 000 人，卖场面积为 1 200 平方米；高等级城市 B 有 20 000 人，卖场面积为 400 平方米。其中，低等级城市 C 到 A 市的时间为 5 分钟，到 B 市的时间为 10 分钟（如图 3-35 所示）。根据凯因吸引力模型，求 C 城市的消费力流向 A 与 B 的比率。

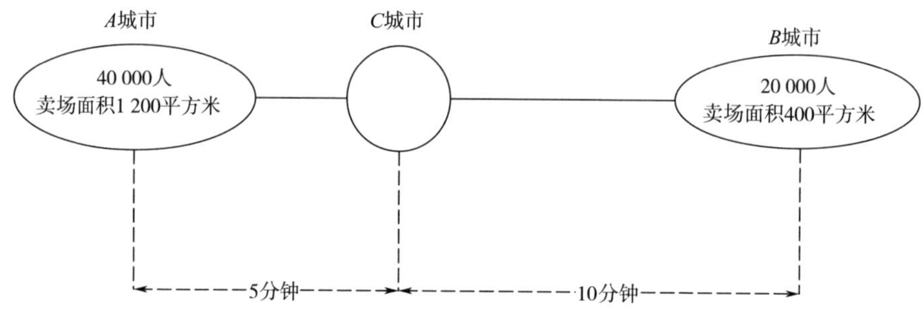

图 3-35　城市人口、卖场面积和时间距离示意图

解：

$$\frac{B_{ac}}{B_{bc}}=\frac{\frac{P_a}{P_b}+\frac{T_{bc}}{T_{ac}}+\frac{S_a}{S_b}}{3}=\frac{\frac{40\ 000}{20\ 000}+\frac{10}{5}+\frac{1\ 200}{400}}{3}=\frac{\frac{2}{1}+\frac{2}{1}+\frac{3}{1}}{3}=\frac{7}{3}$$

三个比率之和 A 为 7、B 为 3，这就是 A , B 两地行商范围的分界点，而 C 城市的消费力流向 A 与 B 的比率为 7∶3。

（八）多因素作用模型

随着零售业的变化与发展，以赖利法则为基础的引力模型有了更进一步的突破。1987 年，美国学者布莱克（Black）提出了多因素作用模型。布莱克将许多难以量化的变量如商誉、机会成本等纳入模型内，一方面深化了商圈布局理论，另一方面也使商圈测定方法更具可操作性。其计算公式如下所示：

$$P_{ak} = \frac{\left|\frac{A_{ak}^{N}}{D_{ak}^{n}}\right|}{\sum \left|\frac{A_{ak}^{N}}{D_{ak}^{n}}\right|} \tag{3-27}$$

其中：

P_{ak} 为区域 a 内的消费者到零售店 k 购物的可能性；

A_{ak} 为零售店 k 吸引区域 a 内的消费者到零售店 k 的因素总和；

D_{ak} 为阻碍区域 a 内的消费者到零售店 k 的因素总和；

N，n 为经验作用指数。

多因素作用模型说明吸引消费者来零售店购物的因素，除了零售店的规模以外，还包括零售店的形象、商誉、购物氛围、服务等。而阻碍消费者来零售店购物的因素则包括交通时间、交通成本、机会成本及其他费用。在零售店吸引力不变的情况下，消费者更愿意到阻碍因素小的零售店购物；而在阻碍因素不变的情况下，消费者更愿意到吸引力大的零售店去购物。

尽管商誉、机会成本等因素很难量化，但多因素作用模型的提出，使得消费者对商圈有了更深层次的认识，即一个零售店的商圈，随着其吸引力的增加或者阻碍因素的减少将会有所变化。同时，多因素作用模型也使得理论与实践结合得更加紧密。

第五节　物流空间模型

一、物流空间的经济联系强度

经济联系量（空间交互作用量、经济联系强度）是衡量区域城市经济联系强度大小的重要指标，既能反映经济中心的空间（城市）对周围空间（城市）的辐射能力，也能反映周围空间（城市）对经济中心的空间（城市）辐射能力的接受程度。

经济联系量分为绝对经济联系量和相对经济联系量。其中，绝对经济联系量表示某经济中心对某低级经济中心经济辐射能力或潜在联系强度大小，可用来分析经济中心辐射潜能及其强弱的空间变化。相对经济联系量是在绝对经济联系量的基础上，结合低级经济中心本身接收能力，比较其在区域内所有同级经济中心中条件的优劣，能较全面地反映除距离之外的其他因素对经济联系造成的影响。其计算公式如下所示：

$$R_{ij} = \frac{\sqrt{P_i V_i} \times \sqrt{P_j V_j}}{D_{ij}^2} \tag{3-28}$$

其中：

R_{ij} 为 i 、j 城市间的经济联系强度；

P_i 、P_j 分别为城市 i 、j 的人口数量；

V_i 、V_j 分别为城市 i 、j 的地区生产总值；

D_{ij} 为 i 、j 两城市之间的交通距离。

在引力模型的基础上，可以测算每个城市与其他所有城市的经济联系量之和，即为该城市的对外经济联系总量。其中，对外经济联系总量值越高，则表示该城市在区域各城市间经济联系网络中的地位越重要。其计算公式如下所示：

$$R_i = \sum_{i=1}^{n} R_{ij} \tag{3-29}$$

其中：

R_i 为城市 i 的对外经济联系总量；

R_{ij} 为 i 、j 城市间的经济联系强度。

【例 3-9】选取广西壮族自治区 2014 年、2019 年各市户籍人口和地区生产总值（如表 3-7 所示）以及柳州与广西壮族自治区内其他城市的交通距离（如表 3-8 所示）①。分析柳州与广西壮族自治区内其他城市的经济联系强度。

表 3-7　2014 年、2019 年广西各市户籍人口和地区生产总值

	2014 年		2019 年	
	户籍人口（万人）	地区生产总值（亿元）	户籍人口（万人）	地区生产总值（亿元）
南宁市	730	3 148	782	4 507
柳州市	378	2 209	394	3 128
桂林市	526	1 826	541	2 106
梧州市	340	1 062	353	991

① 《2015 广西统计年鉴》《2020 广西统计年鉴》。

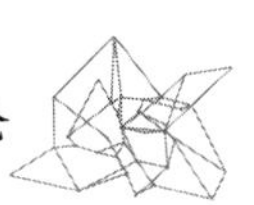

续表

	2014 年		2019 年	
	户籍人口（万人）	地区生产总值（亿元）	户籍人口（万人）	地区生产总值（亿元）
北海市	169	857	180	1 301
防城港市	94	589	100	701
钦州市	402	855	418	1 356
贵港市	543	805	565	1 258
玉林市	708	1 342	737	1 680
百色市	412	918	423	1 258
贺州市	238	449	248	700
河池市	420	601	434	878
来宾市	266	551	270	654
崇左市	248	650	252	760

表 3-8 柳州与广西其他城市的交通距离 单位：千米

	南宁市	桂林市	梧州市	北海市	防城港市	钦州市	贵港市	玉林市	百色市	贺州市	河池市	来宾市	崇左市
柳州	241	150	249	377	365	315	178	259	415	272	163	79	376

解：计算结果如表 3-9 所示。

表 3-9 柳州与广西其他城市的经济联系强度

	南宁市	桂林市	梧州市	北海市	防城港市	钦州市	贵港市	玉林市	百色市	贺州市	河池市	来宾市	崇左市
2014 年	23.9	39.8	8.9	2.4	1.6	5.4	19.1	13.3	3.3	4.0	17.3	56.1	2.6
2019 年	35.9	52.7	10.6	3.8	2.2	8.4	29.5	18.4	4.7	6.3	25.8	74.7	3.4

从整体上来看，2014—2019 年，随着社会经济的发展，广西多数城市的户籍人口和地区生产总值都有不同程度的增加，城市间经济联系强度也随着年份增

加而逐渐增强。由上述经济联系强度表可知，柳州与南宁、桂林、来宾的经济联系较为密切，与北海、防城港、崇左的经济联系较小。要实现以柳州为首的柳来河经济带（柳州+来宾+河池）发展，柳州应加强与河池的贸易交流。此外，柳州应扩大与沿海三港口城市，即防城港、钦州、北海之间的贸易交流，成为广西对外贸易龙头和物流的重要节点。

二、物流圈计算模型

在物流园区的规划中，经常面临物流园区辐射范围的问题。目前，关于物流园区规划大多定性确定园区的辐射范围。由于园区与园区存在相互联系的关系，如果单一考虑某个园区，忽视其他园区的影响，则会影响到规划的准确性。因此，一般采用断裂点理论，通过计算断裂点的场强和物流园区的辐射半径，来确定物流园区的辐射范围。

（一）断裂点理论

断裂点理论是关于城市与城市之间相互作用的理论，该理论认为，中心城市可以对相邻城市的发展产生影响，但这种影响由于各城市人口规模、经济规模等差异，其产生作用的范围不同，而且随着距离的增加，中心城市对低级城市的影响逐渐减弱，最终会被附近其他中心城市的影响所取代。城市（物流园区）与城市（物流园区）之间存在辐射力的平衡点，这一平衡点叫作断裂点。

物流园区可以对相邻园区的发展产生影响，这种影响也由于各园区规模的不同而不同，并随着距离的增加而逐渐减弱。也就是说，物流园区对周边的辐射力也存在距离衰减规律，在这一规律作用下，两园区之间的辐射力会达到一个平衡，形成平衡点。物流园区之间的辐射半径存在一个平衡点，距离超过这个点的物流作用能力就会小于另一物流园区。

（二）断裂点模型

1. 断裂点

根据断裂点理论，可求出物流园区到断裂点的距离。其计算公式如下所示：

$$L_{ik} = \frac{L_{ij}}{1 + \sqrt{\frac{M_j}{M_i}}} \tag{3-30}$$

其中：

L_{ik} 为第 i 个物流园区到断裂点 k 的距离；

M_i 、M_j 分别为物流园区 i 、j 货物处理能力的大小；

L_{ij} 为 i 、j 两物流园区的距离。

2. 场强

断裂点理论中的场强模型将物流园区对周围区域的影响范围称为物流影响力的“场”、影响力的大小称为“场强”。根据物流园区 i 、j 到断裂点 k 的距离，可以计算出物流园区 i 、j 在 k 点的辐射力大小，即物流园区 i 、j 对 k 点的场强。其计算公式如下所示：

$$F_{ik} = \frac{M_i}{L_{ik}^2} \tag{3-31}$$

其中：

F_{ik} 为第 i 个物流园区在 k 点处的辐射力大小；

M_i 为第 i 个物流园区货物处理能力的大小；

L_{ik} 为第 i 个物流园区到物流园区 j 的断裂点 k 的距离。

3. 辐射半径

将场强公式变形，可计算物流园区 i 、j 在 k 处的辐射半径 R_{ik} 。其计算公式如下所示：

$$R_{ik} = \sum_{k=1}^{n-1} L_{ik} \frac{F_{ik}}{\sum_{k=1}^{n-1} F_{ik}} \tag{3-32}$$

其中：

R_{ik} 为第 i 个物流园区在 k 处的辐射半径；

L_{ik} 为第 i 个物流园区到物流园区 j 的断裂点 k 的距离；

F_{ik} 为第 i 个物流园区在 k 点处的辐射力大小。

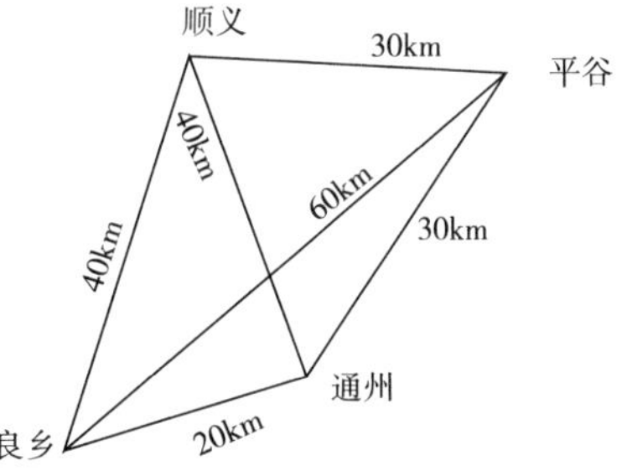

图 3-36　物流园区距离示意图

【例 3-10】根据北京 4 个物流园区的具体情况，计算各个物流园区之间的理想状态辐射范围，已知（如图 3-36 所示）：

良乡物流园区到通州物流园区距离：$L=20$ 千米；

良乡物流园区到顺义物流园区距离：$L=40$ 千米；

良乡物流园区到平谷物流园区距离：$L=60$ 千米；

通州物流园区到顺义物流园区距离：$L=40$ 千米；

通州物流园区到平谷物流园区距离：$L=30$ 千米；

顺义物流园区到平谷物流园区距离：$L=30$ 千米；

良乡物流园区货运量：$M=2\ 000$ 万吨；

通州物流园区货运量：$M=2\ 000$ 万吨；

顺义物流园区货运量：$M=2\ 000$ 万吨；

平谷物流园区货运量：$M=8\ 000$ 万吨。

解：第一步，计算良乡物流园区与其他 3 个物流园区相互作用的断裂点距离。

$$L_{良乡、通州}=\frac{L_{良乡、通州}}{1+\sqrt{\frac{M_{通州}}{M_{良乡}}}}=\frac{20}{1+\sqrt{\frac{2\ 000}{2\ 000}}}=10(千米)$$

$$L_{良乡、顺义}=\frac{L_{良乡、顺义}}{1+\sqrt{\frac{M_{顺义}}{M_{良乡}}}}=\frac{40}{1+\sqrt{\frac{2\ 000}{2\ 000}}}=20(千米)$$

$$L_{良乡、平谷}=\frac{L_{良乡、平谷}}{1+\sqrt{\frac{M_{平谷}}{M_{良乡}}}}=\frac{60}{1+\sqrt{\frac{8\ 000}{2\ 000}}}=20(千米)$$

良乡物流园区与通州物流园区相互作用的断裂点距离：$L=10$ 千米；

良乡物流园区与顺义物流园区相互作用的断裂点距离：$L=20$ 千米；

良乡物流园区与平谷物流园区相互作用的断裂点距离：$L=20$ 千米。

第二步，计算良乡物流园区在 3 个断裂点的场强。

$$F_{良乡、通州}=\frac{M_{良乡}}{L^2_{良乡、通州}}=\frac{2\ 000}{10^2}=20(千米)$$

$$F_{良乡、顺义}=\frac{M_{良乡}}{L^2_{良乡、顺义}}=\frac{2\ 000}{20^2}=5(千米)$$

$$F_{良乡、平谷}=\frac{M_{良乡}}{L^2_{良乡、平谷}}=\frac{2\ 000}{20^2}=5(千米)$$

良乡物流园区与通州物流园区相互作用的断裂点的场强：$F=20$ 千米；

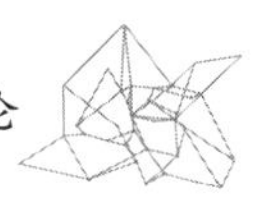

良乡物流园区与顺义物流园区相互作用的断裂点的场强：$F=5$ 千米；

良乡物流园区与平谷物流园区相互作用的断裂点的场强：$F=5$ 千米。

第三步，计算良乡物流园区在其他 3 个物流园区处的辐射半径。

$$R_{良乡、通州}=\sum_{k=1}^{n-1}L_{良乡、通州}\frac{F_{良乡、通州}}{\sum_{k=1}^{n-1}F_{良乡、通州}}=(10+20+20)\times\frac{20}{(20+5+5)}=\frac{100}{3}(千米)$$

$$R_{良乡、顺义}=\sum_{k=1}^{n-1}L_{良乡、顺义}\frac{F_{良乡、顺义}}{\sum_{k=1}^{n-1}F_{良乡、顺义}}=(10+20+20)\times\frac{5}{(20+5+5)}=\frac{25}{3}(千米)$$

$$R_{良乡、平谷}=\sum_{k=1}^{n-1}L_{良乡、平谷}\frac{F_{良乡、平谷}}{\sum_{k=1}^{n-1}F_{良乡、平谷}}=(10+20+20)\times\frac{5}{(20+5+5)}=\frac{25}{3}(千米)$$

良乡物流园区在通州物流园区处的辐射半径：$R=\frac{100}{3}$ 千米；

良乡物流园区在顺义物流园区处的辐射半径：$R=\frac{25}{3}$ 千米；

良乡物流园区在平谷物流园区处的辐射半径：$R=\frac{25}{3}$ 千米。

第四步，计算良乡物流园区的平均辐射半径。

$$\bar{R}=\frac{\frac{100}{3}+\frac{25}{3}+\frac{25}{3}}{3}=\frac{50}{3}\approx 16.7\ (千米)$$

同理，计算通州物流园区的平均辐射半径：

$$\bar{R}=\frac{\frac{160}{9}+\frac{40}{9}+\frac{160}{9}}{3}=\frac{40}{3}\approx 13.3\ (千米)$$

同理，计算顺义物流园区的平均辐射半径：

$$\bar{R}=\frac{\frac{25}{3}+\frac{25}{3}+\frac{100}{3}}{3}=\frac{50}{3}\approx 16.7\ (千米)$$

同理，计算平谷物流园区的平均辐射半径：

$$\bar{R}=\frac{\frac{80}{9}+\frac{320}{9}+\frac{320}{9}}{3}=\frac{80}{3}\approx 26.7\ (千米)$$

最终，得出北京市 4 个物流园区的物流辐射范围（如图 3-37 所示）。

根据断裂点理论，物流园区的辐射力随距离的增加而减少，于是在计算出物

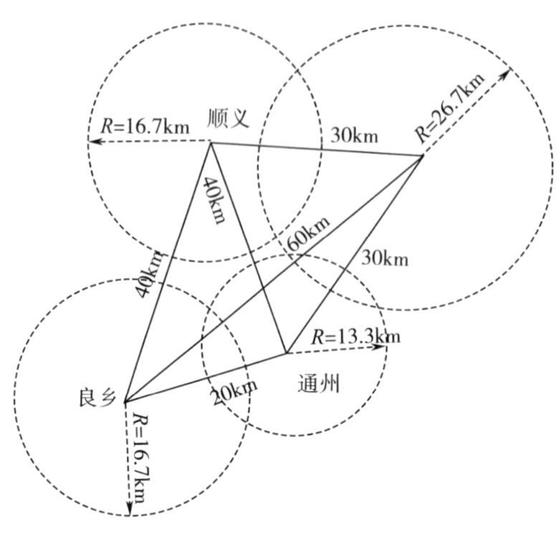

图 3-37　物流园区的物流辐射范围

流园区的物流辐射范围后，物流园区管理委员会可以依据辐射半径对物流业务进行合理规划。4 个物流园区两两之间的理想状态辐射范围，均是以自身为圆点、以园区到断裂点的平均距离为半径向周围辐射。物流园区可以在制定物流规划时以此为参考，从而提高物流效率。

北京市规划了 4 个大型的物流园区用于服务自身。4 个物流园区的物流能力各有不同，并且分别位于不同的区域，也是为了使物流作业更加合理。如果物流园区在部分业务以及信息上实行共享，各个物流园区在自己的作用显著区域内加强业务，在物流辐射的相交区域相互之间加强合作、沟通，就可以降低物流成本，减少浪费，使各种资源尽可能被合理利用。

案例分析

麦当劳的选址策略

在麦当劳建店之初，选址是运营成功的关键，也是实现专业化、标准化连锁经营的重要前提。麦当劳在选址时主要分为以下四步：

第一步，商圈理论——优势互补，强强联手

麦当劳在进行选址时，选取大型购物商场、超市及知名百货店作为选址地点，对于此种现象，被选择的这些商圈也可以从中获得收益。这主要是由于两方面的原因：一是麦当劳需要大量的客源，而大型购物商场、超市及知名百货店有

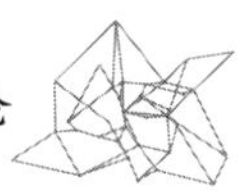

较强的吸引力，拥有大量的客源；二是大型购物商场、超市及知名百货店也希望客源越多越好，而麦当劳对消费者具有一定的吸引力，为这些商圈带来了部分客源。因此，麦当劳与其商圈做到了优势互补，强强联手。

第二步，划分商圈——根据打分进行评估

麦当劳进入某城市后，会有自己的选址决策小组来收集此地区的资料。商圈规划采取的是记分制，通过得分对商圈进行分类。如果这个地区有一个大型商场，商场营业额 1 000 万元算 1 分，5 000 万元算 5 分，公交线路、地铁线路每多一条算 1 分，这些分值的标准是经过多年评估的较准确的值。此外，也可以用步行时间来确定分数，步行 5 分钟内为核心区，占 70%的业务量，则可以算 7 分；步行 5~9 分钟为中间经营地带，占 20%的业务量，则可以算 2 分。

第三步，选择商圈——确保成功率

选择商圈即确定主要选择的目标商圈。在商圈选择上，一是要考虑餐馆的市场定位，二是要考虑商圈的稳定度和成熟度。餐馆的市场定位不同，面对的顾客群不一样，商圈的选择也就不同。儿童、家庭成员和年轻人是麦当劳的目标消费群体。针对目标顾客群，麦当劳会选取人流密集的地方，或者是儿童、家庭成员和年轻人常出现的地方作为其店铺选址。商圈的成熟度和稳定度也是麦当劳选择商圈的重点。如果某个地带几年内会有地铁线路修建，麦当劳则不会冒险提前开店，因为麦当劳的选址求稳，不愿承担风险，一旦确定，保证开一家成功一家。

第四步，收集数据，分析聚客点，测量成熟度

麦当劳开店的一大原则是在聚客点或附近开店。因此，聚客点的测算十分重要，人流动向也至关重要。在计划开店的地方，麦当劳派专业人员测算聚客点人流动向，分析消费者的流向。此外，麦当劳也会用秒表计算人流，估计单位时间内的人流量，除了开店所在位置的人行道的流量外，也要测量马路宽度和马路对面的客流量，如果马路宽度超过一定标准，就会形成隔离区，对面的顾客就不过来消费。麦当劳将收集的数据输入软件，就会得出是否适合在此地开店的结论。

第四章　物流节点与物流网络设计

【学习目标】

1. 理解物流网络的内涵、分类和特性。
2. 了解供应链中常见的几种物流网络。
3. 掌握轴辐式网络基本理论。
4. 了解物流节点的基本概念。
5. 理解物流节点的规划流程。
6. 了解物流节点的规划思路。
7. 掌握物流节点的规划程序。
8. 了解影响物流节点规模的主要因素。
9. 理解物流节点规模的确定方法。
10. 了解物流节点作业流程的设计。
11. 了解物流节点作业区域分类和功能规划。
12. 掌握物流节点各功能区能力的计算。
13. 理解物流量平衡分析和区域面积计算。
14. 掌握物流节点动线布置法和相关性布置法。

【重点与难点】

1. 物流节点规模的确定方法。
2. 轴辐式网络在物流中的应用。
3. 物流量平衡分析。
4. 物流节点动线布置法和相关性布置法。

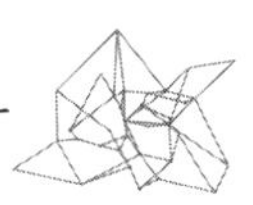

第一节　物流网络

一、物流网络的内涵

随着现代物流服务内容和服务范围不断延伸，物流趋于网络化发展。在服务内容方面，现代物流从运输、仓储等基础功能拓展到包含深加工、信息处理在内的全链条服务。在服务范围方面，点到点、链条式的物流空间布局已经难以满足全国范围乃至跨国物流的发展需要。此外，大数据等信息技术的普遍应用，使得供应链链条上各个主体间的联系、合作更加紧密，加速了物流网络化趋势，物流网络呈现出前所未有的复杂性。

物流网络是指，通过交通运输线路连接分布在一定区域的不同物流节点所形成的系统①。但是该概念仅从网络节点的角度对物流网络做出阐释，忽视了网络系统中的线路元素。因此，物流网络可以理解为，物流线路和物流节点相互联系、相互作用组成的网络结构。

可以看出，物流网络包含了节点和线路两个基本元素，所有物流活动都是在网络上完成的。其中，物流网络的线路主要承担了物流的运输活动，包括铁路线路、公路线路、海运线路和空运线路，其余的活动基本都在网络的节点中完成。物流网络的发展有助于物流产业进一步整合基础设施资源，融合信息网络和组织网络，提高物流产业效益。

（一）供应链与物流网络的区别

供应链与物流网络既有联系又有区别。供应链是生产及流通过程中，涉及将产品或服务提供给最终用户所形成的网链结构，和物流网络一样，都涉及网络中节点的管理问题。其区别在于：供应链是上下游企业所形成的关系网络，物流网络是实物流动形成的空间网络。供应链与物流网络的区别包括以下内容。

1. 构成要素不同

供应链是围绕产品或服务的上下游企业构成的供应关系；而物流网络则是围绕物流服务通过资源整合形成的网络。

---

① 《物流术语》（GB/T 18354—2021）。

2. 结构不同

供应链是以链条形式形成的系统；而物流网络的结构是以网络为主、涉及多条链的衔接、比链条更复杂的结构。

3. 视角不同

供应链聚焦于企业间的合作协调；物流网络着眼于物流节点的协同关系，最终目的是通过物流资源的整合实现物流效率的提升。

（二）物流网络的分类

物流网络有多种分类方式：根据物流活动可划分为仓储网络、运输网络、配送网络等；根据覆盖范围可以分为企业物流网络、社会化物流网络和综合物流网络；按运作形态可以分为物流基础设施网络和物流信息网络。

其中，物流信息网络是伴随物流活动而产生的物流信息传递、储存和处理所流经的网络，是无形的网络，俗称“天网”。物流信息网络化打破了空间和企业的壁垒，使物流网络上的成员、企业内外都能充分共享物流信息，提高了信息传递的效率（如图 4-1 所示）。

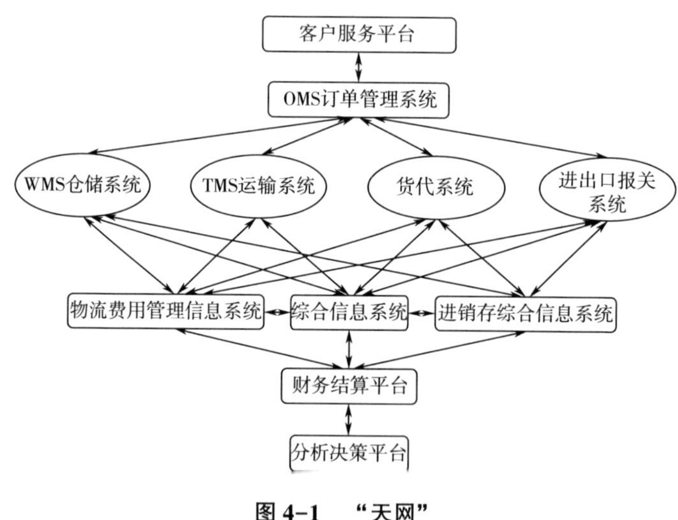

图 4-1 “天网”

物流基础设施网络是物流的基础设施节点通过链的形式连接形成的网络，因此被称为“地网”①。物流基础设施网络不仅包含了物流活动所依赖的物流功能

① 本书旨在从空间角度探讨物流网络，因此提及的物流网络多指物流基础设施网络。

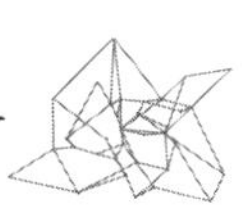

设施和交通功能设施，还包括了信息流所需的通信设备。此外，物流基础设施网络的归属取决于其所服务的对象，物流基础设施网络的节点既有承担地区物流需求的社会性节点，也有专为企业服务的物流节点（如图 4-2 所示）。

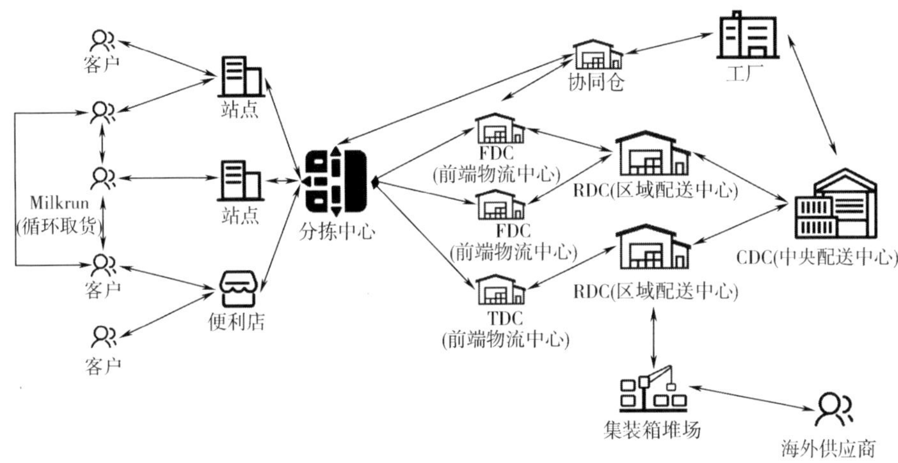

图 4-2　“地网”

（三）物流网络的特性

影响物流网络形成的因素众多，因此物流网络具有高度的复杂性。认识物流网络的特性，必须了解如何定量衡量物流网络的价值。

物流网络遵循网络的普遍经济特性。网络经济学认为，任何网络都具有一个基本的经济特征：连接到一个网络的价值取决于已经连接到该网络的其他人数量。目前，关于物流网络特性的分析较少，但关于交通网络的研究已经趋于成熟，物流网络可以参考交通网络进行分析，两者有很强的共性。交通网络是一种典型的网络结构，能够实现人与物质的空间流动。交通网络可以通过连接度、通达度和分散指数来衡量。

1. 连接度

连接度是指交通网络的发达程度。也就是指网络任意两节点间有多少条道路相连接，连接的道路越多，就表明交通网络越发达。连接度越大，则该网络的通达性越好。其计算公式如下所示：

$$\beta = \frac{E}{V} \tag{4-1}$$

其中：

β 为交通网络中的连接度；

E 为交通网络中边的数量；

V 为交通网络中节点的数量。

2. 通达度

通达度是指，网络中一个节点到其他所有节点最短路径的平均距离。它是衡量网络中节点之间移动的难易程度指标。通达度越小，则此节点的可达性越好。其计算公式如下所示：

$$A_i = \frac{\sum_{i=1}^{n} D_{ij}}{V} \tag{4-2}$$

其中：

A_i 为交通网络中的通达度指数；

D_{ij} 为节点 i 到节点 j 的最短距离；

V 为交通网络中节点的数量。

3. 分散指数

分散指数是指，在单节点通达度指数的基础上，用来衡量网络中总通达程度的指数。分散指数越小，则该网络的通达性越好。其计算公式如下所示：

$$D = \sum_{i=1}^{n} \sum_{j=1}^{n} D_{ij} \tag{4-3}$$

其中：

D 为交通网络中的分散指数；

D_{ij} 为与上式相同。

越是完善的交通网络，该网络内部之间的联系水平越高，则连接度越高、通达度越小、分散指数越小。以北京市地铁网络为例，已知北京市二环内的部分地铁线路图（如图 4-3 所示），将地铁站作为节点，地铁线路作为边，网络中各节点

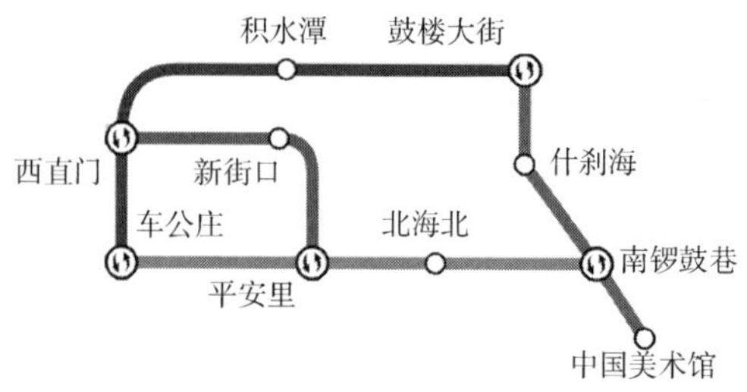

图 4-3　北京市二环内地铁线路局部图

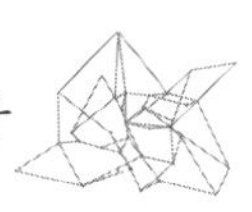

间的最短距离如表 4-1 所示。

表 4-1　网络中各节点间的最短距离　　单位：米

	西直门	积水潭	鼓楼大街	什刹海	南锣鼓巷	中国美术馆	北海北	平安里	新街口	车公庄
西直门	0	1 899	3 665	4 853	4 795	6 232	3 446	2 125	1 025	909
积水潭	1 899	0	1 766	2 954	3 856	5 293	5 345	4 024	2 924	2 808
鼓楼大街	3 665	1 766	0	1 188	2 090	3 527	3 439	4 760	4 690	4 574
什刹海	4 853	2 954	1 188	0	902	2 339	2 251	3 572	4 672	6 115
南锣鼓巷	4 795	3 856	2 090	902	0	1 437	1 349	2 670	3 770	4 113
中国美术馆	6 232	5 293	3 527	2 339	1 437	0	2 786	4 107	5 207	5 550
北海北	3 446	5 345	3 439	2 251	1 349	2 786	0	1 321	2 421	2 764
平安里	2 125	4 024	4 760	3 572	2 670	4 107	1 321	0	1 100	1 443
新街口	1 025	2 924	4 690	4 672	3 770	5 207	2 421	1 100	0	1 934
车公庄	909	2 808	4 574	6 115	4 113	5 550	2 764	1 443	1 934	0

资料来源：北京地铁官网。

该网络中，共有节点 10 个，线路 11 条，则该网络的连接度为 1.1。其中，西直门的通达度指数为2 895；积水潭的通达度指数为3 087；鼓楼大街的通达度指数为2 970；什刹海的通达度指数为2 885；南锣鼓巷的通达度指数为2 498；中国美术馆的通达度指数为3 648；北海北的通达度指数为2 512；平安里的通达度指数为2 512；新街口的通达度指数为2 774；车公庄的通达度指数为3 021，该网络总的分散指数为28 802。

整体来看，北京市作为特大型城市，交通道路网密集，地铁网络具有较小的分散指数，例中各节点中，南锣鼓巷具有最小的通达度指数。

以上介绍了交通网络的判断标准，只有交通网络有了一定的连接度，其内部的物流网络在网络恢复、利用率等方面才能较好地发挥优势。但交通网络仅是物流网络的载体，物流网络的好坏不完全取决于所依赖的交通网络，一个连接度高、分散指数小的交通网络并不意味着这是一个好的物流网络。物流网络还需要高效的组织，也要考虑网络的成本，以上的公式并没有考虑运输线路的类型以及总通过能力的差异。轴辐式网络就是一种特殊的网络，相比于全连接网络，轴辐式网络的连接度相对较低，分散指数较高，但却具有更高的效率①。

除网络经济性外，物流网络还具备规模经济特性以及运输距离经济性。物流网络存在的基础是物流量的规模，只有物流量达到一定的规模，物流网络才有存在的价值。网络线路运输密度的提升，将发挥出物流网络的规模效应。同时，物流量的增加也将降低物流网络节点的中转费用。此外，物流是空间上的活动，将在空间中创造价值。物流网络空间幅员上的规模越大、线路越长、网点越多，其服务覆盖的区域范围就越大，其单位物流成本也越低。从运输距离的角度考察，单位运输成本会随着运距的不断延长而下降。

二、供应链中几种典型物流网络对比

物流网络的设计和物流的其他方面一样，存在成本与服务的权衡。从物流网络终端客户的角度看，其关心的服务包括提前期、产品可用性、可退货性等。响应时间限制宽松的物流网络节点布置相对稀疏，但是网络中节点的容量相对较高。需要快速响应的产品在客户附近设置物流节点，但是每个设施的容量都相对较低。因此，设计物流网络首先需要权衡的是网络节点数量和客户需求响应时间（如图 4-4 所示）。更快的响应速度意味着更多的节点，相反，网络节点的减少则会增加响应时间。

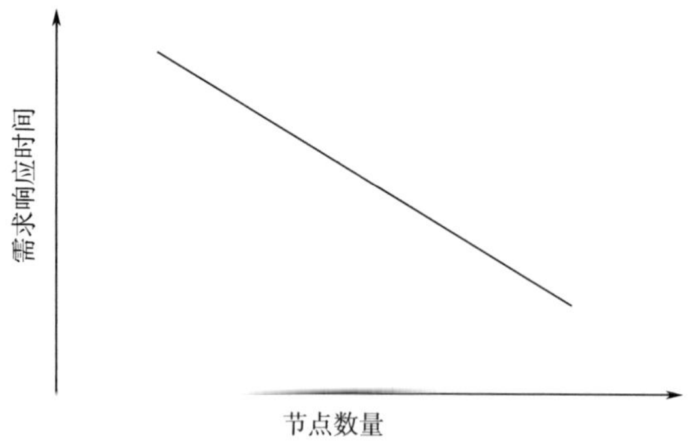

图 4-4　节点数量与响应时间的关系

物流网络节点数量的变化同时也会影响包括节点运营、库存、运输在内的其

① 相关内容在后文具体分析。

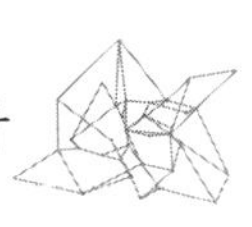

他物流成本（如图 4–5 所示）。一是库存成本。网络中节点数量越多，越难以对需求做出准确预测，因为需求信息的延迟随节点增长而延长，同时需求的细分也导致了预测的失真，由此产生的安全库存需要将呈指数级别增长。二是运输成本。当网络中节点增加时，库存的增加将提高整车与零担运输的效率，运输成本将降低。三是节点运营成本。网络节点的增加意味着更多的设施设备、处理和维护成本。四是缺货成本。节点的增加会增加物流网络的服务水平，提高对终端客户的响应速度，缺货成本将大幅降低。

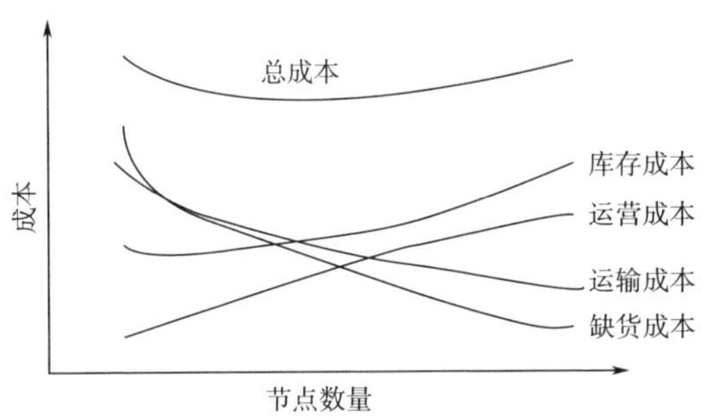

图 4–5　仓库数量及其对成本的影响

此外，随着节点数量的增加，需要管理的信息量也会增加，高效的集成信息技术可以在一定程度上缓解这种负担。

（一）直达式物流网络

在直达式物流网络中，货物直接从制造商运送到最终客户，物流只经过制造商和客户，绕过了网络中的零售商，零售商只起到传递订单的作用。应用直达式物流网络的模式也称为一件代发，即产品直接从制造商交付给客户。这种模式适用于各种低需求、高价值的货物，但客户需要等待交货并接受多次分批发货（如图 4–6 所示）。

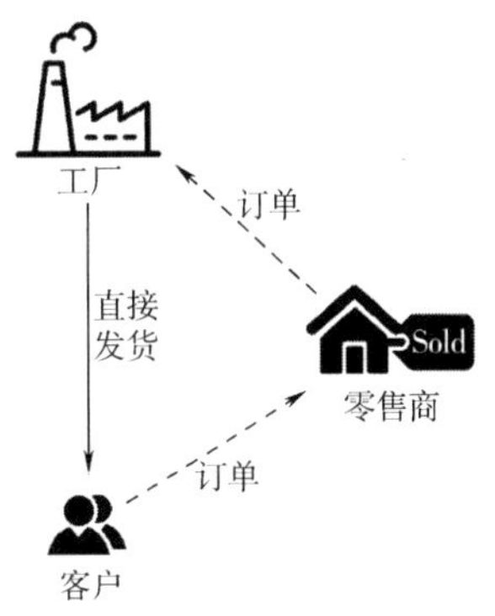

图 4–6　直达式物流网络

1. 对成本的影响

直达式物流网络由于货物在制造商处集聚而具有较低的成本，适合低需求和高价值的货物。由于其运输距离较高且个别货物的运输难以实现规模效应，因此运输成本更高。因为不需要额外的存储节点，同时网络的设施成本也较低，如果制造商可以直接从生产线上满足零散订单要求，还会节省一定的处理成本。但是这种类型的物流网络需要相当大的信息基础设施投资，因为制造商和零售商需要高度集成以满足响应速度的要求。

2. 对服务的影响

在服务方面，由于运距和订单处理过程增加，直达式物流网络的响应时间延长。同时，由于制造商的参与，货物种类和可获得性相对容易得到保障。但是，如果来自多个制造商的订单分批发货，物流运作的复杂性将会大幅提高。

直达式物流网络有利于将产品快速推向市场，但是这种网络的应用将会增加物流成本并在可退货性等方面降低客户的满意度。

（二）在途合并式物流网络

在途合并式物流网络中由制造商负责存储，承运人合并来自不同地点的订单（如图 4-7 所示）。在途合并式物流网络适合零售商从数量较少的制造商处采购中低需求、高价值商品。

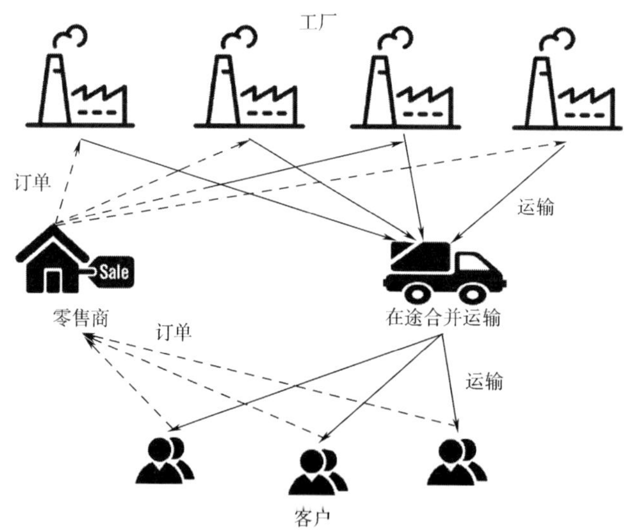

图 4-7 在途合并式物流网络

1. 对成本的影响

在途合并式物流网络的库存成本与直达式物流网络类似，但由于组合运输需要更多的协调，其信息投资成本和处理成本要高于直达式物流网络，而运输成本

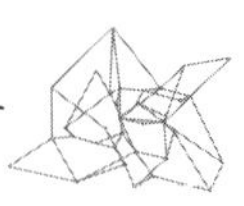

和接货成本则低于直达式物流网络。

2. 对服务的影响

在途合并式物流网络在响应时间、种类、可获得性、可见性和可退货性等方面的服务类似于直达式物流网络。但因为客户只需接收单个订单，因此其客户体验要好于直达式物流网络。

例如，当客户订购惠普电脑主机和三星显示器时，承运商将从惠普工厂提取主机，从三星工厂提取显示器，之后在一个枢纽将两部分组装，再一次性交付给客户。

（三）物流商存储式物流网络

在物流商存储式物流网络中，库存不再由制造商在工厂持有，而是由物流商在网络的中间节点持有，并且将货物从中间节点运输到最终客户，这种网络适用于需要快速交付的货物（如图 4-8 所示）。

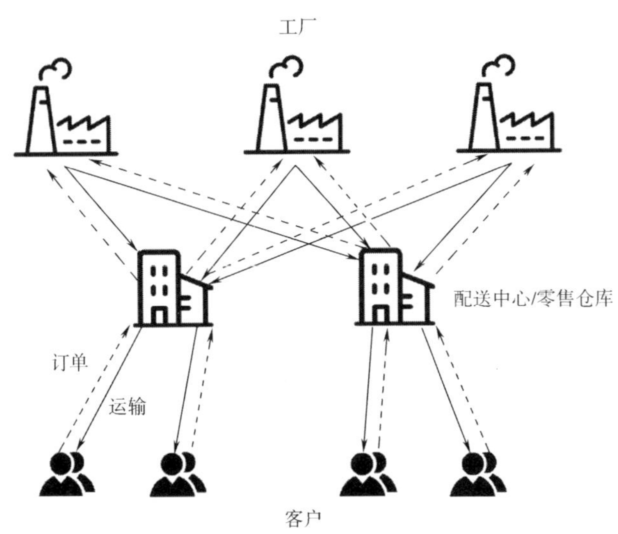

图 4-8 物流商存储式物流网络

1. 对成本的影响

在物流商存储式物流网络中，库存和仓库运营成本要高于直达式物流网络和在途合并式物流网络的成本，提供最后一公里服务的成本则会更高。与制造商存储相比，物流商仅需基础的信息基础设施，运输成本也低于前两种物流网络。

2. 对服务的影响

物流商存储式物流网络具有更快的响应时间、更强的订单可追溯性，并且退货也比其他物流网络更容易实现，但其可提供的产品种类可能会有所限制。

（四）客户取货式物流网络

在客户取货式物流网络中，库存存储在制造商或物流商仓库中，客户在下达订单后，必须前往指定的取货点取货，订单会根据需要从存储节点运送到取件节点（如图 4-9 所示）。如果将便利店等现有节点用作取货节点，这类物流网络将能够改善现有基础设施的经济性。

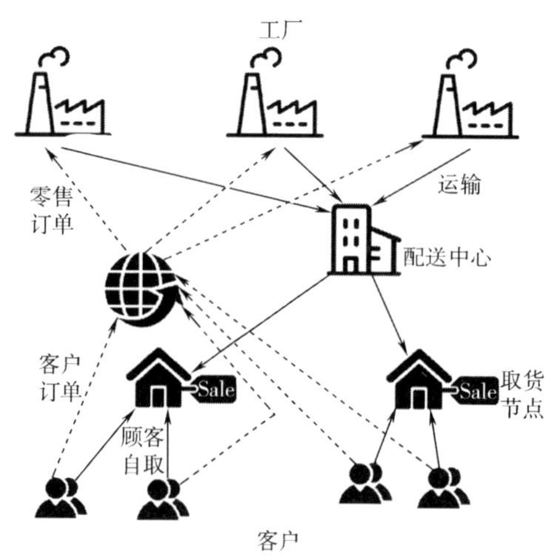

图 4-9　客户取货式物流网络

1. 对成本的影响

在库存成本方面，客户取货式物流网络与其他物流网络相似。如果建造新的设施，仓库运营成本可能会很高，但如果利用现有设施，则仓库运营成本可能会降低（取货地点的处理成本可能相当高）。因为，没有大规模向快递企业外包末端的配送业务，运输成本也相对偏低。一种特殊但最常见的物流网络形式，是由零售商储存的客户取货式物流网络。其中，库存存储在本地零售店。在所有物流网络中，由零售商储存的客户取货式物流网络具有最高的库存和仓库运营成本以及最低的运输成本。

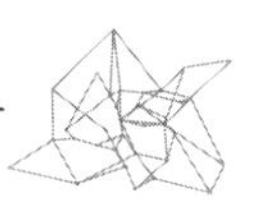

2. 对服务的影响

客户取货式物流网络的响应时间与物流商存储式物流网络相似，但客户取货式物流网络高度依赖订单可见性。在这类物流网络中，取货节点可以处理退货，因此退货较为容易。由于需要客户自行取货，客户体验可能会比其他物流网络差，但在人口稠密的地区，便利性可能并不会显著降低。

（五）电子商务对物流网络的影响

电子商务的运营，对物流网络的成本和服务会产生以下影响：

第一，通过提高供应链协调水平能够更好地匹配供需，进而降低网络中的库存水平和成本。

第二，电子商务通过集中运营能够降低网络设施成本（即与网络中节点数量相关的成本），客户在线下达订单也可以降低网络节点的运营成本。

第三，节点向小型化发展，电子商务可以提供比实体店更多的商品选择，节点中不再需要大量的库存以保证商品种类齐全，节点趋向小型化发展。

第四，全时段的物流网络运作，电子商务允许客户在任何时间、任何地点下单，促进了物流网络全天候、全时段的运作。

第五，提高物流网络效率。在没有实体零售店的情况下，电子商务需要更长的运输时间来满足客户的需求，对物流网络的时效性具有更高的要求。

第六，在线订单的退货比例远高于线下，逆向物流在物流网络中占据了重要比重，物流网络的设计需要允许双向流动。同时出现了传统实体零售店承担陈列室职能，客户在这里选择和检查商品后再上线下单的新模式。

近年来，我国电子商务高速发展，为物流行业发展带来了外部动力。例如，京东自2004年进入电子商务领域以来，几年内就从众多电商中脱颖而出，成为我国最大的自营电商平台之一。不同于其他电商平台，京东拥有丰富的自有物流资源，形成了覆盖全球的物流网络，物流网络的完善进一步促进了电商平台的发展。京东采取“互联网+自建物流”模式，将“天网”和“地网”整合，在全网络智能化建设下，通过智能算法实现库存降低以及合理分仓，使其履约成本远低于社会平均水平。京东商城入驻商家27万，服务用户10亿户，有数千万SKU（Stock Keeping Unit，库存量单位）。在消费者拥有更多商品选择的同时，通过四级仓网结构的创新，实现不需要每个仓都备满货物。仓网结构包括负责全品种库存的地区级区域配送中心、负责动态销售库存的省级前端物流中心、负责高频销售库存的城市级货运物流中心和负责爆品库存的前置仓，使仓网节点尽可能靠近终端客户。订单时效履约率超过 90%，超过 90%的订单在 24 小时内完成交付，既提升了物流网络时效性，也通过多仓少补实现了库存的降低。京东商城的点击现货率高于 95%，预测误差仅 5%，即京东商城用户可以立即购买到所需商品的 95%，对物流网络提出了全天候、全时段的运作要求。此外，普通物流企业只关注运输成本降低或单类货物存储成本的降低，而京东则更关注降低全网络的成本。由于货物品种受限和建设成本较高，大多数制造企业难以应用多仓结构。因此，京东的仓网结构面向社会开放，向社会提供高效率的仓配网络服务。目前，已服务超过 20 万商家。

三、轴辐式物流网络

（一）轴辐式物流网络

1. 轴辐式网络的含义

轴辐式网络是指网络中的大部分节点通过和网络中的一个或少量几个枢纽节点相互作用，实现货物、人员及服务传递的一种网络结构。在轴辐式物流网络中，来自多个始发节点的货物在主要节点（轴）集中，并通过主要节点的发散路径（辐）运送到各自的目的地。轴辐式网络由多终端网络发展而来，是一种特殊的单终端网络（终端=1），可以用于主要线路很少但双向流动一致的物流系统，即发出节点与到达节点区别不明显的网络。尽管轴辐式网络中的连接数与单终端网络中的连接数相同，但每条链路中存在双向流，其实际流量是单终端网络的两倍（如图 4-10 所示）。

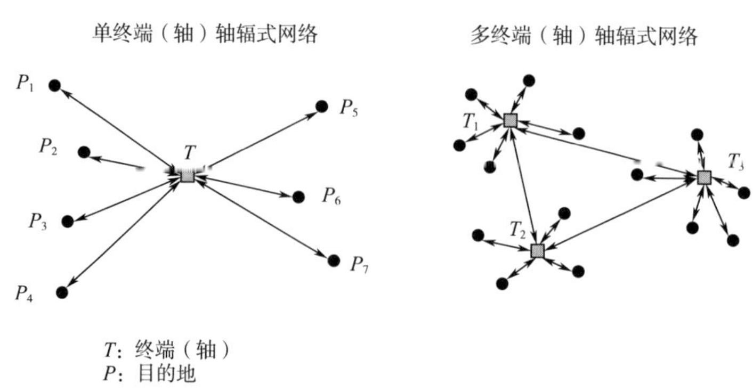

图 4-10 轴辐式网络

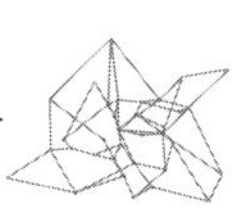

多轴处于同一层级的轴辐式网络是最典型的物流网络。在多轴轴辐式网络中，来自或前往任何节点的货物在到达最终目的地之前需要进行一次或多次转运操作。与单轴网络相比，多轴配置使得平均运距缩短，但其运输资源的利用效率将有所降低。应用轴辐式网络的基本条件是每条线路的两个方向都存在一定规模的流量。在全球快递网络中，同一地区内可能同时有“接收”货物的客户和“发出”货物的供应商，在主要交通线路存在双向流动，因此轴辐式网络被快递企业广泛应用。

2. 轴辐式网络的类型

有两种轴辐式网络的基本类型，一种是单一分配的轴辐式网络，另一种是多重分配的轴辐式网络，也被称为混合轴辐式网络，二者的不同之处在于节点与轴的连接方式。在单一分配网络中，每个节点都连接到一个轴上，所有与之相连节点的物流都必须到达该轴。多重分配网络允许各个节点连接到一个及以上的轴上，物流可以经过多个节点后再到达轴。多重分配的轴辐式网络增加了网络中的连接数量，但其运输效率将会相应提高。

货物在轴辐式网络中，可分为干线运输和支线运输两部分（如图 4-11 所示）。干线运输是各终端（轴）间的长途运输。支线运输是各终端（轴）与其所支配节点间的短途运输，因此可使用小型卡车进行短途运输。对于轴辐式运输系统，需要确定的战略和运营决策包括选择合适的节点位置（节点和轴的数量和位置）、客户发出和接收货物节点的分配、运输路线和运输设施的确定。

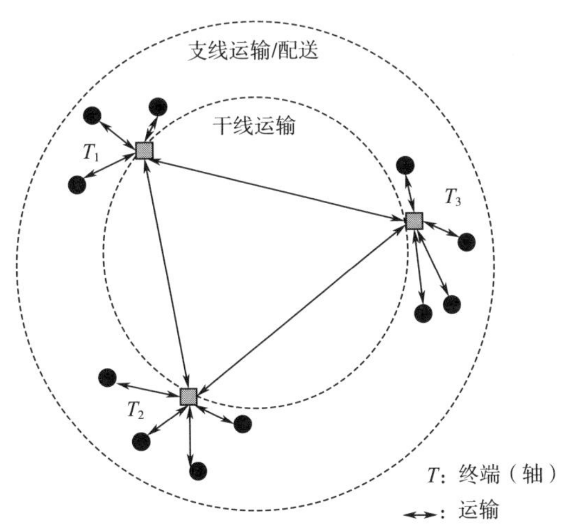

图 4-11　轴辐式网络中的运输

3. 轴辐式网络的应用

1978 年，美国颁布了《民航放松管制法》，开始部分解除对航空市场的政府管制。美国航空业改变了以往城市对向式的运输方式，创造出了一种新的轴辐式航线网络。新的模式迅速在世界范围内推广开来，大量航空公司开始采用轴辐结构的运输网络，建立轴辐式网络结构已经成为各大航空公司的主要竞争战略。在航空领域以外，轴辐式网络在货运行业也得到了广泛的应用。TNT（荷兰快递服务商）、UPS（美国联合包裹运送服务公司）、FedEx（美国联邦快递）等众多国际物流企业将轴辐式结构作为主要的物流网络模式。

在全球制造业中，跨国企业需要管理不同地区和国家的多个制造工厂，每个工厂负责生产特定的产品，任何一个国内节点和国际枢纽之间都存在双向流动。一方面，货物从当地工厂发往国外的客户；另一方面，国外的原材料以相反的方向流入本地市场。因此，轴辐式网络也是跨国制造企业的首选物流网络。此外，由于近年逆向物流受到重视，轴辐式网络在逆向物流中也得到了广泛的应用。在逆向物流中，各级节点既是供应商又是客户，在发出产品的同时还要接收废旧产品和包装材料，对其进行回收、再利用、修理或拆解处理。

4. 轴辐式网络的优势

（1）连接相同数量节点所需的连接更少，网络总成本降低。

（2）运输集中在更少的线路中，因此具有更高的运输效率。

（3）运输的集中使线路中运输频率增加，利于 JIT 的实现。

（4）具有更大的服务覆盖范围，可以辐射较为偏远的节点。

5. 轴辐式网络的劣势

（1）平均交付时间延长。

（2）相比全连接网络，货物的运距将明显增加。

（3）需要进行更多的货物处理和管理活动，不仅增加了物流运营成本，也增加了货物毁损的风险。

（二）全连接网络

与轴辐式网络相对应的一种常见的网络形式是点对点全连接网络，这种网络将位于不同空间位置的多个节点（生产工厂、物流中心、仓库、中转点等）以最直接的方式连接。其中，每对节点通过从出发节点到到达节点的特定链路连接（如图 4-12 所示）。随着发出节点（N_O）和到达节点（N_R）数量增加，物流网

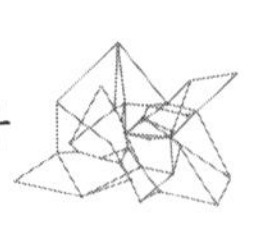

络中链路数量（L）将大幅增加。从图 4-12 可以看出，全连接网络的一种演变网络是多终端网络。即货物从发出节点运送到一个或多个终端（N_T）卸货，并可能在此过程中经过一段短暂的存储时间，之后与具有共同到达节点（N_R）的其他货物一起装载运输。多终端网络里，由于终端少于发出/到达节点的数量，因此大多数多终端网络中所需的连接数量少于全连接网络的连接数量。

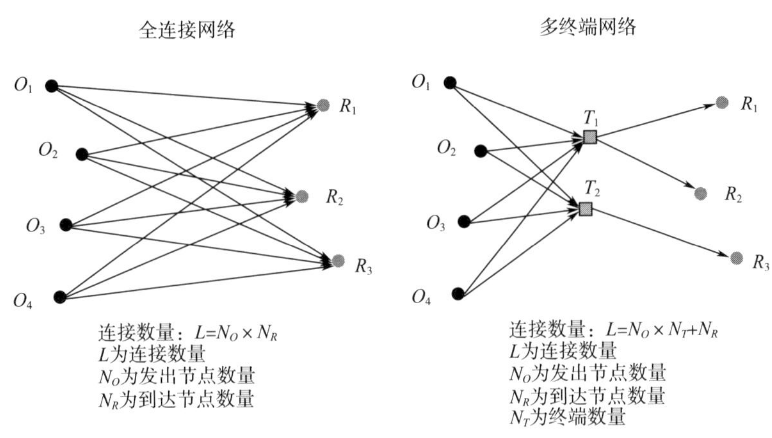

图 4-12　物流网络对比

四、物流线路规划及优化

（一）最短路问题

最短路问题通常用于寻找图中任意两个节点之间的最短路径，也可以是某指定节点到其余所有节点的最短路。其中，狄克斯特拉（Dijkstra）算法是用于解决最短路问题的典型方法，用于求解两个指定节点之间的最短路，或从一个指定节点到其余各点的最短路。狄克斯特拉算法可运用标号法进行计算，包含试探性标号（tentative label，T 标号）和永久性标号（permanent label，P 标号）两种标号。给节点 v_i 一个 P 标号，表示从 v_s 到 v_i 点的最短路权，v_i 点的标号不再改变。给 v_i 点一个 T 标号时，表示从 v_s 到 v_i 点的估计最短路权的上界，是一种临时标号。狄克斯特拉算法的计算步骤如下所示：

第一步，给 v_s 以 P 标号，$P(v_s)=0$，其余各点均给 T 标号 $T(v_i)=+\infty$.

第二步，若 v_i 点为刚得到 P 标号的点，考虑这样的点的 v_j：$(v_i,\ v_j)$ 属于 E，且 v_i 为 T 标号。对 v_j 的 T 标号进行如下的更改：

$$T(v_j) = \min[T(v_j), P(v_i) + l_{ij}] \quad (4-4)$$

第三步，比较所有具有 T 标号的点，把最小者改为 P 标号，即：

$$P(\bar{v}_i) = \min[T(v_i)] \quad (4-5)$$

当存在两个以上最小者时，可同时改为 P 标号。若全部点均为 P 标号，则停止。否则，用 $\bar{v}_i$ 代 v_i 转回第二步。

【例 4-1】用狄克斯特拉算法求 v_1 到 v_7 的最短路径（如图 4-13 所示）。

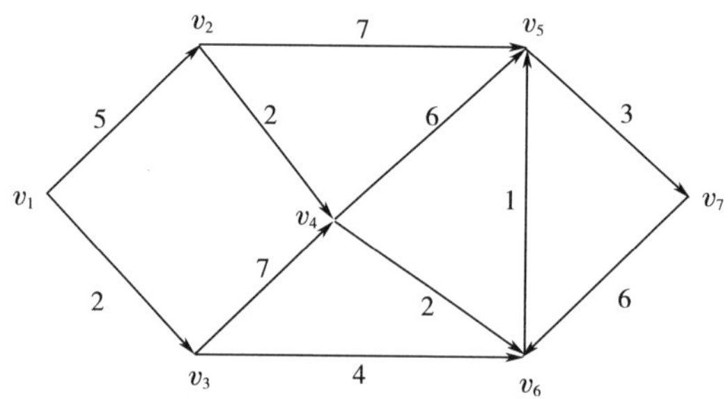

图 4-13　网络节点距离

解：第一步，给 v_1 以 P 标号，给其余节点 T 标号：

$$P(v_1) = 0, T(v_i) = +\infty (i = 2, 3, \cdots, 7)$$

第二步，更新 v_2，v_3 标号：

$$T(v_2) = \min[T(v_2), P(v_1) + l_{12}] = \min[+\infty, 0 + 5] = 5$$

$$T(v_3) = \min[T(v_3), P(v_1) + l_{13}] = \min[+\infty, 0 + 2] = 2$$

比较所有 T 标号，$T(v_3)$ 最小，所以令 $P(v_3) = 2$，并记录路径 (v_1, v_3)。

第三步，更新 v_4，v_6 标号：

$$T(v_4) = \min[T(v_4), P(v_3) + l_{34}] = \min[+\infty, 2 + 7] = 9$$

$$T(v_6) = \min[T(v_6), P(v_3) + l_{36}] = \min[+\infty, 2 + 4] = 6$$

比较所有 T 标号，$T(v_2)$ 最小，所以令 $P(v_2) = 5$，并记录路径 (v_1, v_2)。

第四步，更新 v_4，v_5 标号：

$$T(v_4) = \min[T(v_4), P(v_2) + l_{24}] = \min[9, 5 + 2] = 7$$

$$T(v_5) = \min[T(v_5), P(v_2) + l_{25}] = \min[+\infty, 5 + 7] = 12$$

比较所有 T 标号，$T(v_6)$ 最小，所以令 $P(v_6) = 6$，并记录路径 (v_3, v_6)。

第五步，更新 v_5，v_7 标号：

$$T(v_5) = \min[T(v_5), P(v_6) + l_{65}] = \min[12, 6 + 1] = 7$$

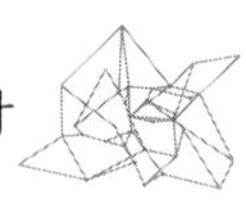

$$T(v_7)=\min[T(v_7),\ P(v_6)+l_{67}]=\min[+\infty,\ 6+6]=12$$

比较所有 T 标号，$T(v_4)$，$T(v_5)$ 最小，所以令 $P(v_4)=7$，$P(v_5)=7$，并记录路径（v_2，v_4），（v_6，v_5）。

第六步，更新 v_7 标号：

$$T(v_7)=\min[T(v_7),\ P(v_5)+l_{57}]=\min[12,\ 7+3]=10$$

比较所有 T 标号，$T(v_7)$ 最小，所以令 $P(v_7)=10$，并记录路径（v_5，v_7），计算结束。

所以，从 v_1 到 v_7 的最短路径为：$v_1\rightarrow v_3\rightarrow v_6\rightarrow v_5\rightarrow v_7$（如图 4-14 所示），路长为 10。

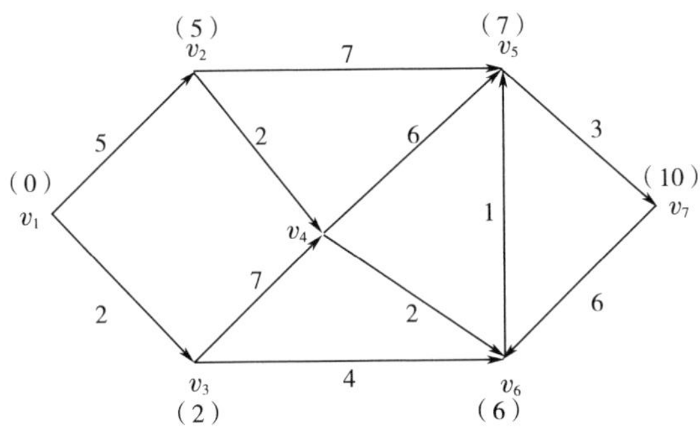

图 4-14　节点 v_1 到各节点的最短距离

（二）汇集式算法

汇集式算法用于求解汇集式行驶路线选择问题，车辆按任务规定单程行驶，从起点出发，依次在各货运点装货或卸货后发回原点，其中单次作业量均小于一个整车。汇集式路线，主要以沿环形路线行驶以及在直线路线上往返行驶等封闭路线为主。

汇集式运输形式包括三种类型：一是分送式，即车辆从起点出发时为满车，在运行过程中的各货运点依次卸货后返回起点；二是收集式，即车辆从起点出发时为空车，在运行过程中的各货运点依次装货后返回起点；三是分送—收集式，即车辆在运行过程中的各货运点分别或者同时进行装货以及卸货。

进行汇集式运输时，车辆在运行过程中各货运点的绕行次序会影响运输货物周转量大小。为提高经济效益，要根据总行程最短的原则来组织车辆进行运输。计算步骤如下所示：

第一步，确定 L_{ij} 及 L_i 矩阵，初选循环回路 $R=3$。

$$L_i = \sum_{i=1}^{f} L_{ij} \tag{4-6}$$

第二步，选定插入货运点 $x=j$，$R=R+1$。

第三步，计算插入点增值 Δ_{ij}。

$$\Delta_{ij} = L_{ix} + L_{xj} - L_{ij} \tag{4-7}$$

第四步，组织新回路。若 $R<f$，则重复第一步至第四步；若 $R=f$，则确定绕行次序并计算绕行里程 $\sum L$。

式中：L_j 为货运点 j 的里程系数；

R 为组成循环回路的货运点数；

f 为货运点总数；

i，j 为货运点序号。

【例 4-2】某仓库 k 用一辆卡车，把货物分别送给 B_1、B_2、B_3、B_4 四个货运点，确定配送的最佳路线（如图 4-15 所示）。

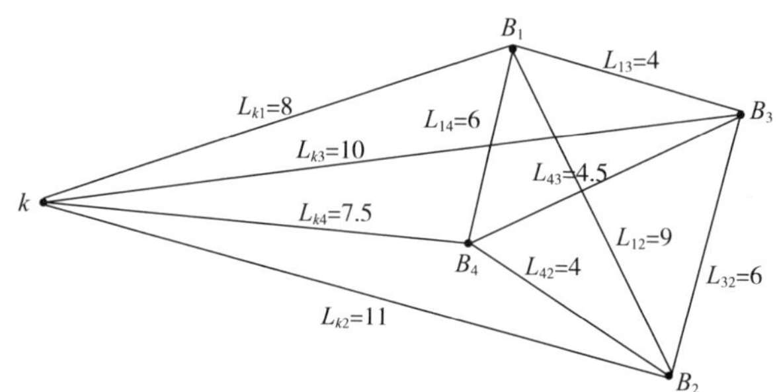

图 4-15 配送网络图

解：第一步，确定里程矩阵，求货运点里程系数。

$$L_0 = \sum_{i=0}^{4} L_{i0} = 0 + 8 + 11 + 10 + 7.5 = 36.5$$

$$L_1 = \sum_{i=0}^{4} L_{i1} = 8 + 0 + 6 + 4 + 9 = 27$$

$$L_2 = \sum_{i=0}^{4} L_{i2} = 11 + 9 + 0 + 6 + 4 = 30$$

$$L_3 = \sum_{i=0}^{4} L_{i3} = 10 + 4 + 6 + 0 + 4.5 = 24.5$$

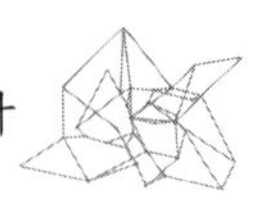

$$L_4 = \sum_{i=0}^{4} L_{i4} = 7.5 + 6 + 4 + 4.5 + 0 = 22$$

第二步，确定插入货运点。按 L_j 由大到小，选择三个货运点 B_0、B_2、B_1，货运点 $R=3$，组成初始回路：$B_0 \rightarrow B_2 \rightarrow B_1 \rightarrow B_0$。在另外的货运点中选取 L_j 较大的，即 B_3 的 $L_3=24.5$ 为待插入货运点，$x=3$。

第三步，计算各路插入货运点 x 后的里程增量 Δ_{ij}。

$$\Delta_{02} = L_{03} + L_{32} - L_{02} = 10 + 6 - 11 = 5$$

$$\Delta_{21} = L_{23} + L_{31} - L_{21} = 6 + 4 - 9 = 1$$

$$\Delta_{10} = L_{31} + L_{30} - L_{10} = 4 + 10 - 8 = 6$$

第四步，组织新回路。选取 Δij 最小的路段作为插入货运点的路段。$\Delta_{21}=1$ 是上述三个当中最小的，所以选取 $B_2 \rightarrow B_1$ 路段为 x 的插入位置，组成新回路。

$$B_0 \rightarrow B_2 \rightarrow B_3 \rightarrow B_1 \rightarrow B_0$$

但是，现在循环回路的货运点数为 4，$R<f$，所以要返回第三步继续选择下一个货运点，直到货运点全部进入循环回路。

$$\Delta_{02} = L_{04} + L_{42} - L_{02} = 7.5 + 4 - 11 = 0.5$$

$$\Delta_{23} = L_{13} + L_{43} - L_{32} = 4 + 4.5 - 6 = 2.5$$

$$\Delta_{31} = L_{32} + L_{43} - L_{13} = 6 + 4.5 - 4 = 6.5$$

$$\Delta_{10} = L_{04} + L_{14} - L_{01} = 7.5 + 6 - 8 = 5.5$$

最终循环回路为：

$$B_0 \rightarrow B_4 \rightarrow B_2 \rightarrow B_3 \rightarrow B_1 \rightarrow B_0$$

按照循环回路的绕行次序，车辆的总里程为：

$$\sum L = L_{04} + L_{42} + L_{23} + L_{31} + L_{10}$$

$$= 7.5 + 4 + 6 + 4 + 8 = 29.5$$

（三）VSP 规划法（节约里程法）

VSP 规划法常用于配送中心向多个客户提供配送服务时，结合运距、运量、货车容量等信息，进行最佳的配送路线规划。VSP 规划法的计算步骤如下所示：

第一步，计算相互之间的最短距离。

第二步，计算各客户之间的可节约运行距离。

第三步，对节约的里程按大小顺序进行排列。

第四步，组成配送路线图。

【例 4-3】配送中心（Q）要向 10 个用户（a—j）配送，配送距离（千米）和需用量（吨）如图 4-16 所示。用节约里程法选择最佳配送路线和车辆的调度。假设采用最大载重量分别为 2 吨、4 吨的两种汽车，并限定车辆一次运行距离 30 公里。

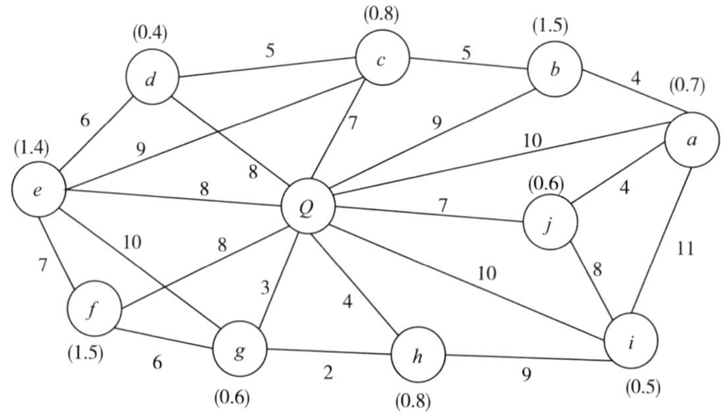

图 4-16　配送网络图

解：第一步，计算配送中心至各客户之间、客户与客户之间的距离，得出它们之间配送的最短距离矩阵（如图 4-17 所示）。

	Q	a	b	c	d	e	f	g	h	i	j
a	10										
b	9	4									
c	7	9	5								
d	8	14	10	5							
e	8	18	14	9	6						
f	8	18	17	15	13	7					
g	3	13	12	10	11	10	6				
h	4	14	13	11	12	12	8	2			
i	10	11	15	17	18	18	17	11	9		
j	7	4	8	13	15	15	15	10	11	8	

图 4-17　最短距离矩阵

第二步，从最短配送矩阵中，计算各客户相互间的节约里程（如图 4-18 所示）。

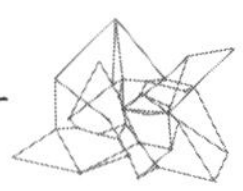

	a								
b	15	b							
c	8	11	c						
d	4	7	10	d					
e	0	3	6	10	e				
f	0	0	0	3	9	f			
g	0	0	0	0	1	5	g		
h	0	0	0	0	0	4	5	h	
i	9	4	0	0	0	1	2	5	i
j	13	8	1	0	0	0	0	0	9

图 4-18　节约里程矩阵

第三步，将节约里程按大小顺序排序（如表 4-2 所示）。

表 4-2　节约里程排序表

序号	用户连接点	节约里程	序号	用户连接点	节约里程
1	a—b	15	13	f—g	5
2	a—j	13	13	g—h	5
3	b—c	11	13	h—i	5
4	c—d	10	16	a—d	4
4	d—e	10	16	b—i	4
6	a—i	9	16	f—h	4
6	e—f	9	19	b—e	3
6	i—j	9	19	d—f	3
9	a—c	8	21	g—i	2
9	b—j	8	22	c—j	1
11	b—d	7	22	e—g	1
12	c—e	6	22	f—i	1

第四步，按节约里程大小顺序，组成配送线路。

初始解：从配送中心 Q 向各客户配送（如图 4-19 所示）。配送线路：10 条；配送距离：148 公里；配送车辆：2 吨×10 辆。

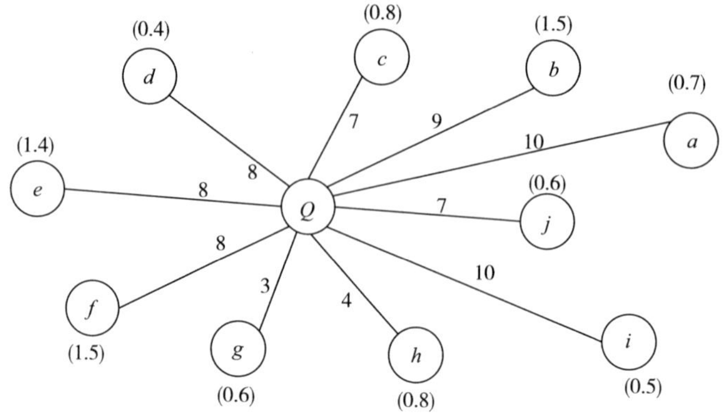

图 4-19 初始解

二次解：按节约里程大小顺序连接 a—b，a—j，b—c（如图 4-20 所示）。配送线路：7 条；配送距离：109 公里；配送车辆：2 吨×6 辆、4 吨×1 辆。

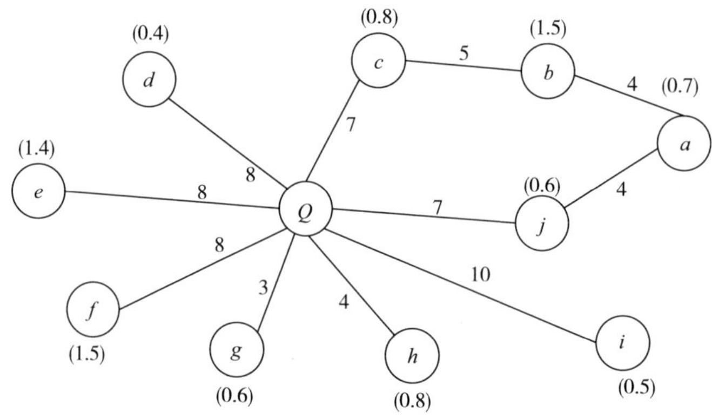

图 4-20 二次解

三次解：按节约顺序连接 c—d，d—e。两条线可能连接线路 A 中，但受卡车装载量和距离的限制，A 线路不能再增加，不连接 c—d，连接 d—e（如图 4-21 所示）。配送线路：6 条；配送距离：99 公里；配送车辆：2 吨×5 辆、4 吨×1 辆。

四次解：按顺序连接 a—i，e—f，i—j。a 和 j 已属于线路 A，若把 i 也并入线路 A，将超出限制，故不连接 a—i 及 i—j，连接 e—f 并入线路 B（如图 4-22 所示）。配送线路：5 条；配送距离：90 公里；配送车辆：2 吨×3 辆、4 吨×2 辆。

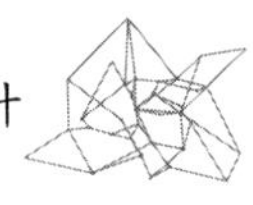

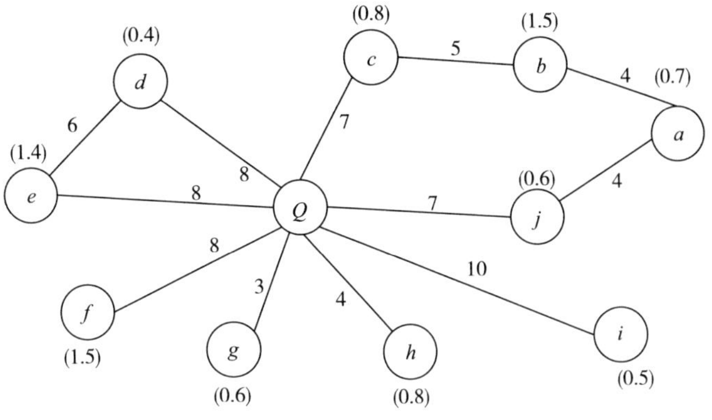

图 4-21　三次解

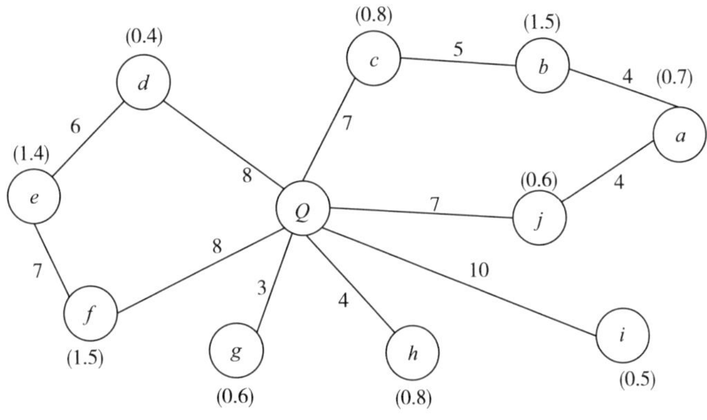

图 4-22　四次解

五次解：按顺序连接 *a*—*c*，*b*—*j*，*b*—*d*，*c*—*e*。但这些连接都包含在已组合的线路中，故不考虑。只把 *f*—*g* 并到线路 *B* 中（如图 4-23 所示）。配送线路：4 条；配送距离：85 公里；配送车辆：2 吨×2 辆、4 吨×2 辆。

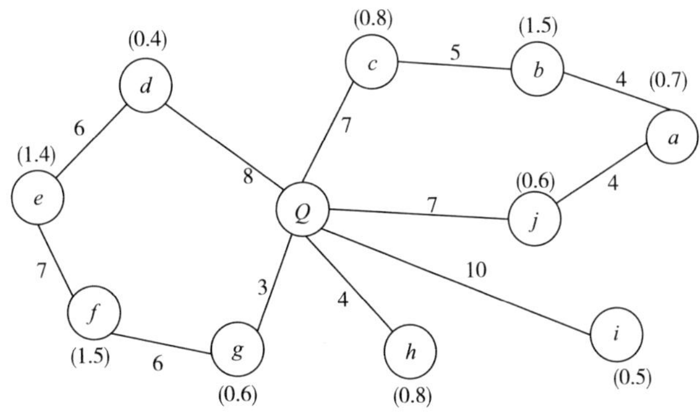

图 4-23　五次解

六次解（最终解）：按顺序连接 g—h。但受载重量及距离的限制，不能把 g—h 并到线路 B 中。只有连接 h—i 形成新的线路 C（如图 4-24 所示）。配送线路：3 条；配送距离：80 公里；配送车辆：2 吨×1 辆、4 吨×2 辆。

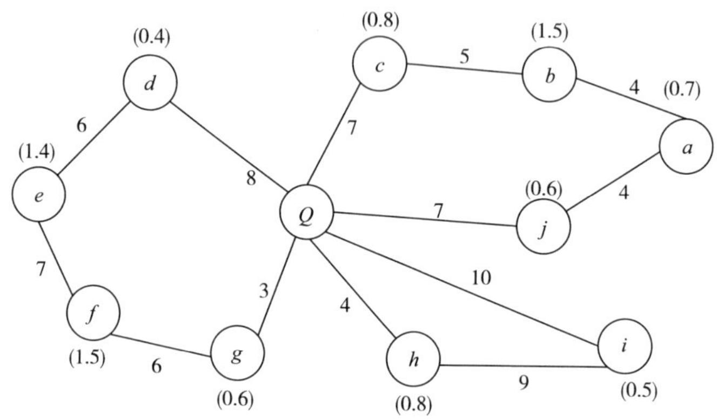

图 4-24　最终解

按节约里程法制订最终的配送计划方案：

配送线路 A：$Q \to c \to b \to a \to j \to Q$，4 吨×1 辆，运行距离 = 27 公里，配送量 = 3. 6 吨。

配送线路 B：$Q \to d \to e \to f \to g \to Q$，4 吨×1 辆，运行距离 = 30 公里，配送量 = 3. 9 吨。

配送线路 C：$Q \to h \to i \to Q$，2 吨×1 辆，运行距离 = 23 公里，配送量 = 1. 3 吨。

最终，需 3 条线路，总运行距离 = 80 公里，配送量 = 8. 8 吨，4 吨×2 辆，2 吨×1 辆。

第二节　物流节点

一、物流节点的概念与功能

（一）物流节点的概念

物流节点是指，具有与所承担物流功能相配套的基础设施和所要求的物流运

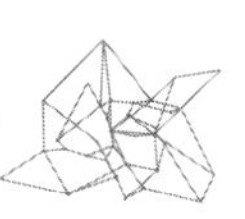

营动力相适应的运营体系的物流场所和组织。① 物流节点是物流系统中的重要组成部分，作为物流活动的重要载体，与物流线路共同构成物流网络的基本元素。物流节点在空间的配置形式，很大程度上决定着物流的线路、流向和流程，可以通过物资的停顿促进物资规模化、有序化的流动，这是提高物流网络效益的重要手段。

（二）物流节点的功能

1. 转运衔接功能

物流节点可以将不同的运输方式或同一种运输方式的不同运输路线及运输工具或物流过程中不同的物流环节相互衔接，形成一个连续、顺畅的物流网络系统（如图 4-25 所示）。现代化港口可以有效地衔接大批量输送的轮船和小批量输送的汽车两种运输方式。物流节点将各个物流线路连接成一个系统，使各个线路通过节点贯通起来：通过转换运输方式衔接不同的运输手段；通过货物储存衔接不同时间的供应物流和需求物流；通过货物集散和加工衔接干、支线运输和末端配送；通过集装箱、托盘等集装处理，衔接整个“门到门”运输。

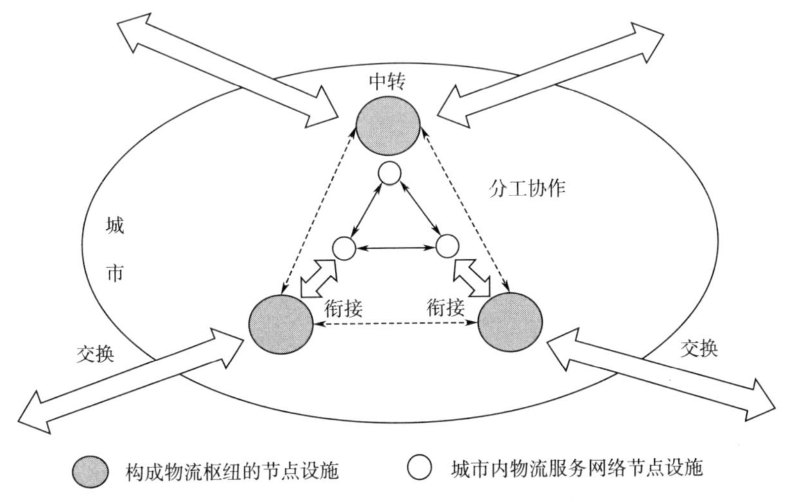

图 4-25　物流节点的衔接功能

2. 储存和保管功能

物流节点具有存储物资的基本功能，对物资实施保管和控制。物流节点通过

① 《物流术语》（GB/T 18354—2021）。

储存、保管功能平衡生产和保证供货。除了软件系统等一些产品外，绝大多数产品无论采用投机战略还是延迟战略，其零部件、半成品、产成品都是连续批量生产的，需要通过物流节点的有效储存定量向市场供货，并通过物流节点的合理分布，定点、定时向市场供货，满足消费者需求。因此，物流节点的存储功能可以说是物流时间的控制开关，通过存储的时间调整，物资按市场需求的节奏进行流动，平衡生产与销售的需要。

3. 流通加工功能

流通加工是将产品加工工序从生产环节转移到物流过程中的作业活动。对处于停滞状态的物流节点上的物资进行流通加工，既不影响商品的流通速度，又能满足市场消费多元化、个性化的需求。企业、物资部门、商业部门为了弥补生产过程中加工程度的不足，更加有效地满足用户或企业的要求和更好地衔接供求，需要进行这种加工活动。流通加工包括包装、切割、贴标签、定量、组装、成型等。

4. 配送和装卸功能

现代物流节点的功能已由保管型向流通型转变，即物流节点由原来的储存、保管货物的流通中心向流通、销售的流通中心转变。物流节点不仅具备储存、保管货物的设备，而且还增加了分袋、配套、捆装、移动等设施，既能扩大物流节点的经营范围，实现物流资源的有效配置，又能方便消费者，提高服务质量。

5. 信息处理功能

物流节点既是实体物流网络的节点，又是虚拟网络的节点，发挥物流信息的收集、传递、处理、发送等作用。企业在处理有关物流节点的各项物流业务时，需要及时而准确的物流节点信息，包括物流节点的利用水平、进出货频率、运输情况、顾客需求状况以及人员配置等。目前，在物流节点的信息传递方面，更多地依赖计算机信息网络技术。例如，通过使用电子数据交换系统或条形码技术来提高物流节点中物资的信息准确性，利用互联网及时了解物流节点的使用情况和物资的储存情况。同时，智慧物流技术也开始渗透到各级物流节点，人工智能（Artificial Intelligence，AI）、区块链（Block Chain，BC）、云物流（Cloud Logistics，CL）、大数据（Big Data，BD）、物联网（Internet of Things，IOT）五种技术，即“ABCD+I”在物流领域的应用，加强了物流节点的信息收集、汇总和共享能力，实现各主体间更加顺畅的信息传递和处理。

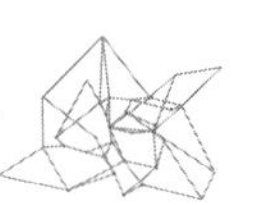

物流节点的信息功能对于物流系统能否高效、快速运转起着非常重要的作用，也是物流节点行使管理功能的基础和前提。物流节点是整个物流系统信息传递、收集、处理、发送的集中地。因此，每个节点都是一个信息点，与物流系统的信息中心结合起来，便成了指挥、管理、调度整个物流系统的信息网络，这是一个物流系统建立的前提条件。

二、物流节点的类型

（一）物流节点的分类

1. 按功能划分

（1）转运型节点。转运型节点是以衔接不同运输方式或同种运输方式的不同运输工具为主要功能的物流设施。铁道运输线上的货站、编组站，水运线上的港口、码头，空运中的空港，不同运输方式之间的转运站、终点站等，都属于此类节点。由于这种节点处于运输线上，又以转运功能为主，所以货物在这种节点上停滞的时间较短。转运型节点除了按运输方式设置外，还可以按运输的对象设置，尤其是那些物流量大、对储运过程有特殊要求的货物，常通过专用转运站进行转运作业。常见的专用转运站有集装箱转运站、煤炭转运站、散装水泥转运站、石油转运站等。转运型节点有以下三种转运方式：

①干线运输与干线运输之间的转运。干线运输之间的转运是大批量、长距离、短时间运输之间的转运，包括干线水运之间的转换、干线铁路运输之间的转换、干线公路运输之间的转换及运输方式之间的相互转换。这种转运的主要特点是基本保持原包装组合，在转运节点的停留时间较短。

②干线运输与支线运输之间的转运。包括集货运输与干线运输之间的转运及干线运输与配送运输之间的转运等两种方式。这种转运方式是大批量、长距离、短时间的运输与小批量、多流向、短距离、精细运输之间的转换。这种转运的主要特点是可能需要改变原来的包装组合形态，在转运节点上实现以大化小或以小集大的转换，相应的停留时间较长。

③支线运输与支线运输之间的转运。支线运输之间的转运主要是小批量、短距离运输之间的转运。在转运节点上可能要进行包装重组。

（2）储存型节点。储存型节点是以存放货物为主要功能的物流节点，货物在这种节点停留的时间较长。在物流网络中，储存型节点可以是枢纽型节点，也可以是普通节点。尤其是作为战略性储备的仓库，不在枢纽型节点上布局。除了储备仓库外，生产企业原材料、零配件仓库等也属于储存型节点。储存型节点除了具有货物存放功能外，还要提供保管保养功能。特别是那些战略性储备仓库，货物储存的时间较长。因此，在库房位置选择上，合适的环境条件、安全性等因素要比交通运输条件更重要。

（3）流通型节点。流通型节点是以商品集散、中转、配送等为主要功能的物流节点。与转运型节点不同，流通型节点与商流相结合，其拥有者多数为流通企业或附属于流通企业集团的物流企业。流通仓库、流通中心、配送中心、加工中心等就属于这类节点。流通型节点的主体设施仍然是仓库或类似仓库的设施，但与储存型节点有很大区别。流通型节点的位置位于交通枢纽并接近货源，其对吞吐作业能力、信息管理能力的要求都较高，而对商品养护、保管方面的能力却弱于储存型节点。

在各种以主要功能分类的节点中，都可以承担其他职能。例如，在转运型节点中，设置有储存货物的货场或站库，从而具有一定的储存功能。但是，由于其所处的位置，其主要职能是转运，所以应归入转运型节点之中。

（4）综合型节点。综合型节点在物流系统中能实现两种以上主要功能，并且这些功能并非独立完成，而是将若干功能有机结合于一体，是具有完善设施、有效衔接和协调工艺的集约型节点。这类节点是适应物流大量化、复杂化、集成化、精确化要求的产物，在一个节点中要求实现多种转化而使物流系统简化、高效，于是出现了这类节点，物流中心、物流园区等都属于这类综合型节点。这是现代物流产业社会化、高级化的结果，也是现代物流节点的发展方向之一。

2. 按规模划分①

（1）物流园区。物流园区是指由政府规划并由统一主体管理，为众多企业在此设立配送中心或区域配送中心等，提供专业化物流基础设施和公共服务的物流产业集聚区。

（2）物流中心。物流中心是指具有完善的物流设施及信息网络，可便捷地连接外部交通运输网络，物流功能健全，集聚辐射范围大，存储、吞吐能力强，为客户提供专业化公共物流服务的场所。

（3）配送中心。配送中心是指具有完善的配送基础设施和信息网络，可便

① 《物流术语》（GB/T 18354—2021）。

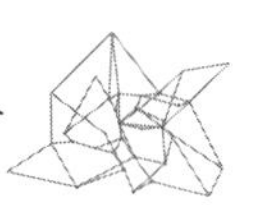

捷地连接对外交通运输网络，并向末端客户提供短距离、小批量、多批次配送服务的专业化配送场所。

3. 按其他方式划分

除以上常见的物流节点分类方式以外，还可以按照节点选址、物流设施的归属和范围、经营的货物种类、经济功能等方式，进行节点类型的划分（如表 4-3 所示）。

表 4-3　物流节点的类型

标准	分类	内容
节点选址	港湾型节点	连接海运与陆运的节点。节点设在港口附近，便于船舶的装卸作业，对象一般是原料、半成品、产成品等
	空港型节点	连接空运与陆运的节点。节点设在空港附近，便于运用空港快捷便利的优势，对象一般是精密昂贵的 IT 产品或生鲜食品、花卉等
	货运站节点	连接陆运之间的节点。节点设在中转地区附近，办理多种业务，灵活性强，主要包括货运枢纽站、零担站、集装箱站等
物流设施的归属和范围	自有型节点	各种物流设施和设备归一家企业（集团）所拥有的节点。节点隶属于某一个企业（集团），不对外提供配送服务，只服务于企业各部门（集团内各企业）
	营业型节点	由节点所有人独立经营或由分工的节点管理部门独立经营的节点。节点专门经营储运业务，面向社会提供服务，或以一个部门（企业）的物流服务为主，兼营其他部门（企业）的物流业务
	公用型节点	由若干家生产企业共同投资、共同持股和共同管理的节点。节点面向整个社会提供物流服务。在节点总量中，公用型节点占相当大的比例
经营的货物种类	经营散装货物的节点	配送散装货物的节点，属合作型节点。节点多设在铁路沿线和沿海地区，向加工厂提供石油、汽油、原料等物资
	经营原材料的节点	配送原材料的节点。节点多以集装箱的方式配送货物，向生产企业提供钢材、木材、建材等物资
	经营“件货”的节点	配送制成品（食品）的节点。节点多以集装箱和托盘的方式来完成物流活动
	经营冷冻食品的节点	用冷藏车配送冷冻食品的节点。节点具有加工、冷冻食品等功能

续表

标准	分类	内容
经营的货物种类	经营特殊商品的节点	专门处理和运送一些特殊物品（如有毒物品，易燃、易爆物品，特种药品等）的节点。节点设在人口稀少的地区，且对所存放的物品进行特殊管理
经济功能	供应型节点	类似后勤部门，向某些用户供应货物，充当供应商角色的节点。节点占地面积较大，都建有大型的现代化仓库和存储一定数量的物品
	销售型节点	以销售商品为主要目的，以开展配送活动为主要手段组建的节点。节点围绕商品销售开展物流活动，属于商流、物流合一的一体化模式
	储存型节点	具有很强储存功能的节点。节点源于传统的仓库，在发挥储存作用的基础上组织和开展其他物流活动
	代理型节点	在合同基础上，代理方按合同要求为需方及时提供物流服务以获取佣金的节点

（二）物流园区

物流园区分类的主要因素包括，以依托的物流资源和市场需求特征为分类原则，以某一服务对象为特征，以物流园区服务功能为导向，将物流服务延伸合并。根据以上分类因素，物流园区通常可分为货运服务型、生产服务型、商贸服务型、口岸服务型、综合服务型五种类型（如表 4-4 所示）①。

表 4-4 物流园区类型

类型	依托物流资源	服务对象	服务功能
货运服务型	空运、水运或陆运节点（枢纽）	为大批量货物分拨、转运提供配套设施	区域性物流转运及运输方式的转换
生产服务型	经济开发区高新技术园区、工业园区等制造业集聚园区	为生产型企业提供一体化物流服务	生产企业的物料供应、产品生产、销售和回收等
商贸服务型	各类批发市场、专业市场等商品集散地	为商贸流通企业提供一体化物流服务及配套商务服务	商贸流通业商品集散

① 《物流园区分类与规划基本要求》（GB/T 21334—2017）。

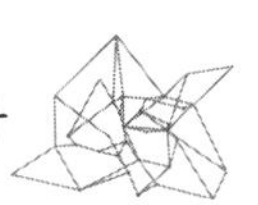

续表

类型	依托物流资源	服务对象	服务功能
口岸服务型	对外开放的海港、空港、陆港及海关特殊监管区域及场所	为国际贸易企业提供国际物流综合服务	进出口货物的报关、报检、仓储、国际采购、分销和配送、国际中转、国际转口贸易、商品展示等
综合服务型	具备上述两种及两种以上服务功能的物流园区		

物流园区的建设，包括以下推荐性指标（如表4-5所示）。

表4-5 物流园区规划推荐性指标

指标	货运服务型			生产服务型	商贸服务型	综合服务型
	空港型	海港型	陆港型			
投资强度（基础设施）（万元/亩*）	≥100	≥120	≥80	≥100	≥100	≥100
园区规模（平方千米）	0.5~2	2~8	1~5	0.3~1	1~5	0.3~5
园区物流强度（万吨/平方千米/年）	≥100	≥2000	≥500	≥100	≥50	≥200
物流信息平台	能为入驻物流企业提供符合海关监管要求的计算机管理系统			能为入驻物流企业和工业园区提供公共信息平台和实时信息交换系统	能为园区内企业提供物流公共信息和在线交易服务	能为园区内企业提供物流公共信息和在线交易服务
交通连接方式	至少有两种以上运输方式存在，或毗邻两条及以上高速公路，可以实现多式联运					

注：*表示一亩等于0.000 667平方千米。

国家级示范物流园区的建设，可以参考以下指标（如表4-6所示）。

表4-6 国家级示范物流园区申报条件

申报条件	具体要求				
	货运枢纽型	商贸服务型	生产服务型	口岸服务型	综合服务型
基本要求	满足《全国物流园区发展规划》相关条件和选址要求				
运营要求	开业运营满1年或以上，具有独立运营的物流园区管理机构				

续表

申报条件	具体要求				
	货运枢纽型	商贸服务型	生产服务型	口岸服务型	综合服务型
园区收入	全部入驻企业物流业务年收入 20 亿元以上，年营业收入超过 2 亿元的物流企业不少于 3 家				
实际占地面积	≥0.5 平方千米				
物流运营面积占比	≥60%				
园区物流强度	空港型≥60 海港型≥120 陆港型≥600	200	300	—	500
年完成集装箱吞吐量	—	—	—	60 万 TEU	—
仓储面积	≥20 万平方米（其中，库房仓储面积≥10 万平方米）①				
信息服务	具有门户网站、信息管理和服务平台等，可以提供车辆进出管理、运营和统计等服务，平台网页级别（PR 值）≥1.0②				
配套服务	可以提供停车、住宿、餐饮、加油（加气、充电）、修理、物业、安保等配套服务以及工商、税务、金融、保险等政务和商务服务				

注：(1) 物流运营面积占比=物流运营面积/实际占地面积。其中，物流运营面积包括码头、铁路装卸线、道路、仓库、堆场、雨棚、流通加工场所、货车停车场、装卸搬运场地、信息服务用地等，不包括生活配套和商务配套用地。

(2) 仓储面积是指，园区拥有的库房及堆场等仓储设施面积之和。

(3) 园区物流强度=园区年度货物吞吐量/园区总占地面积。其中，单位是万吨/（平方千米·年）。

(4) 如果个别指标达不到申报条件，但园区经营模式比较创新且其他指标特别突出，经省级发展改革部门认可后也可申报。

①1 平方米=0.0015 亩、1 亩=666 平方米、1 平方千米=1 500 亩。

②平台网页级别（PageRank，PR 值）：用来表现网页等级的一个标准。其计算公式为：$PR(A) = (1-d) + d\left(\frac{PR(t_1)}{C(t_1)} + \cdots + \frac{PR(t_n)}{C(t_n)}\right)$。其中：$PR(A)$ 表示从一个外部链接站点 t_n 上，依据 PageRank 系统给本网站增加的 PR 分值；d 表示阻尼因数；$PR(t_1)$ 表示该外部链接网站本身的 PR 分值；$C(t_1)$ 表示该外部链接站点所拥有的外部链接数量。

（三）物流中心

物流中心是一种物流企业的聚集区，与物流园区类似，但规模较小，功能也更加细化与专业。不同城市可以在物流园区的基础上，根据自己的产业结构或区域特点设置多个专业物流中心。物流中心有以下三种发展由来：首

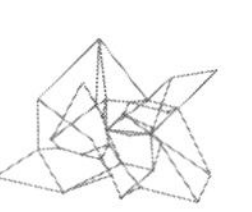

先，作为区域中心城市，都有发达的传统工业和主要产业。例如，钢铁、矿业、汽车、纺织、农业、商贸等。在物流发展前期，各产业具有自己的仓储和运输机构，但服务能力单一、规模较小，缺乏系统规划。物流中心的第一种由来，就是以这些产业作为服务对象，依托其原有的仓储、运输企业，集中起来建立相应的钢铁物流中心、汽车物流中心、农业物流中心等专业物流中心。其次，大多城市具有工业园区、商贸城等相对集中的企业聚集区域，而且建在城郊，有较大的用地和较发达的交通。物流中心的第二种由来，就是依托产业集聚区建立起的生产型物流中心。最后，作为区域中心城市，具有通畅的交通系统，与周围地区及城市内部联系便捷。因此，物流中心的第三种由来，是依托不同区域的交通枢纽，按照相应的服务半径，建立不同规模的枢纽型物流中心。

（四）配送中心

配送中心是实行系统化和大规模化的必然结果，是物流领域社会分工、专业分工进一步细化之后产生的。在实际物流系统中，配送中心有不同的种类和层次，并且不同种类的配送中心提供的服务也存在很大的差异性。很多大型配送中心具有强大的综合功能，包括仓储、加工、装配、运输和配送等；同时，还有一些只具有转储、运输功能的小型配送中心。由于不同种类配送中心建设成本的差异，实际操作中应与国家物流资源分布和需求分布相适应，在物流园区、物流中心的服务区域范围内，设立一个或多个配送中心，综合协调供应点和需求点，力求使商品通过配送中心的汇集、中转、分发直至输送到需求点的全过程效益最高。

依据不同的分类标准，配送中心可以分为以下类型（如表 4-7 所示）。

表 4-7　配送中心类型

标准	分类	内容
配送中心设立者	制造商型配送中心（Distribution Center built by Maker，MDC）	以制造商为主体的配送中心，物品百分之百由自己生产制造，用以降低流通费用，提高售后服务质量，及时将预先配齐的成组元器件运送到规定的加工和装配工位，其不具备社会化要求
	批发商型配送中心（Distribution Center built by Wholesaler，WDC）	由批发商或代理商建立的以批发商为主体的配送中心。物品来自各个制造商，其进行的重要活动是对物品进行汇总和再销售，且全部进货和出货都是社会配送，社会化程度高

续表

标准	分类	内容
配送中心设立者	零售商型配送中心（Distribution Center built by Retailer，ReDC）	由零售商向上整合成立的配送中心。零售商发展到一定规模后，就可以考虑建立自己的配送中心，为专业物品零售店、超级市场、百货商店、建材商场、粮油食品商店、宾馆、饭店等服务，其社会化程度介于制造商型配送中心和批发商型配送中心之间
	货运物流配送中心（Transported Distribution Center，TDC）	以第三方物流企业（包括传统的仓储企业和运输企业）为主体的配送中心。其为制造商或供应商提供物流服务，而配送中心的货物仍属于制造商或供应商所有，配送中心只是提供仓储管理和运输配送服务。这种配送中心的现代化程度较高
隶属关系	自有型配送中心（Own Distribution Center，ODC）	由一家企业或企业集团所有的配送中心，是企业物流系统的组成部分之一。主要为企业内部物流活动服务，在能力富余的情况下，也对外提供物流服务
	公共型配送中心（Public Distribution Center，PDC）	由专业物流企业（包括传统的仓储、运输企业等）、公共物流站场或多家企业合作建成的配送中心。向社会或特定行业所有用户提供服务，同时具有提供合同制个性化、定制化配送服务的功能
服务范围	中央配送中心（Central Distribution Center，CDC）	一个组织或者公司最核心且统管其旗下其余配送中心的配送中心
	区域配送中心（Regional Distribution Center，RDC）	结合制造商、销售商对销售市场的划分设立，以较强的辐射能力和库存准备，向省（州）际、全国乃至国际范围的用户提供配送服务，主要从上游制造商或物流中心接收货物，转运到下游地区配送中心、仓库等。其配送活动具有大批量、少批次的特点
	地方配送中心（Local Distribution Center，LDC）	面向城市范围内的生产企业、零售商或连锁店提供门到门的配送服务。其配送活动具有小批量、多批次、高频度的特点，多采用中小型厢式货车送货，辐射能力较弱，与区域配送中心联网运作
	前端配送中心（Frontier Distribution Center，FDC）	以大、中城市为依托，具有一定规模，经营商品储存、运输、包装、加工、装卸、搬运的场所。配有先进的物流管理信息系统，主要功能是促使商品更快、更经济的流动，集中储存，提高物流调节水平

其中，京东在全国主要城市当中通过对人口数量、空间位置、消费习惯及未来战略方向等方面进行考察，设置仓储和配送中心。京东创新性地提出多仓结

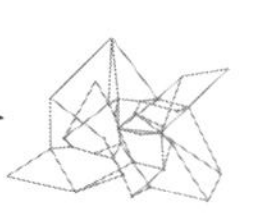

构，通过多仓少补实现库存的降低，提高订单履约率。其多仓结构主要分为以下四层：

第一层，区域配送中心（RDC），是地区级的物流中心。京东已在北京、上海等地区布置了 8 个 RDC，负责全品种的库存。

第二层，前端物流中心（FDC），是省级的物流中心，负责动态销售的库存。

第三层，货运物流中心（TDC），是城市级的物流中心，负责高频销售的库存。

第四层，货运前置仓（Lead Warehouse，LW），也称匹配仓，是靠近终端用户的仓库，负责爆品的库存。前置仓有两种形态，分别是仓库和配送站点。配送站点自身也是供应链的一个节点，根据消费需求预测社区用户喜欢的爆品，直接存储在配送站点，用户下单后，可以快速打包商品，交付用户。

由于货物品种受限和建设成本较高，大多数企业难以应用多仓结构。因此，京东的仓网结构面向社会开放，向社会提供高效率的仓配服务。同时，京东还开放协同仓，将系统、流程嵌入合作伙伴仓库，供应商仓库也可以用来完成京东用户的订单，避免了多次搬运，可以完成快速履约，实现了短链共生（如图 4-26 所示）。

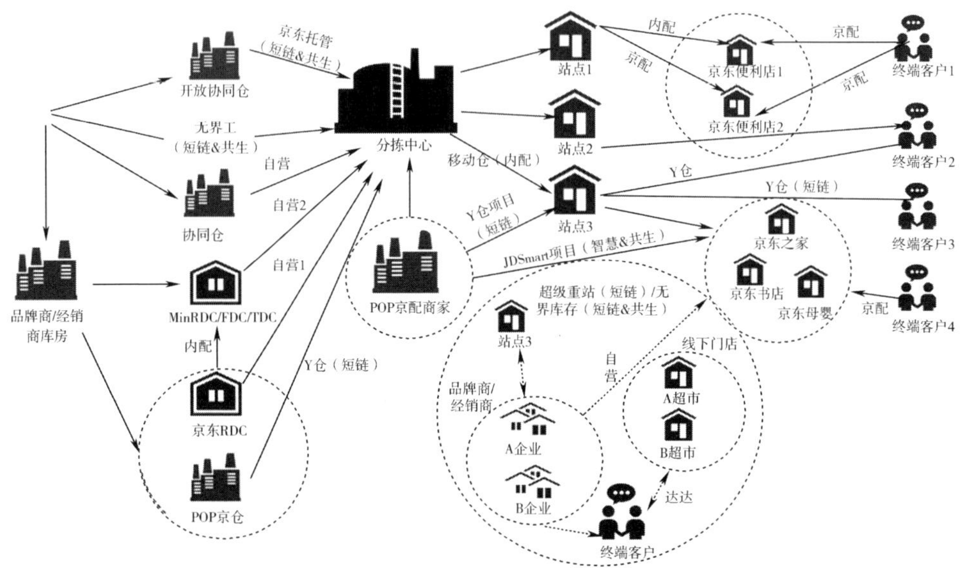

图 4-26　京东配送模式

三、物流节点的区别与联系

（一）物流节点的区别

物流园区、物流中心、配送中心三种物流节点既相互联系又相互区别（如表4-8所示）。其中，物流园区是物流中心发展到一定阶段的产物，是物流中心、配送中心集聚的空间载体，功能上具有多式联运、综合运输、干线终端运输等大规模物流功能。物流园区吸纳众多物流企业在园区内集中，因此应有适当的备用地。而物流中心本身是一种物流经营和管理实体，拥有一定的场所，并提供综合的物流服务功能。物流中心可以有多种形式，有的物流中心以提供第三方物流为主，有的物流中心则是为各种末端配送中心提供服务。对于向末端配送中心服务的物流中心，其仓储功能比较突出，同时，为了满足各个配送中心的订货，这种物流中心必须有充分的集货和运输能力。配送中心则是专业清晰、规模与需求相匹配的专业性物流节点。这三种物流节点在城市和地区范围内按照层次关系规划和配置，物流园区、物流中心、配送中心分别属于中心城市的配置、港口城市的配置和端部城市的配置。

表4-8　物流园区、物流中心、配送中心辨析

	物流园区	物流中心	配送中心
服务对象	面向社会提供公共物流服务	在局部领域提供第三方物流服务	为特定客户或末端客户提供服务
节点功能	功能全面，具有大规模处理货物和提供服务的功能	功能健全，具有一定存储能力和调节功能	功能较单一，以配送功能为主，存储功能为辅
在供应链中的位置	在供应链中下游，物流中心、配送中心上游	物流园区下游，配送中心上游	供应链下游，最接近客户
物流特点	多品种、大批量、多供应商	少品种、大批量、少批次、少供应商	多品种、小批量、多批次、多供应商
节点规模	大	较大	可大可小
辐射范围	大	中	小
流通货物	综合性较强，专业性较弱	综合性、专业性较强	综合性较弱，专业性较强

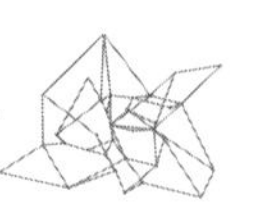

（二）物流节点之间的联系

1. 功能联系

从物流节点承担的功能来看，物流园区处于城市物流节点的最高层次，实现了综合集约性、专业独立性与公共公益性的完整统一。不仅包括基本的物流功能，还包括物流的延伸功能（展示、交易、信息以及生活配套服务等功能）。物流中心处于城市物流节点的中间层次，其功能主要是承接与处理来自区域和物流园区的物流业务，并将部分物流业务转移给下端的配送中心，因此具有较高的专业独立性和中间连接性。配送中心在城市物流节点中处于最低层次，主要承接来自物流园区或物流中心的物流业务，直接面向客户提供配送服务，是物流活动最集中、最直接的体现。“物流园区→物流中心→配送中心”是解决城市物流最基本也是较为合理的物流模式（如图 4-27 所示）。

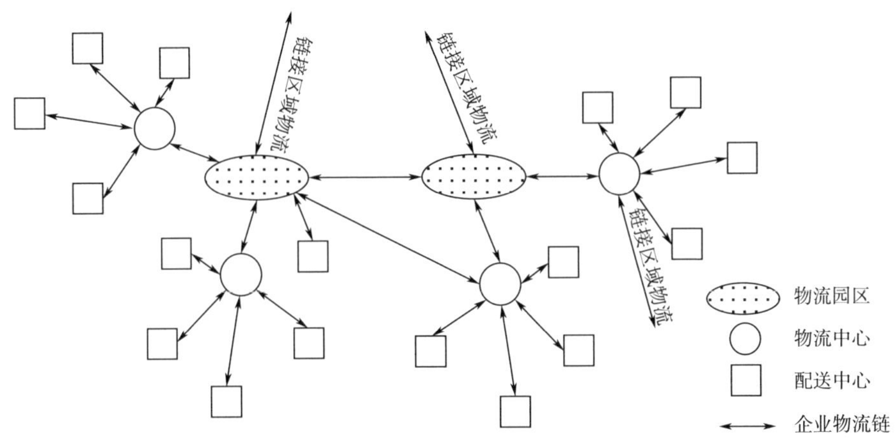

图 4-27　物流节点功能联系图

2. 空间联系

物流园区作为城市物流资源的空间聚集，是城市土地利用按功能划分的产物，通过规划建设物流园区，实现优化城市用地结构、缓解城市交通拥堵等社会效益的目的。物流园区是企业属性的物流中心和配送中心的空间聚集，物流中心和配送中心依托物流园区作为社会公共物流平台资源集聚的优势，促进物流运作的集约化、规模化，降低物流成本，提高运作效率，从而实现作为企业属性的经济效益。社会属性的物流中心是企业属性的物流中心和配送中心的空间集聚，而配送中心则是根据市场需要，独立、广泛布设于靠近消费终端的地区。即物流园区是企业属性的物流中心和配送中心的空间载体，社会属性的物流中心也可以是企业属性的物流中心和配送中心的空间载体（如图 4-28 所示）。

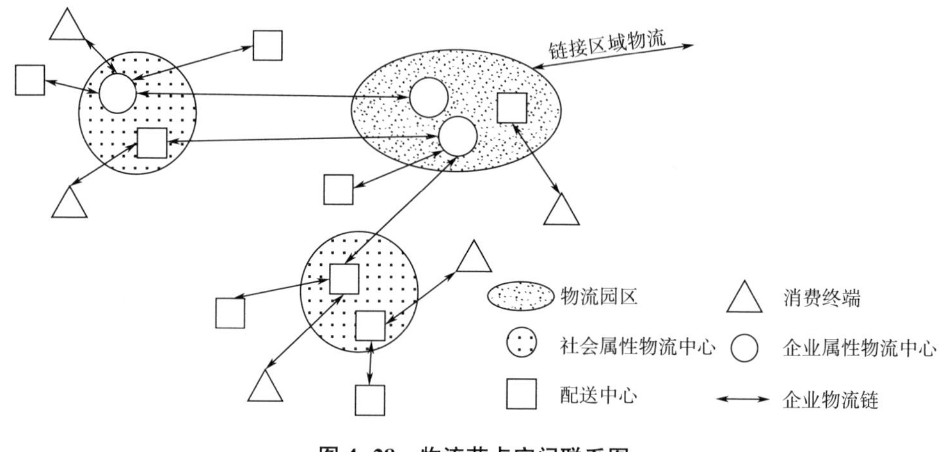

图 4-28　物流节点空间联系图

第三节　物流节点的选址

一、物流节点选址的问题分析

（一）物流节点选址原则

物流节点的选址过程应同时遵守适应性原则、协调性原则、经济性原则和战略性原则。

1. 适应性原则

物流节点的选址应与国家及省市的经济发展方针、政策相适应，与我国物流资源分布和需求分布相适应，与国民经济和社会发展相适应。

2. 协调性原则

物流节点的选址应将国家的物流网络作为一个大系统来考虑，使物流节点的设施设备在地域分布、物流作业生产力、技术水平等方面互相协调。

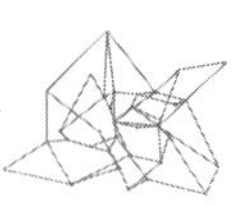

3. 经济性原则

物流节点的选址费用，主要包括建设费用及物流费用（经营费用）两部分。物流节点的选址定在市区、近郊区或远郊区，其未来物流活动辅助设施的建设规模、建设费用以及运费等物流费用不同，选址时应以总费用最低作为物流节点选址的经济性原则。

4. 战略性原则

物流节点的选址，应具有战略眼光：一是要考虑全局；二是要考虑长远。局部要服从全局，目前利益要服从长远利益，既要考虑当前实际需要，又要考虑日后发展的可能。

（二）物流节点选址的影响因素

1. 市场经济因素

（1）货流量的大小。物流节点设立的根本目的是降低社会物流成本，如果没有足够的货流量，物流节点的规模效益便不能发挥。所以，物流节点的建设一定要以足够的货流量为条件。例如，若货物年吞吐量小于 30 万吨，则设置铁路专用线就不经济。

（2）商品特性。不同类型的商品对物流服务的作业种类与质量要求不同，物流节点应当根据商品特性选择不同的区域，以满足商品的物流需求。例如，生产型物流节点的选址应与工业企业的布局紧密结合。

（3）货物的流向。货物的流向决定着物流节点的工作内容和设施设备配置。在货物的流向分析上要考虑客户的分布和供应商的分布。

①客户的分布。为了提高服务水准及降低配送成本，物流节点多建在城市边缘接近客户分布的地区。对于销售物流来说，物流节点的主要职能是将产品集结、分拣，然后配送到门店或用户手上，故应选择靠近客户的地方。

②供应商的分布。供应商的分布地区也是物流节点选址应该考虑的重要因素。对于供应物流来说，物流节点主要为生产企业提供原材料、零部件，应当选择靠近生产企业的地点，便于降低生产企业的库存，随时为生产企业提供服务，同时还可以为生产企业提供暂存或发运工作。

（4）人力资源条件。在仓储配送作业中，人力资源是重要的资源需求。由于物流作业仍属劳动力密集型的作业形态，在物流节点内部必须要有足够的从业人员，因此在决定物流节点位置时必须考虑员工的来源、技术水准、工作习惯、工资水准等因素。如果物流节点的选址位置附近人口不多且交通又不方便，则基层的从业人员不容易招募；如果附近地区的薪资水准太高，也会影响到基层从业人员的招募。

2. 政策环境因素

政策环境因素也是物流节点选址评估的重点之一。政策环境因素包括企业优惠措施（土地提供、减税）、城市规划（土地开发、道路建设计划）、地区产业政策等。在物流用地取得困难的时期，如果有政府政策的支持，则更有助于物流业者的发展。除了提供物流用地外，也有关于税负方面的减免，有助于降低物流从业者的运营成本。另外，还要考虑土地大小与地价，在考虑现有地价及未来增值状况下，配合未来可能扩充的需求程度，决定最合适的用地面积大小。

3. 交通条件因素

交通条件是影响物流配送成本及效率的重要因素之一，交通运输的不便将直接影响车辆配送的进行。因此，必须考虑对外交通的运输通路以及未来交通与邻近地区的发展状况等因素。对于城市物流节点，要选择干线公路或高速公路与城市交通网络的交汇地，还要拥有铁路专用线或靠近铁路货运编组站。当物流节点位于铁路编组站附近时，能有较好的车源供应。仓库距编组站在 2 公里以内，不仅基建费用少，而且管理营运费用也少，营运方便。对于港口物流节点，要选择内河运输与海运的交汇地，既要满足水较深、能浮靠大型货船的需要，又要克服内河泥沙淤积、河道疏通的困难。对于综合型物流节点，一定要选择在两种以上运输方式的交汇地。例如，港口水运、公路运输、铁路运输、航空运输的多种组合。

物流园区、物流中心和配送中心对交通条件的要求不尽相同。

（1）物流园区。物流园区一般建在远离市中心的地区，布设在城市外围或郊区，注重和外部交通的联系。因此，物流园区应设置在区域间干线、城市间干线进入城市的地方附近，或者在几种交通干线交汇点附近用地比较充足的地方。一般可在海港、空港、铁路货站附近设置物流园区，承担区域间物流服务。

（2）物流中心和配送中心。物流中心和配送中心虽然物流量不如物流园区大，但是进出的车辆也会对局部交通造成显著影响，因此物流中心和配送中心应在城市快速通道、城市交通干线附近设置。随着区域物流中心地位的加强，物流中心有向物流园区集聚的趋势。而末端配送中心要服务于城市不同地点的客户，多个末端配送中心可分散于城市中。但是，煤炭、石油等大型物资的配送中心，

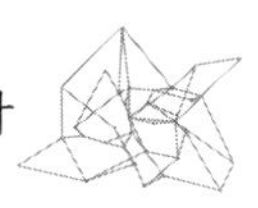

以进入园区建设为宜。

通过对上述选址因素进行分析，形成物流节点选址的评价指标体系（如表4-9所示）。

表4-9　物流节点选址综合评价指标体系

<table>
<tr><th>目标层</th><th>准则层</th><th>指标层</th></tr>
<tr><td rowspan="11">物流节点选址综合评价指标体系</td><td rowspan="4">经营环境的影响</td><td>气候条件的影响</td></tr>
<tr><td>服务地区的货量</td></tr>
<tr><td>服务商品的种类</td></tr>
<tr><td>与服务对象的距离</td></tr>
<tr><td rowspan="3">政策环境的影响</td><td>土地价格的高低</td></tr>
<tr><td>可供土地的面积</td></tr>
<tr><td>物流政策的支持</td></tr>
<tr><td rowspan="4">交通运输的便利性</td><td>与货运场站的距离</td></tr>
<tr><td>与运输口岸的距离</td></tr>
<tr><td>与交通干线的距离</td></tr>
<tr><td>城市交通管制的影响</td></tr>
</table>

二、物流节点选址的方法

（一）单一设施选址问题

1. 交叉中值模型

交叉中值模型，可以对单一设施平面选址问题的加权距离进行最小化，适用于单一设施的小范围城市内选址。在交叉中值模型中，各节点之间的距离，用 x 轴的距离与 y 轴的距离的加和来表示，即计算的是物流节点与需求点之间的“曼哈顿距离”[①]。其目标函数如下所示：

$$\min C = \sum_{i=1}^{n} w_i(|x_0 - x_i| + |y_0 - y_i|) \tag{4-8}$$

其中：

w_i 为需求点 i 的需求量；

① 几何度量空间的几何学用语，用以标明两个点在标准坐标系上的绝对轴距总和。

x_i ，y_i 为需求点 i 的坐标；

x_0 ，y_0 为物流节点的坐标。

交叉中值法的目标函数可用两个互不相关的部分来表达。调整后的目标函数如下所示：

$$\min C = \sum_{i=1}^{n} w_i |x_s - x_i| + \sum_{i=1}^{n} w_i |y_s - y_i| \tag{4-9}$$

其中：

x_s 、y_s 分别为 x 方向和 y 方向所有权重的中值点。

【例 4-4】一个快递公司想在一个地区设立一个配送中心，主要的服务对象是附近 5 个小区的居民。已知各需求点的位置和需求量（如图 4-29、表 4-10 所示）。试通过这些信息确定一个合适的位置，使得配送中心到各小区的配送费用总和最小。

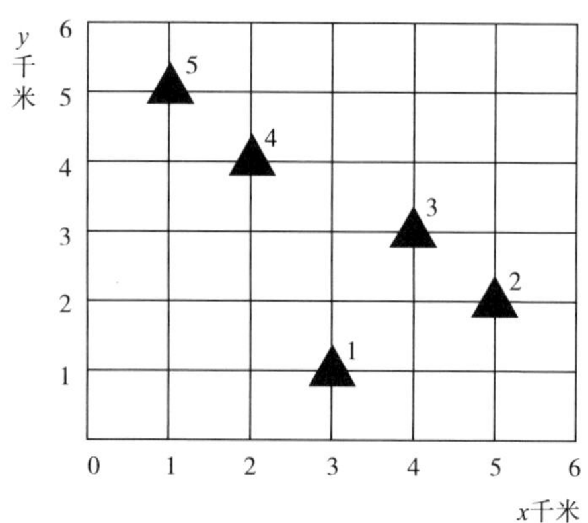

图 4-29　需求点坐标

表 4-10　需求点坐标及需求量

需求点 i	需求量 w_i	坐标	
		x	y
1	1	3	1
2	7	5	2
3	3	4	3
4	3	2	4
5	6	1	5

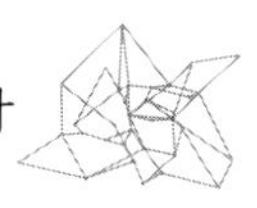

解：确定中值，根据表 4-10 中的需求量可以得到 w_i 的中值$\bar{w}$：

$$\bar{w} = \frac{1}{2}\sum_{i=1}^{n} w_i = \frac{1}{2}(1+7+3+3+6) = 10$$

为了找到 x 方向上的中值点 x_0，沿 x 坐标轴从左到右将所有的 w_i 加起来，按照升序排列到中值点；然后重新再从右到左将所有的 w_i 加起来，按照升序排列到中值点（如表 4-11 所示）。

表 4-11　寻找 x 轴方向中值点

需求点	沿 x 轴的位置	$\sum w$
从左到右		
5	1	6
4	2	6+3=9
1	3	6+3+1=10
3	4	
2	5	
从右到左		
2	5	7
3	4	7+3=10
1	3	
4	2	
5	1	

从表 4-11 可以看出，从左边开始到需求点 1 刚好达到了中值点；从右边开始到需求点 3 刚好达到了中值点。所以，当 x_0 在 3 到 4 之间取值时，可以满足总需求量的一半，使得 C_x 取值最小。

对于 y 方向上的中值点 y_0 用同样方法操作（如表 4-12 所示）。

表 4-12　寻找 y 轴方向中值点

需求点	沿 y 轴的位置	$\sum w$
从上到下		
5	5	6
4	4	6+3=9
3	3	6+3+3=12
2	2	

续表

需求点	沿 y 轴的位置	$\sum w$
1	1	
从下到上		
1	1	1
2	2	1+7=8
3	3	1+7+3=11
4	4	
5	5	

从表 4-12 可以看出，从上边开始到需求点 4 尚未达到中值点，而到需求点 3 将超过中值点，所以从上向下的方向考虑，y_0 取值应该在 3 或 3 以上；从下边开始到需求点 2 尚未达到中值点，而到需求点 3 将超过中值点，所以从下向上的方向考虑，y_0 应该在 3 或 3 以下。所以，当 y_0 取值为 3 时，使得 C_y 取值最小。

综合考虑 x，y 方向上的影响，配送中心最后可能的地址为 A（3，3）至 B（4，3）之间的一条线段（如图 4-30 所示）。

2. 精确重心法

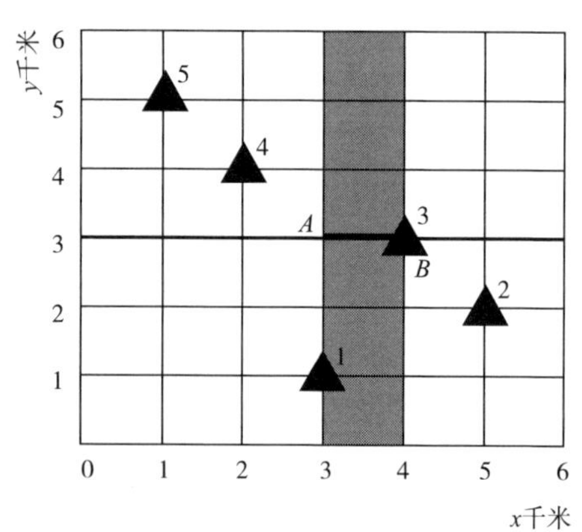

图 4-30 配送中心选址结果

重心法常用于解决单一物流设施的选址问题。重心法将需求点和资源点看成是分布在某一平面范围内的物体系统，各点的需求量和资源量分别看成是物体的重量，物体系统的重心作为物流节点的最佳设置点，利用求物体系统重心的方法来确定物流节点的位置①。在重心法模型中，物流节点与需求点之间的距离，计算的是直线距离，即“欧氏距离”②。重心法模型适用于大范围城市间选址问题。

① 重心法的公式及计算方法在第 3 章中已具体介绍。

② 两点间的直线距离。

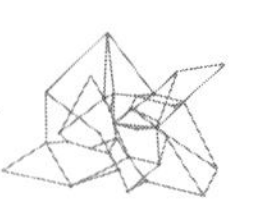

由于重心法计算所求的最优点位置准确度较低，因此又衍生出了精确重心法。精确重心法，适用场景与重心法相同，且求解的精确度更高。其目标函数如下所示：

$$\min C = \sum_{i=1}^{n} r_i w_i d_i \tag{4-10}$$

其中：

r_i 为物流节点到需求点 i 的运输费率；

w_i 为需求点 i 的需求量；

x_i，y_i 为需求点 i 的坐标；

x_0，y_0 为物流节点的坐标；

d_i 为物流节点到需求点 i 的直线距离，即

$$d_i = \sqrt{(x_0 - x_i)^2 + (y_0 - y_i)^2}$$

通过式（4-10），为保证运输费用最低，令 x_0，y_0 的一阶偏导为 0，即：

$$\begin{cases} \dfrac{\partial C}{\partial x_0} = \dfrac{\sum\limits_{i=1}^{n} r_i w_i (x_0 - x_i)}{d_i} = 0 \\ \dfrac{\partial C}{\partial y_0} = \dfrac{\sum\limits_{i=1}^{n} r_i w_i (y_0 - y_i)}{d_i} = 0 \end{cases} \tag{4-11}$$

由此求出最优解，如下所示：

$$\begin{cases} x_0^* = \dfrac{\sum\limits_{i=1}^{n} \dfrac{r_i w_i x_i}{d_i}}{\sum\limits_{i=1}^{n} \dfrac{r_i w_i}{d_i}} \\ y_0^* = \dfrac{\sum\limits_{i=1}^{n} \dfrac{r_i w_i y_i}{d_i}}{\sum\limits_{i=1}^{n} \dfrac{r_i w_i}{d_i}} \end{cases} \tag{4-12}$$

由于式（4-12）右边含有 d_i，即含有未知数 x_0，y_0，而要从两式的右边完全消去 x_0 和 y_0，计算量大，因此采用迭代法进行计算。其具体计算步骤如下：

第一步，用重心法公式计算出物流节点的初始解（x_0^0，y_0^0）。

第二步，将初始解（x_0^0，y_0^0）代入距离公式求得 d_i^0，并利用式（4-10）计

算其总运费 C_0 。

第三步，将（x_0^0，y_0^0）和 d_i^0 代入式（4-12），得到第一次迭代解，即物流节点的改善地点（x_0^1，y_0^1）。

第四步，重复第二步，计算 d_i^1 新值及总运费 C_1 。

第五步，比较 C_0 和 C_1 ，若 $C_1 \geqslant C_0$ ，则结束运算，（x_0^1，y_0^1）即为所求最优解；若 $C_1 < C_0$ ，则重复第二步、第三步，继续迭代，直至求出满足 $C_{k+1} \geqslant C_k$ 的最优解（x_0^k，y_0^k）。

【例 4-5】某公司有 4 个需求点，已知其坐标、物资需求量及运输费率（如表 4-13 所示）。用精确重心法为配送中心选址。

表 4-13　零售点相关数据

需求点 i	运输费率 r_i	需求量 w_i	坐标	
			x_i	y_i
1	5	2	2	2
2	5	3	11	3
3	5	2.5	10	8
4	5	1	4	9

解：第一步，通过重心法公式确定初始解。

$$\begin{cases} x_0^0 = \dfrac{\sum\limits_{i=1}^{n} r_i w_i x_i}{\sum\limits_{i=1}^{n} r_i w_i} = \dfrac{2 \times 2 + 3 \times 11 + 2.5 \times 10 + 1 \times 4}{2 + 3 + 2.5 + 1} = 7.8 \\ y_0^0 = \dfrac{\sum\limits_{i=1}^{n} r_i w_i x_i}{\sum\limits_{i=1}^{n} r_i w_i} = \dfrac{2 \times 2 + 3 \times 3 + 2.5 \times 8 + 1 \times 9}{2 + 3 + 2.5 + 1} = 4.9 \end{cases}$$

第二步，以点（7.8，4.9）作为配送中心，计算距离与总费用。

$$d_1^0 = \sqrt{(7.8 - 2)^2 + (4.9 - 2)^2} = 6.5$$

$$d_2^0 = \sqrt{(7.8 - 11)^2 + (4.9 - 3)^2} = 3.7$$

$$d_3^0 = \sqrt{(7.8 - 10)^2 + (4.9 - 8)^2} = 3.8$$

$$d_4^0 = \sqrt{(7.8 - 4)^2 + (4.9 - 9)^2} = 5.6$$

$$C_0 = (2 \times 6.5 + 3 \times 3.7 + 2.5 \times 3.8 + 1 \times 5.6) \times 5 = 196$$

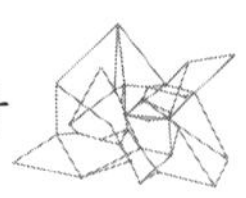

第三步，一次迭代，计算改善的配送中心选址。

$$\begin{cases} x_0^1 = \dfrac{\sum\limits_{i=1}^{n}\dfrac{r_i w_i x_i}{d_i^0}}{\sum\limits_{i=1}^{n}\dfrac{r_i w_i}{d_i^0}} = \dfrac{2\times 2/6.5 + 3\times 11/3.7 + 2.5\times 10/3.8 + 1\times 4/5.6}{2/7.3 + 3/3.2 + 2.5/3 + 1/6} = 8.6 \\ y_0^1 = \dfrac{\sum\limits_{i=1}^{n}\dfrac{r_i w_i y_i}{d_i^0}}{\sum\limits_{i=1}^{n}\dfrac{r_i w_i}{d_i^0}} = \dfrac{2\times 2/7.3 + 3\times 3/3.2 + 2.5\times 8/3 + 1\times 9/6}{2/6.5 + 3/3.7 + 2.5/3.8 + 1/5.6} = 5.1 \end{cases}$$

第四步，以点（8.6，5.1）作为配送中心，计算距离与总费用。

$$d_1^1 = \sqrt{(8.6-2)^2+(5.1-2)^2} = 7.3$$

$$d_2^1 = \sqrt{(8.6-11)^2+(5.1-3)^2} = 3.2$$

$$d_3^1 = \sqrt{(8.6-10)^2+(5.1-8)^2} = 3$$

$$d_4^1 = \sqrt{(8.6-4)^2+(5.1-9)^2} = 6$$

$$C_1 = (2\times 7.3 + 3\times 3.2 + 2.5\times 3 + 1\times 6)\times 5 = 191$$

第五步，二次迭代，计算改善的配送中心选址。

$$\begin{cases} x_0^2 = \dfrac{\sum\limits_{i=1}^{n}\dfrac{r_i w_i x_i}{d_i^1}}{\sum\limits_{i=1}^{n}\dfrac{r_i w_i}{d_i^1}} = \dfrac{2\times 2/7.3 + 3\times 11/3.2 + 2.5\times 10/3 + 1\times 4/6}{2/7.3 + 3/3.2 + 2.5/3 + 1/6} = 9 \\ y_0^2 = \dfrac{\sum\limits_{i=1}^{n}\dfrac{r_i w_i y_i}{d_i^1}}{\sum\limits_{i=1}^{n}\dfrac{r_i w_i}{d_i^1}} = \dfrac{2\times 2/7.3 + 3\times 3/3.2 + 2.5\times 8/3 + 1\times 9/6}{2/7.3 + 3/3.2 + 2.5/3 + 1/6} = 5.2 \end{cases}$$

第六步，以点（9.0，5.2）作为配送中心，计算距离与总费用。

$$d_1^2 = \sqrt{(9-2)^2+(5.2-2)^2} = 7.7$$

$$d_2^2 = \sqrt{(9-11)^2+(5.2-3)^2} = 3$$

$$d_3^2 = \sqrt{(9-10)^2+(5.2-8)^2} = 3$$

$$d_4^2 = \sqrt{(9-4)^2+(5.2-9)^2} = 6.3$$

$$C_2 = (2\times 7.7 + 3\times 3 + 2.5\times 3 + 1\times 6.3)\times 5 = 191$$

此时，$C_2 = C_1 = 191$，虽然结果是取小数而得，但二者已经非常接近，所以可认为最佳点为（9.0，5.2）或（8.6，5.1）。

交叉中值法、重心法、精确重心法所解决的均是连续点选址问题。连续点选址问题指的是在一条路径上或者一个区域里面的任何位置都可以作为选址的问题。相对于离散型模型来说，其配送中心地点的选择不加特定限制，有自由选择的优势。但自由度过高，经常会导致所求得的最佳选址地点不符合实际情况。例如，有的地点很可能在河流、湖泊或街道中间等。

（二）多设施选址问题

在实际选址问题中，常需要同时决定多个设施的选址，或者在多个设施中进行选择，虽然问题更加复杂，却更加接近实际情况。例如，物流节点选址时，需要解决的问题包括：设置物流节点的数量、容量及位置；每个物流节点服务的顾客群；各物流节点的产品供给源；每种产品的库存配置与运输方式等（如图 4-31 所示）。

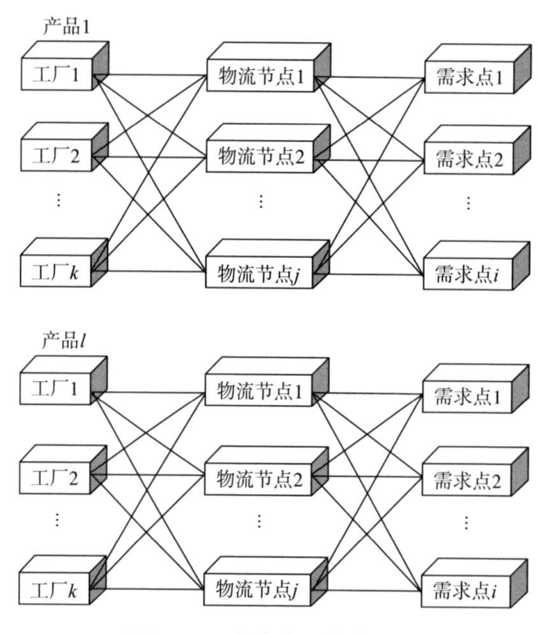

图 4-31 多节点网络关系图

1. 多重心法

首先分组，然后再运用精确重心法，最后确定多个物流节点的位置与服务分派方案。其具体计算步骤如下：

第一步，初步分组。确定分组原则，将需求点按照一定的原则分成若干个群组，使所分群组数等于拟设立的物流节点数量；每个群组由一个物流节点负责；

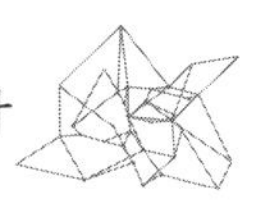

确立初步分配方案。这样，形成多个单一物流节点选址问题。

第二步，选址计算。针对每一个群组的单一物流节点选址问题，运用精确重心法确定该群组新的物流节点的位置。

第三步，调整分组。对每个需求点分别计算到所有物流节点的运输费用。并将计算结果列表，将每个需求点调整到运输费用最低的那个物流节点负责服务，这样就形成新的分配方案。

第四步，重复第二步，直到群组成员无变化为止。此时的物流节点分配方案为最佳分配方案，各物流节点的位置是最佳选址。

【例 4-6】某公司计划建立 2 个药品配送点，向 10 家药店送货。已知各药店的地址坐标和药品每日需求量（如表 4-14 所示），运输费率为 1。试确定这 2 个药品配送点的地址，使配送运输费用最低。

表 4-14　各药品连锁店地址坐标与药品每日需求量

药店 i	1	2	3	4	5	6	7	8	9	10
x_i	70	95	80	20	40	10	40	75	10	90
y_i	70	50	20	60	10	50	60	90	30	40
需求量	8	10	6	5	7	8	12	5	11	9

解：第一步，将 10 家药店分成 2 组。初步分为{1，2，3，4，5}和{6，7，8，9，10}，每组由一个配送点负责送货。

第二步，按精确重心法进行迭代计算，求出两个配送点的坐标分别为 $(P_1, Q_1) = (74.34, 46.15)$，$(P_2, Q_2) = (40, 60)$。

第三步，计算各药店到 2 个配送点的运输费用（如表 4-15 所示）。根据计算结果，按运输费用最低的节点送货原则重新分组，调整后的分组情况是{1，2，3，5，8，10}和{4，6，7，9}。

表 4-15　第一次迭代的选址分配方案及运输费用

药店 i	x_i	y_i	需求量	到 (P_1, Q_1) 的运输费用	到 (P_2, Q_2) 的运输费用
1	70	70	8	193.93	210.16
2	95	50	10	210.16	559.02
3	80	20	6	160.53	339.41
4	20	60	5	280.39	100
5	40	10	7	349.02	350

续表

药店 i	x_i	y_i	需求量	到 (P_1, Q_1) 的运输费用	到 (P_2, Q_2) 的运输费用
6	10	50	8	515.64	252.98
7	40	60	12	444.33	0
8	75	90	5	219.27	230.49
9	10	30	11	729.70	466.69
10	90	40	9	151.42	484.66

第四步，按第一次分配后的方案重新进行选址，再次应用精确重心法进行迭代计算，求出 2 个配送点的坐标分别为 $(P_1, Q_1) = (87.14, 44.29)$，$(P_2, Q_2) = (17.68, 49.68)$。

第五步，再次计算各药店到 2 个配送点的运输费用（如表 4-16 所示）。根据计算结果，按运输费用最低的节点送货原则重新分组，调整后的分组情况是 {1, 2, 3, 8, 10} 和 {4, 5, 6, 7, 9}。

表 4-16　第二次迭代的选址分配方案及运输费用

药店 i	x_i	y_i	需求量	到 (P_1, Q_1) 的运输费用	到 (P_2, Q_2) 的运输费用
1	70	70	8	247.20	449.05
2	95	50	10	97.11	773.25
3	80	20	6	151.92	414.18
4	20	60	5	344.78	52.90
5	40	10	7	408.08	318.69
6	10	50	8	618.84	61.46
7	40	60	12	596.30	295.13
8	75	90	5	236.47	350.42
9	10	30	11	863.02	232.35
10	90	40	9	46.40	656.72

第六步，按第二次分配后的方案重新进行选址，应用精确重心法迭代计算，求出 2 个配送点的坐标分别为 $(P_1, Q_1) = (90.06, 47.84)$，$(P_2, Q_2) = (19.91, 45.47)$。

第七步，计算各药店到 2 个配送点的运输费用（如表 4-17 所示）。根据计算结果，发现分组情况不变，仍为 {1, 2, 3, 8, 10} 和 {4, 5, 6, 7, 9}，因此这一物流服务方案为最佳方案。

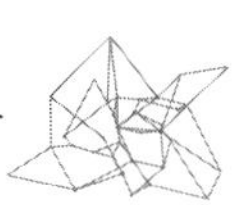

表 4-17　第三次迭代的选址分配方案及运输费用

药店 i	x_i	y_i	需求量	到 (P_1, Q_1) 的运输费用	到 (P_2, Q_2) 的运输费用
1	70	70	8	239.13	446.21
2	95	50	10	53.88	752.30
3	80	20	6	177.63	391.62
4	20	60	5	355.55	72.63
5	40	10	7	439.30	285.39
6	10	50	8	640.74	87.13
7	40	60	12	618.22	297.54
8	75	90	5	223.84	354.19
9	10	30	11	902.30	202.10
10	90	40	9	70.59	632.77

在此方案下，总的最低运输费用为 1 709.85，第一个配送点的地址坐标为 $(P_1, Q_1)=(90.06, 47.84)$，主要为 1，2，3，8，10 号药店提供服务；第二个配送点的地址坐标为 $(P_2, Q_2)=(19.91, 45.47)$，主要为 4，5，6，7，9 号药店提供服务。

2. 最大覆盖模型

在覆盖模型中，需要确定物流节点的数量和合适的位置。根据解决问题的方法不同，覆盖模型可以分为集合覆盖模型、最大覆盖模型两种模型。

最大覆盖模型适用场景是，已知若干个需求点的位置和需求量，需要从一组候选的地点中选择 P 个位置作为物流节点，使得尽可能多地满足需求点的服务。最大覆盖模型的目标是，在给定数量的物流节点下，覆盖尽可能多的需求或需求点（如图 4-32 所示）。

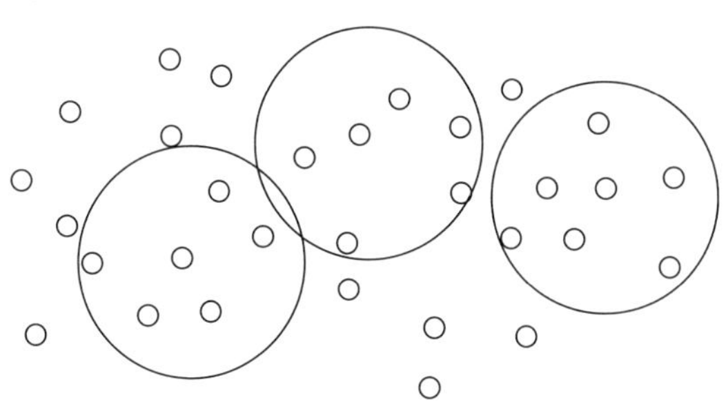

图 4-32　最大覆盖模型

其函数模型如下所示：

$$\max \sum_{j}^{n} d_i y_{ij} \tag{4-13}$$

$$\text{s.t.} \sum_{j \in B(i)} y_{ij} \leqslant 1,\ i = 1,\ 2,\ \cdots,\ n$$

$$\sum_{i \in A(j)} d_i y_{ij} \leqslant C_j x_j,\ j = 1,\ 2,\ \cdots,\ m$$

$$\sum_{j}^{n} x_j = P$$

$$x_j \in \{0,\ 1\},\ j = 1,\ 2,\ \cdots,\ m$$

$$y_{ij} \geqslant 0,\ i = 1,\ 2,\ \cdots,\ n;\ j = 1,\ 2,\ \cdots,\ m$$

其中：

d_i 为需求点 i 的需求量；

C_j 为物流节点 j 的容量；

P 为允许建设物流节点的数目；

$A(j)$ 为物流节点 j 所覆盖的需求点 i 的集合；

$B(i)$ 为可以覆盖需求点 i 的物流节点 j 的集合；

$$x_j = \begin{cases} 1 & \text{物流节点 } j \text{ 投入使用,} \\ 0 & \text{否则;} \end{cases}$$

y_{ij} 为物流节点 j 满足需求点 i 需求量的比例。

由函数模型可以看出，最大覆盖模型仅适用于需求可以不完全满足的情形，因此具有较大的局限性。

3. 集合覆盖模型

集合覆盖模型，在覆盖所有需求点的前提下，使得总建设费用最低。当每个物流节点的建设费用相同时，问题可以简化为建设物流节点的数目最少（如图 4-33 所示）。

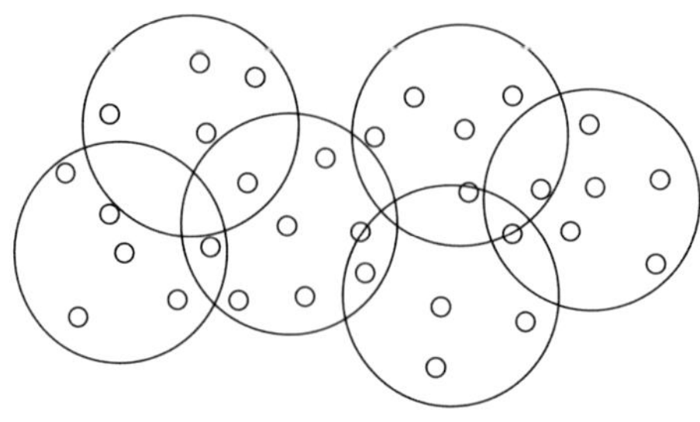

图 4-33　集合覆盖模型

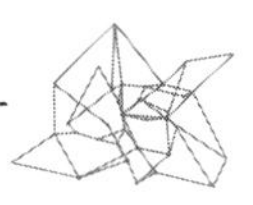

其函数模型如下所示：

$$\min \sum_{j} x_j \tag{4-14}$$

$$\text{s.t.} \sum_{j \in B(i)} y_{ij} = 1,\ i = 1,\ 2,\ \cdots,\ n$$

$$\sum_{i \in A(j)} d_i y_{ij} \leqslant C_j x_j,\ j = 1,\ 2,\ \cdots,\ m$$

$$x_j \in \{0,\ 1\},\ j = 1,\ 2,\ \cdots,\ m$$

$$y_{ij} \geqslant 0,\ i = 1,\ 2,\ \cdots,\ n;\ j = 1,\ 2,\ \cdots,\ m$$

其中：

d_i 为需求点 i 的需求量；

C_j 为物流节点 j 的容量；

$A(j)$ 为物流节点 j 所覆盖的需求点 i 的集合；

$B(i)$ 为可以覆盖需求点 i 的物流节点 j 的集合；

$$x_j = \begin{cases} 1 & \text{物流节点 } j \text{ 投入使用,} \\ 0 & \text{否则;} \end{cases}$$

y_{ij} 为物流节点 j 满足需求点 i 需求量的比例。

【例 4-7】在某区域需规划建设若干个配送中心为将来该区 9 个主要居民点提供服务，除第 6 居民点外，其他各点均有建设条件（如图 4-34 所示）。已知市场的最大服务直径为 3 公里，为保护该区域的环境，希望尽可能少地建造配送中心。应如何规划？

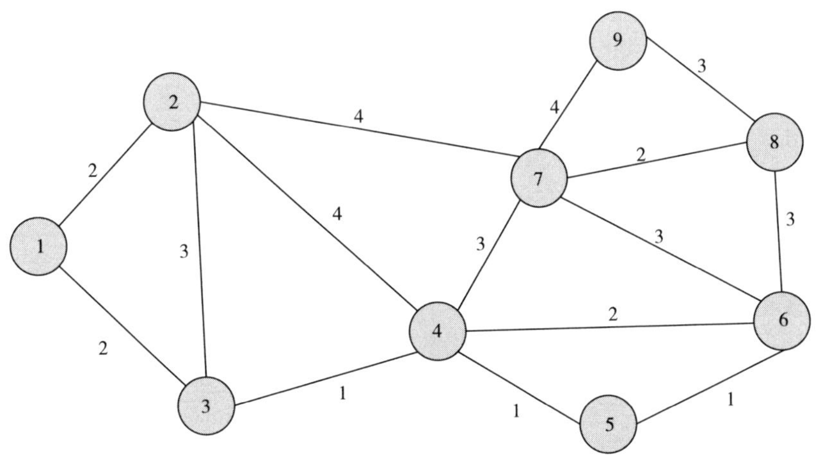

图 4-34　小区居民点位置

解：$N=\{1, 2, 3, 4, 5, 6, 7, 8, 9\}$，$M=\{1, 2, 3, 4, 5, 7, 8, 9\}$，本例中没有需求量和容量，故无须考虑服务能力约束式。

第一步，初始化。由图两点间的最短距离，根据最大服务半径为 3 公里的约束以及第 6 居民点不适合建配送中心的要求，可确定集合 $A(j)$ 和 $B(i)$（如表 4-18 所示）。

表 4-18 初始覆盖集合

居民点	$A(j)$	$B(i)$
1	1，2，3，4	1，2，3，4
2	1，2，3	1，2，3
3	1，2，3，4，5，6	1，2，3，4，5
4	1，3，4，5，6，7	1，3，4，5，7
5	3，4，5，6	3，4，5
6		3，4，5，7，8
7	4，6，7，8	4，7，8
8	6，7，8，9	7，8，9
9	8，9	8，9

第二步，确定一个设施点。因为 $A(4)=\{1, 3, 4, 5, 6, 7\}$，$|A(4)|=6$ 为最大，故首先选取 $j'=4$。由于无容量约束，故依次指派 1，3，4，5，6，7 点归节点 4 服务。

第三步，更新。此时，$N=\{2, 8, 9\}$，$M=\{1, 2, 3, 5, 7, 8, 9\}$，更新集合 $A(j)$ 和 $B(i)$，如表 4-19 所示。

表 4-19 更新覆盖集合

居民点	$A(j)$	$B(i)$
1	2	
2	2	1，2，3
3	2	
4		

续表

居民点	$A(j)$	$B(i)$
5		
6		
7	8	
8	8，9	7，8，9
9	8，9	8，9

第四步，确定一个设施点。因为 $A(8)=\{8,9\}$，$|A(8)|=2$ 为最大，故首先选取 $j=8$，并且 8，9 两点归节点 8 服务。

第五步，更新。此时，$N=\{2\}$，$M=\{1,2,3,5,7,9\}$，更新集合 $A(j)$ 和 $B(i)$，如表 4-20 所示。

表 4-20　二次更新覆盖集合

居民点	$A(j)$	$B(i)$
1	2	
2	2	2
3	2	
4		
5		
6		
7		
8		
9		

第六步，确定一个设施点。因为 $A(2)=\{2\}$，$|A(2)|=1$ 为最大，故首先选取 $j=2$，并且 2 点归节点 2 服务。

第七步，更新。此时，$N=\{\ \}$，$M=\{1,3,5,7,9\}$，结束。

因此，计算结果为（4，8，2）。

4. P -中值模型

通过 P -中值模型，能在给定数量、位置的需求点集合和候选物流节点集合下，分别为 P 个物流节点找到合适的位置，并指派每个需求点到一个特定的物流节点，使物流节点和需求点之间的配置达到最优化的目标。其中，优化的目标是总运输费用最低。其函数模型如下所示：

$$\min \sum_{i} \sum_{j} d_i c_{ij} y_{ij} \tag{4-15}$$

$$\text{s.t.} \sum_{j} y_{ij} = 1,\ i = 1,\ 2,\ \cdots,\ n$$

$$\sum_{j} x_j = P,\ j = 1,\ 2,\ \cdots,\ m$$

$$y_{ij} \leqslant x_j,\ i = 1,\ 2,\ \cdots,\ n;\ j = 1,\ 2,\ \cdots,\ m$$

其中：

d_i 为需求点 i 的需求；

c_{ij} 为从需求点 i 到物流节点 j 的单位运输费用；

P 为允许建立的物流节点数目（$P < m$）；

$$x_j = \begin{cases} 1 & \text{物流节点 } j \text{ 投入使用,} \\ 0 & \text{否则;} \end{cases}$$

$$y_{ij} = \begin{cases} 1 & \text{物流节点 } j \text{ 为需求点 } i \text{ 提供服务,} \\ 0 & \text{否则。} \end{cases}$$

P-中值模型用来求解设施选址问题时，主要有精确算法、启发式算法两类方法。当用来求解较大规模的仓库选址问题时，采用启发式算法进行求解。启发式算法，是一种既可得到可行解，又不需要太大计算量的一种方法，虽然不能绝对保证计算结果最优，但是可以保证计算结果可行且较好。常用的启发式算法有贪婪加入算法、贪婪去除算法等。这里主要介绍贪婪去除算法。其具体计算步骤如下：

第一步，令当前选中设施点数 $k = m$，即将所有 m 个候选点都选中。

第二步，将每个需求点指派给 k 个设施点中离其距离最近的一个设施点，求出运输总费用 TC。

第三步，若 $k = P$，输出 k 个设施点及各需求点的指派结果停止；否则进入第四步。

第四步，从 k 个设施候选点中确定一个取走点，且满足假设取走并将需求点指派给其他的最近设施点后，总费用增加量最小。

第五步，从候选点集合中删去取走点，令 $k = k - 1$，转第二步。

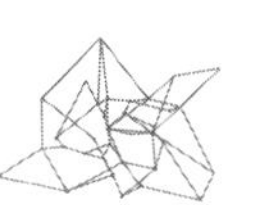

【例 4-8】某饲料公司在某新地区经过一段时间的宣传广告后，得到了 8 个超市的订单，由于该新地区离总部较远，该公司拟在该地区新建 2 个仓库。经过一段时间的实地调查之后，已有 4 个候选地址（如图 4-35 所示）；已知各候选地址到不同超市的运输成本、各个超市的需求量（如表 4-21 所示）。试选出这 2 个仓库的位置（ $P=2$），使运输费用最低。

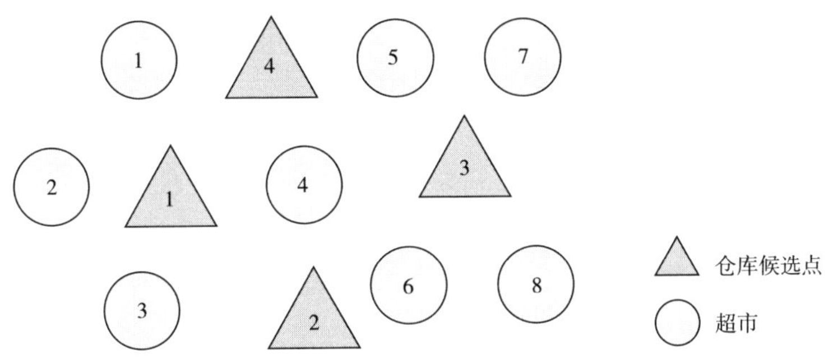

图 4-35　超市及仓库候选点位置

表 4-21　节点间运输费用及需求量

超市 i	仓库候选点 j				需求量 d_i
	1	2	3	4	
	单位运输费用 C_{ij}				
1	4	12	20	6	100
2	2	10	25	10	50
3	3	4	16	14	120
4	6	5	9	2	80
5	18	12	7	3	200
6	14	2	4	9	70
7	20	30	2	11	60
8	24	12	6	22	100

解：第一步，初始化。令 $k=4$，将所有 4 个候选位置都选中，然后将每个需求点 i 分配给距离最近的候选点 j。第 1 次指派结果为：$(a_1, a_2, \cdots, a_8)=(1, 1, 1, 4, 4, 2, 3, 3)$，总运输费用 $TC=2\ 480$（如图 4-36、表 4-22 所示）。

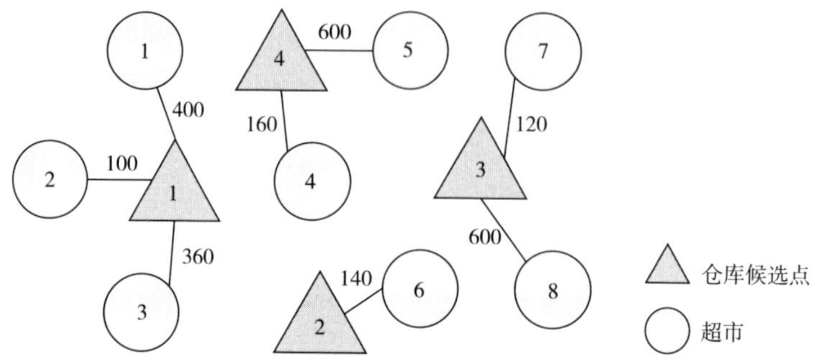

图 4-36　超市与仓库候选点匹配关系

表 4-22　仓库候选点运输费用

仓库候选点	运输费用
1	860
2	140
3	720
4	760
总运费	2 480

第二步，选择并取走一个位置点。满足以下条件：如果取走并将客户重新指派后，总费用增加量最小，然后令 $k = k - 1$。

如果移去仓库候选点 1，第 2 次指派结果为：$(a_1, a_2, \cdots, a_8) = (4, 2, 2, 4, 4, 2, 3, 3)$，总运输费用 $TC = 3\ 200$，增量为 $3\ 200 - 2\ 480 = 720$（如图 4-37、表 4-23 所示）。

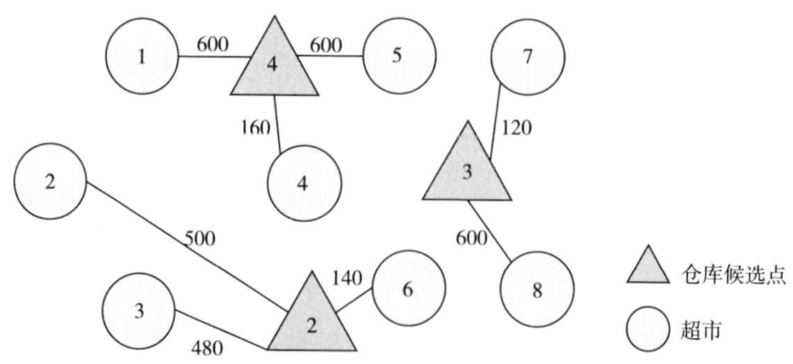

图 4-37　移走候选点 1 后超市与仓库候选点匹配关系

表 4-23　移去候选点 1 后需求点运费变化

超市	移去候选点 1 后总费用增加量
1	+200
2	+400
3	+120
总运费增加量	+720

若移去仓库候选点 2，第 3 次指派结果为：$(a_1,\ a_2,\ \cdots,\ a_8)=(1,\ 1,\ 1,\ 4,\ 4,\ 3,\ 3,\ 3)$，总运输费用 TC = 2 620，增量为 2 620 − 2 480 = 140（如图 4-38、表 4-24 所示）。

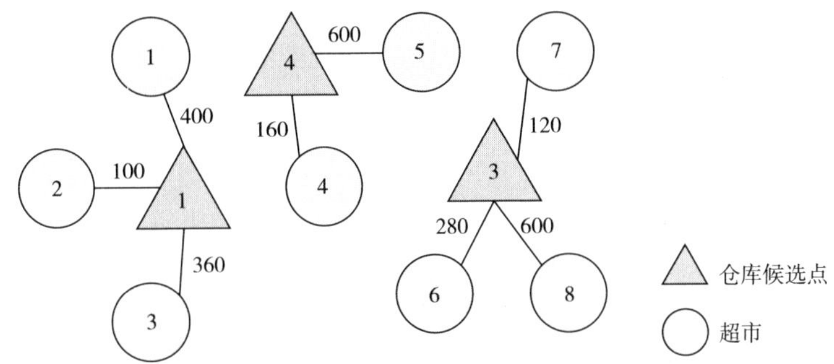

图 4-38　移去候选点 2 后超市与仓库候选点匹配关系

表 4-24　移去候选点 2 后需求点运费变化

超市	移去候选点 2 后总费用增加量
6	+140
总运费增加量	+140

若移去仓库候选点 3，第 4 次指派结果为：$(a_1,\ a_2,\ \cdots,\ a_8)=(1,\ 1,\ 1,\ 4,\ 4,\ 2,\ 4,\ 2)$，总运输费用 TC = 3 620，增量为 3 620 − 2 480 = 1140（如图 4-39、表 4-25 所示）。

若移去仓库候选点 4，第 5 次指派结果为：$(a_1,\ a_2,\ \cdots,\ a_8)=(1,\ 1,\ 1,\ 2,\ 3,\ 2,\ 3,\ 3)$，总运输费用 TC = 3 520，增量为 3 520 − 2 480 = 1040（如图 4-40、表 4-26 所示）。

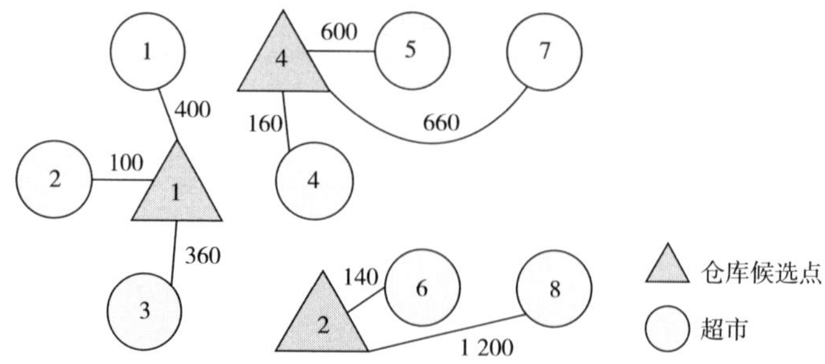

图 4-39　移去候选点 3 后超市与仓库候选点匹配关系

表 4-25　移去候选点 3 后需求点运费变化

超市	移去候选点 3 后总费用增加量
7	+540
8	+600
总运费增加量	+1 140

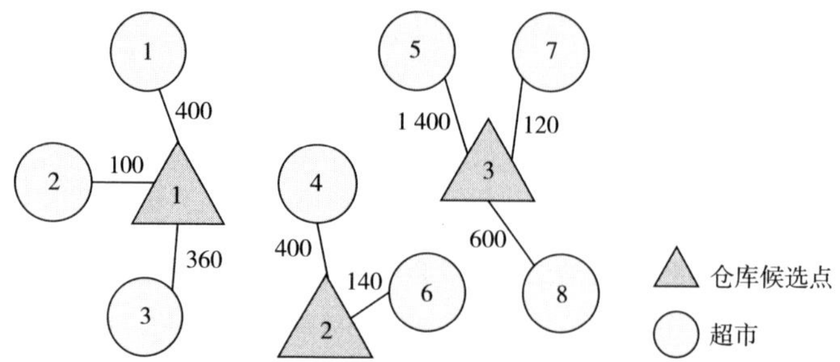

图 4-40　移去候选点 4 后超市与仓库候选点匹配关系

表 4-26　移去候选点 4 后需求点运费变化

超市	移去候选点 4 后总费用增加量
4	+240
5	+800
总运费增加量	+1 040

由于移去候选点 2 对总运费增加量的影响最小，因此第一个移去候选点 2。此时，$k=k-1=3$，$(a_1, a_2, \cdots, a_8)=(1, 1, 1, 4, 4, 3, 3, 3)$，总运输费用 $TC=2\ 620$。

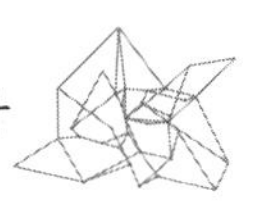

第三步，重复第二步，在剩下的候选点1，3，4中移去一个点。

若移去仓库候选点1，第6次指派结果为：$(a_1, a_2, \cdots, a_8) = (4, 4, 4, 4, 4, 3, 3, 3)$，总运输费用 TC = 4 540，增量为4 540 − 2 620 = 1 920（如图4-41、表4-27所示）。

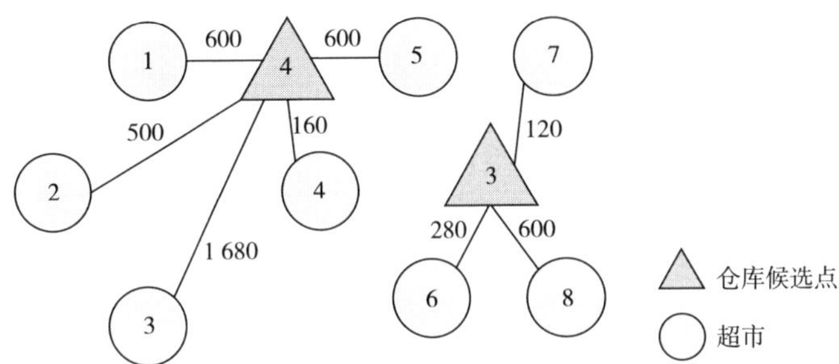

图4-41　移去候选点1后超市与仓库候选点匹配关系

表4-27　移去候选点1后需求点运费变化

超市	移去候选点1后总费用增加量
1	+200
2	+400
3	+1 320
总运费增加量	+1 920

若移去仓库候选点3，第7次指派结果为：$(a_1, a_2, \cdots, a_8) = (1, 1, 1, 4, 4, 4, 4, 4)$，总运输费用 TC = 5 110，增量为5 110 − 2 620 = 2 490（如图4-42、表4-28所示）。

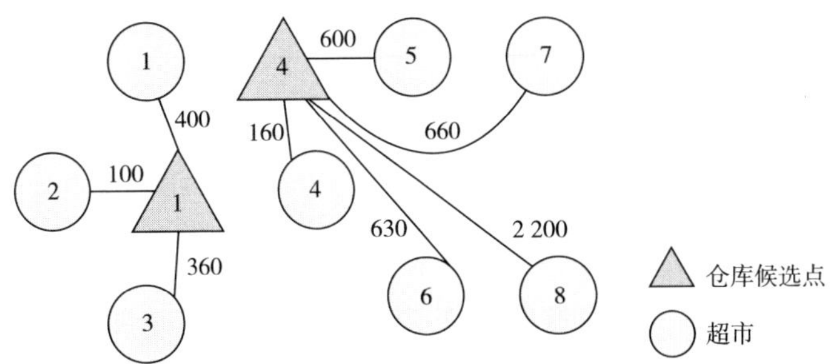

图4-42　移去候选点3后超市与仓库候选点匹配关系

表 4-28　移去候选点 3 后需求点运费变化

超市	移去候选点 3 后总费用增加量
6	+350
7	+540
8	+1 600
总运费增加量	+2 490

若移去仓库候选点 4，第 8 次指派结果为：$(a_1, a_2, \cdots, a_8) = (1, 1, 1, 1, 3, 3, 3, 3)$，总运输费用 $TC = 3\ 740$，增量为 $3\ 740 - 2\ 620 = 1\ 120$（如图 4-43、表 4-29 所示）。

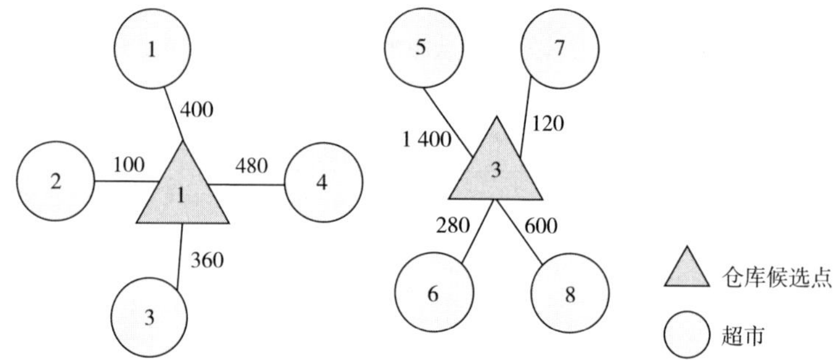

图 4-43　移去候选点 4 后超市与仓库候选点匹配关系

表 4-29　移去候选点 4 后需求点运费变化

超市	移去候选点 4 后总费用增加量
4	+320
5	+800
总运费增加量	+1 120

由于移去候选点 4 对总运费增加量的影响最小，因此第二个移去候选点 4，总费用为 3 740。$k = k - 1 = 2$，此时 $k = P$，计算结束，在候选点 1、3 建设仓库。

5. P –中心模型

P –中心模型与 P –中值模型的唯一不同点在于目标函数的形式。P –中心模型的目标函数为 minmax 形式，目标是使不同需求点到其最近物流节点的距离中的最大值最小化。其函数模型如下所示：

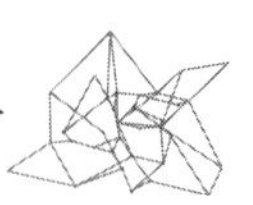

$$\min\max \sum_{i} \sum_{j} d_i c_{ij} y_{ij} \tag{4-16}$$

$$\text{s.t.} \sum_{j} y_{ij} = 1,\ i = 1,\ 2,\ \cdots,\ n$$

$$\sum_{j} x_j = P,\ j = 1,\ 2,\ \cdots,\ m$$

$$y_{ij} \leqslant x_j,\ i = 1,\ 2,\ \cdots,\ n;\ j = 1,\ 2,\ \cdots,\ m$$

其中：

d_i 为需求点 i 的需求量；

c_{ij} 为从需求点 i 到物流节点 j 的单位运输费用或时间；

P 为可以建立的物流节点总数目（$P < m$）；

$$x_j = \begin{cases} 1 & \text{物流节点 } j \text{ 投入使用,} \\ 0 & \text{否则;} \end{cases}$$

$$y_{ij} = \begin{cases} 1 & \text{物流节点 } j \text{ 为需求点 } i \text{ 提供服务,} \\ 0 & \text{否则。} \end{cases}$$

P -中心模型，可以用于应急物流节点或其他应急设施的选址。例如，在消防站设施选址问题中，目标为区域内的每个用户都能在某个阈值时间内得到消防服务，在满足约束的条件下，该阈值越小越好。

6. CFLP 模型

CFLP（Capacitated Facility Location Problem）模型，适用于在单个物流节点容量有限、用户的地址和需求量以及设置物流配送中心的数目均已确定的情况下，从物流节点的备选地点中，选出总费用最小的由多个物流节点组成的配送系统。其函数模型如下所示：

$$\min C = \sum_{i}^{n} \sum_{j}^{m} c_{is_j} x_{is_j} \tag{4-17}$$

$$\text{s.t.} \sum_{j=1}^{m} x_{is_j} \geqslant d_i,\ i = 1,\ 2,\ \cdots,\ n$$

$$\sum_{i=1}^{n} x_{is_j} \leqslant M_{s_j},\ j = 1,\ 2,\ \cdots,\ m$$

$$x_{is_j} \geqslant 0,\ i = 1,\ 2,\ \cdots,\ n;\ j = 1,\ 2,\ \cdots,\ m$$

其中：

c_{is_j} 为从物流节点 s_j 到需求点 i 的单位运输费用；

x_{is_j} 为物流节点 s_j 到需求点 i 的运输量；

M_{s_j} 为物流节点 s_j 的容量；

d_i 为需求点 i 的需求量。

其具体计算步骤如下：

第一步，初选物流节点地点。通过定性分析，根据物流节点的配送能力和用户需求分布情况适当确定物流节点的数量及其设置地点，并以此作为初始方案。第一步将直接影响整个计算的收敛速度。

第二步，确定各暂定的物流节点的供应范围，得到模型（4-18）。这是一个运输问题，可用解运输问题的方法（位势法）求最优解。假定求得的最优解为 $\{x_{is_j}^*\}$，则可求得各暂定物流节点的供应范围。其需求点集合为：

$$N_j = \{i: x_{is_j}^* \neq 0\} \qquad j = 1, 2, \cdots, m \tag{4-18}$$

第三步，在以上各配送范围内，移动物流节点到其他备选地点，寻求可能的改进方案。设在原定物流节点 s_j 的配送范围 N_j 内，除 s_j 外，可做物流节点备选地点的还有 L_j 个，且在这些地点设置物流节点的固定运营费用分别为 F_{t_j}。其中，$t_j \in L_j$，则以 t_j 为新的物流节点时，N_j 内的总费用为：

$$u_{t_j} = \sum_{i=1}^{N_j} c_{it_j} x_{it_j} + F_{t_j} \qquad t_j \in L_j \tag{4-19}$$

可求得：

$$u_{t_j} = \sum_{t_j \in L_j} \min\{u_{t_j}\} \tag{4-20}$$

若 $u_{t_j} \leqslant u_{s_j}$，说明第三步求出的目标函数值是第二步求出的第 j 个物流节点目标函数值的一部分，则令 $s_j' = t_j'$，否则令 $s_j' = s_j$。对所有 m 个区域重复上述过程，得到新的物流节点的集合 $\{s_j'\}_{j=1}^{m}$。

第四步，比较新、旧物流节点集合的总费用。如果前者大于或等于后者，说明已经得到了所要求的解，计算可停止；如果前者小于后者，说明新得到的物流节点地点可使总费用下降，通过改善物流节点的供应范围，还有可能进一步降低总费用。为了进一步降低总费用，以新的配送系统代替原有配送系统，重复第二步至第四步，直到总费用不能再下降为止。

按以上步骤得到的收敛解，虽然没有得到理论上的证明，但由于费用总是下降，因此在实际应用中，可以充分相信所得到的解。

【例 4-9】现有选址问题，已知各需求点的需求量及需求点之间的距离（如

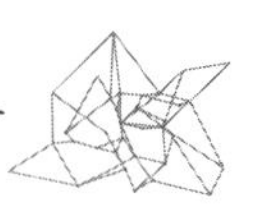

图 4-44 所示)，要求在该地域范围内 12 个需求点中选出 3 个作为配送中心的地址。同时，假设各配送中心的固定费用均为 10 个单位，容量为 13 个单位，运输费率为一个常数，即运输费用与运输距离成正比。

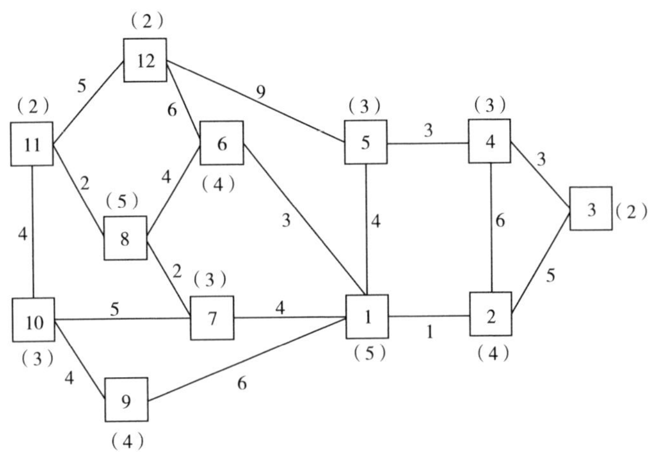

图 4-44　配送网络示意图

解：根据图 4-44 可得各需求点之间的最短运输距离（如表 4-30 所示）。

表 4-30　各需求点之间的最短运输距离

需求点 j	1	2	3	4	5	6	7	8	9	10	11	12
1	0	1	6	7	4	3	4	6	6	9	8	9
2	1	0	5	6	5	4	5	7	7	10	9	10
3	6	5	0	3	6	9	10	12	12	15	14	15
4	7	6	3	0	3	10	11	13	13	16	15	12
5	4	5	6	3	0	7	8	10	10	13	12	9
6	3	4	9	10	7	0	6	4	9	10	6	6
7	4	5	10	11	8	6	0	2	9	5	4	9
8	6	7	12	13	10	4	2	0	10	6	2	7
9	6	7	12	13	10	9	9	10	0	4	8	13
10	9	10	15	16	13	10	5	6	4	0	4	9
11	8	9	14	15	12	6	4	2	8	4	0	5
12	9	10	15	12	9	6	9	7	13	9	5	0

第一步，根据需求量的分布情况，将配送中心的初始位置暂定为4，6，9三个节点。

第二步，以点4，6，9为配送点，以其他各节点为需求点，求运输问题的最优解（如表4-31所示）。得到初始方案，总费用为179。

表4-31 配送中心布局的初始方案

需求点 配送中心	1	2	3	4	5	6	7	8	9	10	11	12	供应量
4	2	4	2	3	2								13
6	2					4		5				2	13
9	1						3		4	3	2		13
需求量	5	4	2	3	2	4	3	5	4	3	2	2	39

第三步，根据以上求得的初始解，可以看出配送中心4的配送范围为用户1，2，3，4，5的集合，配送中心6的配送范围为用户1，6，8，12的集合，配送中心9的配送范围为用户1，7，9，10，11的集合。

对于集合{1，2，3，4，5}，配送中心的位置设在4时配送费用为：

$$u_{s_j} = u_4 = \sum_{j=1}^{N_1} c_{4_j}x_{4_j} + F_4 = 7\times2+6\times4+3\times2+0\times3+3\times2+10 = 50+10 = 60$$

如果配送中心的位置从4移到其他需求点，则配送费用分别为：

如果移到1，则 $u_{s_1} = u_1 = \sum_{j=1}^{N_1} c_{1_j}x_{1_j} + F_1 = 0\times2+1\times4+6\times2+7\times3+4\times2+10 = 45+10 = 55$；

如果移到2，则 $u_{s_2} = u_2 = \sum_{j=1}^{N_1} c_{2_j}x_{2_j} + F_2 = 40+10 = 50$；

如果移到3，则 $u_{s_3} = u_3 = \sum_{j=1}^{N_1} c_{3_j}x_{3_j} + F_3 = 53+10 = 63$；

如果移到5，则 $u_{s_4} = u_5 = \sum_{j=1}^{N_1} c_{5_j}x_{5_j} + F_5 = 49+10 = 59.$

所以，配送中心的位置移到2时，配送费用最少。

同理，通过计算可知，对于用户集合{1，6，8，12}，配送中心的位置移到6，配送费用最小；对于用户集合{1，7，9，10，11}，配送中心的位置移到10，配送费用最小。所以，新的配送系统应由用户集合{2、6、10}组成。

第四步，对新的配送系统{2，6，10}重复第二步到第四步，重新计算。再次计算所得配送中心方案与前一次结果相同，说明方案已达到最优，所以，最终

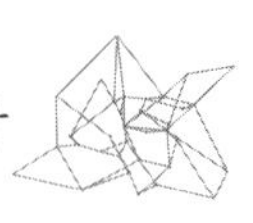

解决方案就是配送中心选择在{2，6，10}（如表 4-32 所示），总费用为 152 个单位。

表 4-32 配送中心布局的最终方案

配送中心＼需求点	1	2	3	4	5	6	7	8	9	10	11	12	供应量
2	2	4	2	3	2								13
6	3					4		4				2	13
10							3	1	4	3	2		13
需求量	5	4	2	3	2	4	3	5	4	3	2	2	39

7. 鲍姆尔—沃尔夫模型

鲍姆尔—沃尔夫（Baumol-Wolfe）模型属于非线性规划，是以逐次求解运输问题为思路的启发式解法。沃尔夫模型仅考虑租用的物流节点，函数中不包含节点的建设成本，主要适用于二级物流系统，工厂 k 的产品经过物流节点 j 向需求点 i 配送货物。沃尔夫模型的目标函数为总费用最小。其目标函数如下所示：

$$f(X_{ijk}) = \sum_{j}(c_{kj} + h_{ij})X_{ijk} + \sum_{j} v_j(W_j)^{\theta} + \sum_{j} F_j r(W_j) \tag{4-21}$$

其中：

$0<\theta<1$；

c_{kj} 为从工厂 k 到物流节点 j 每单位运量的运输费；

h_{ij} 为从物流节点 j 向需求点 i 发送单位运量的发运费；

c_{ijk} 为从工厂 k 通过物流节点 j 向需求点 i 发送单位运量的运输费用，即 $c_{ijk} = c_{kj} + h_{ij}$；

X_{ijk} 为从工厂 k 通过物流节点 j 向需求点 i 运输的运量；

W_j 为通过物流节点 j 的运量；

v_j 为物流节点 j 的单位运量的可变费用（仓储、管理费等）；

F_j 为物流节点 j 的固定运营费用（人员、折旧费等）；

$$r(W_j) = \begin{cases} 1 & \text{物流节点 } j \text{ 投入使用，} \\ 0 & \text{否则。} \end{cases}$$

沃尔夫模型中，总费用函数的第一项是运输费和发运费；第二项是物流节点的可变作业成本；第三项是物流节点的固定成本。求解沃尔夫模型使用逐次逼近法，首先给出费用的初始值，求出初始解；然后进行迭代计算，使其逐步接近费用的最小值。其具体计算步骤如下：

第一步，求初始解。要求最初的工厂到需求点间（k，i）的运费相对最小，也就是说，要求工厂到物流节点间的运费率 c_{kj} 和物流节点到需求点间的发运费率 h_{ij} 之和为最小，即

$$c_{ki}^{0} = \min_{j}(c_{kj} + h_{ij}) = (c_{kj}^{0} + h_{ij}^{0}) \tag{4-22}$$

假设所有的（k，i）取最小费率 c_{ki}^{0}，物流节点序号是 I_{ki}^{0}。这个结果决定了所有工厂到需求点间的费用。那么，如果工厂的生产能力和需求点的需求量已知，把其作为约束条件来求解运输问题，使费用函数 $\sum c_{kj}^{0}X_{ki}$ 为最小时，$\{X_{ki}^{0}\}$ 就为初始解。

第二步，求二次解。根据初始解，物流节点的通过量可按下式计算：

$$W_{j}^{0} = \sum\{\text{所有的 } k，i，\text{如} I_{ki}^{0} = j\}\ X_{ki}^{0} \tag{4-23}$$

从通过量反过来计算物流节点的可变费用：

$$c_{ki}^{n} = \min_{j}[c_{kj} + h_{kj} + v_{j}\theta(W_{j}^{n-1})]^{\theta-1} \tag{4-24}$$

这是费用函数式（4-21）关于 X_{ijk} 的偏微分。在这个阶段中，对于所有的（k，i）取下式：

$$c_{ki}^{2} = \min_{j}[c_{kj} + h_{kj} + v_{j}\theta(W_{j}^{0})]^{\theta-1} \tag{4-25}$$

式（4-25）中，c_{ki}^{2} 的物流节点序号为 I_{ki}^{2}。再次以这一成本为基础，求解运输问题，求得使费用函数 $\sum\limits_{ki} c_{kj}^{2}X_{ki}$ 为最小时，$\{X_{ki}^{2}\}$ 就为二次解。

第三步，求出 n 次解。设（$n-1$）次解为 $\{X_{ki}^{n-1}\}$，则配送中心的通过量为：

$$W_{j}^{n-1} = \sum\{\text{所有的 } k，i，\text{如} I_{ki}^{n-1} = j\}\ X_{ki}^{n-1} \tag{4-26}$$

其中：

I_{ki}^{n-1} 为由（$n-1$）次解得到的所使用物流节点的序号。

（$n-1$）次解可使配送中通过量反映到可变费用上，因此求 n 次解，就可得到物流节点的新通过量。

第四步，求最优解。把（$n-1$）次解的物流节点通过量 W_{j}^{n-1} 和 n 次解的物流节点通过量 W_{j}^{n} 进行比较，如果完全相等，就停止计算；如果不等，再反复继续计算。也就是说，当 $W_{j}^{n-1} = W_{j}^{n}$ 时，X_{ki}^{n} 为最优解。

用沃尔夫模型，可以通过计算物流节点通过量来确定物流节点的规模。但由

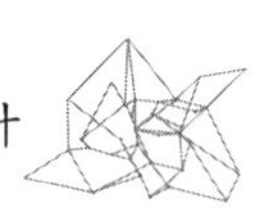

于计算使用逐次逼近法，得到的解无法保证是最优解，并且计算结果受备选点的影响较大。

8. 混合整数规划模型

混合整数规划，适用于解决物流网络设计问题的数学方法。在物流网络设计问题中，工厂和客户的位置已经确定，而物流节点则有一些备选地点；同一工厂可能生产多种产品。决策目标是在物流网络中确定物流节点的数量、容量与位置，使得产品的物流总成本最小。其函数模型如下所示：

$$\min C = \sum_{jkl} c_{jkl} X_{jkl} + \sum_{ijkl} h_{jk} W_{ijl} + \sum_{j} f_j Z_j \tag{4-27}$$

$$\text{s.t.} \sum_{j} X_{jkl} \leqslant S_{kl}$$

$$\sum_{kl} X_{jkl} \leqslant M_j$$

$$\sum_{k} X_{jkl} \leqslant \sum_{l} W_{ijl}$$

$$\sum_{i} W_{ijl} = \sum_{li} D_{il} Y_{ij}$$

$$\sum_{j} Y_{ij} = 1$$

$$Z_j \in \{0, 1\}, \ Y_{ij} \in \{0, 1\}$$

其中：

X_{jkl} 为从工厂 k 运送到物流节点 j 的产品 l 运量；

W_{ijl} 为通过物流节点 j 运送到需求点 i 的产品 l 运量；

c_{jkl} 为产品 l 从工厂 k 运送至物流节点 j 的单位生产、运输、搬运和仓储操作成本；

h_{jk} 为从物流节点 j 向用户 k 发送单位运量的发运费；

S_{kl} 为工厂 k 生产产品 l 的最大生产能力；

M_j 为物流节点 j 的最大仓储能力；

D_{il} 为需求点 i 对产品 l 的需求量；

f_j 为物流节点 j 每年的固定费用；

$$Z_j = \begin{cases} 1 & \text{物流节点 } j \text{ 投入使用，} \\ 0 & \text{否则；} \end{cases}$$

$$Y_{ij} = \begin{cases} 1 & \text{物流节点 } j \text{ 为需求点 } i \text{ 提供服务，} \\ 0 & \text{否则。} \end{cases}$$

按照上述模型建立约束条件，这类混合整数规划问题可以用 Lingo（交互式的线性和通用优化求解器）等软件求解。但对这类实际问题，由于数据量大，即便使用最先进的计算机，也无法进行求解。此时，可以将一个多产品问题按产品类别分解成若干子问题，去掉与解无关的部分，估计出近似的数据关系，以弥补此解法的缺陷，从而使计算机运行时间和所需内存空间限制在一定范围内。

通过将以上所有选址方法进行对比分析，可以总结出各方法的特点及其常用场景（如表 4-33 所示）。

表 4-33　选址方法总结

选址问题	选址方法	目标函数	选址问题类型	选择节点数量是否确定	是否考虑节点建设成本	物流系统层级	物流节点与需求点匹配关系
单设施选址问题	交叉中值模型	运输费用最小	连续	是	否	一级	一对多
	重心法/精确重心法	运输费用最小	连续	是	否	一级	一对多
多设施选址问题	多重心法	运输费用最小	连续	是	否	一级	一对多
	最大覆盖模型	满足需求最多	离散	是	否	一级	多对多
	集合覆盖模型	节点数目最少	离散	否	是	一级	多对多
	P-中值模型	运输费用最小	离散	是	否	一级	一对多
	P-中心模型	每个需求点到最近设施的最大距离最小	离散	是	否	一级	一对多
	CFLP 模型	运输费用最小	离散	是	否	一级	多对多
	鲍姆尔—沃尔夫模型	总费用最小	离散	否	否	二级	多对多
	混合整数规划模型	总费用最小	离散	否	是	二级	一对多

注：混合整数规划模型可适用于多种不同场景。

（三）选址的评价方法

1. 模糊综合评价法

模糊综合评价法会考虑多个因素的高低、好坏，采用一定的方法对这些因素进行综合，从而给出接近于实际的评价，避免就单个因素作出评价而带来的片面性。模糊综合评价法是以模糊变换为基础的一种要素综合方法，当涉及指标众多，难以给定各个指标的权重时，还需要根据指标的相互关系对指标进行分层，

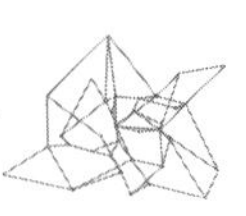

先将各指标分成少数几类综合指标，每一类综合指标又包含若干具体的子指标，这样，在不同的层上就可以集中考虑该层指标的相互关系，确定该层指标的权重，从而最后转换为各个具体指标的权重。其具体步骤如下：

第一步，模糊综合评价指标的构建。模糊综合评价指标体系是进行综合评价的基础，评价指标的选取是否适宜，将直接影响综合评价的准确性。进行评价指标的构建应广泛涉猎与该评价指标系统相关的行业资料或者法律法规。

第二步，采用、构建好权重向量。通过专家经验法或者层次分析法（AHP）构建好权重向量。

第三步，构建隶属矩阵。建立适合的隶属函数从而构建好隶属矩阵。

第四步，隶属矩阵和权重的合成。采用适合的合成因子对其进行合成，并对结果向量进行解释。

2. 德尔菲法

德尔菲法（Delphi）又称专家调查法，常用于预测工作，也可用于对设施选址进行定性分析。德尔菲法与其他专家法的区别在于，用“背对背”的判断代替“面对面”的会议，即采用函询的方式，依靠调查机构反复征求每个专家的意见，经过客观分析和多次征询，使各种不同意见逐步趋向一致。其具体步骤如下：

第一步，组成专家小组。按照实施选址所需要的知识范围确定专家，人数不超过 20 人。

第二步，向所有专家提出物流中心选址的相关问题及要求，并附上各选址方案的所有背景材料，同时让专家提出所需材料清单。

第三步，将各个专家的意见汇总、对比，并将材料反馈给各专家，专家根据反馈材料修改自己的意见和判断。

第四节　物流节点设计

一、物流节点规划

物流节点布局是根据物流作业量和物流作业流程，合理确定划分物流节点功能分区，并确定各个功能区的面积和各个功能区之间的相对位置，最后得到物流节点的平面布置图，确定节点内硬件设施的不同形式和标准。包括区域布置和结构规划两个部分。

（一）规划思路

物流节点按照功能可分为存储区、进出库暂存区、理货区、拣货区、流通加工区等多个作业区域，还包括管理区、生活区等非作业区域，合理划分各功能区并确定各功能区之间的相对位置至关重要。物流节点布局的目的包括以下内容（如表 4-34 所示）。

表 4-34 物流节点布局目的

目的	解释
高效运营	提高节点作业效率，简化节点作业流程
降低成本	最大限度降低节点的运营成本
布局科学	物流搬运流程通顺，最大限度利用节点资源
预算合理	符合投资预算
安全绿色	为员工提供安全舒适的工作环境，同时符合环保要求

1. 物流节点布局遵循的原则

（1）综合评判原则。影响物流节点规模的因素众多，主要受到客观物流量的制约，同时还要考虑交通运输、物流成本、服务水平等影响因素。因此，应全面考虑各个影响因素对物流节点布局的影响，不应只将经济性作为设计物流节点建设规模的唯一指标。

（2）经济实用原则。总体设计要满足经济实用的要求，方便收发货和保管、养护工作，保证商品的迅速进出。一方面，总体设计应布局紧凑，既能保证建筑物之间必要的防火间距，又能节约用地，减少建设投资；另一方面，还要有利于各种设施、设备效能的充分发挥，保证各种设施、设备的有效利用，提高劳动效率和经济效益。

（3）最短路线原则。这是指在满足约束的条件下，使物料在节点内流动的距离最短。以最少的运输与搬运量使货物以最快的速度到达下一级物流节点或客户的手中，达到最高的物流服务水平。

（4）就近布置原则。在节点规划设计时，应尽量使彼此之间物流量大的设施与设备布置得近一些，而物流量小的布置得远些；同时，尽量避免货物的迂回

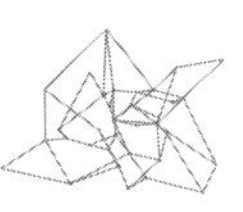

和倒流，迂回和倒流现象会严重影响物流节点的整体效率和效益，甚至会影响物流节点货物的安全。

(5) 系统优化原则。物流节点的规划设计不仅要重视节点规模和区域布局的优化，而且还要重视作业流程的优化。既要达到各物流环节的机械化、智能化、标准化要求，又要达到物流园区的整体化、合理化和系统化要求；既要控制成本，又要使客户满意，提高服务水平，增强竞争力，从而实现物流节点的整体运作最优化。

(6) 反馈原则。物流节点的规划与布局应遵循从宏观到微观、又从微观到宏观的反复迭代、并行设计的过程。要先进行总体方案的布置设计，再进行详细设计；之后，详细设计方案又要反馈到总体布置方案中，对总体布置方案进行修正。

(7) 柔性化原则。为了适应社会经济的发展和市场变化，规划设计物流节点时必须考虑柔性，即应该留有发展的空间和适应变化的能力，也就是说对进出能力、加工能力、储存能力和转运能力等做出一定的柔性化考虑，以适应不同时期储存不同品种、数量货物的要求。某些先进的工业厂房都是采用模块化进行建设，设备的安装也有利于变动和调整。物流节点的建设应随货流量的增加而逐步进行，国际经济形势的变化可能会使货流量呈跳跃式增长。

(8) 标准化原则。物流节点只是整个物流系统的一个节点，在设计时必须考虑系统的统一和标准化，采取标准化设计，与现已形成的标准系统或已形成标准化系列的机械、装备相匹配。

(9) “软件先行”原则。随着物流的发展和科技的进步，出现了许多先进技术和设备设施，对在设计时是否采用某种先进技术或设备设施的问题，不能一概而论。在考虑物流节点的技术时，需要从经济性、先进性、规模的适应性以及环境条件等多方面来研究论证，我国现在较为一致的观点是“软件先行、硬件适应”。

2. 确定物流节点布局目标时的注意事项

(1) 对土地使用的合理规划。土地的使用首先要遵循物流节点上位规划的用地划分。不同地区对于物流用地的性质规定不同，不同物流节点的用地性质也不相同。我国土地法规定，土地根据所有权分为国家所有和集体所有两类，根据土地用途可以分为农用地、建设用地和未利用地三类①。根据城乡用地性质，城

① 《中华人民共和国土地管理法》。

市建设用地可分为居住用地（R）、公共管理与公共服务用地（A）、商业服务业设施用地（B）、工业用地（M）、物流仓储用地（W）、交通设施用地（S）、公用设施用地（U）、绿地（G）。其中，各大类下又分为不同中类、小类。此外，物流仓储用地和工业用地根据对周边环境的干扰、污染和安全隐患程度可进一步分为三类用地①。

第一，物流是一个包含多个功能的集合体。其中，加工环节的用地属于工业用地，仓储环节的用地属于物流仓储用地。由于两类用地都集中于工业园区，管理趋同，而且这两类用地调整较为容易。因此，在实际中对于物流节点的用地类型划分比较模糊，可根据实际需求进行调整。物流用地性质常见的划分包括以下内容（如表 4-35 所示）。

表 4-35　物流用地性质划分

物流设施	物流功能	所属城市建设用地类型
配送中心	配送	物流仓储用地/商业用地
	包装加工	工业用地/物流仓储用地/商业用地
	装卸搬运	物流仓储用地/商业用地
	信息处理	物流仓储用地/商业用地
批发市场	流通	商业用地
	装卸搬运	物流仓储用地/商业用地
仓库	储存	物流仓储用地
	流通	物流仓储用地
	装卸搬运	物流仓储用地
交通基础设施	运输	交通用地
货运站场	装卸搬运	交通用地/物流仓储用地
货场、堆场	储存	物流仓储用地/交通用地

第二，节点内应根据明确的功能加以划分，存储区应按照不同污染条件分开。还要根据实际需求和物流节点年吞吐能力，规划和设计物流节点的仓储办公区和生活区的占地情况。在土地使用和规划中，最常用的方法是编制物流节点用地平衡表以确保规划准确。

① 《城市用地分类与规划建设用地标准》（GB 50137—2011）。

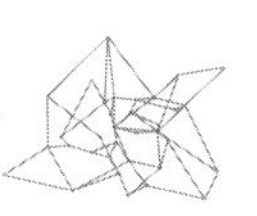

(2) 考虑防洪、防火因素对物流节点基础设施设计指标的要求。在进行物流节点的规划时，要考虑防洪要求的规定，确定防洪标准的重现期，采用 100 年或 50 年不等①；再结合当地实测和调查的暴雨、洪水、潮位等资料分析研究确定标高要求。还需要参照消防要求，使设计符合消防标准②。此外，物流用地在容积率、绿地率等方面也具有一定要求（如表 4-36 所示）。

表 4-36 物流用地要求

指标	工业及仓储物流建设用地	多层仓库
容积率	0.5~1.0	<1.5
绿地率	<20%	—
建筑密度	35%~60%	<40%
建筑高度	<24 米	—

(3) 注意物流节点的通道。在物流节点中，应合理规划内部通道，确保车辆的会让、掉头、转向等半径要求。同时，也要注意同节点外线路的合理衔接。

(二) 规划程序

目前，物流节点的空间规划主要包括以下六个阶段。

1. 规划资料分析

(1) 物品特性分析。分析物料的存储保管特性、物料重量、物料价值，以确定作业的方式及承担区域。具体过程中，可以根据商品基本特性与包装单位分析表进行分析。

(2) 单元货载分析。单元货载即物品的最小库存保有单位（Stock keeping Unit，SKU）。需要分析作业环节的基本物料单元，包括托盘（P）、箱子（C）、单品（B），即 PCB 分析。不同的储运单元所需的设施设备不同，出库订单所要求的出货形态也不相同。因此，需要按照各种物料单元加以分析，还要分析不同单位之间的相互转化，来正确计算各区域实际物流量。

(3) 订单量变动趋势分析。物流节点的作业能力要根据过去的历史数据来预测未来趋势的变化。订单分析的时间范围有以下几种：一是预测未来发展趋势，以一年为单位；二是预测季节变化，以月为单位；三是分析月或周内变化倾

① 《中华人民共和国防洪标准》（GB 50201—1994）。
② 《建筑设计防火规范》（GB 50016—2014）。

向，以天为单位。常用的分析方法有时间序列分析法、回归分析法和统计分析法等。

(4) 订单、品项和数量分析。利用订单（Entry）、品项（Item）、数量（Quantity）三个物流关键要素，研究物流节点的需求特性，为物流节点规划提供依据。即，EIQ 分析。通过订单数量 EQ 分析，可以制定处理订单的原则、拣货系统的规划、发货方式和发货区的规划。通过品项数量 IQ 分析，可以知道各种商品发货量的分布情况，有利于分析商品的重要性和运输情况，同时可应用于仓储系统的规划选用、储位空间的估算、拣货方式及拣货区规划。常见的 EQ 和 IQ 类型分析如下。

①第一种类型的特点是物流节点最常见的模式（如图 4-45 所示）。

第一，EQ 分析。由于订货量分布趋向于两级化，因此可以利用 ABC 分类法作进一步分类。规划时可将订单分级处理，对少数量大的订单进行重点管理，对于相关拣货设备的使用也可以进行分级管理。

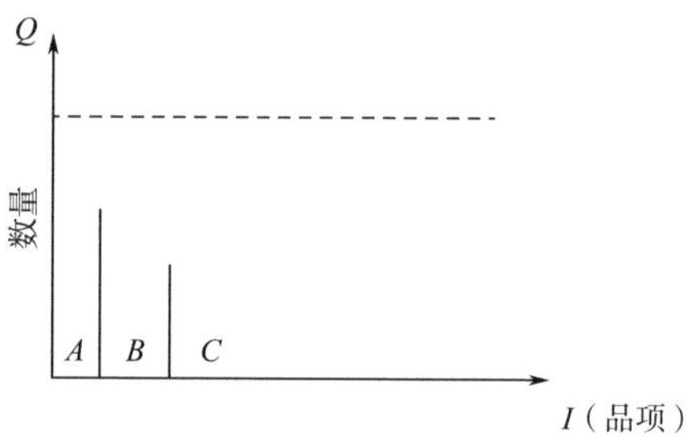

图 4-45 订单分布类型图（a）

第二，IQ 分析。由于订货量分布趋向于两级化，同样可以利用 ABC 分类法作进一步分类。规划时可以把物品按照存储区分类存储，不同类型的物品设置不同水平的存储标准。

②第二种类型的特点是，大部分订单量（发货量）相近，只有少数物品订单量特大或特小（如图 4-46 所示）。

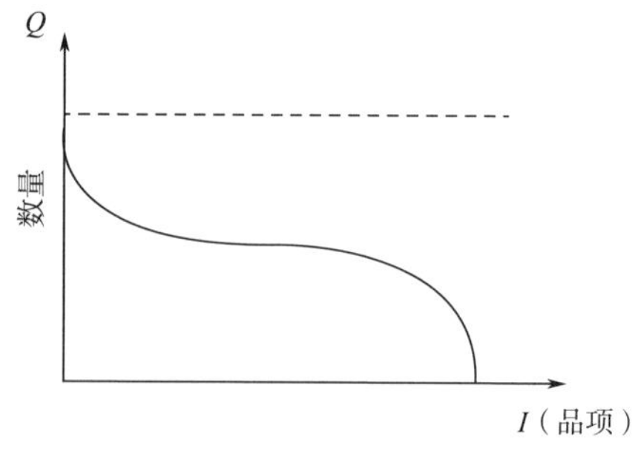

图 4-46 订单分布类型图（b）

第一，EQ 分析。可以根据主要的分布范围进行规划，对少数差异较大的物品进行特殊处理。

第二，IQ 分析。规划采用统一规格的存储系统和固定型储位，对少数差异

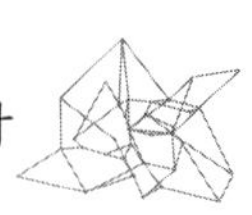

较大的物品进行特殊处理。

③第三种类型的特点是，订单量（发货量）呈现递减趋势，没有特别集中于某些订单或范围（如图4-47所示）。

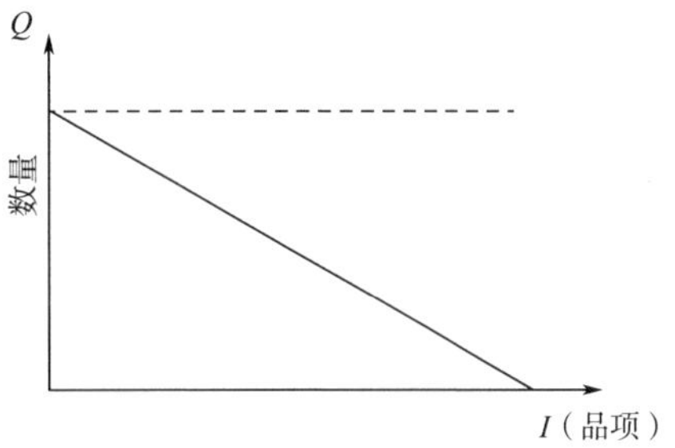

图4-47　订单分布类型图（c）

第一，EQ分析。系统较难规划，应采用通用设备，增加系统柔性。

第二，IQ分析。与EQ相同。

④第四种类型的特点是，订单量（发货量）分布相近，仅少数订单量（或发货量）较少（如图4-48所示）。

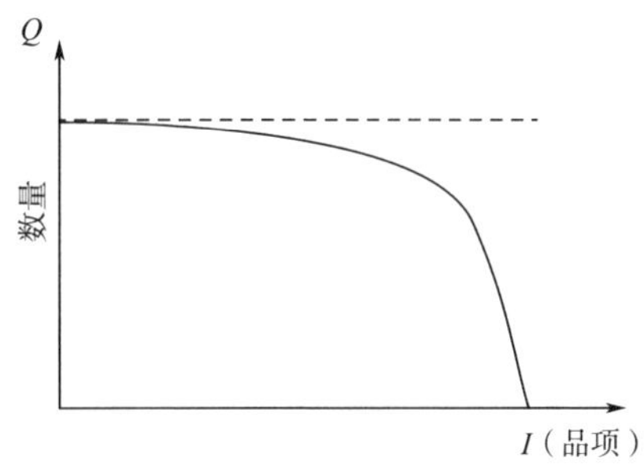

图4-48　订单分布类型图（d）

第一，EQ分析。可区分为两种类型，部分少量订单可以批次处理或者零星拣货的方式规划。

第二，IQ分析。可区分为两种类型，部分少量物品可用轻型存储设备存放。

⑤第五种类型的特点是，订单量（发货量）集中于特定数量，且呈现阶梯递减趋势，为整数发货或大型物件的少量发货（如图4-49所示）。

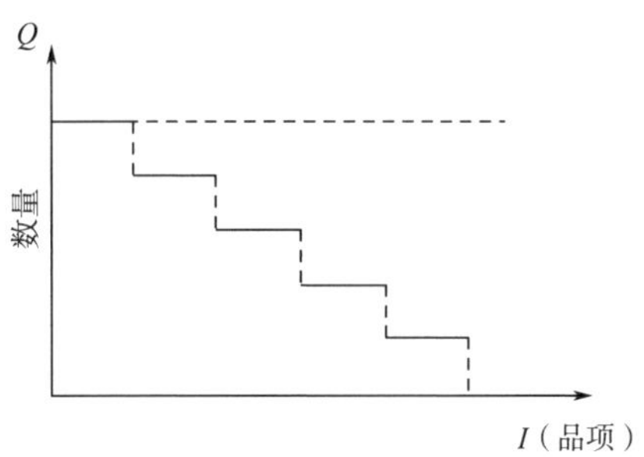

图4-49　订单分布类型图（e）

第一，EQ分析。应根据固定数量以较大单元负载单位规划，而不考虑零星发货。

第二，IQ分析。应根据固定数量以较大单元负载单位或重量型存储设备规划，但仍需考虑物品特性。

在EIQ分析中，规划存储区时多以一年为周期进行IQ分析，规划拣货区时还要考虑单日的IQ分析，对全年和单日的数据进行分析，并结合发货量和发货频率的相关分析，可以使整个物流节点的规划更符合实际情况。

（5）货态调查分析。调查分析物流节点中物料进货与出库状态、保管状态、出库物品状态、分类样式、出库尺寸等内容，并将其换算成共同的物料单元，以方便物流过程中的搬运工作。

2. 物流节点总体规模的确定

物流节点建设规模的确定是物流节点空间规划中一项非常重要的内容，物流节点的规模不仅决定了作业处理水平，还与物流节点的资金投入、运营成本息息相关，合理确定物流节点建设规模对于物流节点运营后的市场定位、运作与管理具有重要的影响。

3. 物流节点作业流程分析与设计

物流节点作业流程的设计需要以规划资料的分析结果作为依据，根据物品特性、储位单元等信息合理设计节点的作业流程，以达到物流节点作业的合理化、标准化和机械化。

4. 物流节点区域设置

物流节点区域设置包括作业区域划分、区域功能规划以及区域能力规划。

5. 物流节点总体布局

对于物流作业区域的布置，以仓库内的物流动线形式作为布置的主要依据，采用动线布置法。对于物流节点的整体布局，根据各区域的活动相关表进行区域布置，采用相关性布置法。

6. 方案的选择与调整

在方案分析评价的基础上，选择一个最优的物流节点总体布局方案。最后，还应根据一些实际限制条件对区域布局草图进行必要的修正与调整。

按照以上六个阶段分析，最终确定物流节点的空间布局规划（如图 4-50 所示）。

二、物流节点规模及作业流程分析

（一）影响物流节点规模的因素

1. 物流节点类型

物流节点类型不同，其规模大小完全不同。一方面，配送中心是储存众多物

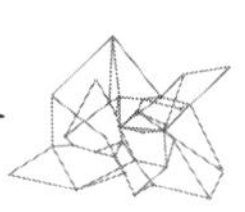

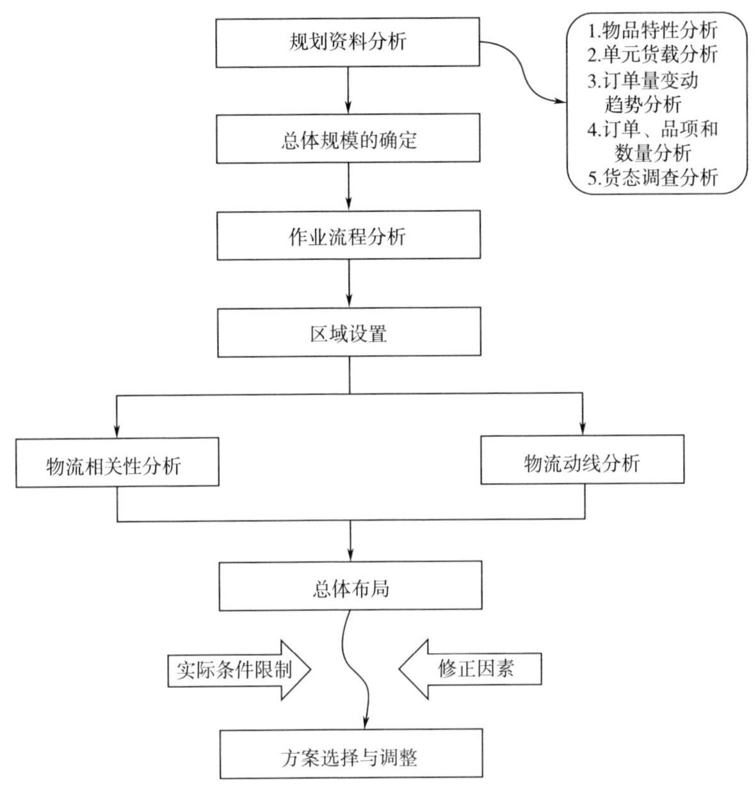

图 4-50　物流节点布局程序

品且将储存周期较短的众多物品配送给众多零售店（专卖店、连锁店、超市等）或最终客户的场所，所以其规模相比物流中心要小很多。物流中心是储存众多物品且将储存周期稍长的众多物品送达配送中心的场所，因此其规模要更大。物流园区综合性较强、专业性较弱，其规模最大。另一方面，公共型物流节点规模大于自有型物流节点规模。

2. 物流节点在供应链中的位置

物流节点在供应链中所处的位置也决定了物流节点规模的大小。靠近原材料采购端与产成品消费端的物流节点规模较小，而处于供应链中间的生产环节所需的物流节点规模较大。

3. 物流节点处理的商品种类

物流节点的功能设计要与商品的特性相匹配，物流节点所处理的商品类别对其规模有一定的限制。例如，有专门处理 3C 类产品的物流节点、服装物流节点、食品物流节点、生鲜冷链物流节点、图书物流节点、药品物流节点等。商品不同，物流节点的规模也不同。试图建立一个可以满足一切商品的物流节点并不现实，随着专业化水平的提高，即使是第三方物流节点或公共型物流节点，也存在分工细化的趋势。

4. 地区物流节点的数量

同一地区内物流节点数量少，物流资源会比较集中，物流成本较低，物流节点规模需要较大才能满足地区内物流需求；反之，地区内物流节点数量多，物流资源分散，物流服务水平及物流成本相对较高，物流节点的规模则要相对小一些。例如，由于日本土地资源稀缺，在首都圈、近畿圈、中京圈三大城市圈内的物流中心最大的可达 10 万平方米，三大城市圈以外地区的物流中心规模相对要小，为 1.5 万平方米。

（二）物流节点规模确定方法

目前，对于确定物流节点建设规模还没有一套统一的方法，对于各类方法的使用，还处于摸索阶段。在实践中，常用的方法为经验估算法，可以分为以下三个步骤。

1. 确定当前及未来物流量要求

为扩建物流节点，需调查当前物流量，包括每月产值、入库峰值系数（一般取值 1.2）、库存的周转时间、出库峰值系数（一般取值 1.4）等。确认这些项目时，以备齐商品的品种作为前提，根据商品数量的 ABC 分析法，使 A 类商品备齐率为 100%、B 类商品备齐率为 95%、C 类商品备齐率为 90%，由此来估算物流节点的平均存储量和最大存储量。如果新建物流节点，则直接估算当前物流需求。

2. 考虑未来物流需求

估算未来各种商品的年增长率及未来物流节点的发展目标，确定未来物流节点的综合服务水平。根据历史数据，可采用趋势递推法、多项式拟合法或弹性系数法进行估算。

3. 估算占地面积

物流节点可分为物流作业区、辅助作业区和生活办公区等。在总体规模计算时，首先根据以下指标来概算物流作业区的建筑面积。

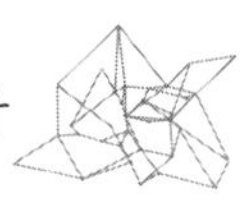

（1）存储保管作业区——单位面积作业量为 0.7~0.9 吨/平方米。

（2）验货作业区——单位面积作业量为 0.2~0.3 吨/平方米。

（3）拣选作业区——单位面积作业量为 0.2~0.3 吨/平方米。

（4）配送集货作业区——单位面积作业量为 0.2~0.3 吨/平方米。

（5）辅助生产建筑面积为物流中心建筑面积的 5%~8%。

另外，生活办公区建筑面积为物流节点的 5%。物流节点总的建筑面积可以据此大体确定。再根据城市规划部门对建筑覆盖率和建筑容积率的规定，可基本估算出物流节点的占地面积。还需注意，随着物流节点内自动化、智能化装备的普及，其单位面积作业量在未来将有所提高，在规划的过程中应注意对未来趋势的把握。

（三）物流节点作业流程设计

物流节点的主要活动是订货、进货、发货、仓储、订单拣货和配送作业。只有确定物流节点主要活动及其程序之后，才能进行规划设计。有的物流节点还要进行流通加工、贴标签和包装等作业。当有退货作业时，还要进行退货品的分类、保管和退回等作业。

在物流节点作业流程设计中，作业流程可分为进货流程、发货流程、退货流程（如图 4-51 所示）。进货流程包括库存管理、采购、供货厂商发货、进货和入库等；发货流程包括配送需求、订单处理、拣货、配送和验核签收等；退货流程包括退货需求、退货分类、责任确认和退货处理等。

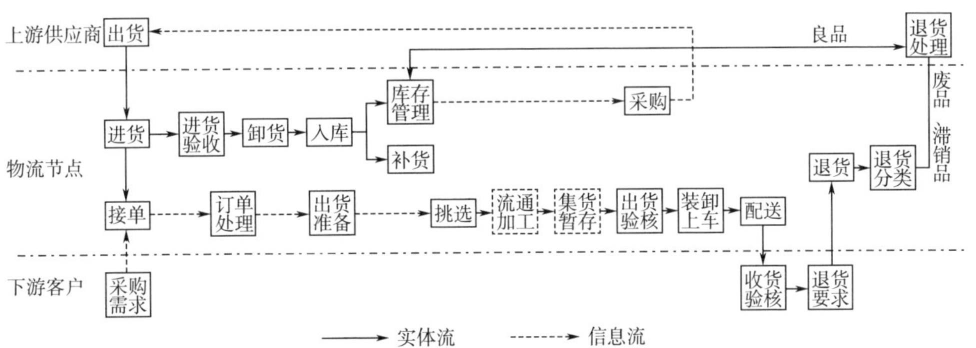

图 4-51 物流节点作业流程设计

在经过基本资料分析和基本条件设定之后，便可针对物流节点的特性做进一步分析，制订合理的作业流程，以便规划设计空间和选用设备。通过对各项作业流程的合理化分析，从而去掉不合理和不必要的作业，力求剔除物流节点可能出现的不必要的计算和处理程序，使得规划出的物流节点尽量减少重复堆放所引起的搬运、翻堆和暂存等工作，以提高物流节点的效率。

另外，如果储运单位过多，应将各储运单位予以分类合并，避免在内部作业过程中出现过多的储运单位转换。其做法是以标准托盘或储运箱为容器，把体积、外形差别大的物品归类成相同标准的储运单位。这样，可以简化物流节点的作业流程。

三、物流节点中区域功能划分

物流节点可根据运营特性进行作业区域规划，作业区域规划包括作业区域划分与作业能力规划（如图 4-52 所示）。

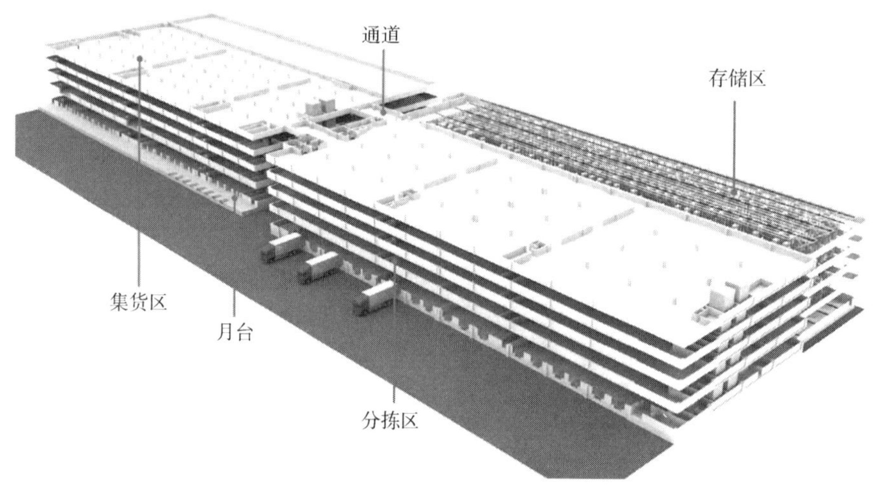

图 4-52　物流节点作业区域

根据作业区域性质，物流节点作业区域包括物流作业区域（存储、装卸、出入库、订单拣取等作业）、物流辅助作业区域和运营办公区域三部分。与物流作业区域相对应，物流辅助作业区域和建筑外围区域也统称为周边辅助活动区域。

（一）作业区域分类

1. 物流节点作业区域分类

针对物流作业特征规划所需作业的区域，可分为物流作业区和物流辅助作业

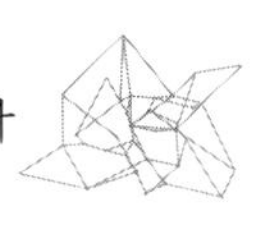

区和运营办公区。物流节点包含下列作业区域（如图 4-53 所示）。

图 4-53　常见物流节点作业区域分类

（1）物流作业区。具体有：

①物流作业区域。包括进出货码头、进出货暂存区、理货区、库存区、拣货区和集货区等。

②流通加工作业区域。包括流通加工作业区、称重作业区、分类区等。

③仓储管理作业区域。包括调拨仓储区等。

④退货物流作业区域。包括退货卸货区、退货处理区、退货合格品暂存区、瑕疵品暂存区和废品暂存区等。

⑤换货补货作业区域。包括散货拣货区等。

（2）物流辅助作业区。具体有：

①物流配合作业区域。包括运输车辆停车场、容器回收区、废料处理区等。

②厂房使用配合作业区域。包括变电室、配电室、空调积放链、动力间、空压机房、设备维修间、工具间、器材室、物料存放间、主要通道、辅助通道、电梯间、楼梯间、搬运设备停放区等。

（3）运营办公区。具体有：

①办公事物区域。包括办公室、资料室、收发室、档案室等。

②计算机作业区域。包括计算机房等。

③劳务性活动区域。包括休息室、餐厅、厨房等。

④厂区相关活动区域。包括停车场、厂区通道、厂区出入大门、厂区扩充区域、环境美化绿化区等。

2. 仓储中心

仓储中心的主体结构是储运场所及设施，根据物流节点的主要功能和运作模式，确定其作业区域（如图 4-54 所示）。

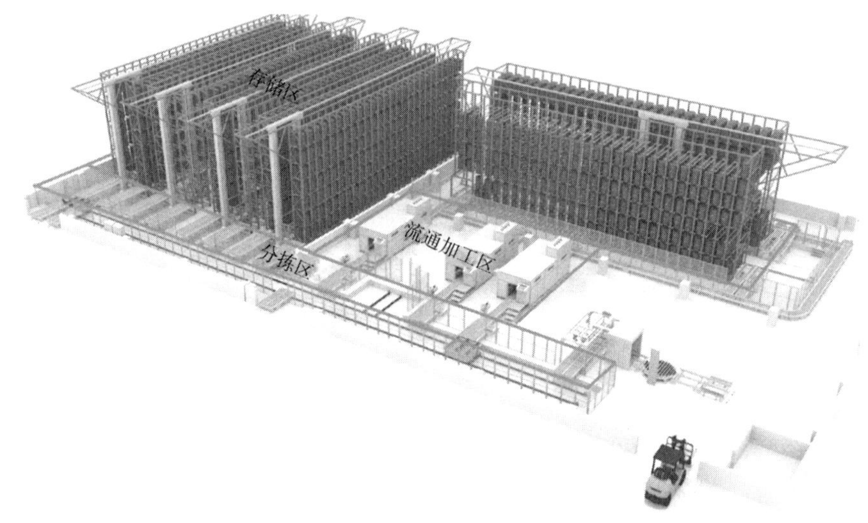

图 4-54　仓储中心作业区域

（1）接货验收作业区。接货区与验收区可以相邻配置，在这个区域中主要完成货物的卸货、清点、检验、分类、入库等工作，设置在储存场所外围，通过卸货站点与公路或铁路专用线、专用码头等直接相连；内部还规划有暂存、分类验收区域以及相应的设施设备。

（2）储存保管作业区。储存保管作业区是专用于存放货物的相对静态的区域，这个区域主要用来完成货物的储存保管和养护作业，货物在这个区域存放时间相对较长。储存保管作业区所占面积与物流节点的流通模式有关：流通型物流节点的储存保管作业区所占面积相对较小；而储存型物流节点的储存保管作业区所占面积较大，占物流节点总面积的 50%以上。

（3）理货作业区。在这个区域里主要完成对分拣出的货物的配货和配装作

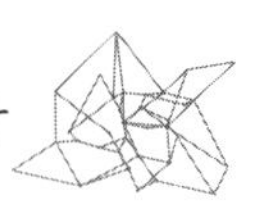

业，并将货物暂时存放以备送货。该区域所占面积与储存保管作业区相反，流通型物流节点该区域面积占比较高，储存型物流节点的则较低。

3. 其他物流节点分区

除以上介绍的物流节点外，根据功能特点，还有其他类型的物流节点，它们各具特点及功能分区（如表 4-37 所示）。

表 4-37　物流节点类型及功能分区

物流节点类型	功　能	配套区域
加工中心	加工中心内设专门的流通加工区供货物在配送前进行处理，通过流通加工可以极大地提高货物的附加值	生产加工标准厂房； 储存保管作业区； 配送作业区
配送中心	配送中心是从供货商处接收多品种、大批量的货物，进行倒装、分类、保管、流通加工和信息处理等业务，之后根据客户的订货要求，进行配送的物流节点	收货验收作业区； 分拣作业区； 流通加工作业区； 储存保管作业区； 特殊商品存放区； 发运作业区； 理货作业区； 停车场
公路货运集散中心	公路货运集散中心把公路运输、集散、中转、储存、配送等功能有机结合，实现物流的集约化	停车场； 配送中心； 配载交易市场； 堆场； 仓库； 加油站； 车辆检修所
公铁联运物流中心	公铁联运物流中心直接引入铁路专用线，开展公铁联运	配送中心； 铁路专用线； 站台； 仓库； 堆场； 停车场； 修理车间； 加油站

续表

物流节点类型	功 能	配套区域
港铁联运物流中心	港铁联运物流中心直接在港口引入铁路专用线开展港铁联运	港口设施； 铁路专用线； 站台； 仓库； 堆场； 综合管理楼
公港联运物流中心	公港联运物流中心将公路运输、水路运输、城市道路运输、中转、储存、拼箱拆箱、配送等功能有机结合，实现物流的集约化	港口设备设施； 配送中心； 仓库； 堆场； 停车场； 修理车间； 加油站； 综合管理楼
保税物流中心	保税物流中心是指具备口岸功能的封闭的海关监管区域，分 A 型和 B 型两种。A 型保税物流中心是指经海关批准的由我国境内企业法人经营、专门从事保税仓储物流业务的海关监管场所；B 型保税物流中心是指经海关批准的由我国境内一家企业法人经营、多家企业进入并从事保税仓储物流业务的海关集中监管场所	查验区； 仓储区； 保税物流中心外网设施； 报关及办公区； 配套服务区

（二）区域功能规划

区域功能规划以物流作业为主，只考虑物流相关作业区域的关系。由于物流节点内的基本作业形态大部分为流程式作业，大部分的订单具有相同的作业程序，因此适合以生产线式的布置方法进行规划。如果订单种类、物品特性或拣取方式有很大差别，则可以考虑将物流作业划分为几个并行作业线，进行差异化作业完成，再经集货作业进行合并。各类物流作业对应规划区位如图 4-55 所示。

除了物流作业外，物流节点还包含一些管理行政性或辅助物流活动的辅助作业区。这些区域和物流作业区没有直接的流程关系，因此配置规划以规划者的经验判断为主。物流作业区可以看作一个整体的活动区域，通过分析各辅助作业区与物流作业区的相关活动关系来决定各区域间是否相邻。建筑外围区域布置时，

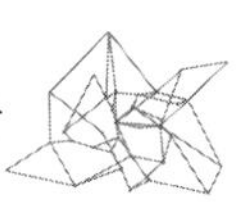

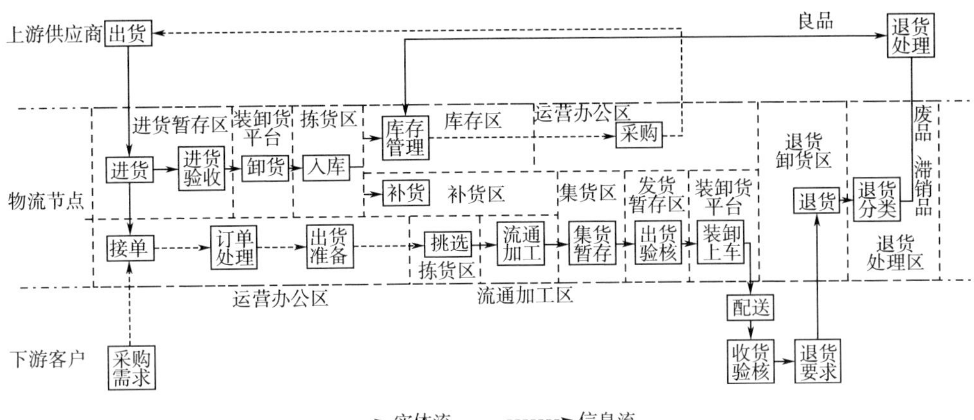

图 4-55 各类物流作业对应规划区位

特别需要注意未来可能的扩充方向及经营规模的变化。

1. 物流作业区域

要使物流作业顺利进行，必须设置相应的物流作业区域，各物流作业功能应由下列规划区位承担（如表 4-38 所示）。

表 4-38 物流作业区域及功能

作业名称	作业功能	规划区位
进货卸载	物品由运输车辆卸下	卸货平台或装卸货平台
进货点收	进货物品清点数量或品检	进货暂存区或理货区
理货	进货物品拆柜、拆箱或堆栈以便入库	进货暂存区或理货区
入库	物品搬运送入仓储区存储	库存区或拣货区
调拨补充	配合拣货作业将物品移至拣货区域或调整存储位置	库存区或补货区
订单拣取	依据订单内容与数量拣取发货物品	库存区、拣货区或散装拣货区
分类	在批次拣货作业下，按集合或客户将货物分类输送	分类区或拣货区
集货	按订单分割拣货后集中配送货物	分类区、集货区或发货暂存区
流通加工	根据客户需求另行处理的流通加工作业	分类区、集货区或流通加工区
品检	检查发货物品的品质和数量	集货区、发货暂存区或流通加工区
发货点收	确认发货物品的品项数量	集货区或发货暂存区
发货装载	发货物品装上运输配送车辆	装货平台或装卸货平台
盘点	对物流节点物品进行盘点作业	库存区和拣货区

2. 物流辅助作业区域

除基本的物流作业区域外，还必须配设一些辅助作业区域，以配合物流作业的实施（如表 4-39 所示）。

表 4-39　辅助作业区域及功能

作业名称	作业功能	规划区位
车辆进货	物品由运输车辆送入物流节点，并且车辆停靠在卸货区域	进货口或进发货口
货物运送	车辆离开物流节点进行配送	发货口或进发货口
退货	客户退回货物至物流节点	进货口或退货卸货区
退货废品处理	退货中属于报废品的处理作业	退货处理区或废品暂存区
退货良品处理	退货中属于良品的处理作业	退货处理区或退货良品暂存区
裹包或集包	根据客户需求将物品重新包装或集成小包装	流通加工区或集货区
电气设备	电气设备存放安装与使用作业	变电室和配电室
搬运车辆通行	搬运车辆在库存区内的通行	主要及辅助通道
设备维修工具器材存放	设备维修保养与作业所需器材和工具的存放	设备维修间、工具间和器材室
移动设备停放	机械搬运设备非使用时的停放空间	搬运设备停放区

3. 运营办公区域

此外，为了保障物流作业的有序开展，还需设置运营办公区域（如表 4-40 所示）。

表 4-40　运营办公区域及功能

作业名称	作业功能	规划区位
办公活动	物流节点各项事务性办公活动	主管办公室、普通办公室与总机室
急救医疗	紧急工作伤害和突发疾病的救助活动	医务室
员工饮食	提供员工用餐场所	餐厅、厨房
厂商司机休息	厂商司机等待作业的临时休息区域	司机休息室
警卫执勤	门卫管理和内部警卫执勤的活动	保卫室
厂区交通	车辆进出与通行活动	厂区通道、厂区出入大门
环境美化	物流节点外部形象和美化绿化环境	美化绿化环境区域

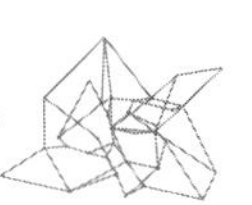

四、物流节点作业区能力规划

（一）吞吐量分析计算

吞吐量是指，一段时期内进出配送节点的货物数量，以实物箱数为计量单位。吞吐量反映了实体货物流动的情况（如图 4-56 所示）。

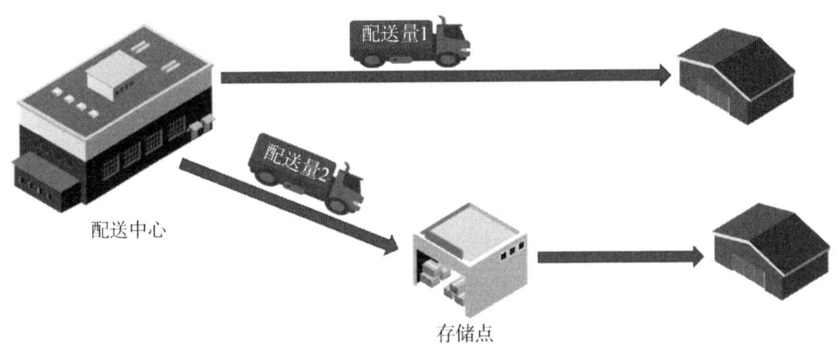

图 4-56　吞吐量

吞吐量的计算公式如下所示：

$$吞吐量 = 入库量 \approx 出库量 = 配送量1 + 配送量2 \tag{4-28}$$

通过吞吐量需求预测，可以确定在零售物流中一段时期的供求关系（如图 4-57 所示）。

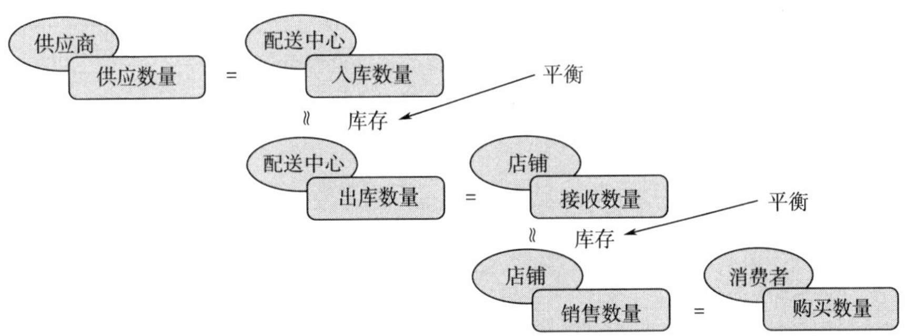

图 4-57　零售物流供求关系

从图 4-57 中，可以得出出库数量与销售数量的计算公式如下所示：

$$出库数量 \approx 销售数量 \approx \frac{销售金额}{平均销售价格} \tag{4-29}$$

在衡量商品吞吐量时，日均值比一段时期内的出库总数量更具有量化意义。

日均出库数量的计算公式如下所示：

$$\text{日均出库数量} \approx \frac{\text{出库数量}}{\text{出库日}} \tag{4-30}$$

出库日是指这段时期内商品实际发生配送活动的天数（每月按 25 天算）。

（二）库存能力分析计算

在物流分析中，计算一个周期范围内每一日库存的算术平均值来求取平均库存。每类商品的平均库存的计算公式如下所示：

$$\text{平均库存} \approx \frac{\sum_{i=1}^{n} \text{每日库存(箱)}}{n} \tag{4-31}$$

其中，周期范围 n 可以是一年或一个月。

在计算库存能力前，首先需要估计库存的周转率。

库存周转次数是指，一年内商品的库存能够周转几次。库存周转次数的计算公式如下所示：

$$\text{库存周转次数} = \frac{\text{全年商品销售总量(箱)}}{\text{平均库存数量(箱)}} \tag{4-32}$$

库存周转天数是指，库存周转一次所需的天数。库存周转天数的计算公式如下所示：

$$\begin{aligned}\text{库存周转天数} &= \frac{\text{全年实际物流发生天数}}{\text{周转次数}} \\ &= \frac{\text{全年实际物流发生天数} \times \text{平均库存数量(箱)}}{\text{全年商品销售总量(箱)}} \\ &\approx \frac{\text{平均年库存数量(箱)}}{\text{日均商品销售量(箱)}}\end{aligned} \tag{4 - 33}$$

考虑到仓储需求变化的弹性，需要设置保险系数来满足高峰期的高运转量要求。保险系数取 1.1~1.25。如果估计过高，则会造成投资浪费。规划仓容量的计算公式如下所示：

$$\text{规划仓容量} = \frac{\text{全年商品销售总量(箱)}}{\text{库存周转次数}} \times \text{保险系数} \tag{4-34}$$

全年商品销售总量与年度销售总量的计算公式如下所示：

$$\begin{aligned}\text{全年商品销售总量} &= \text{年度销售总量} \\ &= \text{仓库出库数量} - \text{店铺的后备数量}\end{aligned} \tag{4-35}$$

其中，供应商直接送货的商品，若未计入库存，则也不能计入销量。计算周

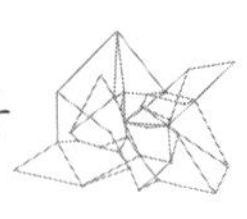

转次数时，分母必须是一段时期的平均库存。

此外，还可通过商品的送货频率来估计库存能力。平均日储运量与规划仓容量的计算公式如下所示：

$$平均日储运量 = \frac{全年实际物流发生天数}{全年发货天数} \quad (4-36)$$

$$规划仓容量 = 平均日储运量 \times 保险系数 \quad (4-37)$$

在实际规划中，可根据规划对象特点，将两种估算方法对比结合使用。

（三）拣货运转能力分析计算

拣货区是以单日发货品所需的拣货作业空间为主。因此，最主要考虑的因素是品项数和作业面积。拣货区运转能力的计算公式如下所示：

$$平均发货天数的拣货量 = \frac{各物品年拣货量}{年发货天数} \quad (4-38)$$

对拣货区运转能力的分析可使用 ABC 分析方法。对各物品的年拣货量和年发货天数进行计算，可以确定各物品拣货量高、中、低的等级和范围。在后续的设计阶段，可根据高、中、低级的物品类别进行分类，以确定不同拣货区存量水平。拣货区存储量的计算公式如下所示：

$$拣货区存储量 = 品项数 \times 拣货区存量水平 \quad (4-39)$$

（四）物流量平衡分析

为了使物流作业顺畅有序，物流节点的物品，从进货到发货的每一环节，所表现出的数目、数量和容量都必须保持平衡。因此，要根据作业流程顺序，整理各流程的物流量大小，把物流节点内由进货到发货各阶段的物品动态特性、数量和单位表示出来。物流作业受到作业安排变化、处理能力变化带来的处理周期波动，可能会在作业过程中产生物流堵塞现象。为了避免这种情况的发生，需要对设计做出调整，使前后作业达到平衡。通过物流量平衡分析，可调整各作业流程的物流量数值，避免堵塞和脱节，达到物流畅通的目的。

以批发型物流中心为例，其物流量平衡分析要素如下：

第一，进货：采购地个数、数量和进货车台数。

第二，保管：托盘数、箱数、件数和项目数。

第三，出库：托盘数、箱数、件数和订货客户数。

第四，流通加工：捆包个数。

第五，分类暂存：按线路分个数、作业数和暂存数。

其中，物流中心作业流程的物流平衡分析表包括以下内容（如表 4-41 所示）。

表 4-41 物流中心作业流程的物流量平衡分析表

作业程序	主要规划参数	平均作业频率	规划值	峰值系数	调整性（规划值×峰值系数）
进货	进货车台数	20 台/日	14	1.3	18
	进货托盘数	500 盘/日	400	1.2	480
	进货品项数				
	进货厂家数				
存储	托盘数	2 800	2 200	1.2	2 640
	箱数	1 600	1 400	1.2	1 680
	品项数				
拣货	托盘数				
	箱数				
	品项数				
	拣货单数				
	发货品项数				
	发货客户数				
集货	发货客户数				
	托盘数				
	箱数				
发货	发货车台数				
	发货客户数				

（五）区域面积计算

各作业区面积的计算与不同区域的功能、作业方式、所配备的设施设备及物流强度有关，应分别对各作业区面积进行计算。对于物流作业区域，其面积主要取决于货物作业量。面积估算的计算公式如下所示：

$$S = \sum \frac{A_j}{h} \tag{4-40}$$

其中：

S 为所规划区域面积（m^2）；

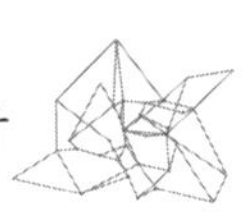

A_j 为第 j 种货物每日的作业量（t）；

h 为该区域的面积利用系数（t/m^2）。

各区域的面积利用系数取决于货物的类型、货物的存放方式及所采用的作业设备等，应根据经验和具体条件确定。将各作业单位面积需求汇总，根据场地的要求，即可确定土建的基本形式，在此基础上可对各区域进一步做出调整。

五、物流节点平面布局

对于物流节点作业区位置的规划，包括相关性布置法和动线布置法两种布置方法（如表 4-42 所示）。

表 4-42　物流节点作业区位置规划方法

布置方法	依据	适用范围	方法步骤
动线布置法	以仓库内的物流动线形式作为布置的主要依据	适用于物流作业区域的布置	由物流活动相关性分析得出各区域的活动流量，在两区域间以线条表示出来，即活动关系配置图。为减少流量大的区域间活动经过太长的距离，应该将此两区域尽量靠近
相关性布置法	根据各区域的活动相关表进行区域布置	用于整个厂区或辅助性区域或生产型企业的布置	1. 确定物流节点内由进货到出货的物流动线形式，并完成物流相关性分析； 2. 在此基础上，再按作业流程顺序和关联程度配置各作业区域位置

（一）动线布置法

物品流动在物流节点内可以分为水平流动和竖直流动：如果是单层设施，就只考虑水平流动模式；如果是多层设施，则还需要考虑竖直流动模式。水平流动是物流节点内的基本流动（如图 4-58 所示）。

选择流动模式时主要考虑收发口、场地和建筑物的限制、物流强度、通道和运输方式等，实际设施布置的流动规划是多种模式的组合。物流节点作业区域的物流动线布置形式主要包括以下几种类型。

1. I 形物流动线

I 形物流动线适合收货和出货区域在仓库的不同方向，且作业流程简单、规模较小的物流作业（如图 4-59 所示）。

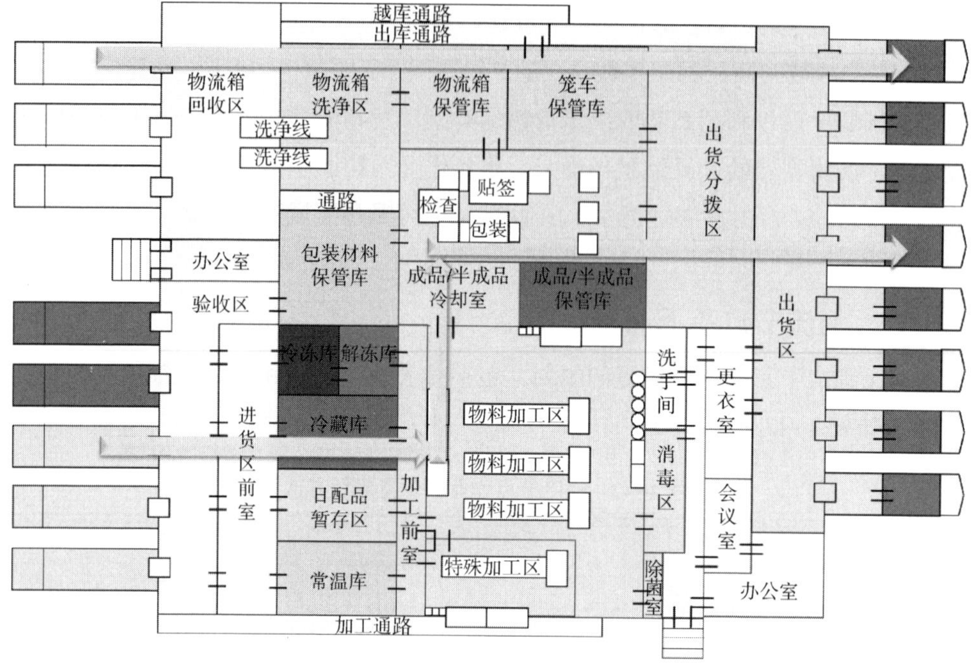

图 4-58 物流的水平流动

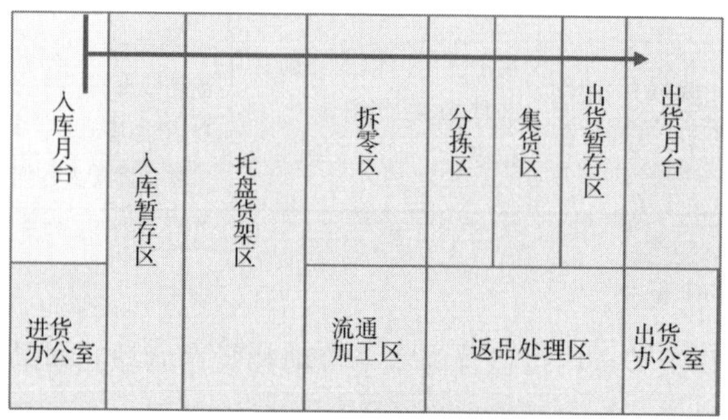

图 4-59 I 形物流动线

2. L 形物流动线

需要处理快速货物的仓库采用 L 形物流动线，L 形物流动线把货物出入仓库的途径缩至最短（如图 4-60 所示）。

3. 双 I 形物流动线

双 I 形物流动线适用于出入口在库房两侧、作业流程相似但是有两种不同进出货形态或作业需求的物流作业（如图 4-61 所示）。

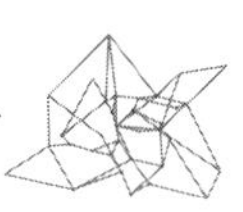

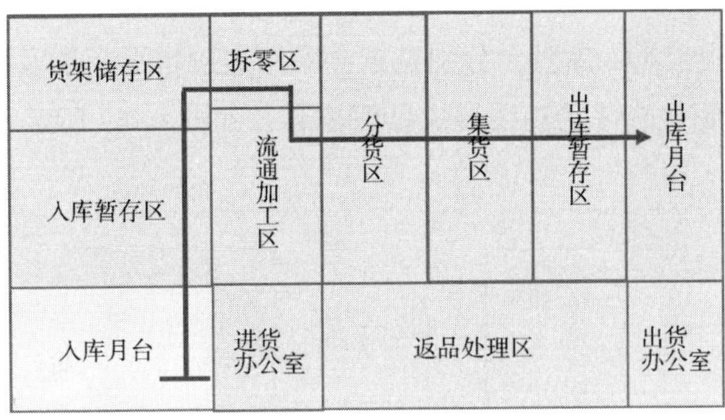

图 4-60　L 形物流动线

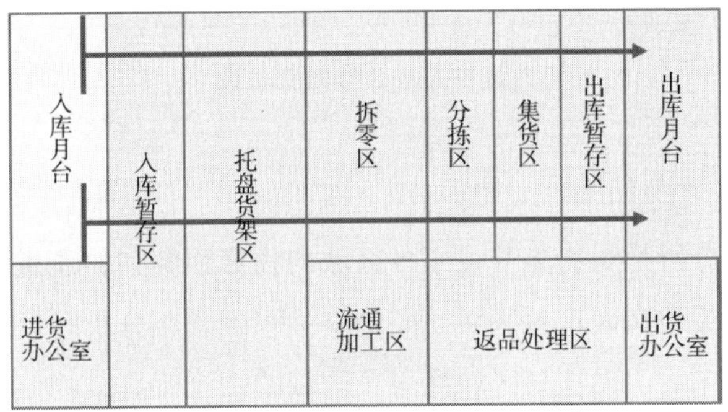

图 4-61　双 I 形物流动线

4. U 形物流动线

U 形物流动线适用于在仓库的一侧有相邻的入库和出库月台，可依据进出货频率大小安排接近进出口端的储区，以缩短拣货搬运路线（如图 4-62 所示）。

图 4-62　U 形物流动线

5. S 形物流动线

S 形动线适用于出入库月台分别位于仓库两边的情况，以及需要经过多步骤处理的货物。货物在仓库的动线形式呈现 S 形（如图 4-63 所示）。

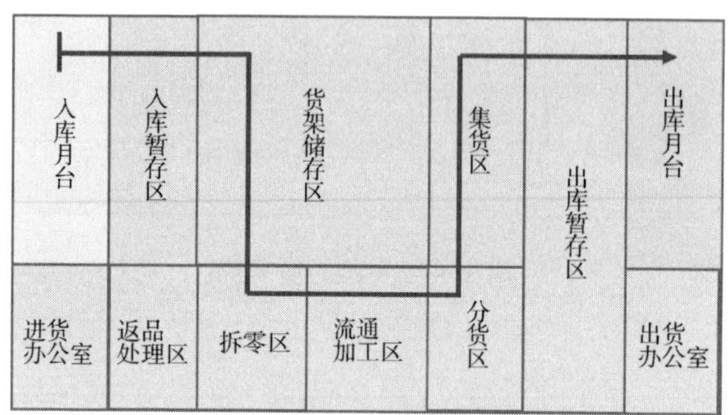

图 4-63　S 形物流动线

（二）相关性布置法

物流相关性分析是对物流节点中各区域的物流距离和物流量进行分析，用物流强度和物流相关表来表示各区域之间的相关程度。在分析时，可以采用从至表分析计算各物流作业活动从某区域到另一区域的物流流量或物流强度，作为分析各区域相关性的依据。如果不同作业区域中物流搬运单位不同，则必须转化为统一单位后再进行合并计算。

从至表以资料分析所得出的定量数据为基础，目的是分析各区域之间的物流流动规模，避免在设计中出现物流量大的作业经过太长的搬运距离造成资源浪费的情况出现。物流从至表分为物流距离从至表、物流运量从至表、物流强度从至表和物流成本从至表几种。

1. 物流强度从至表制订步骤

第一步，依据主要作业流程，分别设搬运起始区和搬运到达区按同一顺序列表（可使用作业编号）画出物流距离从至表。

第二步，为了正确地表现各流量之间的关系，需要统一各区域的搬运单位，以方便计算流量的总和。

第三步，根据物流搬运流量测量值制订物流运量从至表。

第四步，通过作业单位对流量和距离进行乘积得到物流强度从至表（如表

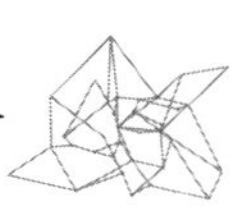

4-43 所示）。

表 4-43　物流中心定量从至表

物流作业区域		搬运到达区					
		1	2	3	4	5	合计
搬运起始区	1						
	2						
	3						
	4						
	5						
	合计						

根据物流强度确定物流相关程度等级。物流相关程度等级的划分可采用 A（absolutely important）、E（extremely important）、I（important）、O（ordinary important）、U（unimportant）等级。分别对应超高物流强度、特高物流强度、较大物流强度、一般物流强度、可忽略物流强度。将各作业区域按物流强度大小排序，根据数据划分出物流强度等级，对于不存在固定物流的作业单位，将其物流强度定为 U 级（如表 4-44 所示）。

表 4-44　物流强度等级符号比例表

物流强度等级	符号	物流线路比例（%）	承担的物流量比例（%）
超高物流强度	A	10	40
特高物流强度	E	20	30
较大物流强度	I	30	20
一般物流强度	O	40	10
可忽略物流强度	U		

由于原始物流从至表行作业区域与列作业区域的排列顺序相同，且作业区域之间的物流量不考虑方向，因此得到的表格是对称的方阵表格，在实际作业中只做一半即可（如表 4-45 所示）。

根据以上基本资料及作业区间的各级接近程度将其转换为关联线图底稿表，其中数字表示与特定作业区有关联的作业区号（如表 4-46 所示）。

表 4-45 物流相关表

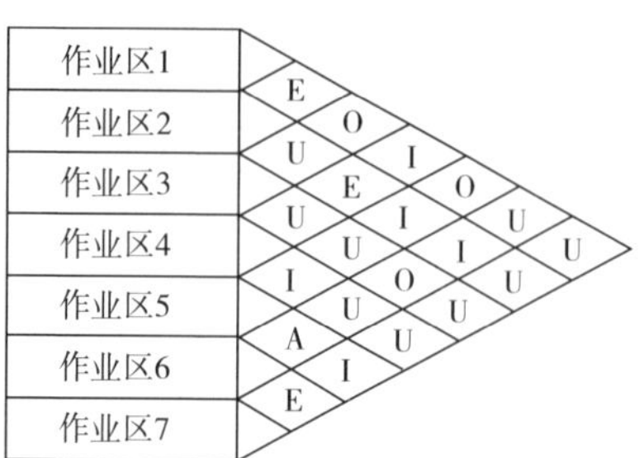

表 4-46 关联线图底稿表

关联	作业区 1	作业区 2	作业区 3	作业区 4	作业区 5	作业区 6	作业区 7
A					6	5	
E	2	1、4		2		7	6
I	4	5、6		1、5	2、4、7	2	5
O	3、5		1、6		1	3	
U	6、7	3、7	2、4、5、7	3、6、7	3	1、4	1、2、3、4
X							

2. 关联线图确定的布局草图步骤

第一步，选定第一个进入布置的作业区。从具有最多的“A”关联的作业区开始。若有多个作业区同时符合条件，则以下列顺序加以选定：最多“E”的关联，最多“I”的关联，最少“X”的关联；如果最后还是无法选定，就在这些条件完全相同的作业区中，任意选择一个作业区作为第一个进入布置的作业区。本例选定作业区为6。

第二步，选定第二个进入布置的作业区。第二个被选定的作业区是与第一个进入布置的作业区相关联，且为被选定的作业区中具有最多“A”的关联作业区。如果有多个作业区具有相同条件，则与第一步一样，按照最多“E”、最多“I”、最少“X”的关联顺序进行选择。如果最后还是无法选定，就在这些条件完全相同的作业区中，任意选择一个作业区作为第二个进入布置的作业区。本例选定作业区为5。

第三步，选定第三个进入布置的作业区。第三个被选定的作业区，应与已被选定的前两个作业区同时具有最高的接近程度。与前两个作业区关系组合的优先

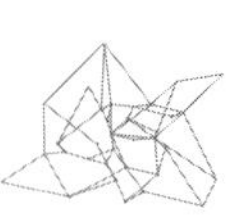

顺序依次为AA，AE，AI，AO，AU，EA，EE，EI，EO，EU，II，IO，IU。如果遇到多个作业区具有相同的优先顺序，仍采用第一步的顺序法则来处理。本例选定作业区为7。

第四步，选定第四个进入布置的作业区。第四个作业区选定的过程与第三步相同，被选定的作业区应与前三个作业区具有最高的接近组合关系。组合优先顺序为：AAA，AAE，AAI，AAO，AAU，AEA，AEE，AEI，AEO，AEU，AII…。本例选定作业区为2。

第五步，依此类推，选择其余的 $n-4$ 个作业区（如图4-64所示）。

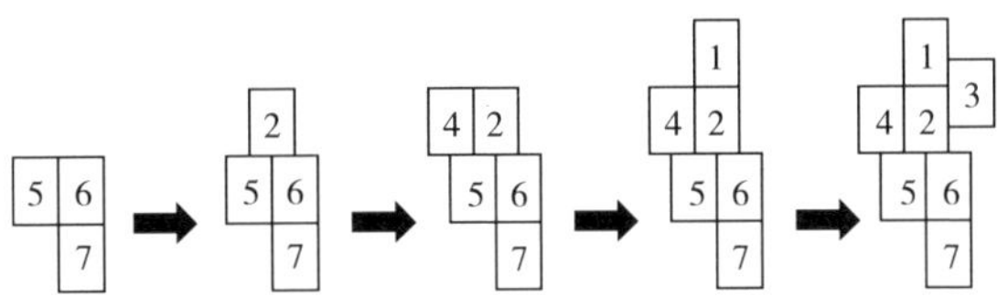

图4-64　关联线图绘制过程

在绘制关联线图时，可以使用图4-64的方块样板来表示每个作业区。在相对位置确定以后，即可按照各作业区的实际规模，完成最终的实际布置。由于样板的放置过程中有很多主观因素，因此最后可能会产生数个布置方案。此外，如果各作业区面积不同，也会产生多个最终布置方案。

（三）布局方案的调整与评估

1. 方案评价与调整

经过上述规划分析，可以得到物流节点区域布置的草图，最后还应根据物流节点具体实际情况做出相应的修正和调整。限制条件包括以下因素：

（1）库房与土地面积比例，如库房建筑比率、容积率、绿地与环境保护空间的比例及限制等。

（2）库房建筑的特性，如建筑造型、长宽比例、柱位跨距、梁高等限制或需求。

（3）法规限制，如土地、建筑法规、环保、卫生、安全相关法规、劳动法等。

（4）交通出入限制，如交通出入口及所在区域的特殊限制等因素。

（5）其他，如包括经费预算限制、政策配合因素等。

2. 方案选择

在方案评价与调整的基础上，最后选择一个最优的节点布局方案。调整后的方案是否可行、是否合理，还要组织有关专家和决策层进行评估。评估内容如下：

（1）经济性方面。经济性评估的内容包括土地面积、库房建筑面积维护费用、人力成本及耗能等方面。

（2）技术性方面。技术性评估的内容包括自动化程度和设备可靠性。判断自动化程度是否达到要求，主要是对搬运机械化、出入库和拣货系统自动化以及信息处理自动化等内容进行评估。

设备可靠性是指，当发生任何故障时，系统能快速响应，并立即采取应对措施，进行主要的物流作业；同时，当主要系统发生故障时，能迅速修复或有备用系统代替等。

（3）系统作业方面。系统作业方面包括储位柔性程度、系统作业柔性、系统可扩充性等要素。

储位柔性是指，存取空间能否调整、储位能否按需求弹性应用和是否限定存放特性物品等。

系统作业柔性是指，系统是否容易改变，以及系统作业的原则、程序和方法是否可以变更。

系统可扩充性是指，当系统扩充时，是否改变原有布置形式和现有建筑，原有设备能否继续使用，是否改变现有作业方式，以及是否需要扩充土地等。

案例分析4-1

UPS 的轴辐式网络

联合包裹服务公司（United Parcel Service，UPS）是世界最大的快递承运商和包裹配送公司。1907 年，UPS 成立，现已发展成为世界 500 强企业，2020 年的年收入为 850 亿美元。UPS 的主要业务是在全球范围内限时递送包裹和文件，每天在全世界 200 多个国家递送的包裹超过 2 470 万个。近年，UPS 已将其服务扩展到物流中的其他领域。例如，为耐克提供仓储服务和对东芝提供维修支援服务。

目前，UPS 的业务领域分为美国国内包裹业务、国际包裹业务、供应链与货

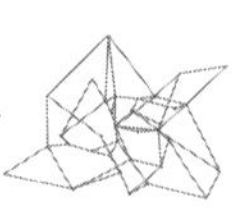

运业务三个部分。美国国内包裹业务是UPS的核心业务，美国国内市场占据UPS包裹收入的73%。其中，大部分美国国内物流流量都通过UPS铺设的物流网络运输。

UPS的业务基础是轴辐式的网络结构。与联邦快递（FedEx）将其地面和空中业务拆分为两个独立网络不同，UPS仅使用一个网络来提供其递送服务以保证运营效率。包裹首先被卡车收取并运送到当地的UPS中心，在中心分为地面或空中运输。如果是地面运输，包裹会被送到最近的枢纽，运到目的地枢纽(通过铁路)，然后运往当地的中心。如果是空运，包裹会被送到附近的机场，然后运送到一个国家级的"轴（枢纽港）"节点。首先由肯塔基州路易斯维尔的世界港接收，然后通过另一个机场再送到当地的中心。在最后的配送阶段，无论是陆运还是空运，包裹都会被装载到卡车上并运送到最终目的地（如图4-65所示）。

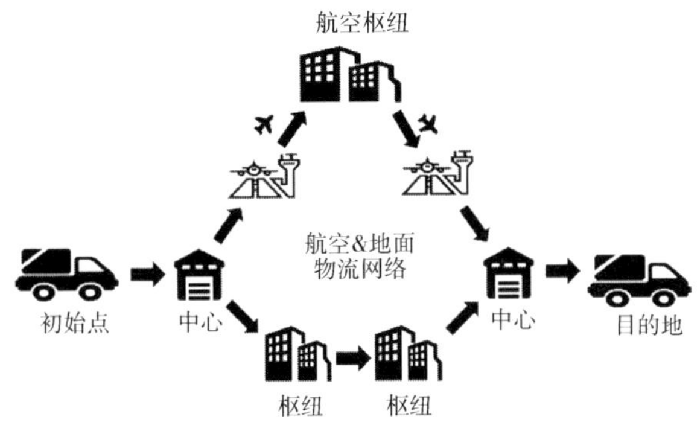

图4-65 UPS业务流程

UPS的全球网络提供了15万个接收点，这些接收点包括商店、投递箱等，客户可以方便地在各种时间地点将包裹交给UPS这些节点。与数量众多的基础节点相比，UPS的枢纽并不复杂，主要由世界港和各地区域级的枢纽组成（如表4-47所示）。

位于肯塔基州路易斯维尔的UPS世界港是UPS最主要的国际枢纽，占地9 105亩，拥有3条跑道，每小时可分拣41.6万个包裹。在UPS运营下，路易斯维尔国际机场成为美国第二繁忙的货运机场（仅次于孟菲斯国际机场的联邦快递的超级港），也是全球货运量第四繁忙的机场（仅次于上海浦东、孟菲斯和香港）。除路易斯维尔外，UPS的发展也深刻影响了包括费城、迈阿密、香港在内的一批枢纽。

表 4-47 UPS 主要枢纽

地区	枢纽
北美	路易斯维尔国际机场（世界港）
	芝加哥罗克福德国际机场
	达拉斯/沃斯堡国际机场西南地区航空枢纽
	安大略国际机场
	费城国际机场
	迈阿密国际机场
	约翰·C. 芒罗汉密尔顿国际机场
欧洲	东米德兰兹机场
	科隆波恩机场
亚洲	香港国际机场
	深圳宝安国际机场
	上海浦东国际机场
	吉隆坡国际机场

资料来源：UPS 官网。

美国的 UPS 物流网络已发展为多枢纽轴辐式网络，与一些低成本客运航空公司类似，UPS 选择通往大城市的次要门户机场作为枢纽，因为二级机场具有更低的运营成本，其周围可用的土地也相对更多，同时这些枢纽也更靠近周边的配送中心。UPS 的物流网络并非静态，而是根据业务变化随时改变。例如，达拉斯和南卡罗来纳州哥伦比亚在金融危机中经济严重衰退，因此 UPS 降低了位于这两地枢纽的级别。

在美国国内市场之外，UPS 面临着更严峻的竞争环境和不同的经营环境。在欧洲、中东和非洲以及亚太地区，敦豪航空货运公司（DHL）在国际快递业务中占有较大份额。此外，在许多国外市场，UPS 更依赖包括合资伙伴、货运代理和航空公司在内的其他公司所提供的资源。在如此复杂的情况下，UPS 得益于其不断扩张的轴辐式物流网络，国际业务仍然持续增长。

1980 年，UPS 首先扩展了其在西欧的国际航空业务，但是由于激烈的竞争

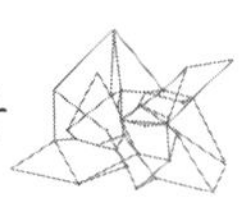

以及各种运营问题，UPS 并未在欧洲复制其国内的成功。然而，随着物流网络的不断完善，UPS 很快从早期的失误中恢复过来。UPS 选择德国科隆作为其欧洲国际枢纽，UPS 的运营使科隆成为欧洲最重要的物流枢纽，在德国机场中的货运量仅次于法兰克福，并使该城市与香港、迪拜、路易斯维尔和孟菲斯等国外枢纽接轨。

亚洲是增长最快的大型航空货运市场，UPS 在亚洲广泛的区域内布局了轴辐式网络。2009 年以来，UPS 将其主要区域枢纽从菲律宾马尼拉以北的前克拉克空军基地转移到了中国南部的珠江三角洲。尽管菲律宾枢纽在亚太地区处于中心地位，但 UPS 仍将区域枢纽迁往深圳，因为中国（尤其是珠江三角洲）在国际贸易中占据了更重要的位置。珠三角的电子贸易繁荣，UPS 珠三角枢纽的建立意味着当地工厂可以每天多生产几个小时，并且仍然可以发往亚洲各地并在第二天准时交货。在珠江三角洲枢纽的支撑下，UPS 积极扩张亚洲业务。2013 年，UPS 成为首家在越南的国际快递企业，并推出“新物流”概念，旨在完善物流网络、节省物流时间。2015 年，UPS 的国际业务日均包裹量增长到 272.6 万件，国际业务收入达到 115.17 亿美元。近年来，UPS 在快递市场包裹运输价格普遍下降的情况下，通过提高业务量，保持了收入的基本稳定。

UPS 还有一个位于上海的专门针对中国国内市场的额外枢纽，并且与扬子江快运（Yangtze River Express，YRE）合作形成了以上海浦东国际机场为中心的中国国内快递服务网络。UPS 的中国枢纽（上海）相对于亚洲枢纽（香港和深圳）的位置更靠北，这是由两个枢纽在各自网络中的中心性不同所决定的。上海枢纽的布局使得 UPS 在中国的轴辐式网络中总飞行距离降低。

相比于大型客运航空公司，UPS 的轴辐式网络更加灵活。由于应用轴辐式网络带来的路线减少，UPS 每晚都有数架空货机于美国上空飞行，以应对意外的需求或更换停飞的飞机，这种短期调整使 UPS 的网络具有高度的动态性。此外，不同于航空客运运输，航空货运运输对迂回路线具有更大的容忍度。因此，航空货运的运输网络高度集中，绝大多数集中于这些枢纽间的线路上。UPS 物流网络中流量最大的线路是从安克雷奇到路易斯维尔的线路，这条线路承载着来自不同始发地和目的地的货物，具有最明显的规模效应。

案例分析4-2

某烟草物流中心成品自动化物流系统设计

一、设计范围及设计依据

成品物流系统的设计范围从装封箱机组后的件烟输送开始，至成品发货装车为止，包括成品并道输送、出入库、码垛分拣和排出、返回通道。

（一）物流单元

1. 存储形式采用自动化高架立体库形式。

2. 存储物料用成品实托盘和空托盘组。

（1）承载工具：托盘尺寸（$L\times W\times H$）：1 250mm×1 000mm×150mm。额定载重≥800kg；自重≤50kg。

（2）托盘底部中心位置预留有RFID电子标签安装位置。

（3）空托盘组按10个一组进行堆码。

（4）考虑到设备的安全空间和更好地利用原料库空间，每个货格按存放2个正常烟包来设计。

其中，物料形式、托盘品类包括以下内容（如表4-48、图4-66所示）。

表4-48　物料形式

种类	箱体规格（mm）	备注
软包	447×237×550	件烟
硬包	455×255×575	件烟

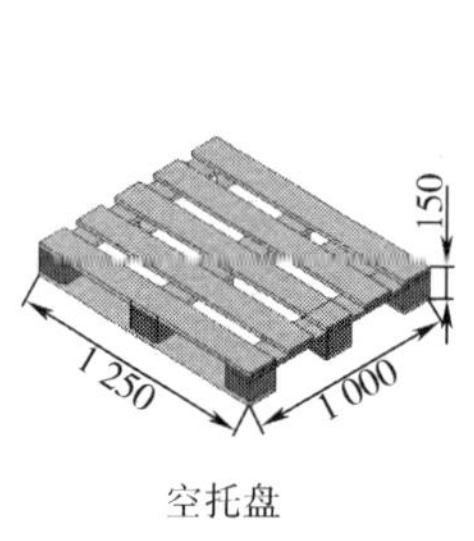

空托盘

空托盘组

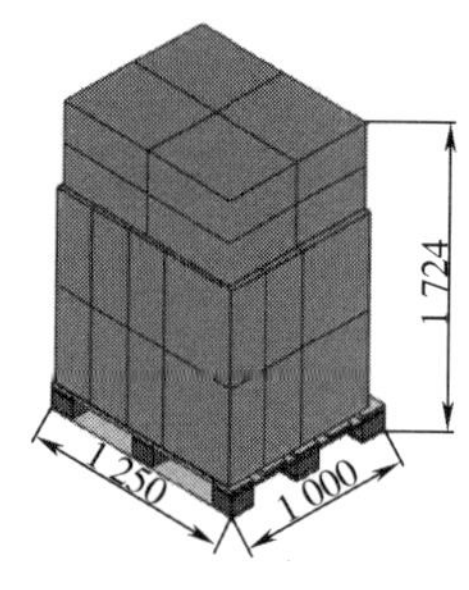

成品实托盘

图4-66　托盘品类

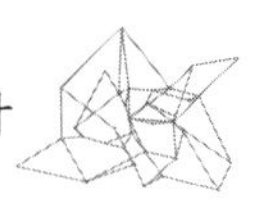

（二）物流系统基本功能和技术标准

1. 按“先进先出”“入库优先”的原则进行出库作业，并可按要求指定货位出库。

2. 库内各巷道成品的数量能根据生产、库存情况进行自动提示优化。

3. 成品托盘在高架库中均衡存放于各巷道中，不会因某一巷道堆垛机出现故障而影响到正常出入库。

4. 码盘方式为28件/托盘（货架按30件/托盘设计），码垛托盘与装封箱机组关联。

5. 成品物流系统的出库能力满足日峰值发货量的需求，如果出现特殊时段发货量大于峰值，可适当延长发货时间。

6. 信息载体为RFID。

7. 成品入库端设立检测装置，扫描工程码和件烟商品码，解决断痕码、错码、重码、污损码、信息不完整码等质量问题，并进行自动剔除。

8. 成品发货系统考虑了整托盘发货通道。在成品入库输送线上设置了检查人工检查破损、触角、污损、封口不严、双封条等质量问题的取样工位。

9. 设计了抽检、不合格品退库功能。

10. 实现了成品全过程信息采集、跟踪。

11. 发货形式以件烟出库为主，考虑少量整托盘出库情况。

12. 出入库方式要求出入库区分别在两端，成品二层码垛入库，一层出库。

二、物流系统流程设计

（一）入库区流程

各品牌成品件箱装封箱后进入成品高速分拣系统。经条码识别合格的烟箱，由高速分拣系统分拣入机器人码垛缓存通道；条码识别不合格的烟箱则被剔除。机器人码垛后的实托盘由巷道堆垛机送入系统指定的货位存放。需要抽检的成品实托盘经外形检测和信息检测均合格之后送入高架库存储。

（二）出库区流程

管理调度系统根据发货单生成出库任务，按先入先出原则将成品烟实托盘调出，拆成件箱。分拣系统扫描合格的成品件箱供人工装车；不合格的剔除，进行人工处理。需要进行整托盘发货的成品托盘由专用的整托盘出库口扫码后直接装车发货。成品拆垛出库后产生的空托盘送至托盘码垛工位，堆码为10个一组的空托盘组，送至指定的货位存放。对于生产的无码烟，进行贴码操作，然后进入分拣系统，完成发货任务（如图 4-67 所示）。

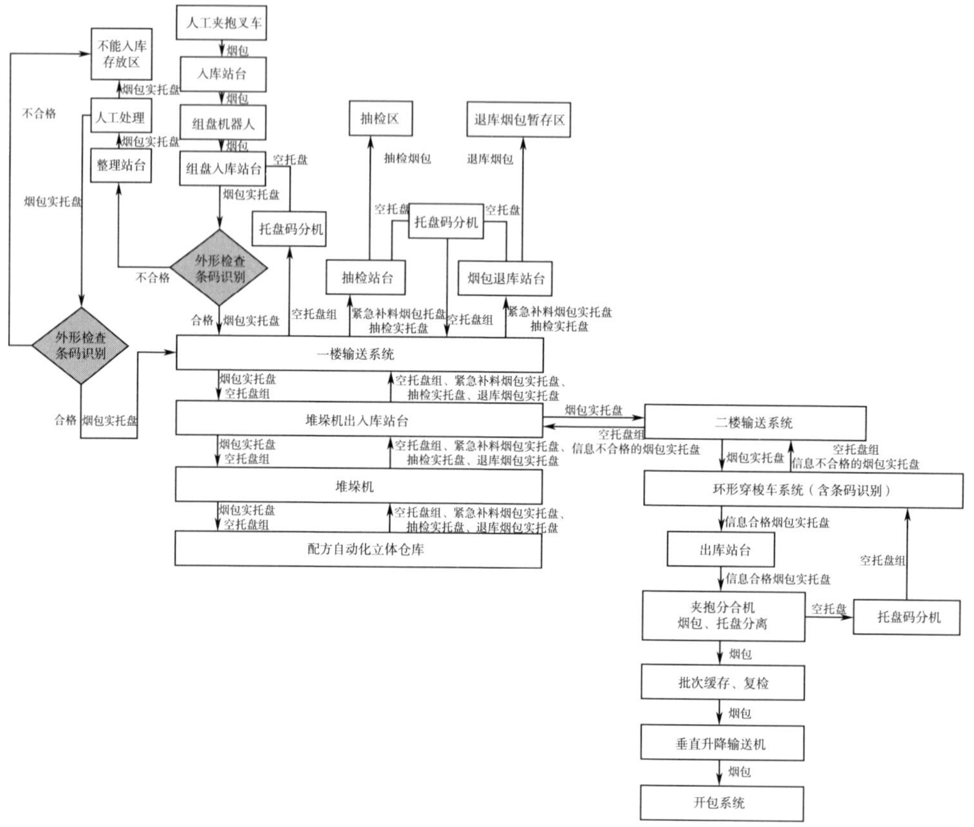

图 4-67 物流系统流程设计图

三、物流系统其他条件及基础数据

（一）土建作业

1. 系统入库区地面标高为±0.00m。
2. 货架区地面标高为±0.00m。
3. 系统出库区地面标高为+4.500m。
4. 制丝车间一层地面标高为±0.00m。
5. 物流设备可使用的最大空间高度为 19.85m。
6. 系统卸货、入库区不设置月台。

（二）消防要求

系统高架库内消防采用高压细水雾喷淋，喷淋方式为顶喷式。

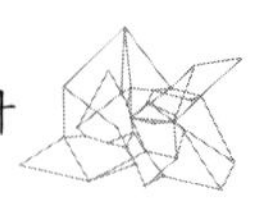

（三）工作制度

1. 年工作日为 250 天。

2. 物流系统工作时间。

3. 入库二班制/天，工作时间每天 16 小时。

4. 出库一班制/天，工作时间每天 8 小时。

（四）基础数据

按年产 80 万箱，存储 10 天的用量；发货能力：自动拆垛、分拣发货量不小于 4 000 箱/天。

四、数据分析及计算

（一）入库区流量①

1. 件烟入库量②。

（1）中速机组：7 000支/分钟，14 组；8 500支/分钟，2 组。

（2）高速机组：10 000支/分钟，6 组；12 000支/分钟，2 组。

（3）中速机组总生产能力：14×7 000＝98 000支/分钟，2×8 500＝17 000支/分钟。

（4）高速机组总生产能力：6×10 000+2×12 000＝ 84 000支/分钟。

（5）按照每件烟包10 000支香烟计算入库量。

第一，每小时入库量＝（98 000＋17 000＋84 000）支/分钟×60 分钟/小时÷10 000支/件＝ 199 000支/分钟×60 分钟/小时÷10 000支/件＝ 1 194件/小时。

第二，考虑设备的综合利用系数为 0. 8，所以按1 194件/小时×0. 8＝955. 2 件/小时，取 956 件/小时。

第三，系统件烟入库量按 956 件/小时设计，956÷5＝191. 2（箱/小时）。

2. 实托盘入库量。

每小时入库量＝956 件/小时÷28 件/托＝34. 14 托/小时。

因此，系统实托盘入库量为 34. 14 托/小时。

3. 空托盘组出库流量。

每小时入库 34. 14 托，需要 34. 14 个空托盘，每个空托盘组按 10 个 1 垛码

---

① 成品物流系统的设计能力：年产量 80 万箱/年，考虑到淡旺季不均衡、月不均衡系数、日不均衡和小时不均衡等因素，因此设计时需考虑 1. 3 的综合不均衡系数。

② 由于该物流中心属于生产型成品库，其入库量由其生产能力决定。

放，需从库内调出空托盘组为：34.14/10=3.41（垛/小时）。

4. 入库区系统流量

34.14+3.41=37.5（托/小时）。

（二）出库区流量

1. 件烟发货流量。

成品日最大发货量为4 000箱。

2. 件烟出库量。

每小时出库量=4 000箱/天×5 件/箱÷7 小时/天=2 858件/小时。

系统件烟出库量按2 858件/小时设计。

3. 实托盘出库量。

每小时出库量=2 858件/小时÷28 件/托=102.07 托/小时。

4. 空托盘组入库流量。

每小时出库 102.07 托实托盘，产生 102.07 个空托盘，每个空托盘组按 10 个 1 垛码放，需返回库内的空托盘组为：102.07/10=10.2 垛/小时。

5. 出库区系统流量。

102.07+10.2=112.3 托/小时。

（三）系统总流量

1. 成品库系统最大出入库流量为 37.5+112.3=149.84（托/小时）。

2. 堆垛机能力。

149.84÷5=30（托/小时），30 托/小时÷0.9=33.33 托/小时。

（四）货位数

1. 设计货位数。

12 排×16 列×13 层×3 货位=7 488货位，总高为 18.55 米。

储存单元按 28 件/托计。

2. 存储量。

209 664件，即41 932.8箱，存量为 13.7 天的用量。

存储单元按 30 件/托，存储量为224 640件，即为44 928箱，存量为 14.7 天的用量。

五、方案系统设计

（一）区域平面布局设计

系统由一层出库区和二层入库区两个部分组成。包括成品件烟入库区、入库

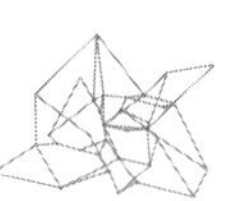

输送系统、入库分拣系统、成品自动化立体仓库、出库输送系统、出库分拣系统等部分（如图 4-68、图 4-69 所示）。入库时，成品件烟在车间生产完成后，经由入库输送系统进入入库区，再由入库分拣系统完成件烟码垛，以实托盘形式进入成品自动化立体仓库。出库时，实托盘经由出库输送系统进入出库区，再由出库分拣系统拆垛，检验后供人工装车。

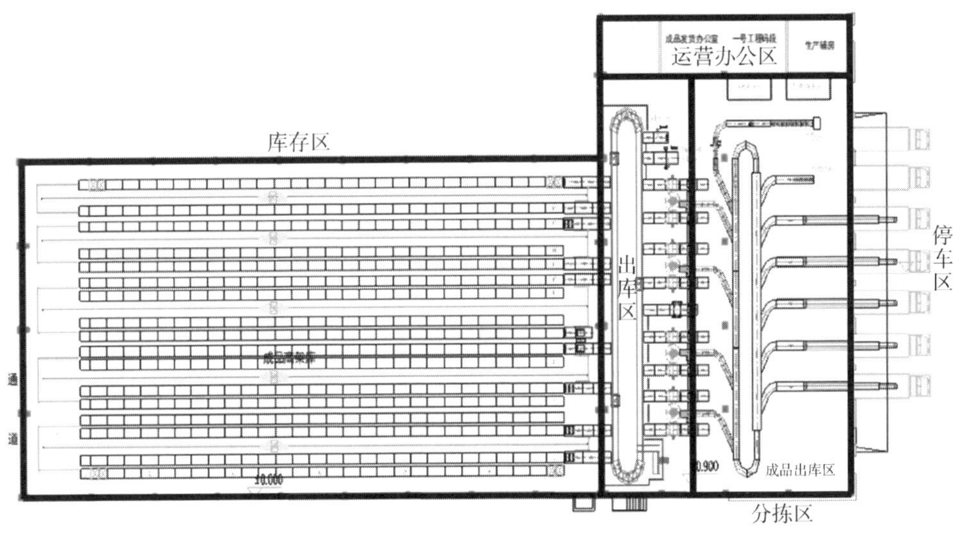

图 4-68　一层出库区平面布局图

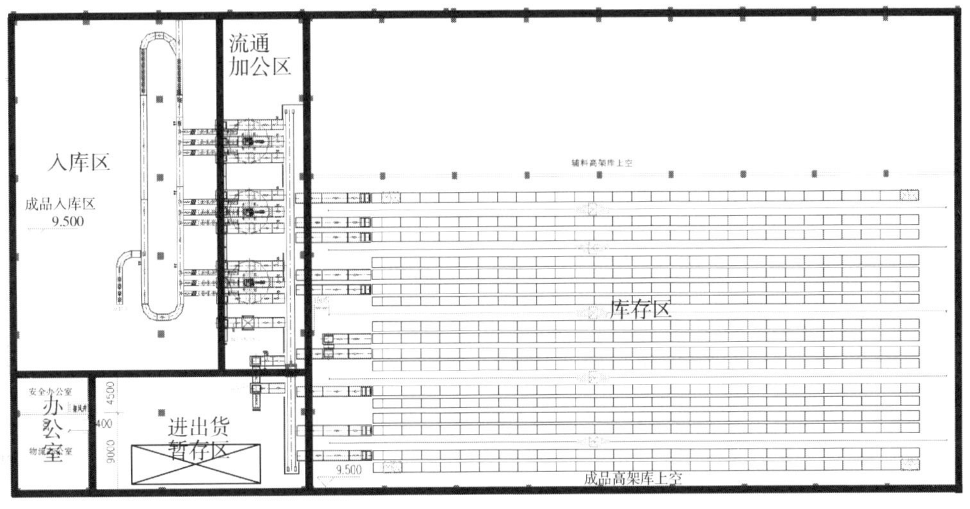

图 4-69　二层入库区平面布局图

（二）系统作业流程

1. 成品入库区流程。

各品牌成品件箱装封箱后，经烟箱连续提升机送至二层，进入成品高速分拣系统。经条码识别合格的烟箱，由高速分拣系统按不同的装封箱机关联要求，分拣入对应装封箱机的机器人码垛缓存通道供机器人码垛；条码识别不合格的烟箱则在不合格烟剔除口剔除。

机器人码垛后的实托盘则通过往复式穿梭车和输送机系统送到计算机管理系统指定巷道堆垛机的取货站台，由巷道堆垛机送入系统指定的货位存放（如图4-70所示）。

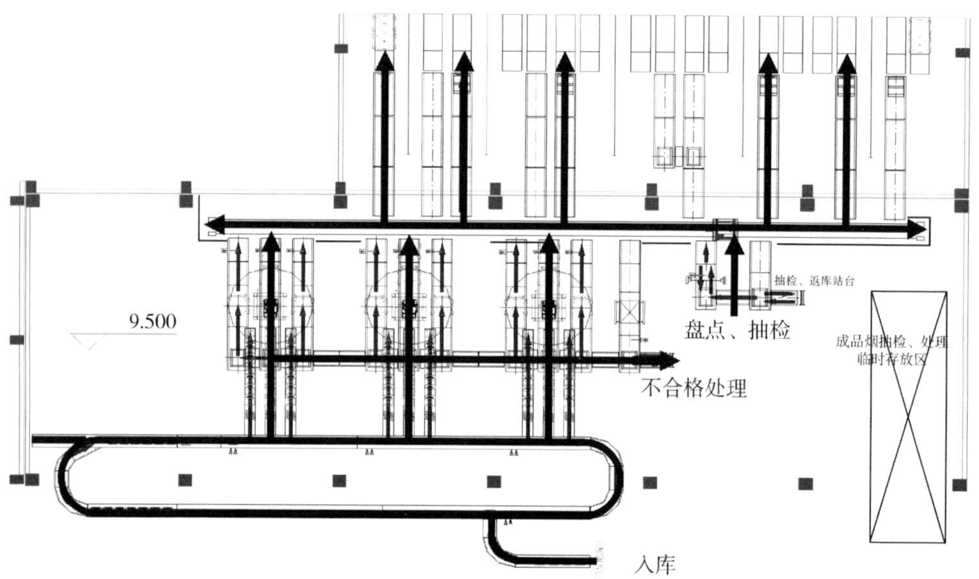

图4-70　成品入库流程图

2. 成品出库区流程。

管理调度系统根据发货单生成出库任务，按先入先出原则将相应品牌成品烟用实托盘调出，由巷道堆垛机将成品托盘送到成品托盘出库口，同时出库口处的发货电子显示屏显示发货信息。成品托盘通过穿梭车送至对应的拆垛工位，由成品拆垛机器人拆成件箱进入成品高速分合流系统。高速分合流系统对件箱进行条码扫描，合格的成品件箱分至各相应的伸缩链板机，经一号工程扫码后供人工装车；不合格的成品件箱由剔除口剔除进行人工处理。

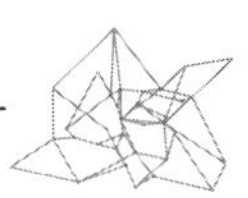

需要进行整托盘发货的成品托盘由出库输送系统送至专用的整托盘出库口，经一号工程扫码后由人工叉车叉取直接装车发货（如图 4-71 所示）。

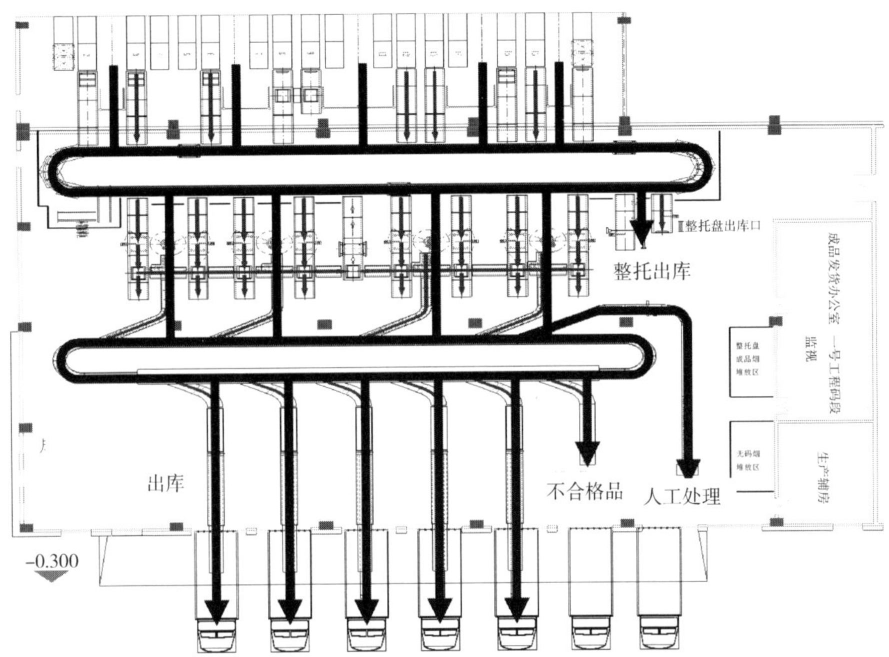

图 4-71　成品烟实托盘出库发货以及整托盘出库流程图

第五章　产业集群与物流集群

【学习目标】

1. 了解产业集群的相关概念，能够对产业集群进行量化识别与辨析。
2. 掌握物流集群的内涵与相关特征。
3. 熟练运用物流集群的甄别方法。
4. 熟练运用供应链集群的甄别方法。

【重点与难点】

1. 产业集聚与产业集群的区别。
2. 产业集群的辨识方法，产业集聚程度相关计算。
3. 物流集群与供应链集群的甄别与计算。

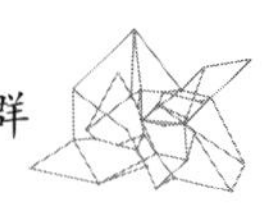

第一节　产业集群

一、产业集群与产业集聚

（一）产业集群和产业集聚的含义与关系

1. 产业集群

1990年，美国哈佛大学商学院教授迈克尔·波特（Michael E. Porter）出版了《国家竞争优势》一书，首次提出产业集群概念。波特认为，产业集群是处于同一个特定产业领域且相互联系的企业或组织，在区位上集中的现象。产业集群有助于相互竞争的企业提高竞争力，对特定产业的发展和国家竞争力的增强有重要作用。

产业集群（Industry Cluster），也称为“产业簇群”“竞争性集群”“波特集群”，是指某一行业内的竞争性企业以及与这些企业互动关联的合作企业、专业化供应商、服务供应商、相关产业厂商和相关机构（大学、科研机构、制定标准的机构、产业公会等）聚集在某特定地域的现象。例如，信息技术企业和相关厂商、相关机构等在美国硅谷的聚集。

产业集群的发展是一个逐渐演进的过程，集群成员从相互选择到密切协作需要时间的积累，有非常活跃的创新交流过程，并形成社会网络化。产业集群是由大量相关企业按照一定的经济联系集中形成一个有机的整体；是一种与某一产业领域相关，由企业及相关支撑机构组成，相互之间密切联系，在空间上集聚，并形成强劲、持续竞争优势的现象。在一特定区域下的一个特别领域，存在着一群相互关联、具有竞争与合作关系、在空间上集中、有交互关联性的企业、专业化供应商、服务供应商、金融机构、相关产业的厂商、专业协会以及其他相关机构等组成的群体一般被称为产业集群。

2. 产业集聚

1890年，英国经济学家阿尔弗雷德·马歇尔（Alfred Marshall）出版了《经济学原理》，首次提出产业集聚这一经济现象，并从“内部经济”和“外部经济”的角度研究了产业集聚。产业集聚（Industry agglomeration）是指，同一产业在某个特定空间区域内高度集中，产业资本要素在空间范围内不断汇聚的一个过程。集聚是指相同或相似的事物在空间集中出现并在空间集中的过程。产业集聚包括产业的空间分布形态，特别注重产业从分散到集中的空间转变过程。产业集聚在某一共同空间发展，可以共享基础设施，带来规模经济效应。

3. 产业集群与产业集聚的关系

产业集聚可以形成产业集群，但并不是所有产业集聚都可以形成产业集群。虽然有的产业集聚在一起，但是相互之间没有联系，就不能形成产业集群。因此，产业集聚只是产业集群形成的一个必要条件，而非全部条件，产业集聚和产业集群的异同点如表 5-1 所示。

表 5-1　产业集聚与产业集群的异同对比

	产业集聚	产业集群
距离	近	近
经济	规模经济效应	规模经济效应
空间	一定区域内	一定区域内
侧重点	上下游互补与合作	空间区位相对集中
企业关系	有形实体的依附、互补	无形实体（知识、信息）的交流

（二）产业集群判断标准

产业集群的辨认，即确定产业集群是否存在，以及内部产业、内部企业之间是否存在联系。辨认产业集群需要确定集群的主导产业、产业链甚至价值链上的相关产业等内容，是一个循序渐进的过程。目前，产业集群判断方法主要采用区位商法、影响因素分析法（如波特案例分析法）、投入产出分析法。

1. 区位商法

区位商法属于定性研究产业集群的基础，通过区位商系数可以判断区域是否存在产业集聚的现象。

2. 影响因素分析法

影响因素分析法是通过分析产业集群存在的优势和发展的原因来辨认产业集群的，例如基于企业层面的波特案例分析法。这种方法主要受专业化区域利益或政策关注所驱动，反映了核心地区的利益，以及集群对于企业的支持及有效策略的选择。该方法与区位商等多种方法相结合，在现实中应用得较为广泛。

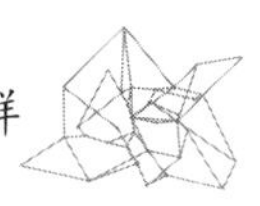

3. 产业集聚的量化与甄别

运输成本的限制是造成产业空间布局分散的主要原因，而规模外部经济和较大的市场需求是造成产业空间布局集中的主要力量，并且行业集中一旦建立起来就会凭借自我强化作用继续保持下去。因此，对前后向产业关联程度高的加工制造业而言，其企业的空间接近带来的外部经济比较显著，相对较易形成产业空间集聚。例如，食品行业的产业布局受运输成本的影响较大，其产业集聚程度不高。因此，食品产业的产业集聚程度不显著。那么，食品产业作为加工制造业的一部分，是否存在产业集聚现象。目前，运用波特案例分析法对产业集聚程度进行测算，产业集群度的计算公式如下所示：

$$\alpha = F - M = \left\{J - \frac{1}{K^*}\right\} - \left\{H - \frac{1}{N}\right\} \tag{5-1}$$

其中：

α 为产业集群度；

N 为企业（工厂）的个数；

K 为 $K^* = \min[N, K]$，K 为大小基本相同区位单元个数；

H 为 $H = \sum_{n=1}^{N} Z_n^2$，Z_n 为产业第 n 个企业的就业人数在所在产业的总就业人数的比值；

J 为 $J = \sum_{k=1}^{K} S_k^2$，S_k 为第 k 个地区的就业人数与该产业全部地区的就业人数的值。

式（5-1）中，F 与 M 分别是消除企业个数影响的区位集中度和产业集中度，有了 F 与 M 值则可以计算 $\alpha(0 < \alpha < 1)$。例如，某地区共有两座城市，该食品行业共有 3 家企业，有两家企业市场份额分别是 0.6 和 0.3，均归属一座城市；第三家企业市场份额 0.1，归属另一座城市；整个地区共 5 家工厂，且该地区共 100 名员工，两座城市各 50 名员工，计算食品产业集聚程度。

$$H = 0.6 \times 0.6 + 0.3 \times 0.3 + 0.1 \times 0.1 = 0.46$$

$$J = 0.5 \times 0.5 + 0.5 \times 0.5 = 0.5$$

$$\alpha = (0.5 - 0.5) - (0.46 - 0.5) = 0.04$$

该地区食品行业的集聚程度为 0.04。

在得到产业集聚程度指数 α 后，可以根据 α 、F 与 M 的取值对某一产业进行产业集聚分析。

（1）高产业集群度情况说明。具体有以下几种：

第一类，区位集中度高、产业集中度低的部门。该类部门区位分布集中，企业规模较小，市场份额变得均匀，从而形成较多小规模企业在某一地区“扎堆”的现象。空间集聚度主要由区位集中度决定。

第二类，区位集中度高、产业集中度也高的部门。该类部门区位分布集中，企业规模较大，市场份额也较集中。由于企业的兼并或企业规模扩张集中于少数特定地区，从而区位集中加强的同时产业集中也在加强；由于前者集中程度远高于后者，因此形成空间集聚；由于部分区位集中是由产业集中所致，因而空间集聚程度一部分被产业集中抵消。

第三类，区位集中度低但产业集中度更低的部门。由于后者远低于前者，形成部分小规模企业在少数特定区域的空间集聚，因此空间集聚度较高。

（2）产业集群度低情况说明。具体有以下几种：

第一类，区位集中度偏低、产业集中度偏高的部门。该类部门区位分布较散，但企业个数较少，市场份额集中，规模内部经济对该类部门的作用较大，导致空间集聚度较低。

第二类，区位集中度低、产业集中度低的部门。该类部门区位分布很分散，市场份额也比较均匀，形成小规模企业在区位上的分散分布，因而产业集中度低。

第三类，区位集中度高、产业集中度也高的部门。该类部门区位分布集中度高，企业数量少，但市场份额集中，规模内部经济对该类部门的作用较大，导致空间集聚度较低。相较于第一类情况，该类区位内企业虽少，但依旧集中，故产业集中度也高。

二、产业集群竞争优势

（一）集群动力机制及优势竞争结构

1. 迈克尔·波特国家及企业竞争优势理论

（1）企业竞争优势。企业竞争力由五个基本的竞争作用力构成，这些力量的总和决定了产业的获利潜力，即产业集群的活力。波特认为，影响产业竞争态势的影响因素主要包括产业内既有厂商之间的竞争、新进入者的威胁、客户的议价能力、供应商的议价能力和替代品或者服务的相关威胁（如图 5-1 所示）。除了产业与企业策略以外，波特将该理论应用延伸到国际竞争上，并提出在国际间竞争，企业可以将活动延伸到几个不同的地点，并借着全球性网络协调，让不同地点的活动产生潜在的竞争优势。

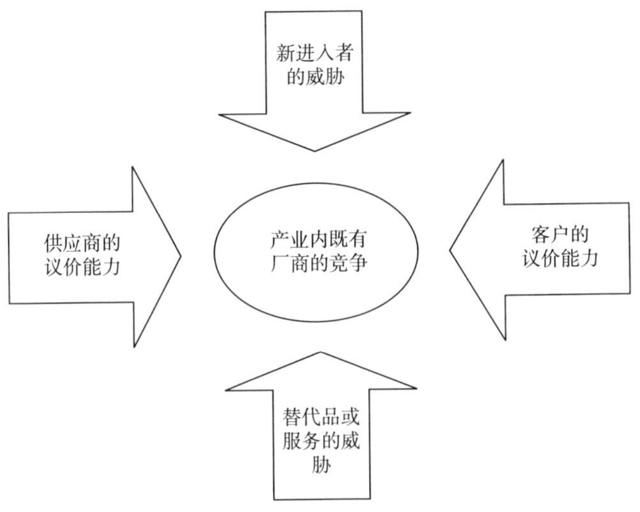

图 5-1 波特五力模型

（2）国家竞争优势。

①钻石理论。钻石模型用于分析某一国家的某一产业在国际上具有较强竞争力的原因。波特认为，决定一个国家的某种产业竞争力的因素有四个（如图 5-2 所示）。

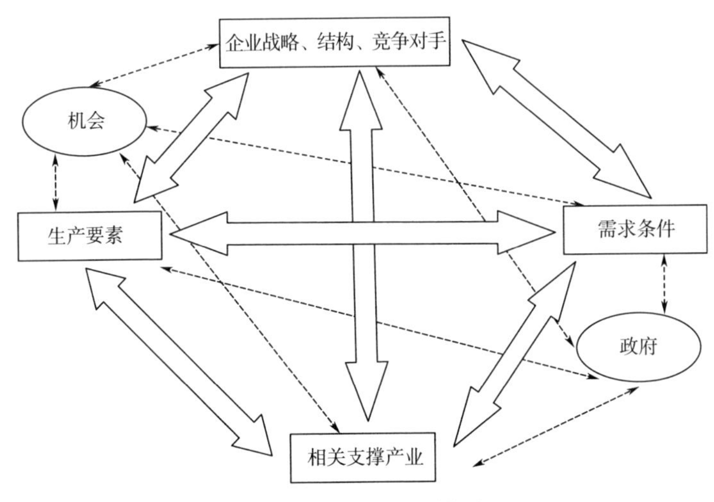

图 5-2 钻石理论模型

第一，生产要素。包括人力资源、天然资源、知识资源、资本资源、基础设施。

第二，需求条件。主要是本国市场的需求。

第三，相关产业和支持产业的表现。这些产业和相关上游产业是否有国际竞争力。

第四，企业的战略、结构以及竞争对手的表现。

②国家竞争力发展。波特认为，从国际竞争观点看，每个国家可以根据本国的产业表现，分成四个不同的竞争优势阶段（如图 5-3 所示）。每个阶段所强调的产业要素、产业环节、企业战略和政府的产业政策都不同。

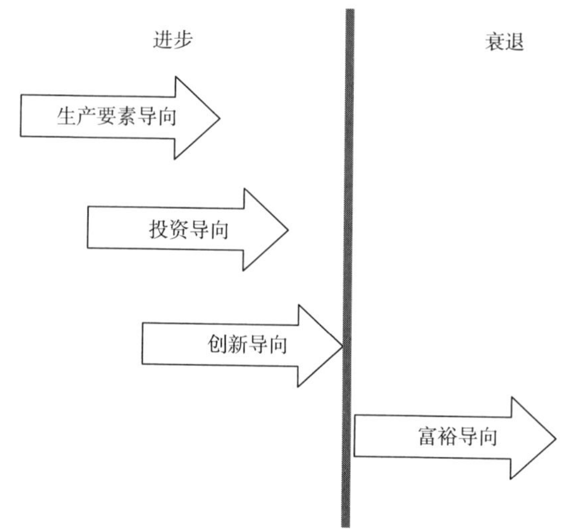

图 5-3　国家竞争力发展阶段

第一，生产要素导向阶段。成功的产业只依赖于钻石体系中的基本生产要素。

第二，投资导向阶段。国家的竞争优势不再依赖于天然资源，而是依靠创造性的生产因素、国内市场需求、同行业的竞争等钻石体系中的三个因素发挥作用。

第三，创新导向阶段。许多产业已有完整的钻石体系，使其获得竞争优势。

第四，富裕导向阶段。由于社会的富裕，企业投入意识、冒险精神、创新竞争意识衰退，出现经济衰退和国家竞争优势下降。

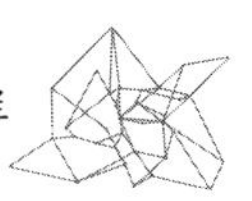

2. 安德森产业集群网络结构

安德森（Andersson）认为，产业集群的网络结构内涵界定为产业集群内外部各个行为主体之间在交换资源、传递信息等活动过程中发生联系时建立的各种正式和非正式关系的总和。在产业集群的网络结构中，各个行为主体之间在交换资源和传递信息过程中所形成的关系，既包括基于产业链的专业化分工所形成的市场交易和基于共同利益所形成的协作等正式合作关系，也包括基于共同的社会文化背景和在信任基础上所形成的社会资本等非正式关系。在产业集群网络结构中，产业集群主要涵盖了贸易部门、相关部门及其支撑机构。贸易部门主要包含了中间品供应商、加工服务、咨询机构和合同开发部门。相关部门主要包括拥有相似技术、能够相互分享劳动力并且相互之间拥有相似战略的部门。支撑机构主要包括进行研发活动的高校、国家实验室，进行专业技术人员培训和进行规制开发的相关机构。产业集群网络结构图如图 5-4 所示。

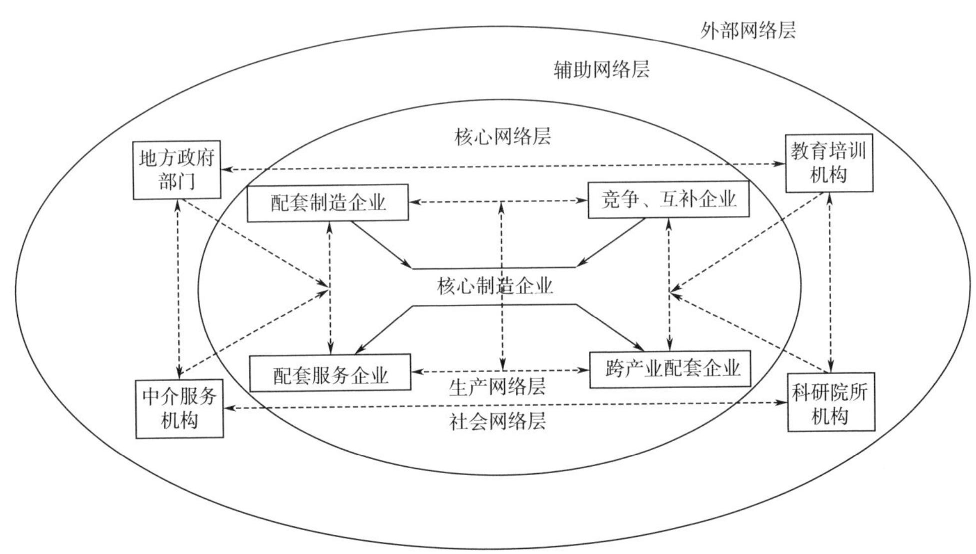

图 5-4　产业集群网络结构

其中，核心网络层是产业集群网络结构的第一层，这一层以各类的企业为网络节点。在产业集群网络结构中，企业作为最重要的经济单元，是创造价值和实现价值增值的最直接的行为主体，因此核心网络层在产业集群网络结构中处于最为重要的位置。辅助网络层是产业集群网络结构的第二层，这一层以地方政府、高校科研机构、金融机构和中介机构等为网络节点。在产业集群网络结构中，这些行为主体并不直接创造价值和实现价值增值，主要为核心网络层的企业提供技术、人才、资本和咨询培训等服务功能，因此辅助网络层在产业集群网络结构中处于辅助地位，对核心网络层起到支持服务作用。外部网络层是产业集群网络结构的第三层，这一层以产业集群以外的企业、高校研究机构、产业集群和外部市场等为网络节点。

（二）产业集群分布规律

1. 经济发展形成模式

产业集群的成长，可以看作是资本向空间上某一点的集中过程。在产业集群形成的初期，由当地投资者最先建立某种加工业的雏形，然后在天时地利人和的种种条件下经过循环因果累积过程，成长起产业集群。所以，自发形成的产业集群多集中在各国经济相对发达的地区。

例如，意大利的纺织业、钢铁、机械、瓷砖、家具、食品、石材及石制品等多数产业集群，都集中于其经济相对发达的北部；德国的钢铁、医疗器械、汽车、工具机、印刷机、化学制品等产业集群则多集中分布于德国经济发达的南部与中部地区；美国的电子信息产业集群则主要分布在技术人才相对集中的西部硅谷和波士顿的环 128 号公路沿线地区；中国的纺织品、服装、鞋类、文化用品、家具和大量的日用品的产业集群多分布于经济发达的珠江三角洲和长江三角洲地区。例如，浙江省是一个地方专业化经济的典型，其境内专业化的产业集群众多。其中，最能体现产业集群分布优势的是位于意大利普拉托的快时尚产业集群。普拉托是欧洲华人密度最高的地区，温州商人在这片土地上创造出一个新产业——PRONTO MODA，意为快时尚产业，支撑起当地的纺织业，让普拉托成为欧洲著名的纺织品集散地，现在这座城市制造的服装产量占意大利的 30%。在普拉托快时尚产业集群的孕育期，普拉托的温州人利用其强大的社会关系网络，吸引了来自国内及意大利周边国家地区的众多温州人不断涌入普拉托。

2. 资源地形成模式

最初促成某种产业向某一具体空间点上集中的，有必然因素，也有偶然因素。与资源开采相关的产业集群，其分布都集中在资源分布区，这就属于必然因素。例如：沙特阿拉伯以石油开采、炼油、石油化工等产业为主体的产业集群都分布在油田区；瑞典以森林工业、木材加工工业、造纸工业为主体的产业集群集中分布在森林资源丰富的地带；丹麦以农畜产品加工为主形成的包括啤酒、肉类

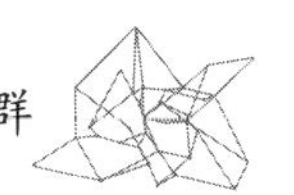

加工、乳制品加工、胰岛素生产、发酵技术与设备制造等产业集群，分布在农业与畜牧业发达的地区。

第二节 物流集群

一、物流集群概述

（一）物流集群要素

2012 年，美国麻省理工学院教授尤西·谢菲（Yossi Sheffi）出版了《物流集群》一书，首次提出物流集群。谢菲提出，物流集群是众多物流园区或物流企业的商业活动在空间上的聚集，是一种直观的多经济空间现象。谢菲认为，物流集群的发展能够推动全球经济增长，同时刺激集群相关区域的多产业经济多元化，物流集群一个非常重要的作用是创造就业，其自身结构属性决定创造的就业机会涵盖从低技能工人到高管各层次人员，跨度大、集中度高，不外包。

产业集群是以企业集群为基础的地方产业集聚现象，形成需要一定的初始条件和比较优势，即必须具备支撑产业集群的资源禀赋。同时，也需要一定的社会经济条件。而影响物流集群形成的主要因素包括区位条件、物流人才、产业环境、市场需求。

物流集群（Logistics Cluster）是指，以物流企业为主体，连同相关物流服务供应商、下游企业和辅助机构（建立相关标准的机构、行业协会）聚集在一定的空间范围内，并保持竞争优势的物流产业组织形态。物流集群以交通运输枢纽设施（港口、机场、铁路货运站、公路枢纽）、科研开发组织（物流技术、物流信息平台）、管理部门为依托，以第三方物流企业为核心，运输、仓储、装卸、包装、加工配送、物流信息及其相关制造、流通企业在空间上的集聚现象。其中，拥有完备的物流基础设施、分工协作关系明确、竞争优势明显的物流园区是物流集群的表现形式。

由于外部经济效应会降低物流生产与交易成本，基于利润最大化的原则，企业更愿意向生产成本低的区位区域集中，而物流产业的不断聚集扩大了区域物流业的市场规模，进而促使更多追求降低交易成本的物流企业在此生产布局，这种“锁定”效应使得集聚效应自我循环，不断强化区域聚集能力。此外，物流集群带来的物流集聚效应通过辐射相邻地区，强化了地区间的外部经济效应，从而推动整个地区的经济增长。

1. 区位条件

区位条件是特定地域的一种资源禀赋，是决定地方生产方式与发展路径进而决定产业集群形成的重要基础。物流集群有着特定的区位空间，物流园区多以交通枢纽为中心分布，且在业务上依托交通枢纽设施，离开交通枢纽设施就失去了存在的意义。区位优势本身就是物流集群形成的最重要的资源，交通运输枢纽设施是各种运输的交汇点，是货物集散的重要场所，是物流活动的主要平台。例如，ZARA 以位于萨拉戈萨的 PLAZA 物流园为核心，以萨拉戈萨铁路多式联运中心、萨拉戈萨海运内陆港站及萨拉戈萨机场等专业化运输枢纽为支撑，包括德鲁尔物流平台等十多个物流园区的大型物流集群。其物流集群，基于具有区位优势的内陆欠发达地区，依托优良的综合交通条件和政府的高效服务与支持，是支撑 ZARA 极速供应链反应的必要条件。

2. 物流人才

物流人才主要包括与集群产业相关的企业家和专业劳动力群体，是物流集群形成的核心动力。物流园区是企业家和物流专业劳动力创业和工作的重要平台，物流园区的区位位置使其更靠近资源和市场，可以取得更大程度的比较利益、规模经济和聚集效益。物流园区正逐渐成为区域性的人才中心，吸引了大量潜在的企业家和物流专业人才资源，成为物流集群形成的重要基础。

3. 区域产业环境

物流集群的形成需要良好的区域产业环境，主要包括基础设施及配套基础产业。物流设施的共用性为集群内企业的发展提供了良好的外部条件。从物流产业的性质和特征看，其关联的行业包括铁路、公路、水运、空运等运输行业，也包括储备、邮政、电信、海关、商检等公共行业，这些行业的基础是公共性质，物流集群可以充分利用这些公共设施。物流集群的形成要求作为基础产业的铁路、公路、水运、空运、货运代理等相关行业，在运能规模、技术含量、货运代理量、管理水平等方面都发展到一定水平。

4. 第三方物流企业

市场需求使得物流集群以第三方物流企业为核心，其形成和发展离不开市场上对第三方专业物流的大量需求。物流业是一个服务性产业，物流园区的形成和

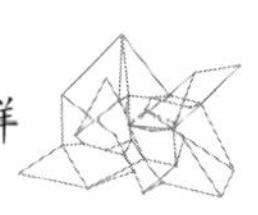

建设与当地经济发展水平和物流市场的需求紧密相关，只有以足够的物流市场的需求为基础，物流集群才有形成和发展的可能性。

伴随着全球经济一体化，各企业为增强市场竞争力，业务上日渐核心化。专业化分工使得物流业务从大量的企业中分离出来，结果导致了第三方物流需求的增长，客观上也促进了物流集群的形成。因此，近年物流集群得到许多国家与地区的重视，发展趋势逐年增加。

（二）物流集群发展模式

物流集群包括区位导向型、产业依附型、功能关联型三种发展模式（如图5-5所示）。

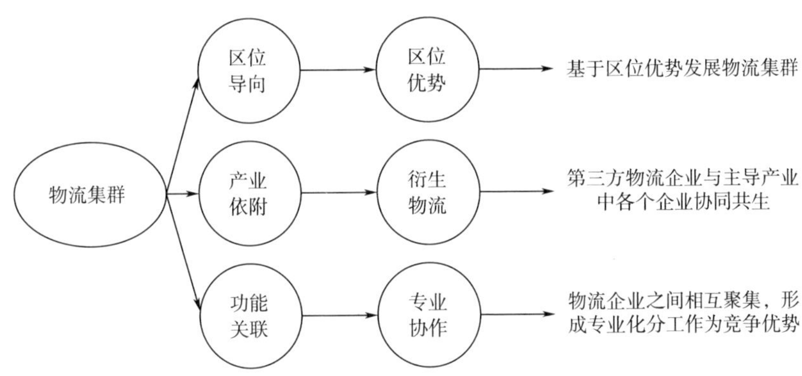

图5-5　物流集群发展模式

1. 区位导向型物流集群

企业为了充分利用区位优势而形成的产业集群，称为区位优势导向集群。物流的发展受制于区位条件、经济条件、交通条件等，所以一些物流企业以区位优势作为企业选址的主要因素，从而导致了大量物流企业集中在某一地方发展。这些区位优势包括廉价劳动力集中地、信息和技术发达地、原材料或燃料集中地、产品的主要市场交易地、交通运输枢纽地等。因此，物流园区的规划要依据地区优势条件正确定位，体现出运输枢纽型、区域物流组织型、商贸型、综合型等不同类型园区的优势，形成各具特色的物流产业群。在重要的交通枢纽地、几种运输方式的结合部，则可以建设综合性较强的物流园区；而依托开发区，则可以建设专业型物流园区。综合型物流园区具有多功能、高层次、集散功能强、辐射范围广的特点，在某区域内有突出地位，能起到示范作用。而开发区物流可以为外资企业提供准时、快捷、高质量的现代物流服务。例如，在苏、锡、常等高新技术密集的地区，已形成苏州高新物流、苏州新加坡工业园园区物流、无锡高新物流及常州新区物流。

2. 产业依附型物流集群

物流产业是第三产业，为其他产业提供物流服务。因此，为了更接近客户，有些物流企业会以其客户所在地作为自己的选址依据，这样依附于制造业或商业等发展的物流集群称为产业依附型物流集群。这类物流集群与其他产业结合形成产业链共生关系，从而共同发展。例如，德国大众汽车、奔驰汽车等在物流园区安置生产厂区，由物流园区中的物流企业为其提供零部件、原材料、装配以及产成品的加工配送。并且，为推动主导产业的发展，政府可能会引进物流产业作为支持产业，形成与其他产业相结合的物流园区。因此，有些地区的物流园区规划中也包括出口加工区、生产加工区、临港工业园区、贸易流通区、商品交易区，甚至有物流设备展示和批发市场等。这些与其他产业共生的模式都是可以参考的发展模式。

3. 功能关联型产业集群

功能关联企业和功能上有间接关联企业的区域聚集，是形成不同产业集群的重要因素，企业之间的功能关联主要表现为两个方面。

第一，垂直型集聚，即企业因相互之间的垂直纵向联系而形成的集聚。若干个企业或工厂之间有原料生产、供应和加工销售的联系，或产品生产过程中的许多企业在同一区位上集中而形成的聚集都称为垂直型集聚。因此，一些功能侧重点不同的物流企业集聚形成物流集群。例如，运输业、仓储业、加工业等构成物流供应链的上游下游，可以使得区内通过分工与协作，形成功能完整的物流链。既可为顾客提供全面的物流服务，又能实现规模生产、降低单位产品的生产成本。实现专业化分工以及在交易过程中的密切合作，可以获得外部范围经济。

第二，协作型集聚，即由专业化协作和原料、辅助材料和燃料有密切协作关系的企业而形成的聚集。这类聚集的共同点是企业之间都具有密切的协作关系。物流企业集群中常会以某些大型的综合物流企业为中心，其他相关物流企业集聚到一起，共同完成物流链中相同物流业务，这种集聚就是协作型集聚。从事相同物流业务的物流企业的空间集聚，可以实现相同部门的中小企业数量增加，整体规模增大，从而使无法获得内部规模经济的单个企业实现合作基础上的规模经

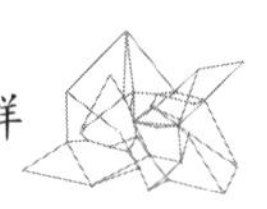

济。例如，东京和平岛物流园区内以 1 个 12.7 万平方米的仓库为中心集聚了 30 多家物流企业，1 个 8.6 万平方米的货运站台集聚了 40 多家企业共同使用。

（三）物流集群优势

1. 规模效应

物流企业在空间上的集聚，使原本综合实力相对较弱的中小企业在集群内汇集成一个产业群，形成区域品牌，提高自己的知名度，靠整体营销来共同参与市场竞争；集群内的物流企业所提供的物流服务由原来单一的服务变为现在多层次、多样化、分散化的服务，可以更好地满足企业对物流的需求；由于集群内企业众多，可以增加交易频率，降低区位成本，使交易的空间范围和交易对象相对稳定，因此有助于减少环境的不确定性，从而减少企业的交易费用。这些都是源自物流集群的规模经济性，但并非物流企业之间的集群都能带来规模经济，运输工具的营运费用与运输工具尺寸之间没有同比增长的关系。例如，在跨太平洋的航程上，8 000 个 20TEU 的超巴拿马型船与满载 4 000 个标准箱的巴拿马型船相比，每箱成本要减少 200 美元。大型运输工具的成本优势鼓励发货人不断整合物流业务活动，扩大运输规模。

2. 平台经济效应

物流企业集群可以实现对区域内信息资源的共享。现代物流企业的高效运作离不开功能完善的信息平台与信息系统的支持，而信息资源的共享则通过信息平台实现。凭借信息平台，集群内的物流企业可以统一协作规则、共享政策法律支持等；凭借信息平台，集群内的物流企业可以较容易实现及时供货、合理运输、零库存、全面质量管理等物流管理目标；信息资源的共享，还有利于促进专业化分工和物流业务外包，推动建立一个强有力的竞争战略联盟。

3. 多元效应

集群内的企业处于自由竞争状态中，资源的共享为集群内的物流企业集中发展本企业的核心业务，并在集群化的过程中产生深度的专业化分工，从而实现资源的专业化利用创造了条件。处于同一物流环节的物流企业在既竞争又合作的关系中最终走向联合，实现技术互补、知识联盟、共同对抗集群外的竞争，从而推动整个产业的优化和升级。根据产业集群理论思想，物流产业在空间上集聚会带来“外部经济”效应，这种效应的存在会强化区域集聚能力。外部经济效应会降低物流生产与交易成本，基于利润最大化的原则，企业更愿意向生产成本低的区位区域集中，而物流产业的不断聚集扩大了区域物流业的市场规模，进而促使更多追求降低交易成本的物流企业在此生产布局，这种“锁定效应”使得集聚效应自我循环，不断强化了区域聚集能力。此外，物流集聚带来的集聚效应通过辐射相邻地区，强化了地区间的外部经济效应，从而推动整个地区的经济增长。其中，承运人聚集的转运物流枢纽成为物流集群的天然地点。例如，UPS 在路易斯维尔围绕特定的承运人的业务展开。中国香港、荷兰鹿特丹则依托于大型港口。有些物流集群则依托于铁路枢纽，包括巴西圣保罗、英国伯明翰等。即使有些物流集群没有大型港口或机场，但依托于高频次、小批量取货送货依旧能从大量集运服务中获得收益。

4. 拉拨与追赶效应

物流企业间的接近和了解，加强了互相影响。由于竞争障碍的减少和攀比心理的作用，物流企业间的竞争会加剧，后进企业更容易模仿先进企业，先进企业为保持竞争优势会更努力创新。同时，由于相互支撑的相关物流企业之间存在着“拉拨效应”，即物流集群内的某些企业可以因集群内那些先进的相关企业的拉拨而提升竞争力。例如，庄臣、劲量两家公司的配送中心都位于亚特兰大，成为当地物流集群的一部分，这两家公司都通过第三方物流企业进行配送服务的协同运作。在此之前，庄臣、劲量两家公司的部分货物在运输路径上有大量重叠，第三方物流企业整合了直达货车的运量，提高了运输效率，由一家整车承运人承运，两家公司的货量被整合在了一辆拖挂车中，两者共担运输费用，共同维持两家公司目的地的服务效率。

5. 辐射效应

有活力的物流集群在其发展过程中会对优秀人才和企业以及资金产生强大的吸聚力，其自身逐步形成了自增强的机制。同时，物流集群在自身增长极的形成过程中，又逐步开始了发挥增长极作用的过程，即通过辐射作用带动所在地区及周边地区的物流产业和其他产业的发展。物流产业的集聚会促进创新、技术和知识等优质要素的聚集，而“产业区”的形成降低了物流企业的进入壁垒，新企业的不断进入增强了区域竞争态势，催生大量先进技术与创新知识，进而在物流产业区产生技术溢出效应与知识溢出效应。通过技术溢出效应，物流集群内的小物流企业拥有较高的先进技术基础，提高了企业生产效率，降低了技术开发费用，促进了物流企业的发展；通过知识溢出效应，物流企业之间实现了信息互通

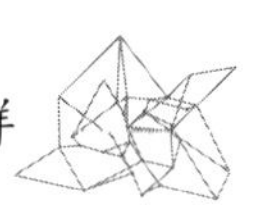

与经验互换，降低了企业生产过程中的学习成本，推动“产业区”内物流企业的不断发展并推动区域经济的发展。

物流集群所诞生的“产业区”，可以引导各供应商更加靠近客户。例如，孟菲斯一地就有400家货运企业，很好地证明承运人希望把营运作业放在能够找到货物的地方。由于PLAZA和其他小的物流园区的发展，当发货人搬进阿拉贡的物流集群时，把机动车承运人也带到了这个地区。众多运输商的存在，带来多样的服务内容以及有竞争力、稳定的价格，集群的规模越大，集聚辐射效应也就越强。

（四）物流集群的量化甄别与分析

物流集群是具有竞合关系的各类物流企业在区位空间上的集中现象，物流集群有助于提升城市参与全球产业分工的能力，对优化配置物流资源、促进区域经济转型升级有重要意义。物流集群的形成融合了众多生产性服务业和多类型物流设施，具有服务业集群和基础设施集群双重属性，加之物流集群概念出现时间较短，对其要素构成、边界、通道、运行机制等研究尚处于起步阶段，现有服务业集群有关动因、区位与空间组织，以及交通枢纽的量化甄别、优化模拟等研究难以全面解释物流集群的形成、发展与演化等问题。因而，对于物流集群的量化甄别的实证分析始终较为缺乏。在保留LQ、HCLQ的基础上，可以增加物流就业密度（Logistics Employment Density，LED），改进MIT运输与物流研究中心提出的物流企业占比系数（logistics Establishments’ Participation，LEP）指数以进行物流集群的量化甄别。

1. 水平集聚区位商（HCLQ）

水平集聚区位商（HCLQ），主要用以弥补区位商没有考虑区域内产业绝对规模的缺陷。通过实际就业和预期就业差，反映就业绝对规模对区位集中的影响。水平集聚区位商的计算公式如下所示：

$$HCLQ = E_{ig} - \hat{E}_{ig} \tag{5-2}$$

其中：

E_{ig}为g地区i产业的就业人口；

$\hat{E}_{ig}$为$LQ=1$时预期的g地区i产业的就业人口；

$HCLQ>0$表示g地区在物流业中的就业集中度高于整个国家，$HCLQ$有利于识别物流活动集中幅度。

与 LQ 相比，HCLQ 值表征的物流集群层级结构更分明，围绕核心城市形成的区块式集聚形态更显著，表明绝对就业优势较相对就业优势更能反映物流发展的地域差异。以我国为例：东北地区产业转型过程中资源型产业物流需求下降、物流市场创新活力不足等影响了物流集聚能力提升；而跨区域的西南、西北地区呈现出较显著的集聚效应；中部地区多为沿海地区物流集群的经济辐射区域，集聚不显著。

2. 物流企业占比系数（LEP）

LEP 主要用来削弱以“就业”为核心的测度指标对物流活动的影响，而转向凸显外部规模经济效应对物流活动的影响。在数据可得性基础上，将物流企业工商注册的注册资金作为规模大小的区分依据，以改进 LEP 的计算方法。物流企业占比系数的计算公式如下所示：

$$LEP = \sum^{j} ES_{jg} / \sum^{j} ES_{jn} \tag{5-3}$$

其中：

ES_{jg} 为 g 地区 j 类型的物流企业数量；

ES_{jn} 为全国范围内 j 类型的物流企业数量。

【例 5-1】在我国有关中小企业划分标准基础上，考虑物流企业工商注册数据质量，将注册资金 10 万元及以下、10 万～500 万元、500 万～1 000 万元、1 000万元以上，分别代表小微、小型、中型、大型的物流企业，用 $i=1$，2，3，4 表示，权重设置为 1，2，3，4。该指标的校验值依据“80/20”原则，80%全国性物流枢纽城市满足检验值，视为发育良好的成熟物流集群；80%区域性物流枢纽城市满足检验值，则视为具有发展潜力的新兴物流集群。

以上海与江苏地区主要城市的 HCLQ 值和 LEP 值，判断上海与江苏地区是否形成冷链物流集群。

解：第一步，根据就业人口数据及预期就业人口数据计算各城市的 HCLQ 值。上海市冷链物流产业

$$HCLQ = E_{ig} - \hat{E}_{ig} = 1\ 238\ 500 - 311\ 945 = 926\ 555$$

第二步，根据当地物流企业数量数据及整个上海、江苏地区的数据计算。上海市冷链物流企业集中度

$$LEP = 46/362 = 0.127$$

其他地区依此类推。

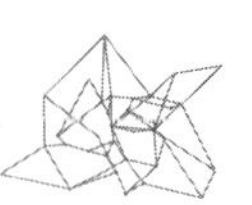

第三步，根据计算结果（如表 5-2 所示），对上海及江苏地区的冷链物流集群程度进行判断。在可获得数据的 14 个城市中，有 12 个城市满足 $HCLQ>0$，14 个城市满足 $LEP\geqslant 0.001$，同时满足 HCLQ 和 LEP 判定值的城市 12 个，可见冷链物流的发展还处于较为集中的状态。且计算地区整体的 HCLQ 值与 LEP 值后发现，该地区冷链物流集中程度较高，可以被称为物流集群。

表 5-2　上海与江苏地区 HCLQ 与 LEP 计算结果

城市	E_{ig}	整个地区就业人数	城市所有产业就业人数	地区产业就业人数	$\hat{E}_{ig}$	$HCLQ$	ES_{jg}	ES_{jn}	LEP
上海	1 238 500	14 486 900	4 423 621	205 435 260	311 945	926 555	46	362	0. 127
江苏	867 421	25 636 614	4 423 621	205 435 260	552 031	315 390	114	362	0. 315
南京	290 800	4 600 000	4 423 621	205 435 260	99 051	191 749	39	362	0. 108
无锡	58 323	2 042 532	4 423 621	205 435 260	43 982	14 341	9	362	0. 025
徐州	83 027	1 656 682	4 423 621	205 435 260	35 673	47 354	7	362	0. 019
苏州	107 994	1 305 288	4 423 621	205 435 260	28 107	79 887	26	362	0. 072
南通	48 886	2 982 294	4 423 621	205 435 260	64 217	−15 331	6	362	0. 017
连云港	57 223	822 677	4 423 621	205 435 260	17 715	39 508	3	362	0. 008
淮安	33 791	1 253 236	4 423 621	205 435 260	26 986	6 805	3	362	0. 008
盐城	35 933	1 191 627	4 423 621	205 435 260	25 659	10 274	2	362	0. 006
扬州	41 528	1 899 473	4 423 621	205 435 260	40 901	627	8	362	0. 022
镇江	22 074	734 346	4 423 621	205 435 260	15 813	6 261	4	362	0. 011
泰州	37 482	1 565 427	4 423 621	205 435 260	33 708	3 774	1	362	0. 003
宿迁	13 935	804 263	4 423 621	205 435 260	17 318	−3 383	2	362	0. 006
常州	36 407	1 305 288	4 423 621	205 435 260	28 107	8 300	14	362	0. 039

二、供应链集群

（一）集群与供应链

供应链集群（Supply Chain Cluster），又可称为集群式供应链。供应链集群是指，在特定集群地域中，存在围绕同一产业或相关产业价值链不同环节的研发机构、供应商、制造商、批发商和零售商以及终端客户等主体，以“供应商（服务商）—客户”为关系，以客户需求为导向，以提高质量和效率为目标，以整合资源为手段，以“创新、协同、共赢、开放、绿色”为特征，实现产品设计、采购、生产、销售、服务等全过程高效协同的组织形态，通过“信任和承诺”非正式或正式的契约方式进行连接，形成基于本地一体化的集群式供应链。集群地域供应链核心企业的非唯一性和生产同业性，导致在该地域中供应链的多单链性和生产相似性，集群中每条单链式供应链企业不仅内部之间相互协作，而且不同单链的企业存在着跨链间的协调。同时，还游离着大量位于这些单链式供应链之外但在集群地域之中的专业化配套中小企业，配合和补充着这些单链式供应链生产。推进供应链集群发展，有利于加速一、二、三产业融合，深化社会分工，提高集成创新能力；有利于建立供应链上下游企业合作共赢的协同发展机制；有利于建立覆盖设计、生产、流通、消费、回收等各环节的绿色产业体系。供应链集群与物流集群之间没有直接的联系，但两者在演化、协同机制和成员构成上都存在相似的地方。

1. 供应链集群的构成

（1）核心层。供应链集群的供应商、制造商、批发商、零售商和终端客户等组织，依据供需关系，形成基于本地一体化的供应链；同时，供应链上的节点企业根据市场需求、技术能力不同，进行跨链间的有选择性的连接，在集群中形成敏捷性的供应链网络。而每条供应链以核心企业为主体，将上游和下游的企业紧密联系起来，以信任为基础密切合作，不断提高整条供应链的运作效率。

产业集群内是否能清楚地找到企业间的供应链联系，关键是看集群内是否存在一批实力较强的供应链核心企业，供应链上的企业虽然彼此独立，但其结构并不是松散无序的。由于核心企业在链上的“组织”功能，所以有能力吸引并“控制”上下游配套企业进入供应链，非核心企业也有动力自觉地进行调整以适应核心企业的需求，两者密切协作成为战略合作伙伴，进而保证了供应链的一体化运作。根据核心企业之间实力、规模、品牌、技术等方面的差异，将围绕其形成的供应链分为以下三类：

第一类，核心企业在研发、品牌、关键零部件生产上具备一定的竞争优势，能够对上下游企业进行资源整合配置，与之相配套的上下游企业也具有一定的实力，易于实现整个供应链的协同运作。

第二类，以一些中小型企业为代表，具备一定的规模和经济实力，但在品牌和技术方面相对薄弱，与之相配套的上下游企业也较弱些。

第三类，主要是一些小型的生产加工组装企业，规模小，范围窄，技术能力

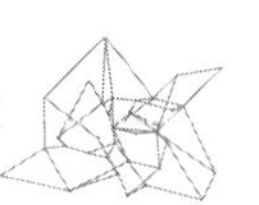

缺乏。以核心企业为主导形成多条供应单链，供应单链内部及单链之间的相互关系，构成了供应链集群的核心部分。

（2）辅助层。集群式供应链的外围还存在许多辅助性机构。例如，地方政府、科研机构、金融机构和中介机构等，构成了集群式供应链的辅助层。虽然辅助层不是构成主体，但却是集群式供应链的重要支撑。地方政府制定相关优惠政策，完善集群公共设施，营造利于集群发展的外部环境，推动集群持续发展；大学和科研机构为产业集群提供先进技术，是其技术创新的源泉和持续发展的根本动力；金融机构建立健全融资体系和融资渠道，构建健康有序的金融环境，不断提高产业集群竞争力；中介机构在为集群企业提供信息和培训服务的同时，还为政府和企业间架起桥梁和纽带。

2. 供应链集群中的物流活动

从供应链上物流分工与合作的角度看，只有当企业内外部资源和能力要素所形成的竞争优势相匹配时，供应链物流成员之间的合作才能成功。由于成员之间的合作以整体的方式进行，其相互之间有些能力要素可能互补，而有些可能相互冲突，这些要素匹配互补所带来的收益被相互之间的冲突减少，导致供应链物流综合效率下降。因此，进行进一步的深化分工虽然可以提高集群企业的效率、降低成本，但由于分工产生交易，又会引起或增加交易成本。滋长所有产业集群发展的一个因素，是供应商迁到集群中，方便供应商更好地为客户服务。为此，交易成本与分工精细化程度之间不断博弈，达成两者均衡的过程，即未来集群式供应链物流组织分工、演化、发展的基本路径（如图 5-6 所示）。例如，乐高公司、高乐氏等供应商都给供应链集群中的大型零售商的配送中心供货，为了降低制造商和零售商之间的产品交易成本，无论是产业供应链还是物流活动都会相互接近和聚集。

在很多情况下，进入物流集群的企业很容易成为当地供应链集群中的核心成员。其中，两者在概念上并不一定是子集的关系，但物流集群的形成会促进供应链集群的形成，不断增加的物流量会吸引更多的企业聚集在一起。所以，供应链集群与物流集群是螺旋交替上升的演化过程。

供应链集群由物流价值驱动，而物流活动需要发挥一体化的效用。从供应链集群的成因及结构看，物流是在供应链基础上形成的，物流形成的空间价值和时间价值在供应链上形成了供应物流、生产物流、销售物流和回收物流。在一系列物流活动的驱使下，供应链上的各个成员因降低交易成本、减少库存占用而形成

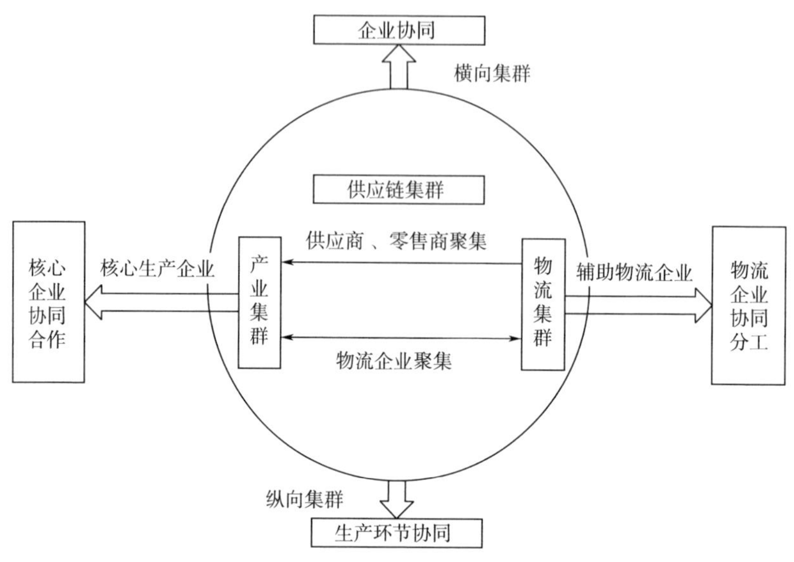

图 5-6 物流集群与供应链集群

共享物流价值的利益共同体，最终能够为客户提供一体化物流服务。在供应链集群内部，集群企业内和企业间均存在着物流活动。企业内的物流活动包括运输、仓储、配送、包装、流通加工、装卸与搬运、信息处理等；企业间的物流活动包括采购物流、生产物流、销售物流、回收物流等。例如，世界第一大港口上海港，强大的国际海运能力使得整个供应链集群因其物流能力而出名，并且业务相近的企业因为有类似的物流需求而被吸引到相同的物流集群，继而吸引其上下游企业到相同的物流集群形成物流集群的子集群，最终形成一个庞大的供应链集群。物流集群中的企业会将核心业务整合进供应链中，专注于提高相对于竞争对手的竞争优势。政府通过主导学术机构、政府机构、协会和相关产业来发展供应链，以便在供应链中催生创新和新知识的传播（如图 5-7 所示）。

3. 供应链集群的演化布局

随着分销模式及物流集群的持续变化，供应链集群也不断调整。新的生产模式、消费模式和基础设施的改善改变了全球供应链的连通性、速度和容量。在我国，供应链集群的高速发展主要集中于沿海城市，如天津、上海、广州、深圳等城市坐拥着北亚枢纽（DHL）、亚太枢纽中心（UPS）、联邦快递转运中心等枢纽中心。因此，许多跨国企业在选择配送中心、工厂地址时格外看重其客户所在的

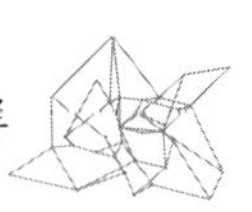

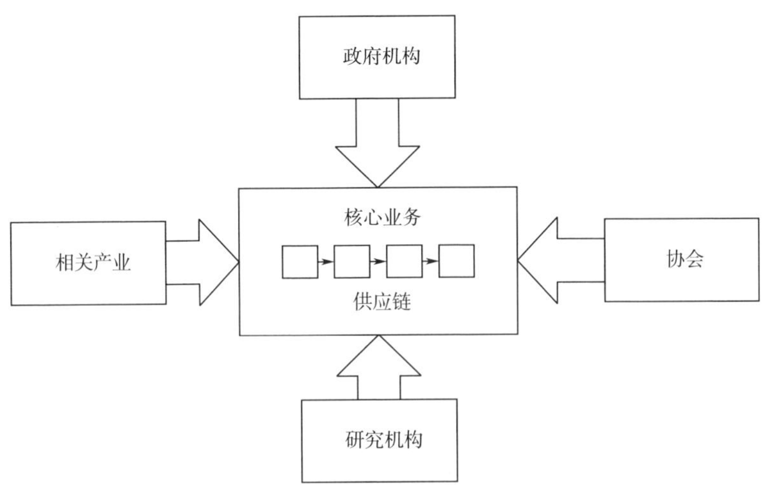

图 5-7　集群与供应链

供应链集群的位置。例如，英特尔（Intel）将几乎所有的 PC 制造业务转移到了上海、深圳，但重庆、成都等新一线城市的迅速崛起吸引了英特尔公司大量客户的转移，而英特尔公司也随之将制造中心、配送中心进一步向中西部转移。新兴城市的崛起正刺激着物流集群的兴起，以将业务范围扩展至这些新兴城市，将其融入原有的贸易经济体系中去，从而促使新的供应链集群的演化形成。

（二）供应链集群网络协同

供应链集群的核心在于充分利用产业集群和物流集群的管理优势，帮助中小企业在整个价值链的各个环节上进行协作，从而应对激烈多变的市场竞争。

1. 供应链集群网络横向协同

供应链集群网络横向协同是指，通过横向协作，即在同一个供应链集群中，在不同供应链中处于相同环节的企业进行协作，集群中的每一位成员企业都能从规模效应中受益，同时，不会对供应链的柔性产生影响。通过批量采购以获得更低的订货价格，并通过各自的生产能力来获得更多的订单等。供应链集群网络，使中小企业能够在价值链中的一些关键环节取得突破。通过发展策略、核心技术和流程优化，改变受制于人的局面，甚至能够使中小企业与行业巨头在国际市场上竞争。

2. 供应链集群网络纵向协同

供应链集群网络纵向协同是指，通过纵向协作，按照产品的生产顺序阶段，对企业之间的资源进行分配，并通过信息系统进行信息交换。通过行业垂直协同，供应链中上下游企业间开展合作，企业可以专注于某些核心业务，以外包方式实现分工协作。单条供应链中的各个企业进行合作实现专注于企业的核心业务，以外包的形式实现分工协作。企业之间的协作有助于提高信息和技术的共享效率。总之，中小企业可以通过共享资源来增强竞争力，从而在价值链中的关键环节取得突破。最终，整个供应链不但能够占据组件加工和组装等低附加值的环节，而且能够逐步向市场营销等高价值的环节出发，进而实现对整条供应链的掌控。

作为产业集群和供应链相耦合的新型企业网络，集群式供应链是一种真正的复杂动态系统，具有内在的复杂性。一方面，企业协同不能与企业个体的自治性发生冲突。集群中的每个企业都能进行自主决策和自治管理，具有合适的目标，并且通过某种协议联结起来。这就要求集群只能对每个决策者所制定的目标和策略施加一定的限制，保证企业在实现个体目标的同时，与集群中其他企业的目标不发生冲突。另一方面，集群式供应链的稳定性具有相对、局部的特征。市场交易是通过企业间的大量交互形成的，如果其中一个节点企业的作业出现无序或延迟对接，则会引起整个系统的变化，从而使既定的管理战略随之发生变化。最终可能导致集群不稳定或发生危机。这就要求系统间的协同要有柔性，能适时根据市场条件、竞争环境调整系统、变换战略，并且在调整变化中发挥系统中各要素间的最佳作用，实现整体价值的最大化。

（三）供应链集群量化与甄别

经产业集群、物流集群和供应链集群的详细区分后发现，供应链集群是产业集群中各主体自发性的聚集与物流集群中物流资源的整合与聚集共同促进而成的。由于衡量的是食品行业的供应链集群程度，若某种食品供应链上下游皆通过以上流程验证，则称该食品供应链集群已经形成，则供应链集群系数（Supply Chain Cluster Coefficient，SCCC）越大，说明供应链集群效应越明显，而后可以根据 HCLQ 和 LEP 的相对大小，对供应链集群进行相应划分。

目前，对于供应链集群的量化与甄别的相关研究尚处于起步阶段。综合产业集群与物流集群的量化甄别方法，以及两者的发展以螺旋叠加上升方式，对于供应链集群进行量化甄别时，应同时考虑两种集群的因素影响（如图 5-8 所示）。

第一，数据收集。为测算某一地区的某行业是否形成供应链集群，事先收集用于测算该地区产业集聚程度的 HCLQ、LEP 数据。

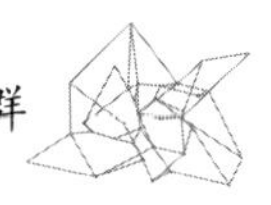

第二，计算产业集聚程度。测算该地区产业集聚度α，若测算结果$\alpha>0.5$，则初步判断该地区某产业集聚程度较高，具有供应链集群的前置条件之一。

第三，计算该产业的 HCLQ 值与 LEP 值。若测算结果 $HCLQ>0$ 且 $LEP>0.001$，则判断该行业在该地区形成了供应链集群。

第四，计算供应链集群系数，根据数值大小，判断供应链集群程度。

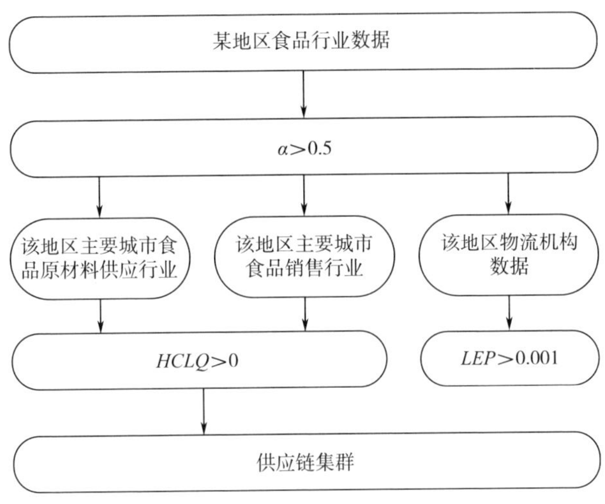

图 5-8 判断供应链集群流程图

案例分析5-1

中国鞋都——温州

2001 年，温州获得“中国鞋都”的荣誉称号后，名牌企业开始集聚于此，为集群所在地的区域品牌的构建奠定了雄厚的基础。现今，温州已成为我国最主要的鞋业生产基地，具有高度专业化分工与协作，产业规模优势突出，品牌集聚效应明显。目前，已形成由制鞋、制革、皮件三个主体产业和鞋材、鞋机、鞋植、鞋模、鞋饰等配套产业组成的工业生产体系，以及众多的专业市场和专业服务机构，发挥出极强的集聚效应。

21 世纪初，温州鞋业集群就已经形成了专业化分工协作的工业体系，且配套产业较完整，形成了配套产业生产基地与专业市场密切互动的专业化分工配套体系，建立起以专业化分工为基础的鞋业生产网络（如图 5-9 所示）。同时，温州鞋业集群当时已形成覆盖面广、遍布全国并通向国外的营销网络，在本地建立营销专业市场的同时也活跃在全国各地，光奥康、吉尔达和长城三家皮鞋企业，在全国各地设置的专卖店就达4 000家。

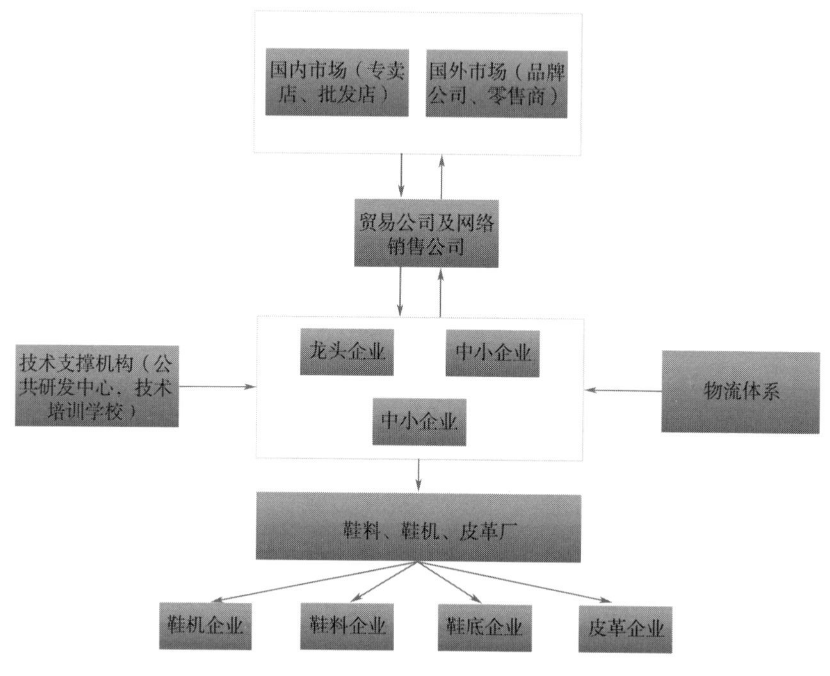

图 5-9　温州鞋业集群结构

温州鞋业集群专业分工配套完善、品牌集聚效应明显，已形成制鞋、制革、皮件三个主体产业以及制鞋材料、皮革机械、皮革化工等配套的高度专业化分工与协作的工业生产体系。在这个工业体系中，包括鞋材、鞋植、鞋机、鞋饰、皮革等生产企业，以及与其相关的各类专业市场、技术支撑机构、鞋业协会、营销渠道等，具有极强的集聚效应。相关产业在集群内的集聚，使得大量的鞋业相关信息在集群内流通，信息的及时性能够使制鞋企业快速对市场变化做出反应。与高度专业化分工与协作的工业体系相对应的是弹性专业化生产模式。温州鞋业集群内的龙头企业与中小企业在竞争的基础上进行协作，龙头企业自身在采取垂直一体化生产的同时，会将部分生产环节分包出去由一些中小企业进行生产，最终成品由龙头企业推向市场。弹性专业化生产具有高度的灵活性，专业化分工更加精细，实现了生产组织的网络化，从而提升了鞋业集群的整体竞争力。

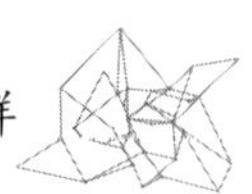

案例分析5-2

物流集群的典范——孟菲斯

美国的孟菲斯是全球物流集群的典范。第一代的产业集群起源于此，密西西比河流经田纳西平原，在这里兴建了港口，棉花、粮食、木材交易在这里诞生。第二代的产业集群是铁路时代，美国西部和东部的铁路在此交汇。第三代是公路运输集群时代，美国多家公路运输企业将货运节点设在这里。

孟菲斯已成为美国多式联运枢纽，众多的货仓，进出的货物，供应到周边8小时的辐射区，物流产业成为孟菲斯的支柱产业，有个集群效应的基础，才有FedEx（联邦快递）的进驻，这一进驻使孟菲斯成为全球知名的航空物流之都。

在孟菲斯枢纽设计之初，联邦快递的要求主要有二：其一，匹配客户需求；其二，匹配物流基础设施限制和运输工具限制。孟菲斯针对这两条要求设计了交错式航班抵港时间，避免了孟菲斯机场的拥挤。美国有多个时区，东海岸的人口集中区要比孟菲斯早1个小时开始一天的生意，而西海岸则晚2个小时。由于孟菲斯更靠近东海岸，因此孟菲斯飞往华盛顿的飞机可能在凌晨3点起飞，2个小时后在华盛顿当地时间上午6点降落，当地时间上午6点到港。联邦快递的飞机主要在晚上飞行，避开了客机高峰期，合理利用了非高峰期的时间。孟菲斯超级转运中心占地364公顷，占据了整个机场面积的25%，有一条东西长3 000米的货运专用跑道，跑道北侧有70万平方米的货机坪和160个货机位，货运专用跑道9-27号跑道的南北分布着货运设施，包括分拣设施、飞机库、飞机坡道区、停车场、飞行训练和燃料设施、行政办公楼和仓库。2016年5月，FedEx在孟菲斯超级转运中心开设FedEx冷链中心，旨在保护对温度敏感的医疗保健品和易腐货物的完整性，该设施占地面积83 000平方英尺，是FedEx全球冷链网络的组成部分。FedEx的全球网络分布于六大洲际区域：美国，加拿大，亚太地区，欧洲，中东、印度大陆和非洲，拉丁美洲、加勒比；采取“轮轴—轮辐”转运中心模式，即货物在大型的枢纽机场之间被运送，再转机前往靠近目的地的支线机场。孟菲斯是全球最大的超级转运中心，94%的货物都要通过孟菲斯超级转运中心进行处理。超级转运中心向全球220个国家和地区提供服务。每个月有超过5 000次航班通过孟菲斯超级转运中心，连接FedEx服务的每一个市场。孟菲斯独特的物流资源禀赋，带动了临空经济的发展。孟菲斯国际机场以航空物流业为核心，围绕空港核心作业区以FedEx为重点，包括UPS、西北航空在内的多家物流企业开展航空物流活动。依赖孟菲斯国际机场航空快递的优势，美国最大的隔夜药品检测中心、毒理监测中心、世界最大的眼角膜银行——国家眼科银行中心等生物科学类企业和全球最大的DVD分拨中心Tcchnicolor Video、世界最大的便携电脑维修点Solcctron公司都在孟菲斯机场周边布局。如今，孟菲斯已成为全美最大的医疗器械制造中心，还是美国中南部最大的医疗中心，不仅吸引多家医疗机构和保险公司入驻，还带动高知人群在此聚集。在此基础上，物流加工产业通过聚集，使得一些对物流时效敏感、订单随机性较大的高端制造业也入驻于此，进而带动商贸业和相关生产性服务业的聚集。

案例分析5-3

浙江织里服装供应链集群

浙江织里镇服装生产加工的产业历史较长，现有童装类企业12 600多家，高速缝纫机15万台，从业人员25万人。其中，外来人口20万人，年产各类童装4亿件（套），年销售额150亿元，国内市场占有率3%以上，产品辐射全国110个大中城市，童装产量和市场占有率连续10年保持全国首位。现今，织里童装已进入产业集群化发展阶段，形成了特有的生产成本优势、价格优势和规模优势，企业间逐步开始进行合理的分工和协作，相比国内其他童装产业集聚区竞争优势初步显现（如图5-10所示）。

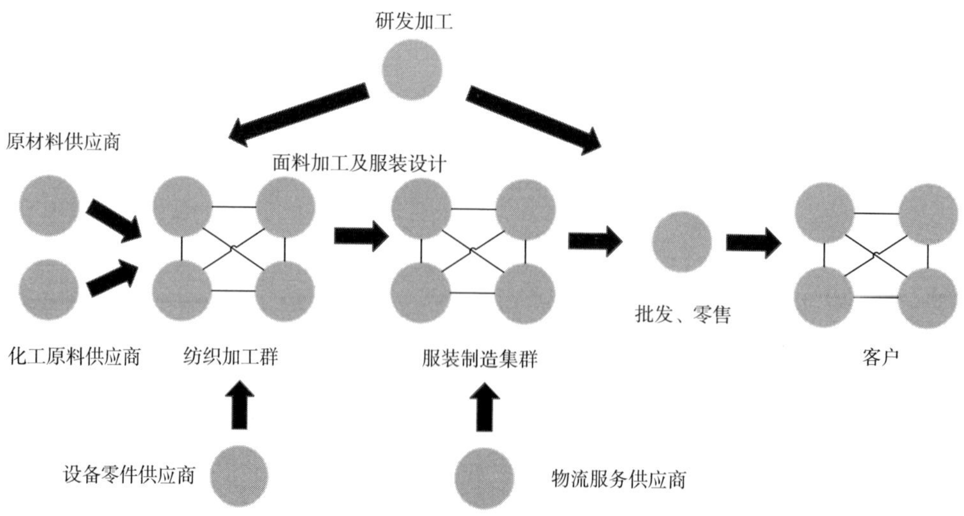

图5-10　织里镇服装供应链集群

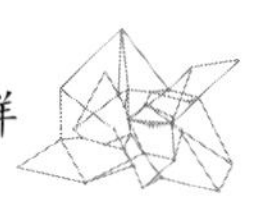

从图5-10可以看出织里镇童装产业的价值链网络。其中，原材料供应商872家、纺织加工企业1 487家、服装制造企业416家、设备零件供应商39家、联托运站37家。但是，织里镇服装供应链集群依旧存在以下问题。

第一，从产业集群产业链中关键主体的缺失看，主要表现为：关键的大型企业及其研发力量和销售中心不在集群中，集群内仅是为这些大型企业提供加工的企业；当地科研机构力量薄弱，区域创新系统不发达，在科技、信息等方面为集群企业提供的支持少；围绕产品的机械设备生产、原材料供应以及产品系列的开发等关键主体缺失或能力欠缺；同时，产业链中的支持和服务企业也相对缺乏。随着产业集群的不断发展，为集群整体提供物流、信息、金融、保险等生产性服务业的建设和完善成为一个迫切的任务。

第二，从集群产业链不同环节的水平差异看，突出的问题体现在两个方面：一方面，集群的重要优势之一在于专业化分工，但各个环节水平差异悬殊，导致产业链上下游能力不匹配，技术整合难度大，合作水平低，纵向分工程度不高，专业化产业链条短；另一方面，集群中产业节点关键技术掌握不够，使产业链环节存在“短板”，导致集群最终产品的质量和水平缺乏竞争力。就织里镇的童装集群而言，中间制造环节很大，装备水平很高，但前端的机械制造、服装设计和后端的品牌推广、销售渠道等能力都很弱，导致集群企业只能生产一些大众化的和低价值的产品，在全球产业价值链分工体系中仍处于较低的环节。

第三，从集群外围的区域服务支撑体系来分析，集群仍处于发展的初级阶段。集群的专业化分工是一个动态的、逐渐演进和深化的过程。经历产品生产专业化、生产工艺专业化、生产服务专业化三个发展阶段。这三个阶段在集群中同时存在，但在不同时期发展侧重点不同。目前，该集群的发展缺乏公共支撑平台，缺少与生产企业相配套的研发、行业协会、金融担保、信用、中介组织等社会服务体系，没有形成相互联系、相互依存的专业化分工协作的产业体系。

借助集群式供应链，中小企业可以通过各种协同模式（协同采购、协同设计、协同制造和协同销售），增强自身的竞争力，弥补关键主体的缺失，努力向价值链的高端环节移动。为了实现这一目的，就需要构建一些公共服务系统以支持集群式供应链的运营。对此，可分别从经济、管理、社会三个层面对织里镇的服装供应链集群进行分析。

第一，经济层面：企业之间的协调遵循基本的市场形式，每个企业最大化自身利润的同时，需要与其他企业共同寻求供需之间的平衡，在公共框架内完成协调个体利益的任务。在执行协同采购之前，需要对这一商业过程进行可行性评估，包括任务的复杂程度、利润的分配方案，以及对于额外工具、人员和计划的要求等。就织里镇的童装集群而言，由于多数企业仍为中小企业，资金和技术实力都欠缺，因此当地政府可以采取相应的扶持政策，构建服务体系来支撑协同采购的运营，当参与企业规模逐渐变大的时候，则可以转交给第三方来负责，从而帮助整个集群进入良性循环。

第二，管理层面：把产业集群看作一个复杂的生产系统，从生产组织方面来分析企业和企业网络，包括评估企业的内部行为，理解如何通过协同采购来增加自己的利润，以及评估协同采购的效率等。其中，企业之间的“交互通信”和“协作管理”最为关键。“交互通信”关注企业之间如何传输信息、资源和人员，同时获得相应的知识来做出正确决策，并且避免与其他企业发生冲突；“协作管理”关注如何通过合约来限制和推动企业个体的管理，从而改善企业在生产、设计和市场方面的协作策略，同时确保企业本身的自治性。

第三，社会层面：产业集群是很复杂的社会结构，不仅集群内的企业之间存在协作链接，而且和集群外的经济组织也有联系。协同采购的核心机制就是通过增加内部网络的复杂性（不同纺织加工企业之间的交互）来降低外部网络的复杂性（供应商和纺织加工企业之间的交互），这就需要认真考虑在织里镇童装集群中，协同采购对于加工企业与加工企业之间、加工企业与供应商之间、供应商与供应商之间交互关系（物流、资金流、信息流）的影响，包括企业组织的结构类型、生命周期、动态变化等。

第六章　区域物流与城市物流

【学习目标】

1. 了解区域物流和城市物流的相关概念，能够对两者进行区分。
2. 掌握区域经济增长与空间相互关系理论。
3. 熟练运用区域经济差异调控进行区域经济分析。

【重点与难点】

1. 区域经济增长理论的灵活运用。
2. 区域经济差异调控相关计算及结果分析。
3. 区域物流与城市物流间的相互作用机理。

第一节　区域物流

一、区域物流概述

（一）区域物流概念

区域物流是指，在一定的区域区位环境中，以大中城市为中心、以区域经济规模和范围为基础，结合物流辐射的有效范围，将区域内外的各类物品从供应地向接收地进行有效的实体流动。根据基础设施条件，区域物流将公路、铁路、航空、水运及管道运输等多种运输方式及物流节点有机衔接，并将运输、储存、装卸、搬运、包装、流通加工、配送及信息处理等物流基本活动有机集成。区域物流以服务本区域的经济发展为主旨，重在提高本区域物流活动的水平和效率，扩大物流活动的规模和辐射范围，提高本区域的综合经济实力。

在经济全球化的发展背景下，世界范围内各个区域之间的经济联系增强，各区域之间的经济活动相互作用增强，一个区域的经济发展需要与之相对应的物流产业的支撑，才能使经济全球化成为现实。然而，区域经济的差异又使得区域物流产业的特征、组织、规模以及管理等有所不同，因此，对于区域物流的研究应放在经济全球化的宏观背景下进行。

具体来说，区域物流以区域区位位置为前提，区位位置的差异性和客观性是形成区域物流的条件。以大中型城市为中心，突出大中型城市处于区域经济的中心位置，是实现聚集经济的主要空间表现形式。例如，广州、上海、杭州、宁波、连云港、青岛、天津、大连、南京、武汉、郑州、西安、重庆等大中型城市，以及珠三角、长三角、环渤海经济区域、苏南经济区、华中经济区、中原经济区等相应的区域经济范围。同时，要考虑区域物流发展中地方物流的规模、范围、主要服务对象和区域领域，但又不能仅局限于区域经济的规模和范围。不同的区域物流中心城市，所处的区位位置不同。其中，港口城市，如上海、广州、深圳等中心城市，既是区域经济的中心，同时又是国际性港口城市，因此，其物流涉及的物品并不仅是本地区供需的物品，还包括经过该区域的港口及其他交通枢纽转向其他区域的物品。

结合物流辐射的有效范围，是确定区域物流范围及区域物流划分的依据。区

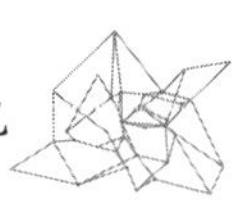

域物流的范围与其所属的区域经济的范围相一致，但又不完全重合。主要原因是物流距离经济性的作用，因为区域物流组织主体是该区域内从事物流服务的各类物流企业，区域物流通过这些物流企业的物流运作实现。因此，物流运输距离的经济性决定物流企业最有效的运输距离，从而确定了区域物流的辐射范围。例如，跨国物流企业和国内全国性的物流企业在各区域均有分公司从事物流运作，这是大型物流企业的一个突出特点。

根据区域物流基础设施的条件，将多种运输方式及物流节点进行衔接，将物流的基础活动有机集成，强调从区域物流发展规划的角度，通过物流中心城市政府的作用，科学、合理地规划、布局各种物流基础设施，尤其是将区域物流中的点（港口、货运站、仓库、物流园区、物流中心、配送中心）、线（公路线、铁路线、航空线、水运线）、网（公路网、铁路网、航空网、水运网）等有机衔接，使物流的各项活动有机集成。

（二）区域物流结构

1. 区域物流主体

区域物流主体是指，直接参与或专门从事区域物流活动的经济组织。包括货主物流企业、第三方物流企业、储运企业等。而物流主体是供应链物流渠道起点和终点的连接者，在整个区域物流活动中起着主导和决定性作用。运输、仓储、搬运装卸、流通加工、包装、配送及信息处理等也就成为区域物流主体的基本要素。

2. 区域物流客体

区域物流客体，即物流对象。区域物流客体是指在物流主体之间进行定向循环运动的物质实体。而物流客体种类繁多、数量庞大，每种物流客体都有着不同的形态、结构、功能、用途、物理特征和度量单位，并且由不同的生产者生产和由不同的消费者使用。

3. 区域物流载体

区域物流载体是指，保证区域物流活动有效、协调进行的基础设施和条件。区域物流载体系统的完善程度和先进程度是一个区域物流发展水平的重要标志。而区域物流载体的建立，需要中央政府和地方政府统筹规划，这样才能建立一个协调发展、物畅其流的区域物流载体系统。

（三）区域物流目标

区域物流的形成主要是为了实现两大目标：一是服务本区域的经济发展，提高本区域的经济实力；二是扩大物流服务的规模和范围，辐射周边区域，增强本区域的物流功能和经济实力。这也是许多地区将现代物流业作为支柱产业发展的主要动力。

从特定的区域区位范围和区域经济规模角度来看，广义的区域物流可以包括城市物流和县城物流。区域物流按照其所辐射的主要区域范围不同，可以分为国际区域物流和国内区域物流，即国际区域物流和城市区域物流。

1. 国际区域物流

国际区域物流是指，物流产业及物流活动主要覆盖跨国经济区域的物流活动。例如，欧盟（European Union，EU）、东盟（Association of Southeast Asian Nations，ASEAN）、北美自由贸易区（North American Free Trade Area，NAFTA）、亚太经济合作组织（Asia-Pacific Economic Coorperation，APEC）、区域全面经济伙伴关系协定（Regional Comprehensive Economic Partnership，RCEP）所规定的合作贸易区等。

2. 城市区域物流

城市区域物流是指，物流产业及物流活动主要辐射范围为国内特定经济区域的物流活动。例如，日本的东京圈、阪神圈、京都圈、北海道圈，德国的不莱梅，荷兰鹿特丹等地的区域物流。而国内具有代表性的城市区域物流有长江经济带、粤港澳大湾区、京津冀经济圈等地的区域物流。区域物流产业的发展可以进一步带来商流、资金流、信息流、技术流的聚集，降低区域经济运行成本，加快区域经济结构和产业布局的合理化调整，带动地区和区域经济的发展。现代物流业的发展改变着区域经济的增长方式，促进新的产业形态的形成，优化区域产业结构，促进以城市为中心的区城市场的形成和发展。

二、区域经济差异分析

（一）区域经济差异概念

在对经济活动的研究中，差异这个概念所反映的是经济现象在质和量方面的不同，用来对经济现象和事物进行比较。虽然区域经济差异的现象随处可见，但

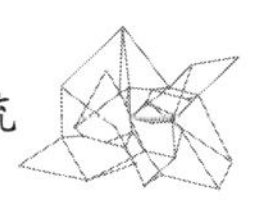

是对区域经济差异的界定却有所不同。区域经济差异是各个区域之间经济总量上的差异，即各个区域之间在国民生产总值、国内生产总值、国民收入等方面的差异。

区域经济差异可以分为绝对差异和相对差异。前者是用绝对指标衡量的区域之间经济发展的差异，反映了区域之间经济发展的实际差距；后者是用某指标的变动率来衡量区域之间经济发展的差别，反映的是区域之间经济发展速度差异。对绝对差异和相对差异的研究同等重要。因为，绝对差异与相对差异的变化可能不同步或同向。

（二）区域经济差异调控及理论

1. 统计方法

用于计算区域差异的统计方法主要包括标准差、变异系数、加权变异系数等总量差异测定方法，以及极差和比率等用于测度极端差异情况的方法。

（1）标准差。其计算公式如下所示：

$$S = \sqrt{\frac{\sum_j (Y_j - \bar{Y})^2}{N}},\ \bar{Y} = \frac{\sum_j Y_j}{N} \tag{6-1}$$

其中：

S 为标准差；

Y_j 为 j 区域的人均 GDP，1，2，…，n；

$\bar{Y}$ 为各区域的人均 GDP 的均值；

N 为区域个数。

标准差越大，区域绝对差异越大；反之亦反。

（2）变异（差）系数。其计算公式如下所示：

$$V_{UW} = \frac{\sqrt{\frac{\sum_j (Y_j - \bar{Y})^2}{N}}}{\bar{Y}} \tag{6-2}$$

$$\bar{Y} = \frac{\sum Y_j}{N}$$

其中：

V_{UW}为变异系数；

Y_j 为 j 区域的人均 GDP，$j=1$，2，…，n；

$\bar{Y}$ 为各区域的人均 GDP 的平均值；

N 为区域个数。

变异系数越大，区域相对差异越大；反之亦反。

2. 其他数学方法

（1）静态差距。静态差距是指，一个时点上的区域经济差距，采用相对份额或静态不平衡差来衡量。静态不平衡差，简称静态差，以 SD 表示。静态差距的计算公式如下所示：

$$SD = \left(1 - \frac{小值}{大值}\right) \times 100\% \tag{6-3}$$

计算结果越接近 100，表明地区经济差异越大。

【例 6-1】A 地区 GDP 总量为 20 000 美元，B 地区 GDP 总量为 15 000 美元，计算这两个地区的 SD 值。

解：

$$SD = \left(1 - \frac{15\ 000}{20\ 000}\right) \times 100\% = 25\%$$

故这两个地区的 SD 差异值为 25%，两地区的经济差异不大。

（2）基尼系数。1922 年，意大利经济学家科拉多·基尼（Corrado Gini）首次提出基尼系数，用于定量测定收入分配差异程度的指标。基尼系数是指，在全部居民收入中用于不平均分配的百分比，是定量测定收入分配差异程度的指标。基尼系数的计算公式如下所示：

$$G = 1 - \frac{1}{n}\left(2\sum_{i=1}^{n-1} W_i + 1\right) \tag{6-4}$$

其中：

G 为基尼系数；

W_i 为按收入分组后各组的人口数占总人口数的比重；

n 为总分组数。

基尼系数最小等丁 0，表示收入分配绝对平均；最人等于 1，表示收入分配绝对不平均；实际的基尼系数介于 0 和 1 之间。当基尼系数为 0 时，表示绝对平等；基尼系数越大，不均等程度越高；当基尼系数为 1 时，表示绝对不平等。市场经济国家衡量收入差距的标准为：基尼系数在 0.2 以下表示绝对平均；0.2～0.3 之间表示比较平均；0.3～0.4 之间表示较为合理；0.4～0.5 之间表示差距较大。

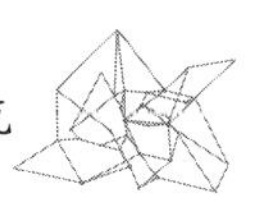

（3）恩格尔系数。1857 年，德国经济学家恩斯特·恩格尔（Ernst Engel）首次提出恩格尔系数，用来衡量家庭富足程度的重要指标。恩格尔系数是指，居民家庭中食物支出占消费总支出的比重。恩格尔系数的计算公式如下所示：

$$恩格尔系数 = \frac{食物支出金额}{总支出金额} \times 100\% \tag{6-5}$$

恩格尔系数越低，说明居民越富裕。反之，加快经济发展，大幅度增加城乡居民收入水平会直接促进恩格尔系数的下降，城乡居民收入水平提高，必然会提高生活消费水平。城乡居民在保证食品需求的前提下，增加的消费支出必然投入到非食品消费上，可以提高穿着水平，改善居住条件，购买耐用消费品以提高生活质量等。目前，国际上用恩格尔系数来衡量一个国家和地区生活水平的状况。其中，一个国家平均家庭恩格尔系数大于 60%为贫穷；50%~60%为温饱；40%~50%为小康；30%~40%属于相对富裕；20%~30%为富足；20%以下为极其富裕。2019 年，美国恩格尔系数为 7%，英国恩格尔系数为 9%，日本恩格尔系数为 14%。但是，在观察历史情况的变化时要注意，恩格尔系数反映的是一种长期的趋势，而不是逐年下降的绝对倾向。2019 年，中国全国居民恩格尔系数为 28.2%。其中，城镇为 27.6%，农村为 30%。

（4）外贸依存度。外贸依存度（Foreign-Trade Dependence，FTD）是一国的经济依赖于对外贸易的程度。定量表现为一国进、出口贸易总额与其国内生产总值之比。外贸依存度不仅表明一国经济依赖于对外贸易的程度，还可以在一定程度上反映一国的经济发展水平以及参与国际经济的程度。外贸依存度，又称为对外贸易系数，是衡量一个国家国民经济对进出口贸易的依赖程度的一个指标。外贸依存度是指，一国进出口总额与其国内生产总值（GDP）之比，外贸依存度的计算公式如下所示：

$$外贸依存度 = \frac{进出口总额}{国内生产总值} \times 100\% \tag{6-6}$$

外贸依存度体现本国经济增长对进出口贸易的依附程度，也是衡量一国贸易一体化的主要指标。根据贸易流向的不同，可将外贸依存度分为出口贸易依存度（Export Dependence，ED）和进口贸易依存度（Import Dependence，ID），分别是出口贸易总值和进口贸易总值与当年 GDP 的比值。比重的变化，意味着对外贸易在国民经济中所处地位的变化。比重越大，说明该国的对外贸易依存度越大；反之则小。由于各国经济发展的水平不同，对外贸易政策存在差异，国内市场大小不同，因此各国的对外贸易依存度有较大差异。2019 年，美国外贸依存度为

19.7%，日本外贸依存度为27.9%，中国外贸依存度为31.9%。

（5）城市化率。城市化是伴随工业化的发展，非农产业向城镇聚集、农村人口向城镇集中的自然历史过程，是世界各国工业化进程中必然经历的历史阶段。城市化率是指，一个国家（地区）城镇的常住人口占该国家（地区）总人口的比例，是衡量城镇化水平高低、反映城镇化进程的一个重要指标。城市化率的计算公式如下所示：

$$城市化率 = \frac{市镇人口数}{总人口数} \times 1000\% \tag{6-7}$$

城市化率在一般工业化初期国家为37%以上，工业化国家则达到65%以上。2019年，荷兰城市化率为92.2%，日本城市化率为91.8%，美国城市化率为82.7%，韩国城市化率为81.4%，中国城市化率为60.6%。2050年，欧美国家城市化率将达到86%，我国的城市化率将达到71.2%。

（6）工业化率。工业化率是指，工业增加值占国内生产总值的比重。工业化率是衡量一个国家或地区工业发达程度的重要指标之一。工业化率的计算公式如下所示：

$$工业化率 = \frac{工业增加值}{GDP} \times 100\% \tag{6-8}$$

其中，工业化率达到20%～40%，为正在工业化初期；40%～60%为半工业化国家；60%以上为工业化国家。2019年，我国工业化率为32%。

（7）市场繁荣度。市场繁荣度是指，衡量商品市场繁荣、商品流通规模、市场网络完善等商业流通的程度。市场繁荣度的计算公式如下所示：

$$市场繁荣度 = \frac{社会消费品零售总额}{GDP} \times 100\% \tag{6-9}$$

2019年，美国市场繁荣度为30%，中国市场繁荣度为41.5%。2019年，我国消费对经济增长贡献率为57.8%，拉动GDP增长3.5个百分点，连续多年保持经济增长第一拉动力。其中，线上消费品零售额占社会消费品零售总额的比重为25.8%。但是，线上零售无法取代线下实体零售，线下零售占比虽然有所下降，但仍然占比75%。

（8）投资率。投资率出处即指固定资产投资率，是相对反映年度投资额大小的指标。固定资产投资率是一定年份的固定资产投资额与当年国内生产总值的比值。投资率的计算公式如下所示：

$$投资率 = \frac{固定资产投资总额}{GDP} \times 100\% \tag{6-10}$$

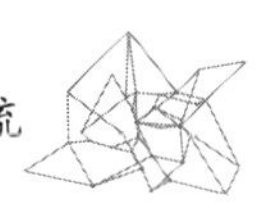

2019 年，我国投资率为 55.6%。其中，第三产业投资占固定资产投资总额为 68.1%，交通运输固定资产投资占第三产业投资总额的 8.6%。近年来，交通运输固定资产投资一直维持在高位运行的状态。

（9）泰尔系数。泰尔系数，又称为泰尔指数，是一种具有空间可分解性的区域差异分析方法，类似于熵多样化指数。泰尔系数是指，分析区域差异总体变化过程、区际差异和区内差异变化的情况，以及区际差异和区内差异变化对区域总体差异变化的影响，并从中获得更多的政策信息。泰尔系数的计算公式如下所示：

$$T = \frac{1}{n}\sum_{i=1}^{n}\frac{y_i}{\bar{y}}\log\left(\frac{y_i}{\bar{y}}\right) \tag{6-11}$$

其中：

T 为泰尔系数；

y_i 为第 i 个体的收入；

$\bar{y}$ 为所有个体的平均收入；

n 为收入的分组情况。

泰尔指数大于等于 0，越小则表明区域差异越小。如果收入份额与人口份额相等，则对数中的真数（份额比）为 1，则对数值为 0，泰尔指数也就为 0，表明地区之间没有任何差异；如果份额比大于 1，表明该地区发达，相应的对数值大于 0；如果份额比小于 1，表明该地区落后，相应的对数值小于 0。

（三）区域经济增长与空间的相互关系理论

1. 区域经济增长理论

（1）增长极理论。1950 年，法国经济学家弗朗索瓦·佩鲁（Fransois Perroux）首次提出增长极理论。佩鲁认为，经济增长首先出现和集中在具有创新能力的行业，而不是同时出现在所有的部门。这些具有创新能力的行业聚集于经济空间的某些点上，形成了增长极。所谓增长极就是具有推动性的经济单位，或是具有空间聚集特点的推动性单位的集合体。经济的增长率先发生在增长极上，然后通过各种方式向外扩散，进而对整个经济发展产生影响。区域经济学者把佩鲁的增长极概念和思想引入到区域经济研究之中，并且与区位空间概念融合起来，就形成了解释区域经济增长过程和机制的区域增长极理论。

区域经济中的增长极是指，具有推动性的主导产业和创新行业及其关联产业在区位空间上集聚而形成的经济中心。增长极通过支配效应、乘数效应、极化效应与扩散效应而对区域经济活动产生组织作用，增长极的作用过程及极化效应与扩散效应分类如图 6-1 所示。

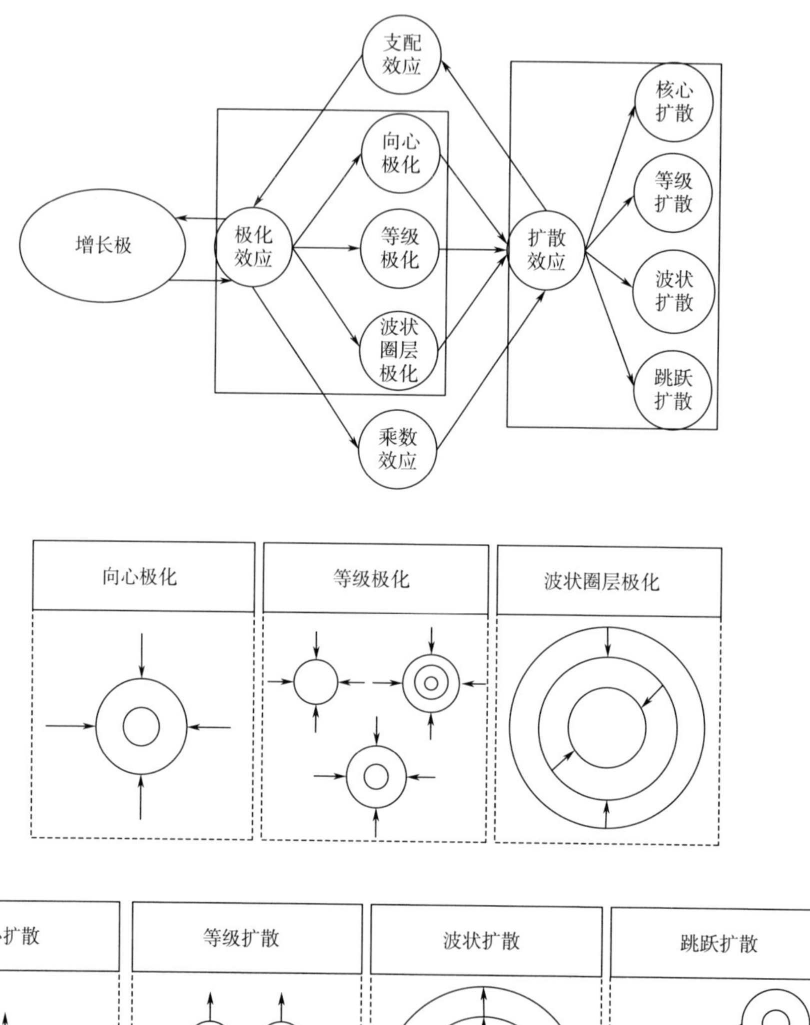

图 6-1　增长极作用过程及极化效应、扩散效应分类说明

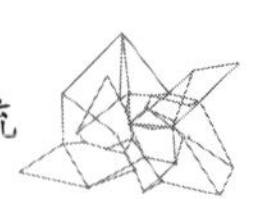

①支配效应。周围地区的经济活动是随增长极的变化而发生相应的变动。

②乘数效应。增长极的发展对周围地区的经济发展产生示范、组织和带动作用，从而加强与周围地区的经济联系。在这个过程中，受循环积累因果机制的影响，增长极对周围地区经济发展的作用会不断得到强化和放大，影响范围和程度随之增大。

③极化效应与扩散效应。极化效应是指，增长极的推动性产业吸引和拉动周围地区的要素和经济活动不断趋向增长极，从而加快增长极自身的成长。扩散效应是指增长极的推动力通过一系列联动机制不断向周围发散的过程。扩散效应促成各种生产要素从增长极向周围不发达地区的扩散。增长极的极化效应和扩散效应的综合影响被称为溢出效应。如果极化效应大于扩散效应，则溢出效应为负值，结果有利于增长极的发展。反之，如果极化效应小于扩散效应，则溢出效应为正值，结果对周围地区的经济发展有利。

（2）罗斯托经济增长理论。1960 年，美国经济史学家华尔特·惠特曼·罗斯托（Walt Whitman Rostow）出版了《经济增长的阶段》，提出了世界各国经济发展要经历的六个阶段。

①传统社会阶段。该阶段的主要经济特征是，社会的生产力水平低下，产业结构单一，基本上是原始的农业活动，主要从事作物栽培。

②为起飞创造前提条件阶段。主要经济特征是，农业生产技术有所改进，但是其产生的效果被人口增长所抵消；家庭手工业和商业逐渐兴起，开始进行简单的扩大再生产；企业家阶层逐渐形成，其势力和在经济活动中的作用不断增强，使得投资机会和就业机会增加；经济活动开始突破地域的限制，出现了专业化的分工与协作。

③起飞阶段。经过长期积累，经济增长会在一定的时候发生质变，由缓慢增长进入持续、高速的增长，即开始起飞，进入起飞阶段。这个质变过程的发生需要具备三个基本条件：生产性投资率提高；由工业部门担任的主导产业高速发展；有一个利于现代产业扩张的政治、社会和制度结构。

④成熟阶段。经过一段持续的高速增长之后，经济增长的速度将逐渐趋缓，进入成熟阶段。这个阶段的主要经济特征是，后起的钢铁、机械、化学等“重化学工业”成为带动经济增长的主导部门；农业虽然还有相当规模，但是劳动力仍持续向工业部门转移，而且劳动力日益高学历化、熟练化和专业化，同时人口也继续向城市集中。

⑤高额消费阶段。经过成熟阶段的发展，经济水平有了更大的提高，物质生活较为丰富，经济增长就进入高额消费阶段。本阶段有这样一些特点：随着收入提高，消费结构发生重大变化；为了应对消费品结构变化，开始生产大量的耐用消费品，这时，以重工业为主的产业结构也为耐用消费品的大量生产提供了条件；随着竞争日渐激烈，垄断倾向更加明显，消费者的权益缺乏保障；由于社会生产能力逐渐超过了市场需求的增长，经济生活中出现了市场调节和政府干预并存的局面。

⑥追求生活质量阶段。随着消费结构的改变，第三产业对经济增长的贡献逐步超过了耐用消费品的生产部门，教育、文化、卫生、住宅、旅游等与提高生活水平有关的部门成为推动经济增长的新的主导部门。

2. 区域经济发展关系理论

（1）赫尔希曼的极化—涓滴效应学说。1958 年，德国经济学家阿尔伯特·赫尔希曼（Albert Hirschman）出版了《经济发展的战略》。赫尔希曼提出了极化—涓滴效应学说，解释经济发达区域与欠发达区域之间的经济相互作用及影响。赫尔希曼认为，如果一个国家的经济增长率先在某个区域发生，那么就会对其他区域产生作用。为了解释方便，把经济相对发达区域称为“北方”，欠发达区域称为“南方”。北方的增长对南方将产生不利和有利的作用，分别称之为极化效应和涓滴效应。

①极化效应。具体表现在以下几方面：

第一，劳动人口的演化。随着北方的发展，南方的要素向北方流动，从而削弱了南方的经济发展能力，导致其经济发展恶化。同时，北方的劳动力收入水平高于南方，这样就导致南方的劳动力在就业机会和高收入的诱导下向北方迁移。结果，北方因劳动力和人口的流入而促进了经济的增长，南方则因劳动力外流特别是技术人员和富于进取心的年轻人的外流，使得经济增长的劳动力贡献（智力贡献）减小。

第二，资金流的演化。北方的投资机会多，投资的收益率高于南方，南方有限的资金也流入北方。而且资金与劳动力的流动还会相互强化，从而使南方的经济发展能力被削弱。

第三，生成能力。南方本来可以向北方输出初级产品，但南方的初级产品性能差或价格有所上涨，那么北方就会寻求进口，这样就使南方的生产受到压制。

②涓滴效应。具体表现在以下几方面：

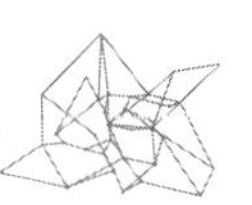

第一，缓解就业压力。北方吸收南方的劳动力，在一定程度上可以缓解南方的就业压力，有利于南方解决失业问题。

第二。进步因素的扩散。北方的先进技术、管理方式、思想观念、价值观念和行为方式等经济和社会方面的进步因素向南方的涓滴，对南方的经济和社会进步能产生多方面的推动作用。

赫尔希曼认为，在区域经济发展中，涓滴效应最终会大于极化效应而占据优势，原因是北方的发展长期来看将带动南方的经济增长。尤其是北方的发展会出现城市拥挤等环境问题，南方的落后则从国内市场需求方面限制了北方的经济扩张，国家经济发展也将因南方的资源没有得到充分利用而受到损害，于是国家将出面干预经济发展，加强北方的涓滴效应，促进南方的经济发展，同时也有利于北方的经济继续增长。

（2）梯度推移学说。1966 年，美国经济学家雷蒙德·弗农（Raymond Vernon）出版了《产品周期中的国际投资与国际贸易》，提出产品生命周期理论。在研究区域之间经济发展的关系问题时，区域经济学者在弗农产品生命周期理论基础之上，提出了梯度推移说。梯度推移学说研究的是区域之间经济总体水平的差异，而不仅是技术水平的差异（如图 6-2 所示）。

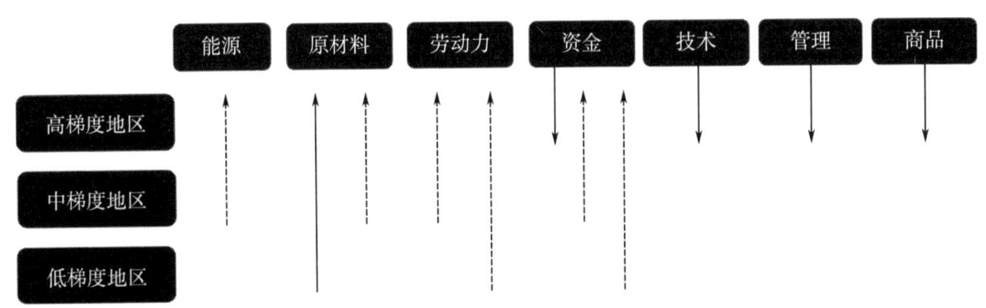

图 6-2　梯度推移理论示意图

梯度推移说的基本观点有以下几方面：

①一个区域的经济兴衰取决于其产业结构，进而取决于其主导部门的先进程度。与产品周期相对应，可以把经济部门分为三类：产品处于创新到成长阶段的是兴旺部门；产品处于成长到成熟阶段的是停滞部门；产品处于成熟到衰退阶段的是衰退部门。

②如果一个区域的主导部门是兴旺部门，则被认为是高梯度区域；反之，如果主导部门是衰退部门，则属于低梯度区域。推动经济发展的创新活动（新产

品、新技术、新产业、新制度和管理方法）主要发生在高梯度区域，然后，依据产品周期循环的顺序由高梯度区域向低梯度区域推移。梯度推移主要通过城市系统进行。创新主要集中在城市，而且城市从环境条件和经济能力看比其他地方更适于接受创新成果。

具体的梯度推移有两种方式：一种方式是创新从发源地向周围相邻的城市推移；另一种方式是从发源地向距离较远的第二级城市推移，再向第三级城市推移，依此类推。这样，创新就从发源地推移到所有的区域。

（3）中心—外围理论。1949 年，阿根廷经济学家劳尔·普雷维什（Raúl Prebisch）递交了一份《拉丁美洲的经济发展及其主要问题》报告，首次提出中心—外围理论。普雷维什将世界划分成两个部分：一个是生产结构同质性和多样化的“中心”；一个是生产结构异质性和专业化的“外围”。前者主要由发达国家构成，后者则包括广大的发展中国家。“中心”与“外围”之间的这种结构性差异并不说明存在彼此独立的体系，恰恰相反，“中心”国家与“外围”国家是作为相互联系、互为条件的两极存在的，构成了一个统一的、动态的世界经济体系。

1966 年，美国经济学家约翰·弗里德曼（John Friedmann）出版了《区域发展政策》一书，首次提出核心—边缘理论（核心—外围理论）。弗里德曼认为，在若干区域之间，因多种原因，个别区域会率先发展起来而成为“核心”，其他区域则因发展缓慢而成为“外围”。

①中心对外围的经济贸易影响。中心与外围之间存在着不平等的发展关系，一个区域由互不关联、孤立发展，变成彼此联系、发展不平衡，又由极不平衡发展变为相互关联的平衡发展的区域系统。

第一，对于中心而言，中心居于统治地位，而外围则在发展上依赖于中心。中心对外围之所以能够产生主导作用，原因在于中心与外围之间的贸易不平等，经济权力因素集中在中心，同时，技术进步、高效的生产活动以及生产的创新等也都集中在中心，中心依靠这些方面的优势而从外围获取剩余价值。

第二，对于外围而言，中心对外围的发展产生压力和压抑。例如，中心工资水平的提高，就会使外围面临相应地提高工资水平的压力，或者是被迫增加出口来弥补进口增长所造成的资金压力。因此，外围的自发性发展过程比较困难。更重要的是，中心与外围的这种关系还会因为推行有利于中心的经济和贸易政策而进一步强化外围的资金、人口和劳动力向中心流动的趋势。

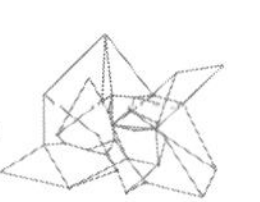

②中心对外围的衍生效应。中心对于外围的影响不局限于经济贸易，还体现于科学技术、管理技术等新兴技术的创新上。中心外围所衍生出的六大效应分别是主导效应、信息效应、心理效应、现代化效应、连接效应和生产效应。

第一，主导效应就是外围的自然、人文和资本资源向中心的净转移。

第二，信息效应是中心内部潜在相互作用的增加。

第三，心理效应是创新的成功对更多创新的刺激作用。

第四，现代化效应是中心为适应创新而产生的社会价值观念和行为方式的转化。

第五，连接效应是一个创新引起新的创新的趋势。

第六，生产效应是为创新提供有吸引力的生产结构支持，包括经济规模的增长和转化。

信息效应和心理效应与主导效应相伴随，而现代化效应则与连接效应和生产效应密切相关。在这些效应的作用下，中心不断地成长；相比之下，外围的发展将处于不利地位。

第二节　城市物流

一、城市物流概念

自20世纪70年代以来，城市已成为“物流各种负效应的聚集地”，因此国内外学者提出了城市物流的概念。1999年7月，在澳大利亚召开的第一届城市物流国际会议上，日本京都大学教授谷口荣一将城市物流定义为：在市场经济框架内，综合考虑交通环境、交通阻塞、能源浪费等因素，对城市内私有企业的物流和运输活动进行整体优化的过程。

1995年，王之泰教授在《现代物流学》中提到，城市物流要研究城市生产、生活所需物资如何流入，如何以更有效的形式供应给每个工厂、每个机关、每个学校和每个家庭，城市巨大的耗费所形成的废物又如何组织物流等，其后又进一步说明，在城市物流系统中，物流系统的服务对象主要是人，其次才是物。以人为对象的物流系统，显然有别于一般的物流系统。

此外，还有不同观点：其一，城市物流是以城市为主体围绕城市的需求所发生的物流活动，不论城市地域范围的大小，物流活动都有共同的属性；其二，城市物流是在一定的行政规划条件下，为满足城市经济发展要求和城市发展特点而组织的区域性物流；其三，城市物流是指在一定的时间和空间范围内，由某城市的物流企业、物流从业者、物流设施、物流对象和物流信息等要素构成的具有组织城市物流功能的有机整体。

本书认为，城市物流是指在一定的城市行政规划条件下，为满足城市经济发展要求和城市发展特点而组织的区域性物流，最终实现城市物流的合理化。城市物流主要考虑货物在城市内的流动以及与城市外界的交换，以城市配送为主。城市物流的主要任务是，合理组织整个城市的物流活动，使其以经济高效的方式满足生产、生活的需要，为城市运行提供物流服务保障。城市物流包括城市输入物流和输出物流，即以城市内的货物流动为主的城市内部的物流和以城市与外部区域的货物集散为主的城市外部物流，以及以城市为依托的区域物流。

二、城市物流系统要素

城市物流系统是具体而又复杂的物流系统。城市物流系统是社会经济大系统中的一个子系统。与其他系统一样，城市物流系统具有输入、转换和输出三大功能，通过输入和输出使系统与社会环境进行交换，并与环境相依存。

（一）城市物流基础设施要素

1. 城市物流节点

随着经济规模的扩大和物流向集约化发展的趋势，出现了一些不同形态和不同功能的物流基地。这些物流基地即为城市物流节点。包括物流园区、物流中心、配送中心、物流基地、转运中心、集散中心、仓库等。

2. 城市货运通道

城市货运通道是指，连接主要物流节点的货运干线，包括连接端点、道路等级、可利用时段、饱和情况、通行能力瓶颈等。

3. 城市交通枢纽

城市交通枢纽是指，一个城市与外部的联系，包括港口、机场、火车站、货运站等。

（二）城市物流信息平台要素

不同于物流信息系统，城市物流信息平台的主要任务是为企业的物流信息系

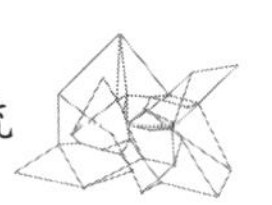

统提供基础信息服务，承担供应链管理过程中不同企业间的信息交换枢纽支持，提供政府行业管理决策支持以及物流交易电子商务服务等。

（三）城市物流市场要素

在城市物流系统中，无论是物流交易的形成还是物流业务的开展、资金的流转，抑或是信息的传递，都离不开城市物流市场这个大环境。城市物流市场包括市场主体、市场运行规则和市场运行环境等。

三、城市物流系统结构

信息与通信技术（Information and Communications Technology，ICT），作为物流的主要通信技术，已成为城市物流节点之间数据传输的主要工具。一方面，移动互联网和数据处理技术的商业化和广泛使用，提高了城市物流各个环节信息采集能力和使用效率，为提高物流作业水平和管理水平提供了可靠的信息技术基础；另一方面，数据交换和通信技术的发展，使得城市物流管理者能够将物流活动作为一个整体或系统来进行运作、管理和控制，从而使城市物流逐步转变为一个系统观念，即城市物流系统。城市物流系统是指，在一定的时间和空间范围内，由城市的物流企业、物流工作者、物流设施、物流对象和物流信息等要素构成的具有组织城市物流功能的有机整体。

城市物流平台分层次结构体系包括以下内容（如表6-1所示）。

表6-1 城市物流平台分层次结构体系及基本内容

<table>
<tr><th colspan="4">结构层次</th><th rowspan="2">基本内容</th></tr>
<tr><th>第一层次</th><th>第二层次</th><th>第三层次</th><th>第四层次</th></tr>
<tr><td rowspan="5">物流平台</td><td rowspan="5">实物物流平</td><td rowspan="2">物流设施网络平台</td><td>线路平台</td><td>铁路、公路、水路、管道</td></tr>
<tr><td>结点平台</td><td>物流基地、物流中心、港口、机场、车站</td></tr>
<tr><td rowspan="3">物流装备材料平台</td><td>集装平台</td><td>集装箱、托盘、货捆散装车辆、散装仓库、散装装卸设备</td></tr>
<tr><td>自动化平台</td><td>立体仓库、高层货架、举升设备、自动化装备</td></tr>
<tr><td>物流工具平台</td><td>装卸搬运工具、运输工具、保管工具、包装材料及工具</td></tr>
</table>

续表

结构层次				基本内容
第一层次	第二层次	第三层次	第四层次	
物流平台	物流管理平台	物流信息平台	公用物流信息平台	通信系统、传输系统、数据交换系统、计算机网络、物流情报信息系统、通关系统
			专用物流信息平台	卫星定位系统、区位信息系统、射频标签系统、专用数据库
		物流标准化平台	数据标准化平台	条码系统、编码系统、物流建筑模数及尺寸系列、物流工具装备模数及尺寸系列
			技术标准化平台	集装标准化、叉车标准化、运输车辆标准化、装卸搬运设备标准化、仓库标准化
			管理标准化平台	制度、法律、规定、规则以及工作标准、合同标准、行文标准、报文标准等

（一）城市物流组织平台

城市物流组织平台是城市物流系统的组织形态，也是社会分工的必然结果，具有能动性的组织作用、丰富性的组织内容和平等性的组织关系等特点。城市物流组织平台主要是由城市物流的参与主体构成的城市物流市场体系。

城市物流的参与主体是构成城市物流系统的基本要素，可分为物流需求主体、物流供给主体、物流中介和地方政府四种类型。

物流需求主体包括众多的企事业货主用户、政府部门、消费者个人和家庭等。

物流需求主体参与市场活动的目的主要有两个：一是通过接受物流服务获得其效用的满足，实现货物的时空效用；二是在获取物流运输效用满足的同时，追求经济性，即用较少的代价获得物流服务，降低自身的经营成本，取得相应的经济效益。

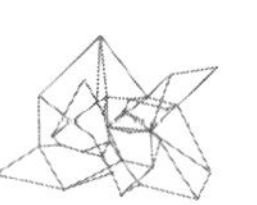

物流供给主体是指提供物流服务的组织和企业。物流供给主体包括传统的运输企业、仓储企业和新型的第三方物流商等物流企业。物流供给主体以提供物流服务获得相应的经济利益为目标，以追求最大利润为最终目的。根据物流的供给形式，可将物流供给主体分为三类：一是传统的运输和仓储企业，所从事的是与物流有密切关系的运输和仓储服务；二是现代物流企业，这类企业经营的业务主要是提供全面的物流服务，包括第三方物流企业、物流园区、物流中心、配送中心等；三是城市物流系统物理基础的建设者，包括物流装备制造企业、物流基础设施企业、物流信息技术企业等。

物流中介是指介于物流供给主体与物流需求主体之间并为之服务的物流中间组织，为物流供给者与需求者提供交易代理、金融保险、培训交流等中介服务。例如，物流交易场所、银行、保险、物流行业协会、物流科研单位、物流教育部门等。

地方政府作为一个特殊的城市物流参与主体，一方面是物流服务的需求者，另一方面又是物流市场发展的引导者和调控者。由于政府部门具有物流市场消费者和物流市场管理者的双重身份，因此有必要对政府的物流管理体制进行改革。

（二）城市物流基础设施平台

城市物流基础设施分为三大类：一是基础设施类，包括机场、铁路、道路、航路及管道网络、仓库、物流园区、配送中心、站场、停车场、港口与码头等；二是设备类，包括物流园区和配送中心内部的各种运输工具、装卸搬运机械、自动化作业设备、流通加工设备、信息处理设备及其他各种设备；三是标准类，包括物流术语标准、托盘标准、包装标准、卡车标准、集装箱标准、货架标准、商品编码标准、商品质量标准、表格与单证标准、信息交换标准、仓库标准、作业标准等。其中，物流园区、物流中心、配送中心、货运通道、配送道路体系是城市物流系统的核心。

从层次结构来看，城市物流基础设施平台分为以下两个层次。

1. 第一层次

面向城市圈物流、省际物流和国际物流的基础设施，包括物流园区和城市货运干线。

（1）物流园区。物流园区是指，由多家物流企业或与物流相关的企业在空间上集中布局的场所，是具有多功能、高层次、集散功能强、辐射范围广、有突出地位的社会化物流节点，位于城郊接合地区，并与城市外围交通基础设施相连。例如，机场、港口、铁路货运站、高速公路转运站。物流园区主要分为以下四类：

第一，转运型物流园区，是指可实现两种以上运输方式转换的物流园区。

第二，存储配送型物流园区，是指以大规模的仓库群为基础、以存储配送为主要功能的物流园区。

第三，流通加工型物流园区，是指具备部分加工功能、实现了厂商产品到客户转换衔接的物流园区。

第四，综合型物流园区，是指同时具有以上功能的物流园区。

（2）城市货运干线。城市货运干线是指货物进出城市的主要运输通道，由国道、省道、高速公路、铁路、水运航线、航空运输线等构成。

2. 第二层次

面向市内配送的基础设施，包括配送中心和配送道路体系。

配送中心是指从事配送业务的物流场所或组织。具有下列特点：主要为特定的用户服务；配送功能健全；具备完善的信息网络；辐射范围小；多品种、小批量；以配送为主、存储为辅。

配送道路体系是指，各物流园区市域配送区域范围内的道路网。其基本功能是支持由物流园区向本地客户进行商业配送。

（三）城市物流信息系统

信息系统规划设计可以为企业安排各种业务活动提供更合理的依据等。

1. 物流信息系统需求分析

为物流企业建立一个最佳的管理信息系统，必须对系统中的各项信息需求以及处理功能进行合理组织和统筹安排（如表 6-2 所示）。

表 6-2　物流信息系统需求表

部门	物流信息系统主要需求	主要信息技术
仓储	货品入库、出库管理，货品位置在库查询，货品数量、存储时间、批号、流向的计算机实时管理，发货人、发货地、收货人、收货地、中转人、中转地的资料管理，仓库托盘、货架、叉车等的设备管理	射频系统，条码扫描仪，仓储管理软件

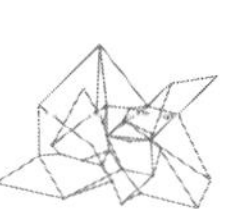

续表

部门	物流信息系统主要需求	主要信息技术
运输配送	动态实时的车辆、货品跟踪定位，运输配送路线设计与优化，在途司机与部门的信息互动	GPS、GIS、全球移动通信系统（GSM）等运输管理软件
装卸搬运	计算机自动设计配载图，货品仓储库位、区位、架位分布图	计算机辅助设计（CAD）配载生成软件，仓库管理软件
流通加工	打印物流条形码，货品信息的自动采集	条形码打印机，条形码系统
计划调度	编制、调整作业计划，安排掌握生产进度，相关物流作业统计	物流计划编制软件、统计软件
市场	管理客户信息、市场信息，能够及时了解各个物流业务完成情况，能够提供完善的客户服务，将客户的作业要求反映到各相关部门，成为客户与公司内部各部门的桥梁	CRM（客户关系管理系统）、物流统计分析软件、EDI
财务	物流服务费用结算，自动生成各种财务报表、单据、票据，费用、成本、利润计算，财务统计，财务预算，预算辅助编制，银行资金往来	财务管理软件、EDI、系统防火墙
决策	物流绩效统计、分析、评价、预测，辅助决策支持	数据库技术，专家系统，物流统计软件
运营	物流合同管理，员工绩效考核，物流作业协调管理	管理信息系统
业务	物流作业数据管理，作业单据管理，员工考勤管理	考勤系统，数据管理系统，单据生成系统

2. 物流信息系统层次结构

一个完整的物流信息系统应具有以下几个功能层次：数据管理层、作业管理层、决策分析层、战略管理层（如表6-3所示）。

表6-3　物流信息系统层次主要内容

层次	主要内容
数据管理层	客户数据、库存数据、财务数据、人事数据、设备数据、决策数据、市场营销数据等
作业管理层	订单处理、身份认证、入库操作、出库操作、配货作业管理、送货作业管理、财务结算、企业信息的对外发布、人事考勤管理、设备维护、设备人力调度管理等

续表

层次	主要内容
决策分析层	运输（船舶、车辆）日常工作计划、库存管理、配送、控制和评价模块、有关业务作业成本效益分析
战略管理层	企业结构调整、企业发展方向选择、市场营销策略、配送服务内容调整、市场定位等

3. 物流信息系统主要功能

物流信息系统的主要功能涉及物流中所有的物流管理和作业环节，其具体内容如图 6-3 所示。

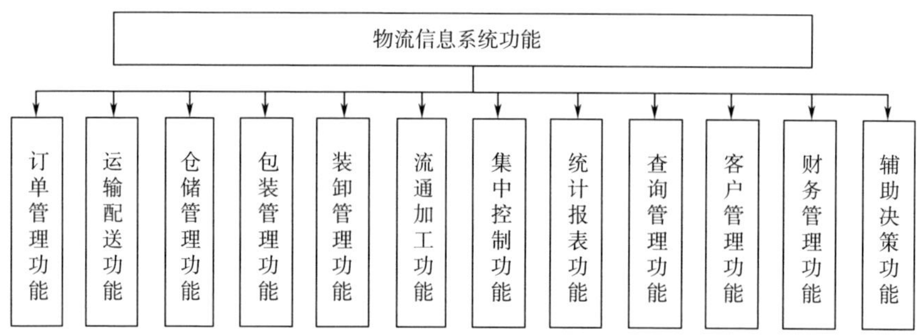

图 6-3　物流信息系统主要功能

（四）城市物流公共信息平台

物流公共信息平台是指，运用先进的信息技术和现代通信技术所构建的具有虚拟开放性的物流网络平台。通过对公用信息（交通流背景资料、物流枢纽货物跟踪信息、政府部门间公用信息）进行收集、分析及处理，对物流企业信息系统完成各类功能（车辆调度、货物跟踪及运输计划制订）提供支撑。例如，为政府相关部门的信息沟通提供信息枢纽作用、为政府提供宏观决策支持功能等。物流公共信息平台的本质在于为企业提供单个企业无法完成的基础资料收集，并对其进行加工处理，为政府相关部门公共信息的流动提供支撑环境。通过公共信息平台保障物流信息的畅通，能够整合现有企业物流信息资源，优化行业物流运作，从而实现社会物流系统整体效益的最大化。

城市物流配送公共信息平台不是一个只提供信息发布、交流论坛和社区服务的网站；也不是物流企业内部的专业服务系统（ERP）或笼统意义上的电子商务系统。从电子商务系统的角度讲，更应该是一个物流电子商务支持系统，支持由

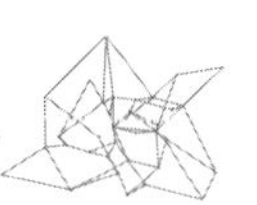

物流电子商务第三方企业具体实施物流电子商务服务。而各个城市物流信息平台是要解决城市内各个企业、各种市场、各个物流节点和政府相关行政管理部门之间的信息采集、集成、共享以及各类信息通道之间的互通互联问题，同时也要与城市公共信息平台及城市圈物流、省际物流、国际物流的信息平台进行信息交换。城市物流公共信息平台主要分为以下四种类型。

1. 企业主导型公共信息平台

企业主导型物流公共信息平台是城市现代物流信息平台的重要组成部分，由于企业的类型、经营管理水平不同，不可能有统一的信息平台建设模式。该平台主要包含流通企业物流信息平台、第三方物流企业信息平台。

（1）流通企业物流信息平台。具体包括：

①连锁超市物流。连锁超市是一种发展迅速的主流商业业态。商业企业物流配送信息平台的建设，不仅发挥了快捷有效的配送功能，而且也减少了企业流动资金的占用，降低了企业成本。

②电子商务物流。配合城市电子商务的规划和建设，注重虚拟电子商务网与实体物流配送网的相互结合，重点建设服务于电子商务的物流配送信息系统。

（2）第三方物流企业信息平台。第三方物流企业是现代物流产业的主体。根据物流社会化运作的需要，通过专业化改造和联合重组的方式，充分发挥社会原有的物流设施资源效用，结合传统批发企业、储运企业、FedEx、UPS、宅急送等的改造，规划和建设第三方物流企业信息平台。

2. 政府主导型公共信息平台

政府负责确立物流发展的宏观战略，组织制定建设规划；抓好物流信息标准化工作；研究制定物流信息化示范工程；建立培养物流信息化人才的环境。行业主管部门负责落实平台建设规划，明确在平台建设中的职责，确保总体规划的协调；指导平台各不同子系统的建设工作，注意各个子系统之间的协调。例如，江西省进行省级物流公共信息平台建设，该平台将企业、车辆、货源、物流仓储园区、驾驶员等与交通物流相关的信息进行整合展示，实现了全省物流信息覆盖，为中小物流企业和物流从业者提供有效的信息交换服务，实现了网上交易。

3. 行业协会主导型公共信息平台

以物流行业协会、交通运输协会等行业协会为主体构建的行业物流信息平台，对物流行业发展十分重要。该类平台主要负责提供具有行业特点的物流监管、供求，以及相关的商业化开发和增值服务。例如，“中国物流园区图谱”是通过空间图片和数据智慧交互的线上云图谱，该图谱为我国物流园区“精准画像”，实现了为物流园区联网、为货主车主导航，并将以静态数据为起点，逐步增添园区实时动态数据，以数据挖掘、分析、互动为核心，打造全国物流园区智慧化监测服务平台。“中国物流园区图谱”可以智能查询、浏览、展示各省、各城市的物流园区类型、数量、简介、园区图片或视频、联系方式、定位地址、智能导航、服务功能等信息。《中国物流园区图谱》已收录全国 311 家物流园区，其中国家级示范物流园区 46 家。目前，除西藏、港澳台以外，其他省级行政区划内的物流园区都有收录。

4. 国家级物流公共信息平台

国家级物流公共信息平台具有以下特点：

第一，国家政策支撑和国际物流需求的平台。

第二，汇集和发布中央级政府监管信息。

第三，体现国际物流需求，可以根据物流量有针对性地建立通往美国、欧洲、澳大利亚等的物流中心频道，以便有效地利用国际物流的海、陆、空通道，协调国际、国内各区域间的物流资源。

例如，国家交通运输物流公共信息平台的主要任务和重点工程①，是由交通运输部和国家发改委牵头建设，在统一物流信息标准基础上，提供基础交换和公共信息两大服务，推进各类政府公共服务信息与市场物流信息的有效对接，满足企业间、政企间、行业间、国际的物流数据交换需求，促进各方信息互联互通。

四、城市物流系统规划

城市物流系统规划要在综合考虑城市定位和城市发展、城市人口和产业空间分布、城市用地和路网规划、城市公共设施布局等众多因素的基础上，并结合考虑城市物流对城市经济、社会、环境的影响后，对与铁路、公路、水路、航空、管道多种运输方式、城市物流节点网络、城市物流信息平台相关的基础设施和公共资源进行布局规划，使城市物流资源得到最大限度的集成和优化配置。

---

① 国务院《物流业发展中长期规划（2014—2020 年）》（国发〔2014〕42 号）。

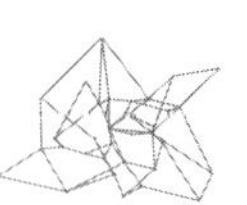

（一）城市物流基础设施规划

1. 城市物流节点规划

（1）城市物流节点需求预测。节点物流需求水平是指，市场（客户）对各种不同种类及服务水平的物流业务的现实或未来需求的程度，包括市场成熟度和市场成长性两个方面。市场成熟度，是指由当地现实经济贸易发展水平、产业结构和产品结构、企业管理体制与经营理念等因素所决定的市场（客户）对社会物流服务认可与接受的程度。市场成熟度在很大程度上决定现实物流需求。市场成长性，是指由上述各项影响因素的未来发展趋势所决定的对未来物流服务需求的变化。市场成长性在很大程度上决定潜在物流需求。城市物流需求预测中常用的方法是时间序列法，即以历史数据为依据，建立适当的数学模型来描述变化规律，从而测算得到预测值。

（2）城市物流节点规划内容。城市物流节点规划内容主要包括物流节点的选址、设施建设、业务运作和信息系统建设等。城市物流节点应能够吸引原来较集中分布在城市中心区域的各种分散物流设施向新的物流节点转移，以提升城市的流通机能和整体功能。

（3）城市物流节点规划与设计。城市物流节点的规划具体按照系统分析、确定所需的功能类型、确定物流节点的空间布局和功能定位及确定物流节点规模等几个步骤进行（如图 6-4 所示）。

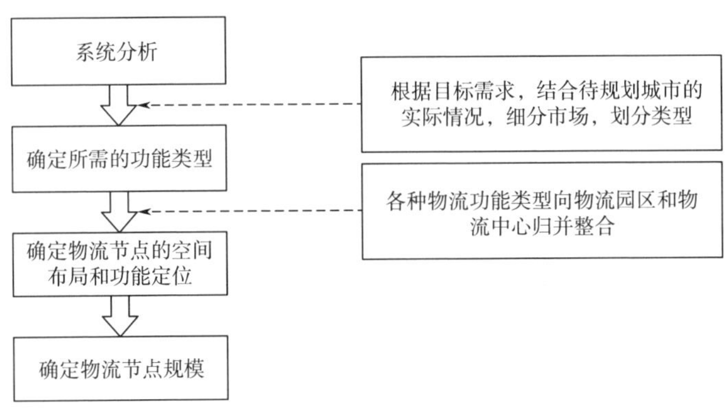

图 6-4　物流节点的规划流程图

物流节点的建设应分阶段地构建由物流园区、物流中心、配送中心构成的三级物流节点网络体系。

2. 城市物流货运通道规划

城市物流节点的合理规划是货运通道有效规划的基础（如图 6-5 所示）。

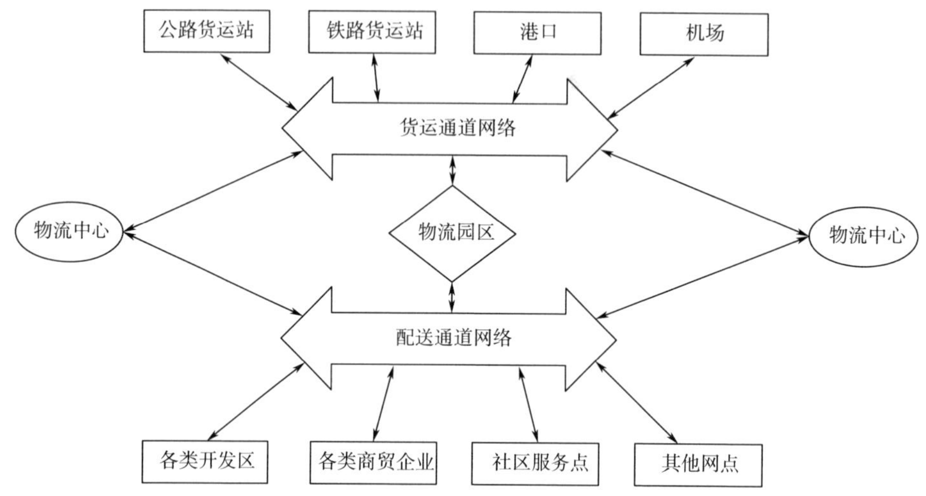

图 6-5 物流节点和物流通道关系图

（1）城市道路系统。道路网络系统分为四种形式：放射环形式，即从（中心）城区向外辐射的道路网；方格式道路网，在城区或郊区由纵横路段组成的道路网；自由式道路网；混合式道路网。

（2）城市物流货运交通组织。城市物流货运交通规划是城市干道布局、用地规划和车辆运营管理的一项综合性规划。货运规划通过城市用地布局的合理安排和道路交通工程手段的综合应用来解决城市货物运输任务。其关键是规划布局主要货源和组织货运路线。

（3）城市货运道路体系规划。城市中的工业区、仓库区和交通运输场站、码头等货运枢纽，是城市货物的主要发源点和吸引点。其间的货物流动规律和特征，是城市货运网络的基本依据。

（二）城市物流配送系统规划

1. 城市物流配送的要素

（1）备货。包括筹集货源、订货或购货、集货、进货及有关的质量检查、结算、交接等。

（2）储存。配送中的储存有储备及暂存两种形态。

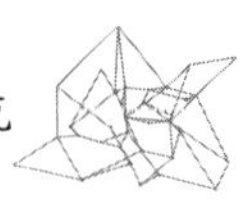

（3）分拣及配货。完善送货、支持送货准备性工作。

（4）搭配装载。在单个用户配送数量不能达到车辆的有效载运负荷时，集中不同用户的配送货物，进行搭配装载以充分利用运能、运力。

（5）配送。较短距离、较小规模、额度较高的运输。

（6）送达服务。实现到达货物的移交，有效地、方便地处理相关手续并完成结算。

（7）配送加工。取决于用户要求，加工目的较单一。

2. 城市物流配送系统组成

（1）人员组成。城市配送系统从人的因素考虑是由供应商、配送商、配送客户（政府机构、企业、大众）、政府管理人员、科研与咨询人员等构成。

（2）功能组成。城市配送系统从功能角度考虑是由城市配送网络子系统、城市配送运营子系统、城市配送政策与管理子系统、城市配送信息子系统构成。

3. 城市物流配送系统规划模式

目前，城市物流配送模式主要包括四种模式：企业自建虚拟物流系统和实物配送系统；采用第三方虚拟物流系统，自建实物配送系统；采用第三方实物配送系统，自建虚拟物流系统；采用第三方虚拟物流系统和第三方实物配送系统（如图6-6、图6-7、图6-8、图6-9所示）。

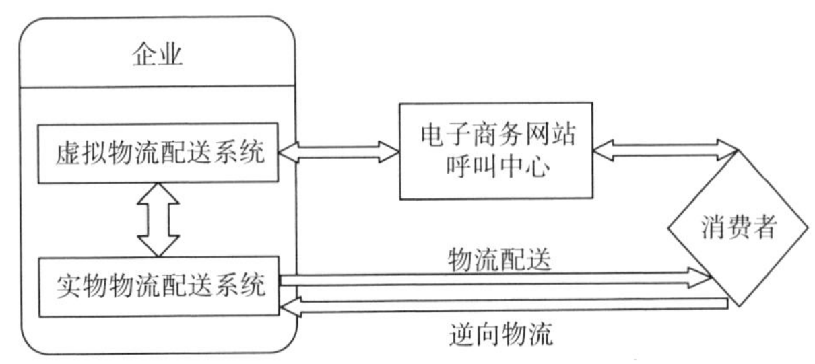

图6-6　企业自建虚拟物流系统和实物配送系统

（三）城市物流政策体系规划

物流政策规划主要包括市场和行业规范化管理政策（市场法规体系、行业规范化管理、物流环境策略）、培育支持城市物流发展的产业政策、城市物流管理的协调机制、基础设施和信息平台建设保障政策（物流基础设施建设支持政策、

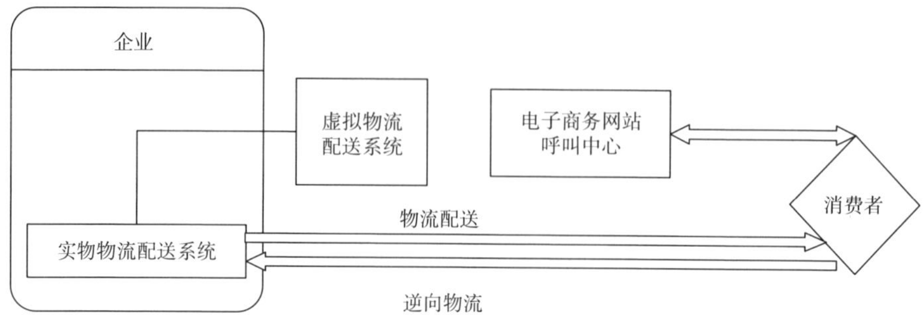

图 6-7 采用第三方虚拟物流系统，自建实物配送系统

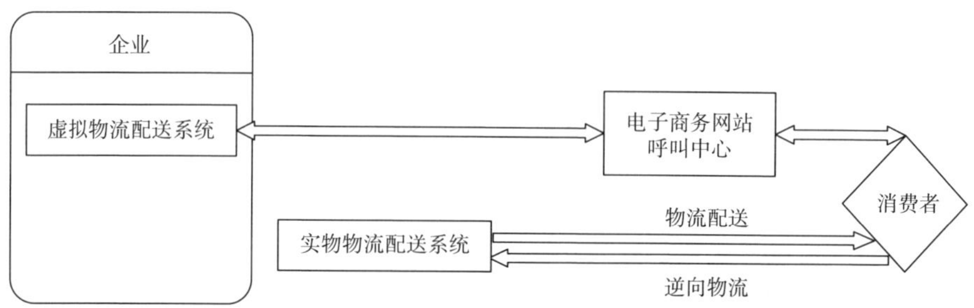

图 6-8 采用第三方实物配送系统，自建虚拟物流系统

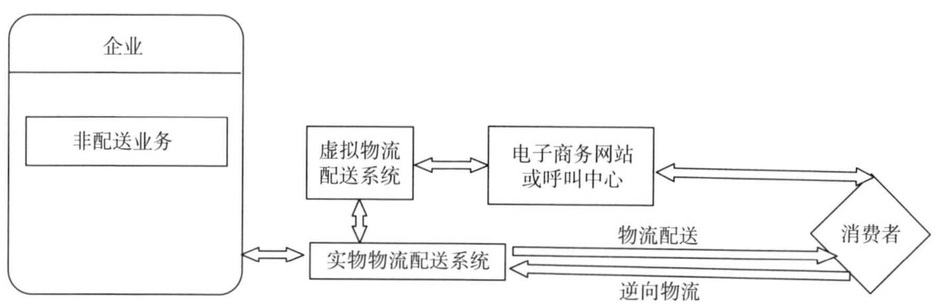

图 6-9 采用第三方虚拟物流系统和第三方实物配送系统

鼓励企业进驻园区的优惠政策、物流信息平台建设的保障政策）、物流企业的扶持优惠政策（企业培育政策、物流企业发展优惠政策、物流企业联盟战略）、物流标准化推进政策、人才培育和保障政策。

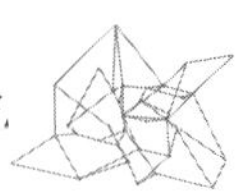

案例分析6-1

城市末端物流典型模式——落地配

2020 年 2 月 25 日，人力资源社会保障部与市场监管总局、国家统计局联合向社会发布 16 种新职业，其中包含网约配送员这一职业。落地配（Cash on Delivery，COD）即送货上门，“落地配”是网约配送员进行订单配送的服务类型统称。相较于快递员，网约配送员强调基于互联网平台等，从事接收、验视客户订单，根据订单需求，按照平台智能规划路线，在一定时间内将订单物品递送至指定地点的服务人员。

落地配的诞生就是致力于解决线上购物缺乏个性化服务这一问题。为电商服务加入了“试穿”“试用”等功能，并且落地配在配送环节提供代收货款、代退换货、试用试穿甚至是半退半送等一系列个性化的服务，可以很好地满足电子商务对成本、服务和客户体验的需求。例如，有人在网上订了 2 款产品，但其中一款暂时缺货，落地配企业则会选择相同样式的另一个品牌产品或相同品牌相近的产品作为代替品进行配送。如果买方接受，则可以签收全部商品；如果不接受，也可以拒收。而大多数情况是，消费者由于急需或者对品牌的要求不高而签收了替代品。这对于电子商务企业而言，等于在无形之中又得到了一次为商品争取销量的机会。

现今，网约配送员作为落地配服务的主要实现载体，主要由三大要素组成：落地分拨、同城和地县转运、入宅服务。这三大要素中，入宅服务最为核心：开箱验货、半收半退、夜间送货、试穿试用、送二选一、代收货款、退货换货等服务都是传统快递所不能及的。与传统的购物模式相比，虚拟运营环境下的电子商务企业无法为客户提供试用、试穿等服务，落地配的主要商业模式如表 6-4 所示。

表 6-4　落地配商业模式总结

类型	商业模式	代表企业
报刊发行业务转型	电视购物配送、电子商务配送、生鲜冷链配送、干线 B2B 业务、保险金融/直销业务配送服务等	成都立即送 北京小红帽

续表

类型	商业模式	代表企业
快递企业业务转型	与电商平台合作实现商品配送等	四通一达 顺丰
电商企业自建业务	生鲜食品同城配送、美妆、个护、清洁、保健等日用品同城配送等	每日优鲜 美团
专职落地配业务	鲜花蛋糕、文件发票、生活用品等同城速递、代买代送	闪送 货拉拉

一、报刊发行业务转型——立即送

部分落地配业务从送奶、送报、送水等业务改革而来。而保单配送业务是现在常见的形式。落地配企业与金融机构合作，进行保单业务的配送，保险公司将派送保单业务外包给落地配公司，这样可以节省人力成本。保险公司会通过呼叫中心将客户的投保信息转至落地配公司，然后由落地配公司负责将保单递送至投保人手中。

二、快递业务转型——顺丰当日达

部分传统物流企业在谋求转型时，也会拓展部分落地配业务。这类业务都是一些落地配企业进行区域承包，只需要完成派送业务即可，没有收件压力，易于管理。而且业务外包的流程也并不复杂。例如，顺丰当日达已成功与太平洋保险、平安车险、阳光车险、招商银行等大型金融机构合作，提供专业的保单配送服务。

三、电商企业自建业务——每日优鲜

每日优鲜是一家创立于2014年的社区生鲜电商，其采取“城市分拣中心+前置仓”模式，属于垂直生鲜电商平台。产品配送上主要依赖于快递、外卖配送体系，从而保证消费者对生鲜产品的即时需求。每日优鲜以“分布式仓储+短半径配送”的运营思路，采用“产地—城市分选大仓—社区前置仓”的配送路径，较好地满足了消费者的优质和即时性需求。“前置仓+1小时配送”的方式，是通过城市中心位置选择分选中心的位置，并根据订单密度渗透至距离社区半径3公里覆盖面积的网络商业模式。该模式极大地降低了物流配送成本，实现了生鲜产品极短时间内的配送，且在保证产品温度变化较小的情况下同时实现节约耗材包

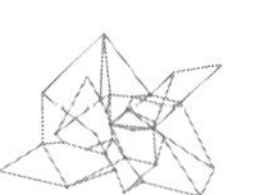

装的目的。传统生鲜电商的产品配送是采用客户线上下单、生鲜产品快递方式运送到家的模式，该模式不仅配送时间长，同时也需要耗用泡沫、冰袋和纸箱等大量冷媒。而且这些冷媒成本都属于可变成本范畴，随着订单规模的增长，该部分成本也会不断增加。而每日优鲜的前置仓模式实现了生鲜产品最后一公里配送的“去冷媒化”，类似于在用户家门口修建了一个集约化配送的冷库，节约了冷媒成本的支出。

相较于生鲜电商传统的门店配送模式，每日优鲜的前置仓模式降低了对门店的选址流量要求，前置仓门店也无须额外的产品展示面积，同时可以极大地降低公司的租金成本。另外，由于前置仓建设面积较小，反而提高了对精选优质生鲜产品的要求，这也是每日优鲜一直以来所秉承的生鲜产品运营思路。

四、专职落地配业务——货拉拉

货拉拉是深圳货拉拉科技有限公司的一款货运平台，通过线上货运派单和抢单的模式运营，注册货主可以利用平台的 GPS 功能，在所选位置下单，并由平台系统派单、附近司机抢单，实现货运资源循环利用，这点也与滴滴打车十分类似。自从货拉拉进入市场以来，用户规模得到飞速增长，2020 年 7 月，业务覆盖国内城市数量超过了 352 座，平台月活司机 48 万，月活用户达 600 万。

货拉拉平台内，可以通过订单备注留言，直接表明个性化需求。同时，拖车需求、搬运需求、装卸需求、等待需求等大部分需求都具有个性化标签。货拉拉能智能分配车主，让可以满足个性化需求的车主接单，车主可以选择适合的搬家服务，最大限度提高交易效率。货拉拉作为平台，严密掌握了车主和买方的信息，一旦在双方交易出现争议纠纷时，平台可以发挥中间的监管角色，规范双方的责任和义务，最大限度做到双方的公平交易。一旦搬家方认为自己利益受到损害，可以通过货拉拉平台直接申诉，并由货拉拉平台方来跟进事宜，便于追责和索赔。

落地配业务的应用场景非常多，为城市物流“最后一公里”中的已有问题提供了解决思路。“最后一公里”的配送是电商通过虚拟网络销售在真实生活中得以实现的重要途径。落地配的服务，对于其他快递企业而言无法实现，是电子商务赖以生存的基础。客户对虚拟购物环境中所购买商品付款方式的选择上更多地会倾向于货到付款，在快递和物流企业不能来完成这项服务的时候，落地配一定会在 B2C 电商物流配送中占主导地位。落地配在电子商务企业现行快递的运行模式下，对于传统快递企业为电子商务企业服务时，电子商务企业所产生的需求是在传统快递企业不能满足的快件附加业务的情况下产生的。这样可以很好地解决传统快递公司服务质量差、业务投诉多、货物破损率高、资源浪费严重等问题，能在改善这些状况的基础上，对相同区域、相同客户进行统一的资源整合，使快递企业摆脱以低成本、低效率运营，并加入更多的人性化服务，进而优化服务网络，降低“最后一公里”的经济成本，提高了服务质量和效率，有利于缓解交通压力，保护环境，促进低碳物流的发展。

案例分析6-2

国外城市物流管理

一、比利时的城市整合中心方法（UCC）

比利时首都布鲁塞尔为了减少城市货运对环境的影响，更好建立布鲁塞尔首都大区（BCR）城市物流配送战略方案，采用了城市整合中心方法（UCC）。具体步骤为提出问题、设置条件、研究需求、定量模型、建设情景、量化影响、方案评估、得出结论。

二、瑞士的《货车和卡车条例》

瑞士为了解决送货车在运输量、交通安全和环境方面的作用问题，出台了《瑞士货车和卡车条例》。其中涉及市场准入、车辆、司机、基础设施、税收和收费以及规划和环境问题等方面的分析。该条例的实施可以提高城市地区送货车运输的效率，有利于城市地区“最后一英里”的实现等。

三、新加坡的零售区管理（RPM）

新加坡采用零售区管理（RPM）理念，鼓励不同的利益相关者合作解决交通拥堵问题。根据收集位置、收集计划、交货地点、交货计划（时间窗口）、交货量和维度、资源可用性来整合这些交付请求并为每辆货运车生成最佳路线。RPM的四个相互关联的主要组成部分为区内货物流的可视化和分析、多目标选择的实时分局交付、多方装卸码头协调及商场配送整合。

四、英国的货运质量伙伴关系计划（FQPs）

英国在阿伯丁、伯明翰、切斯特和南安普顿4个城市进行了FQPs测试。该计划汇集了产业界、地方政府以及地方和环境利益集团的代表，以完成“确定每个利益集团对在他们的城市运输和配送货物的看法；确定集团内部能够解决或缓

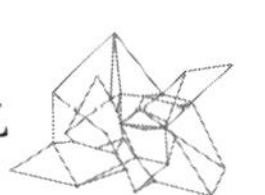

解这些问题的能力；确定地方政府和产业界采取行动的最佳实践措施和原则，促进在城市内经济和高效地运输和配送货物，并保护环境”的任务。

五、日本的多式联运城市货物运输

日本铁道货运公司提出了多式联运列车小规模装卸的思路，利用叉车对小型10英尺（约3米）集装箱进行转运。该系统在日本的主要城市之间的中途站已经建立了联系。该系统已从使用装卸专用线转变为货运列车直接切换到子公司主轨道，在那里他们在一个平台上停止卸载和装载，然后从那里离开从而减少终端时间和提高整体操作火车的速度。在日本的26个货运站实施了电子商务。使新系统运作的主要驱动因素是紧凑终端设计、机器升级和调度机器操作员的信息系统升级。

第七章　国际物流

【学习目标】

1. 了解国际物流的演变。
2. 理解国际物流绩效指标。
3. 掌握跨境电商的国际物流模式。
4. 理解各类国际物流运输方式。
5. 掌握中欧班列运输。

【重点与难点】

1. 跨境电商运作流程。
2. 海外仓业务流程。
3. 中欧班列空间布局与发展瓶颈。

第一节　物流业国际化发展

随着人类生存空间扩张，跨越国界的活动增加，在更大范围内生产生活，物流活动也拓展至国家（地区）之间，从而产生了国际物流（international logistics）。国际物流是指，跨越不同国家（地区）之间的物流活动[①]，根据国际分工协作，依照国际惯例，利用国际化的物流网络、物流设施和物流技术，实现货物在国际间的流动和交换，以促进区域经济的发展和世界资源优化配置。

一、国际物流的演变与发展

国际物流的发展经历了漫长进程。丝绸之路的驼队、茶马古道的马帮及郑和下西洋的船队等原始国际物流形态相继出现，形成了以地中海沿岸港口为中心的海上、陆上国际物流大通道，并支撑起横贯欧亚大陆板块的国际贸易网络。

（一）工业革命与国际物流

在漫长的人类历史中，不同文明体之间就不断尝试以各种形式发生联系并开展交流，但受限于早期低下的社会生产力水平，世界范围内不同经济体之间整体呈现出孤立、分散的空间分布状态和联系格局，全球化长期处于缓慢发展阶段，国际物流发展稍显滞缓。15 世纪，“地理大发现”拓展了人类的活动空间和范围，首次打破了以往世界各个地区相对隔绝和孤立发展的局面，尝试构建了覆盖全球的航线网络，欧洲贸易中心由地中海转移到大西洋沿岸，为世界市场的形成准备了区位条件。同时，市场需求的变化以及与之不匹配的供给情况，带来了工业革命的范式转移（如图 7-1 所示）。

1. 第一次工业革命

18 世纪 60 年代，以蒸汽机作为动力机被广泛使用为标志，世界进入蒸汽时代。工业革命为世界经济的形成提供了必要条件，出现了工业国与农业国之间的分工，世界市场初步形成。在该阶段，现代交通、通信等技术不断创新、应用与扩散，以完成机械化生产，逐渐实现了“网络化空间”距离的缩短；并在全球

① 《物流术语》（GB/T 18354—2021）。

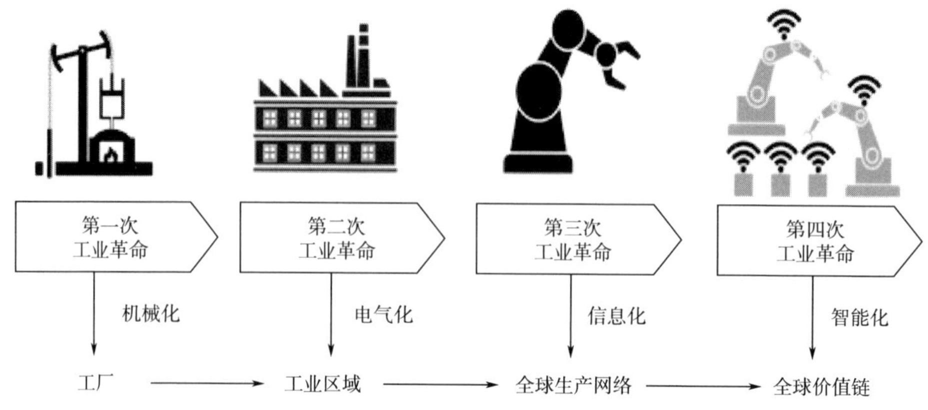

图 7–1　工业革命的范式转移

产业转移与全球跨境投资的驱动下，生产、贸易活动不断突破国家和地域的限制，推动生产资源实现全球性流动和区域优化配置，促进了全球性产业链条和生产网络的形成。

2. 第二次工业革命

19 世纪末，第二次工业革命为世界经济的发展提供了强大动力，随着电力的发明和广泛应用，世界开始进入电气时代。在工业制成品与初级产品的分工和资本的输出中，世界市场最终形成。在此期间，科学技术大力发展、军事力量不断壮大，生产线的出现实现了制造商的批量化生产，同时商品与资本在全球范围内加速流动，国际物流网络不断拓展。

3. 第三次工业革命

20 世纪中期，以原子能、电子计算机等发明和应用为主要标志，第三次工业革命将全球分工从初级的水平分工模式推向更高级的垂直分工模式。本地化制造、去中心化制造降低了物流的时间效用和空间效用，极大地削减了原材料采购入库的库存，零部件、半成品库存以及集中大批量下线的产成品形成的库存，大批量生产模式被多品种小批量取代。仓库的智能化，提高了仓库的周转率和管理的协调性，以高效的方式利用好有限的仓库资源，以便捷、快速、高效率的服务满足成为该阶段物流发展的重点。

同时，科技创新伴随技术扩散得到进一步发展，并推动了物流相关装备技术更新换代。交通设施与运输工具的变革、多式联运等新的物流组织模式的产生、

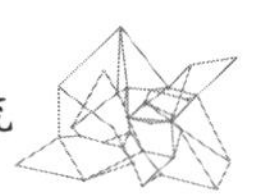

工业机器人等新技术的融合发展，都极大地延展了人类的经济活动空间，提高了运行效率，使跨越时空的生产组织具有技术与经济可行性，使全世界的生产者能够共享全球市场。

1956年，集装箱出现；1966年，集装箱在国际海运领域得到迅速发展，国际物流迎来运输革命。集装箱作为标准化的载运单元，可全程将不同形状、规格、性质的货物进行标准化操作。伴随着国际多式联运出现的信息系统和电子数据交换系统，加速了物流国际化进程。海上集装箱运输变革发生后，货物在不同运输方式、物流环节中的自动化高效转换，使传统件杂货运输码头的装卸工人大幅减少，临近港口不再是工厂选址的首要因素，港口格局发生变化。现代集装箱运输为构建高度自动化和低复杂度的现代运输体系、企业利用全球资源配置开展跨境活动、拓展国际市场创造了条件，进一步推动了经济全球化发展。

4. 第四次工业革命

当前全球正处于第四次工业革命（即工业4.0）的时代浪潮中，新一代5G通信、人工智能、大数据、量子通信、区块链等新兴科技和产业变革力量不断发展，体现出创新、协调、开放、绿色、共享的理念与特质。第四次工业革命技术紧扣国际供应链关键环节，形成物流业与制造业风险共担、利益共享的联动发展格局。

在企业主体与业务流程方面，制造企业根据生产制造流程、结合企业各主体需求，设计生产线的节拍、工位、制造工艺，关注物料在空间上的状态，物流企业明确线边物流的上线补送模式与发料方式；与制造商共同投资建设专用物流设施，缩短线边物流的交接时间。“两业”深度合作，促进制造企业的精益生产，有利于打造国际生产型寄递物流体系，进一步推动国际市场发展。

在设施设备和标准规范方面，物流企业与制造企业通过推动机械设备、运输工具等物流硬件技术的标准化、规范化，实现国际航空、海运、中欧班列、多式联运等国际干线物流通道以及物流枢纽、供应链集群的统筹布局与协同联动，促进运输、储存、货物交接等环节的有效衔接和顺畅运转。

在信息资源方面，制造企业和物流企业通过搭建物流互联网平台，整合供应链各环节物流信息、物流监管、物流技术和设备等资源；借助5G、物联网等新技术，在产业链的上至下游形成完整紧密的信息网络，提高产业链各环节间相互配合的时效性与准确性，加速物料有效供应，进而提升国际物流企业服务能力与服务质量。

（二）“一带一路”与国际物流

1. “一带一路”发展脉络

2013 年 9 月和 10 月，习近平主席出访中亚和东南亚国家时，先后提出了共建“丝绸之路经济带”和“21 世纪海上丝绸之路”（“一带一路”）的倡议，受到国际社会高度关注（如图 7-2 所示）。

2013 ➤ 2013.9.7，首次提出共建“丝绸之路经济带”的战略构想。

2013.10.3，首次提出建设“21世纪海上丝绸之路”的战略构想。

2014 ➤ 2014.9.11，将“丝绸之路经济带”同“欧亚经济联盟”、蒙古国“草原之路”倡议对接，打造中蒙俄经济走廊。

2014.12.29，丝路基金有限责任公司在北京注册成立并正式运行。

2015 ➤ 2015.12.25，亚洲基础设施投资银行正式成立，这是首个由中国倡议设立的多边金融机构。

2016 ➤ 2016.6.8，中国铁路正式启用“中欧班列”品牌。

2016.6.23，签署《建设中蒙俄经济走廊规划纲要》，是共建“一带一路”框架下的首个多边合作规划纲要。

2016.9.19，签署《中华人民共和国政府与联合国开发计划署关于共同推进丝绸之路经济带和21世纪海上丝绸之路建设的谅解备忘录》，是与国际组织签署的第一份政府间共建“一带一路”的谅解备忘录。

2017 ➤ 2017.5.13，与格鲁吉亚正式签署自贸协定。这是我国与欧亚地区国家签署的第一个自贸协定，也是“一带一路”倡议提出后我国启动并达成的第一个自贸协定。

2017.5.14—15，首届“一带一路”国际合作高峰论坛在北京举行。

2018 ➤ 与中国签署共建“一带一路”合作文件的国家超过60个，遍布亚洲、非洲、大洋洲、拉丁美洲，累计同122个国家、29个国际组织签署了170份政府间合作文件。其中，《“一带一路”特别声明》标志着“一带一路”倡议正式延伸至拉美。

2020 ➤ 2020.11.15，东盟10国以及中国、日本、韩国、澳大利亚、新西兰15个国家正式签署了《区域全面经济伙伴关系协定》（RCEP）；2022年1月1日，该协定正式生效，标志着全球规模最大的自由贸易区正式落地。

图 7-2　“一带一路”时间轴

2. “一带一路”内涵

“丝绸之路经济带”是在“古丝绸之路”概念基础上形成的一个新的经济发展区域，其核心体现了经济带沿线城市集中协调发展。“丝绸之路经济带”，东牵亚太经济圈，西系欧洲经济圈，是世界上最长、最具发展潜力的经济走廊。其重点畅通有三：一是中国经中亚、俄罗斯至欧洲（波罗的海）；二是中国经中亚、西亚至波斯湾、地中海；三是中国至东南亚、南亚、印度洋。

“21 世纪海上丝绸之路”是指，从广州、福州、宁波等港口城市出发，沿海上航线，经东南亚、南亚到欧洲。其重点方向有二：一是从中国沿海港口过南海，经马六甲海峡到印度洋，延伸至欧洲；二是从中国沿海港口过南海到南太平

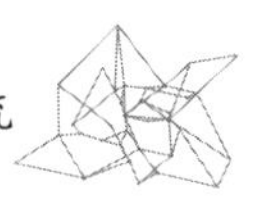

洋。海上以重点港口为节点，共同建设通畅安全高效的运输大通道。

根据“一带一路”的五大方向，提出了“六廊六路多国多港”的主体框架。其中，“六廊”，即六大国际经济合作走廊：新亚欧大陆桥、中蒙俄、中国—中亚—西亚、中国—中南半岛、中巴、孟中印缅经济走廊（如图 7-3 所示）。“六路”，即公路、铁路、航运、航空、管道、空间综合信息网络，是基础设施互联互通的主要内容。

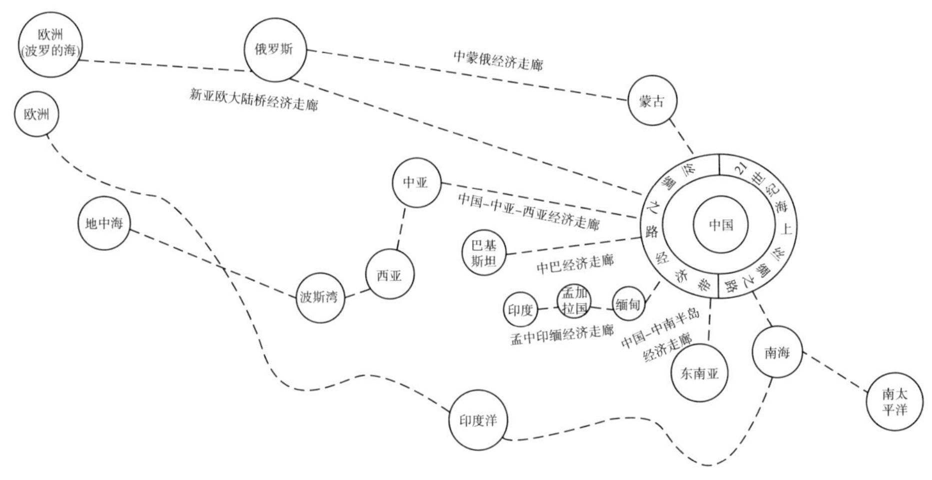

图 7-3 六大经济走廊框架

3. “一带一路”意义

（1）有效突破“胡焕庸线”，促进西北地区产业转型升级。基于“一带一路”的建设，“胡焕庸线”西北侧地区迎来新的发展①。新疆作为“丝绸之路经济带核心区”，成为通向中亚、中东、欧洲的新前沿，进一步发挥其独特的区位优势，加速了对外开放窗口和通道建设；陕西、甘肃、宁夏、青海等地，逐渐形成了面向中亚、南亚、西亚国家的通道、商贸物流枢纽和重要产业基地。其中，

---

① 1935 年，地理学家胡焕庸提出了一条划分我国人口密度的对比线，最初称“瑷珲—腾冲一线”。这条线从黑龙江省瑷珲（现黑龙江黑河）到云南省腾冲，为倾斜 45 度基本直线。“胡焕庸线”在某种程度上也成为城镇化水平的分割线。这条线的东南各省区市，绝大多数城镇化水平高于全国平均水平；而这条线的西北各省区，绝大多数低于全国平均水平。在 2000 年前后，“胡焕庸线”东南侧以占全国 43.8%的国土面积，集聚了全国 94.4%的人口和 95.70%的 GDP；西北部面积占全国的 57.1%，而西北部人口仅占全国人口的 5.6%、8.9%的耕地，只产生 4.3%的国内生产总值。自实施西部大开发以来，“胡焕庸线”东西两侧的差距大幅缩小，西部地区 GDP 平均增速高达 11%，比全国平均水平高 2 个百分点，生产总值撑起全国总量的 20%。

西安国际港区以保税物流中心为核心，建立国际物流区、国内综合物流区和物流产业集群区的物流体系，激活了经济增长潜力，提高了产业集聚能力。

（2）物流产业规模不断扩大，实现联动发展。基于“一带一路”倡议的深入推进，我国物流业呈现出稳定发展的增长态势，2015—2020 年，社会物流总额年均增长率超 6.5%，国际物流产业规模不断扩大，且形成了以工业制成品、农产品等为主的出口商品结构。其中，工业制成品是我国出口商品结构中占比最大的商品种类，2019 年工业制成品占我国出口总额的 94%。

（3）国际物流网络逐步搭建，形成立体化国际物流格局。随着“一带一路”沿线国家和地区间合作的不断加深，物流需求快速增长，交通基础设施互联互通骨干通道网络逐步搭建，实现综合运输通道和枢纽节点的集约化运输组织。其中，国际物流通道在“一带一路”倡议实施过程中扮演着重要角色，能够有效推动我国与沿线国家之间的经济合作。中欧班列、陆海新通道等国际铁路联运、国际海铁联运，缩短了东亚与欧洲等地区的时空距离，提高了国际物流的时效性，将国际物流的运输方式由海运为主发展成涵盖铁路、公路、水路、航空、管道的空间多元化国际物流网络；通过重塑全球航运和物流模式，构建了以港口、陆路边境口岸、机场等枢纽为支点，海陆空紧密衔接的立体化国际物流格局。

二、国际物流绩效指标

近年，物流在全球贸易中的重要性得到认可。2007 年，世界银行首次提出物流绩效指数（Logistics Performance Index，LPI），以衡量世界各国物流发展水平（如表 7-1 所示）[①]。

LPI 从以下六个构成要素对各个国家进行分析：

第一，海关（customs），即海关与边境管理清关的效率。

第二，基础设施（infrastructure），即贸易与运输基础设施的质量。

第三，国际货运（international shipments），即安排具有竞争性价格货运的便利性。

① 2007 年，世界银行从海关（Customs）、基础设施（Infrastructure）、货物装运便捷性（Ease of Shipment）、物流服务能力（Logistics Services）、货物跟踪能力（Ease of Tracking）、国内物流成本（Domestic Logistics Costs）、货运的准时性（Timeliness）7 个维度评估 LPI。

表 7-1 2007—2018 年 6 次世界 LPI 排名

	2010								2007								
国家	排名	分数	海关	基础设施	国际货运	物流质量与竞争力	追踪与追溯	及时性	排名	分数	海关	基础设施	货物装运便捷性	物流服务能力	货物跟踪能力	国内物流成本	货运的准时性
德国	1	4.11	4.00	4.34	3.66	4.14	4.18	4.48	3	4.10	3.88	4.19	3.91	4.21	4.12	2.34	4.33
瑞典	3	4.08	3.88	4.03	3.83	4.22	4.22	4.32	4	4.08	3.85	4.11	3.90	4.06	4.15	2.44	4.43
比利时	9	3.94	3.83	4.01	3.31	4.13	4.22	4.29	12	3.89	3.61	4.00	3.65	3.95	3.96	2.62	4.25
奥地利	19	3.76	3.49	3.68	3.78	3.70	3.83	4.08	5	4.06	3.83	4.06	3.97	4.13	3.97	2.24	4.44
日本	7	3.97	3.79	4.19	3.55	4.00	4.13	4.26	6	4.02	3.79	4.11	3.77	4.12	4.08	2.02	4.34
荷兰	4	4.07	3.98	4.25	3.61	4.15	4.12	4.41	2	4.18	3.99	4.29	4.05	4.25	4.14	2.65	4.38
新加坡	2	4.09	4.02	4.22	3.86	4.12	4.15	4.23	1	4.19	3.90	4.27	4.04	4.21	4.25	2.70	4.53
丹麦	16	3.85	3.58	3.99	3.46	3.83	3.94	4.38	13	3.86	3.97	3.82	3.67	3.83	3.76	2.52	4.11
英国	8	3.95	3.74	3.95	3.66	3.92	4.13	4.37	9	3.99	3.74	4.05	3.85	4.02	4.10	2.21	4.25
芬兰	12	3.89	3.86	4.08	3.41	3.92	4.09	4.08	15	3.82	3.68	3.81	3.30	3.85	4.17	2.22	4.18

续表

国家	2014								2012							
	排名	分数	海关	基础设施	国际货运	物流质量与竞争力	追踪与追溯	及时性	排名	分数	海关	基础设施	国际货运	物流质量与竞争力	追踪与追溯	及时性
德国	1	4.12	4.10	4.32	3.74	4.12	4.17	4.36	4	4.03	3.87	4.26	3.67	4.09	4.05	4.32
瑞典	6	3.96	3.75	4.09	3.76	3.98	3.98	4.26	13	3.85	3.68	4.13	3.39	3.90	3.82	4.26
比利时	3	4.04	3.80	4.10	3.80	4.11	4.11	4.39	7	3.98	3.85	4.12	3.73	3.98	4.05	4.20
奥地利	22	3.65	3.53	3.64	3.26	3.56	3.93	4.04	11	3.89	3.77	4.05	3.71	4.10	3.97	3.79
日本	10	3.91	3.78	4.16	3.52	3.93	3.95	4.24	8	3.93	3.72	4.11	3.61	3.97	4.03	4.21
荷兰	2	4.05	3.96	4.23	3.64	4.13	4.07	4.34	5	4.02	3.85	4.15	3.86	4.05	4.12	4.15
新加坡	5	4.00	4.01	4.28	3.70	3.97	3.90	4.25	1	4.13	4.10	4.15	3.99	4.07	4.07	4.39
丹麦	17	3.78	3.79	3.82	3.65	3.74	3.36	4.39	6	4.02	3.93	4.07	3.70	4.14	4.10	4.21
英国	4	4.01	3.94	4.16	3.63	4.03	4.08	4.33	10	3.90	3.73	3.95	3.63	3.93	4.00	4.19
芬兰	24	3.62	3.89	3.52	3.52	3.72	3.31	3.80	3	4.05	3.98	4.12	3.85	4.14	4.14	4.10

续表

国家	2018								2016							
	排名	分数	海关	基础设施	国际货运	物流质量与竞争力	追踪与追溯	及时性	排名	分数	海关	基础设施	国际货运	物流质量与竞争力	追踪与追溯	及时性
德国	1	4.20	4.09	4.37	3.86	4.31	4.24	4.39	1	4.23	4.12	4.44	3.86	4.28	4.27	4.45
瑞典	2	4.05	4.05	4.24	3.92	3.98	3.88	4.28	3	4.20	3.92	4.27	4.00	4.25	4.38	4.45
比利时	3	4.04	3.66	3.98	3.99	4.13	4.05	4.41	6	4.11	3.83	4.05	4.05	4.07	4.22	4.43
奥地利	4	4.03	3.71	4.18	3.88	4.08	4.09	4.25	7	4.10	3.79	4.08	3.85	4.18	4.36	4.37
日本	5	4.03	3.99	4.25	3.59	4.09	4.05	4.25	12	3.97	3.85	4.10	3.69	3.99	4.03	4.21
荷兰	6	4.02	3.92	4.21	3.68	4.09	4.02	4.25	4	4.19	4.12	4.29	3.94	4.22	4.17	4.41
新加坡	7	4.00	3.89	4.06	3.58	4.10	4.08	4.32	5	4.14	4.18	4.20	3.96	4.09	4.05	4.40
丹麦	8	3.99	3.92	3.96	3.53	4.01	4.18	4.41	17	3.82	3.82	3.75	3.66	4.01	3.74	3.92
英国	9	3.99	3.77	4.03	3.67	4.05	4.11	4.33	8	4.07	3.98	4.21	3.77	4.05	4.13	4.33
芬兰	10	3.97	3.82	4.00	3.56	3.89	4.32	4.28	15	3.92	4.01	4.01	3.51	3.88	4.04	4.14

资料来源：《世界银行物流绩效指数报告——联结以竞争：全球经济中的贸易物流》。

第四，物流质量与竞争力（logistics quality and competence），即物流服务的竞争力与质量。

第五，追踪与追溯（tracking and tracing），即追踪与追溯货物运输的能力。

第六，及时性（timeliness），即货物运输在既定或预期交付时间内的到货率。

（一）影响因素分析

1. 区位条件

位于 LPI 排名前列的国家，多数依托港口发展国际物流。原因如下：

第一，国家所处的空间位置优越，是重要的出海口，并与内河运输相连。一方面，为货物流转提供了便捷的交通条件，有利于实现国际多式联运；另一方面，四通八达的集疏运网络，提高了港口城市辐射力，利于聚集更多货源。

第二，城市自然资源丰富、工业较为发达，城市与港口呈现良性互动的发展关系，形成重要的工业中心和消费中心，为国际物流的发展提供有力支撑。

2. 物流服务

物流服务水平对国家间的贸易有着重要影响，多数 LPI 分数较高的国家，其港口都专门设立保税区和物流园区，以方便货物的进出。同时，在保障国际基本物流业务以外，还开展多方面的物流增值业务。例如，新加坡港开展船舶修理和租借业务，安特卫普港物流中心为不同类型的货物提供装卸、分拨服务，鹿特丹港开展储、运、销一条龙服务。通过为客户提供集装箱管理服务，利用自身 IT 技术开发虚拟仓库系统等多形式国际物流服务，增强了国际货运便利性，提高了货物跟踪与物流服务能力。

（二）代表性国家的 LPI 分析

1. 德国

作为全球主要的物流枢纽和欧洲最重要的货物转运地，德国 4 次位居 LPI 第一。德国濒临北海和波罗的海，区位条件优越，是欧洲交通的“十字路口”，且拥有全欧洲最密集的交通网络。2019 年，其货物周转量为 6 979.42 亿吨公里，其中，国际运输分别占据内河、铁路及公路货物周转量的 79.9%、48.8% 和 12.1%。拥有柏林、不来梅、汉堡港等 114 个港口，为德国的货物集散和国际货运的发展奠定了基础。

汉堡港，位于易北河下游，阿尔斯特河和比勒河汇合处，处于东西、南北两

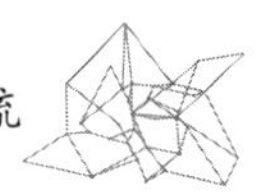

大贸易线交汇点，是最佳转口港之一。港口面积 100 平方公里，是德国最大的海港。2020 年，其海运货物吞吐量为 1.263 亿吨，来自北欧、北美、亚洲、非洲等世界各地的约 8 000 艘船只停靠于此。吸引了 200 多家船运公司、100 多家大型国际贸易公司，以及机械、石化、食品等生产加工基地，为产业集聚创造有利条件，从而达到规模效应和协同效应。

德国港口注重多式联运发展，铁路、公路和驳船运输分别占港口集疏运的近 1/3，2019 年，汉堡港海铁联运处理量为 62 000 列货运列车，约计 170 万节货箱。港口设施布局相对集约，整个港区运转效率较高。汉堡港拥有 300 公里的铁路专用线，铁路运输公司每周提供近 2 000 个集装箱列车接驳服务，列车可在港区完成编组，直接开往目的地；利用信息技术，每辆进入枢纽的集装箱卡车可在 15~30 分钟内完成枢纽作业。

汉堡港根据客户需求，建设了智慧港口。通过开发和利用 AKOSY 通信系统（满足全货种的 EDI 电子口岸系统）、码头智能货物跟踪管理系统、水运管理信息系统、驳船发布系统等，实现船舶和车辆定位、船道动态、船间通信等各类信息实时发布、处理与获取，调整港口运输组织、优化港口作业流程，最大程度提高港口作业效率。此外，2013 年，汉堡港营销协会已上线了 PORTLOG 平台，货主、船公司、货代等各主体可利用该服务采购平台查询、筛选相关目标企业。

2. 日本

1991 年，日本投入使用了海运货物通关信息处理系统 Sea-NACCS（Sea-Nippon Automated Cargo Clearance System）。该系统简化了关税业务手续，手续办理时间缩短了 22.8 小时，船舶进出日本港口平均处理时间缩短了 104.4 小时，实现了海运通关的无纸化、快速化、高效化。

2008 年，Sea-NACCS 系统从四个方面对原有系统进行优化：一是 Sea-NACCS 系统按照国际物流管理需要完善了业务流程，并在日本开始推广使用；二是系统从原来的船舶公司、代理人、集装箱装卸场、保税区、海关、银行六大机构，新增了货主、海货和非船舶航运业（Non-Vessel Operatin Common Carrier，NVOCC）；三是新 Sea-NACCS 系统数据格式不再只局限于 EDI 和 EDIFACT 格式，还包括 HXML 等格式；四是新 Sea-NACCS 系统大面积地扩大了业务范围，使其注册用户和事务所大幅增加。

统一服务平台是新 Sea-NACCS 系统的特色。原进出口手续包括关税征收、进口食品检测、动植物检疫、贸易管理、船舶出入港手续及出入国管理手续，涉及众多行政部门和8个信息管理子系统，办理业务时，需要在不同系统中频繁重复录入相同内容。统一服务平台的产生有效解决了这一问题，用户只需管理一组用户名和密码，确保系统操作流程一致、输入内容格式一致，数据便可实现共享。该平台由港口信息处理中心统一运营管理，最大限度地避免了操作的重复与错误，实现了贸易活动的高效化（如图7-4所示）。

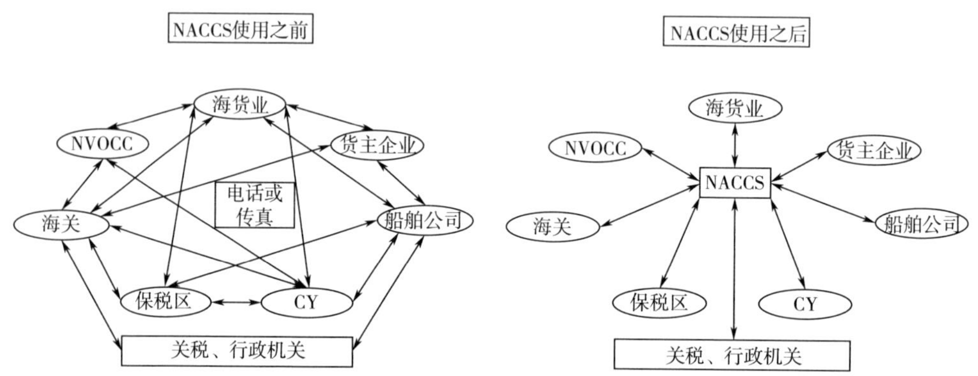

图7-4 Sea-NACCS运用对比效果图

（三）我国的LPI现状与发展

2007—2018年，我国的LPI排名从第30位上至第26位。其中，2018年LPI综合得分为3.61分。从分项得分情况来看，我国单项得分较高的两项分别是货物运输及时性与物流基础设施，单项得分最低的为海关和边境管理清关的效率，得分为3.29分（如表7-2所示）。

表7-2 2007—2018年我国LPI情况

年份	排名	分数	海关	基础设施	国际货运	物流质量与竞争力	追踪与追溯	及时性
2007	30	3.32	2.99	3.20	3.31	3.40	3.37	3.68
2010	27	3.49	3.16	3.54	3.31	3.49	3.55	3.91
2012	26	3.52	3.25	3.61	3.46	3.47	3.52	3.80
2014	28	3.53	3.21	3.67	3.50	3.46	3.50	3.87
2016	27	3.66	3.32	3.75	3.70	3.62	3.68	3.90
2018	26	3.61	3.29	3.75	3.54	3.59	3.65	3.84

资料来源：《世界银行物流绩效指数报告——联结以竞争：全球经济中的贸易物流》。

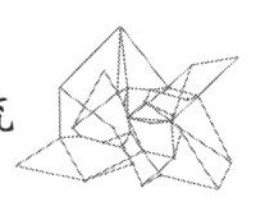

除了通过海关、基础设施、物流质量与竞争力、追踪与追溯和及时性等方面提升我国的 LPI，还可以提高信息技术基础和完善贸易制度。

第一，信息技术基础可以通过影响物流基础设施，间接地促进国际物流绩效的提升，应重视物流硬环境与软环境的协调发展。加强主要港口、国际海运陆运集装箱中转站、多功能国际货运站、国际机场等物流节点的多式联运物流设施建设，优先选择区位优势明显的地区，投资建设码头。加快发展铁海联运，提高国际货物的中转能力，逐步建成一批适应国际中转、进出口贸易业务等需要的大型国际港口，并不断增强其配套功能。

第二，贸易制度反映了外贸关税制度对跨国商品物流运输的影响，商品货物的关税申报成本、在该国生产和销售所需付出的行政成本，对于国际物流的主要实施者——跨国企业的战略决策具有重要影响。其中，海关效率是提升 LPI 的关键，我国应借助《区域全面经济伙伴关系协定》（RCEP），在有效监管的前提下，推进区域内贸易便利化进程，简化清关手续，实行申办手续电子化和“一站式”服务。

三、国际物流企业

跨国企业主导着全球的生产和贸易，不仅在全球生产和贸易的链条中更加重要，而且对国际物流的主导能力不断增强。激烈竞争的国际贸易市场将推动物流企业的兼并重组持续发生，多样的物流联盟不断涌现，市场集中度会随着大规模的跨国物流企业的出现而进一步提高。

从服务功能看，国际物流企业具有仓储、运输、报关等基本物流功能，但主导功能集中于两类：一类是依托空运的邮件递运、包裹及相关服务，以具有邮政背景的企业为主；另一类是依托航运的物流服务，涉及集装箱、多式联运、码头等服务的国际物流企业（如表 7-3 所示）。

表 7-3 全球知名物流企业

排名	图标	企业名称	国家	营业收入（百万美元）
1	JP POST 郵便局	日本邮政控股公司（JAPAN POST HOLDINGS）	日本	109 914.7

续表

排名	图标	企业名称	国家	营业收入（百万美元）
2		中国邮政集团公司（China Post Group Corporation）	中国	89 346.8
3		联合包裹速递服务公司（United Parcel Service，UPS）	美国	74 094
4		美国邮政服务公司（United States Postal Service，USPS）	美国	71 154
5		德国邮政敦豪集团（DEUTSCHE POST DHL GROUP）	德国	70 894.9
6		联邦快递（FedEx）	美国	69 693
7		德国联邦铁路公司（Deutsche Bahn）	德国	49 728.6
8		中国远洋海运集团有限公司（CHINA COSCO SHIPPING GROUP）	中国	44 655.1
9		马士基（MAERSK）	丹麦	39 198
10		意大利邮政集团（Poste Italiane）	意大利	36 666.9

资料来源：根据《财富》杂志发布的 2020 年世界 500 强榜单整理。

第二节　跨境电商

跨境电子商务（Cross-Border Electronic Commerce），简称“跨境电商”。跨境电商是指，分属不同关境的交易主体，通过电子商务平台达成交易、进行支付结算，并通过跨境物流送达商品、完成交易的一种国际商业活动。

一、跨境电商综合试验区

我国设立跨境电子商务综合性质的先行先试城市区域，即跨境电子商务综合试验区，重点在跨境电子商务交易、支付、物流、通关、退税、结汇等环节的技术标准、业务流程、监管模式和信息化建设等方面。通过制度创新、管理创新、服务创新和协同发展，打造跨境电子商务完整的产业链和生态链，逐步形成一套适应和引领全球跨境电子商务发展的管理制度和规则（如表 7-4 所示）。

表 7-4　我国跨境电商综合试验区

批次（时间）	试行城市（区域）
第一批 2015 年 3 月 7 日	中国（杭州）跨境电子商务综合试验区
第二批 2016 年 1 月 6 日	天津、上海、重庆、合肥、郑州、广州、成都、大连、宁波、青岛、深圳、苏州 12 个城市设第二批跨境电子商务综合试验区
第三批 2018 年 7 月 24 日	北京市、呼和浩特市、沈阳市、长春市、哈尔滨市、南京市、南昌市、武汉市、长沙市、南宁市、海口市、贵阳市、昆明市、西安市、兰州市、厦门市、唐山市、无锡市、威海市、珠海市、东莞市、义乌市等 22 个城市设立跨境电子商务综合试验区
第四批 2019 年 12 月 15 日	石家庄市、太原市、赤峰市、抚顺市、珲春市、绥芬河市、徐州市、南通市、温州市、绍兴市、芜湖市、福州市、泉州市、赣州市、济南市、烟台市、洛阳市、黄石市、岳阳市、汕头市、佛山市、泸州市、海东市、银川市等 24 个城市设立跨境电子商务综合试验区

续表

批次（时间）	试行城市（区域）
第五批 2020 年 4 月 27 日	雄安新区、大同市、满洲里市、营口市、盘锦市、吉林市、黑河市、常州市、连云港市、淮安市、盐城市、宿迁市、湖州市、嘉兴市、衢州市、台州市、丽水市、安庆市、漳州市、莆田市、龙岩市、九江市、东营市、潍坊市、临沂市、南阳市、宜昌市、湘潭市、郴州市、梅州市、惠州市、中山市、江门市、湛江市、茂名市、肇庆市、崇左市、三亚市、德阳市、绵阳市、遵义市、德宏傣族景颇族自治州、延安市、天水市、西宁市、乌鲁木齐市等 46 个城市和地区设立跨境电子商务综合试验区

杭州跨境电子商务试验区，构建了以“六大体系两大平台”为核心，以跨境电商 B2B 为主导的产业体系（如图 7-5 所示）。

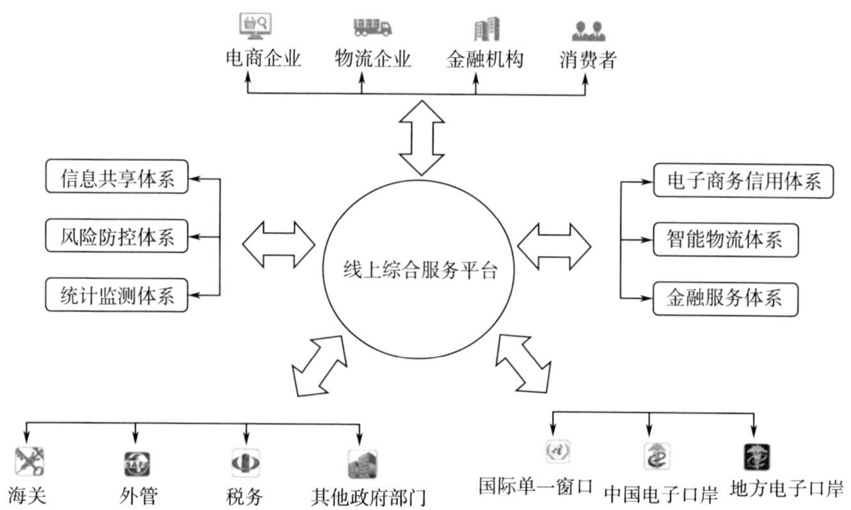

图 7-5　杭州跨境电子商务试验区系统图

资料来源：中国（杭州）跨境电子商务综合试验区官网。

（一）六大体系

第一，信息共享体系。实现企业、金融机构、监管部门间信息的互联互通，企业“一次申报”中各部门信息共享。

第二，风险防控体系。建立风险信息采集、分析评估、预警处置机制，有效防控非真实贸易洗钱的经济风险和数据存储、网络安全方面的技术风险，以及产品安全、主体信用的交易风险。

第三，统计监测体系。建立跨境电子商务大数据中心和跨境电子商务统计监测体系。

第四，电子商务信用体系。建立跨境电商信用数据库和信用评级、信用监管、信用负面清单系统，记录和积累跨境电商企业、平台企业、物流企业以及其他综合服务企业的基础数据，实现对电商信用的分类监管、部门共享和有序公开。

第五，智能物流体系。通过云计算、物联网、大数据等技术和物流公共信息平台，构建物流智能信息系统、仓储网络系统和运营服务系统等，实现物流供应链全过程可验、可测、可控。

第六，金融服务体系。金融机构、第三方支付机构、第三方电商平台、外贸综合服务企业之间开展规范性合作，为跨境电商交易提供在线支付结算、在线融资、在线保险等一站式金融服务。

（二）两大平台

第一，线上“单一窗口”。与海关、检验检疫、税务、外汇管理、商务、工商、邮政等政府部门进行数据交换和互联互通，实现政府管理部门之间信息互换、监管互认、执法互助，为跨境电子商务企业提供物流、金融等全套供应链方面的服务。

第二，线下的综合园区平台。主要是采取“一区多园”的布局方式，有效承接线上“单一窗口”的平台功能，优化配套服务，打造完整的产业链和生态圈。

二、跨境电商业务

跨境电商业务贯穿了贸易流、资金流、信息流和物流（如图 7-6 所示）。

（一）业务模式

跨境电子商务包括 B2B（企业对企业）、B2C（企业对消费者）、保税区 B2B2C（企业对企业对消费者）等贸易方式，其业务模式主要有海外直邮、保税区发货。

1. 海外直邮模式

在直邮模式下，消费者在跨境电商平台上下单后，电子订单、支付凭证、电

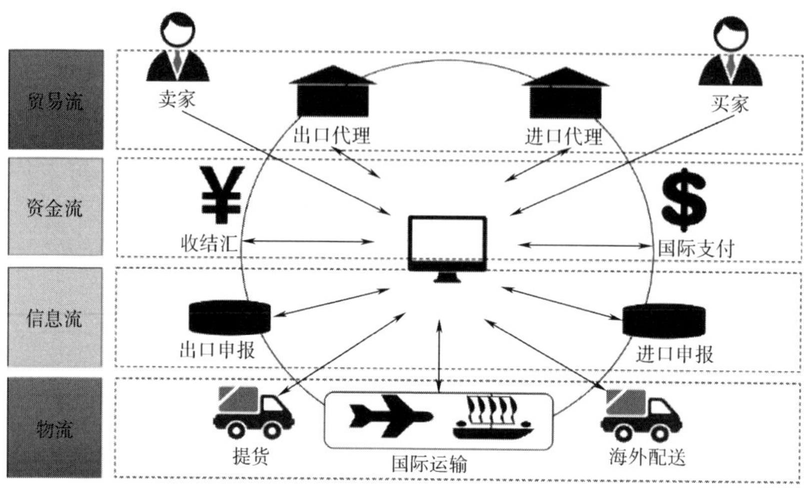

图 7-6　跨境电商交易的业务流程框架

子运单等由跨境电商实时传输给海关，缴纳增值税和关税，货物从海外仓库放行（如图 7-7 所示）。

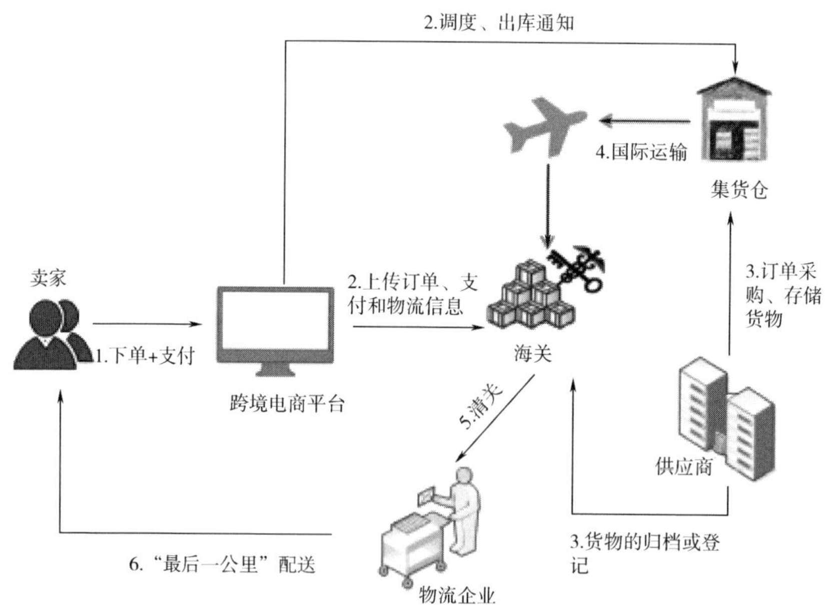

图 7-7　海外直邮模式

2. 保税区发货模式

保税区是在境内的港口或邻近港口、国际机场等地区建立的，在区内进行加工、贸易、仓储和展览并由海关监管的特殊区域，确保产品更快到达。该模式下，产品提前批量采购至全国各地经批准的跨境电商保税区内；消费者下单后，商品直接从保税仓库发出，并在海关等监管下完成通关，卖家可将进口关税和增值税缴纳推迟至实际销售环节（如图 7-8 所示）。

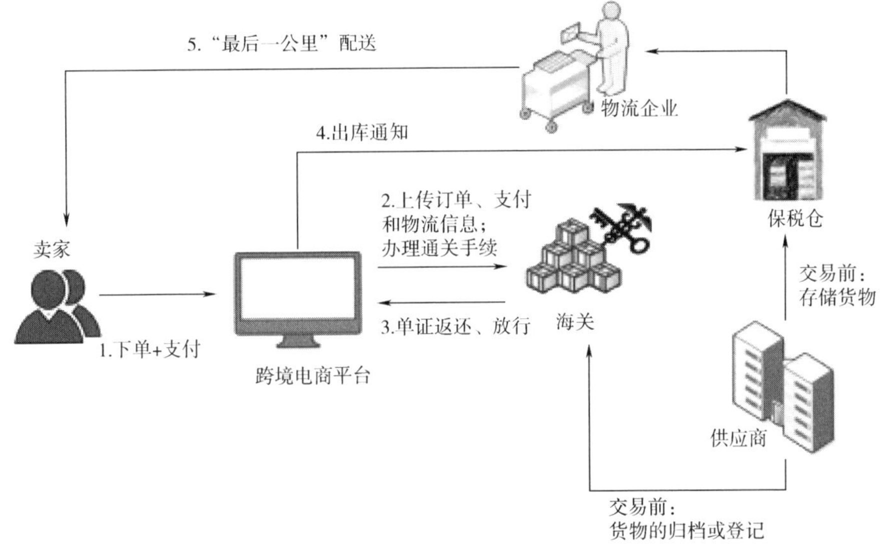

图 7-8　保税区发货模式

（二）进出口货物报关

以自理报关为例，进出口货物报关的作业流程包括报关准备、现场作业和后续作业三个阶段。可归纳为“进出口申报—配合查验—缴纳税费—结关放行”四个基本环节（如图 7-9 所示）。

第一步，进出口申报。进口货物的收货人、出口货物的发货人或代理人在进出口货物时，在海关规定的期限内，以书面或者 EDI 方式向海关报告其进出口货物情况，随附有关货运和商业单证，申请海关审查放行，并对所报告内容的真实准确性承担法律责任。进出口企业向海关申报时，必须提供发票、装箱单、提运单、报关单、进出口批文、减免税证明及加工贸易备案手册等单证。

第二步，配合查验。海关在接受报告单位的申报后，依法对货物进行实际检查，以确定进出境货物的性质、原产地、数量和价值等情况是否与货物申报单上

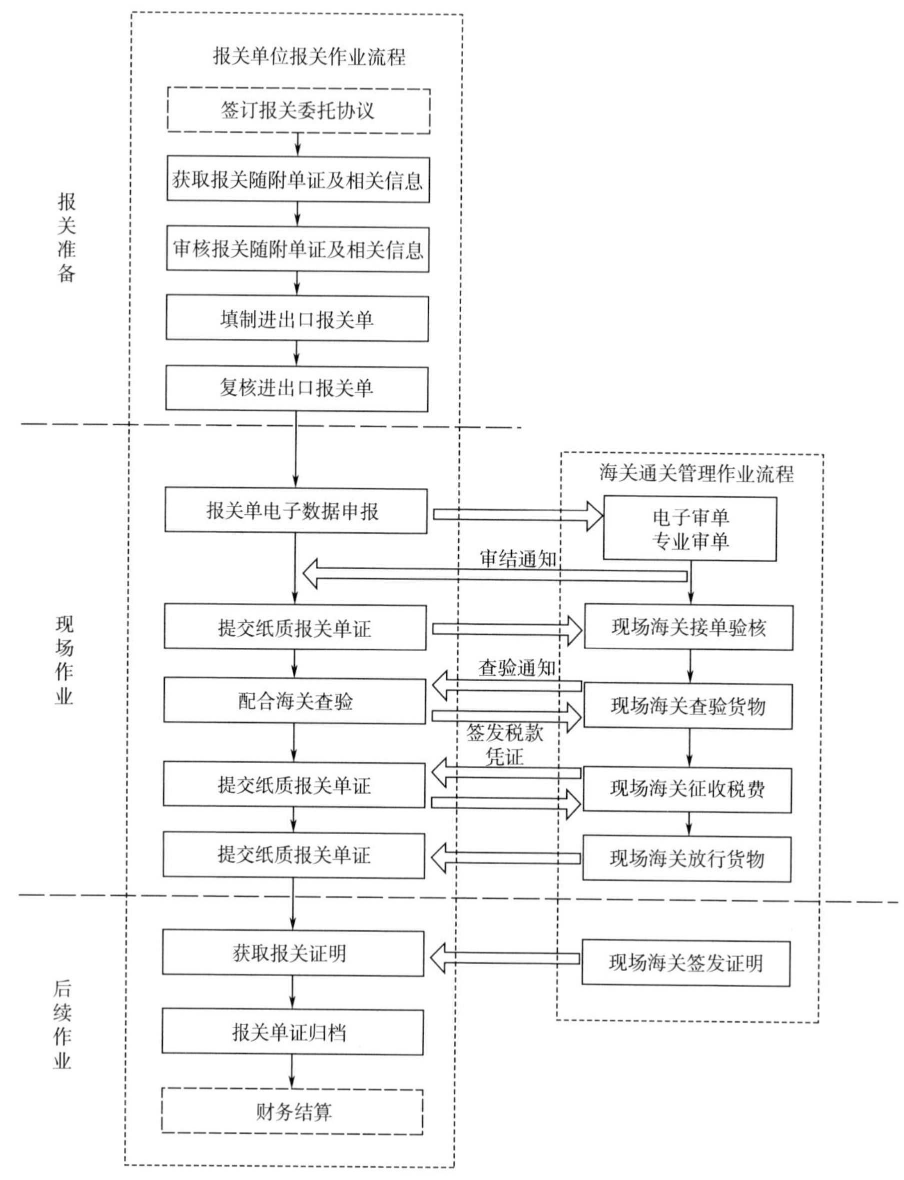

图 7-9　进出口报关作业流程图

已填报的具体内容相符。海关在检验进出口货物时，报关员必须在场，并按照海关的要求负责搬移货物、开拆和重封货物的包装等。

第三步，缴纳税费。根据国家的有关政策、法规，向海关缴纳进出口货物应征收的关税及进口环节的税费。

第四步，结关放行。海关在接受进出口货物的申报后，经过审核报关单据、

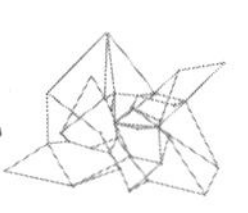

查验货物、依法征收税款，对进出口货物做出结束海关现场监管决定的工作程序；对经口岸放行后仍需继续实施后续管理的货物，海关在规定的期限内进行核查；对需要补证、补税货物做出处理直至完全结束海关监管的工作程序。

三、跨境电商的国际物流模式

（一）邮政包裹

目前，在跨境电商物流系统中，邮政包裹仍是主力，已形成基本遍布全球的网络体系，物流渠道覆盖范围广。因此，我国出口跨境电商 70%的包裹借助邮政系统投递。

邮政包裹物流运作流程包括以下内容（如图 7-10 所示）。其中，邮件处理包含交接、验收、勾挑核对、平衡合拢、发运、转口、押运、总包汇封、汇封总包开拆、发验等步骤[①]。

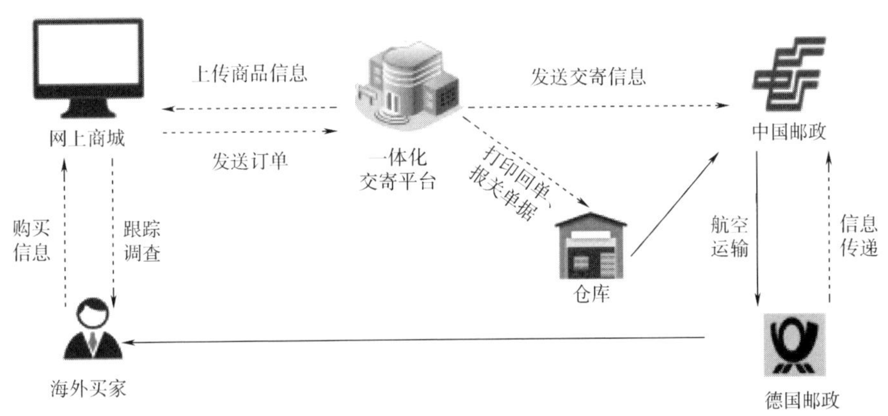

图 7-10　邮政包裹物流运作模式

（二）国际快递

国际快递模式主要由四家商业快递巨头构成，分别是 UPS、DHL、TNT 和 FedEx。这些国际快递物流商拥有自建的世界网络、强劲的技术系统以及覆盖全球的定制服务，这些优势都有利于提升海外用户的购物体验。但是，高水平的服务意味着昂贵的价格（如表 7-5 所示）。因此，只有在客户要求高时效性的状况

① 《中国邮政速递物流业务流程及操作规范转运部分（版本号：WY-GH-LC005-201304）（试行）》。

下，跨境电商企业才会采用国际商业快递来配送商品。国际快递的另一优势是专业特色化服务，即可以根据不同的顾客群体、国家（地区）以及货物特性选择适宜的货物递送渠道。

表 7-5 DHL 部分出口区域及运费情况

分区	主要目的地国家/地区	重量（kg）	价格（元）
1 区	中国香港、中国澳门	20	2 057
2 区	韩国		3 092
3 区	日本		3 266
4 区	新加坡、泰国		3 541
5 区	新西兰、澳大利亚		4 447
6 区	加拿大、墨西哥、美国		5 195
7 区	德国、英国、荷兰		5 209
8 区	土耳其		6 343
9 区	俄罗斯、哈萨克斯坦		8 383

资料来源：《DHL EXPRESS 2021 年服务及运费指南（中国）》，包裹和 2.5 公斤以上文件。

整体上看，国际快递模式对时效性的要求高，且丢包率低。UPS 到欧美发达国家的包裹只需 5 个工作日即可送达，丢包率仅为 0.1%。然而，国际快递对于产品的限制性较强。其中，仿制品、含电或特殊类型产品不允许运送。

国际快递物流运作流程主要包括准备货件、准备委托、上门取货、费用结算、快件追踪、快件签收等（如图 7-11 所示）。

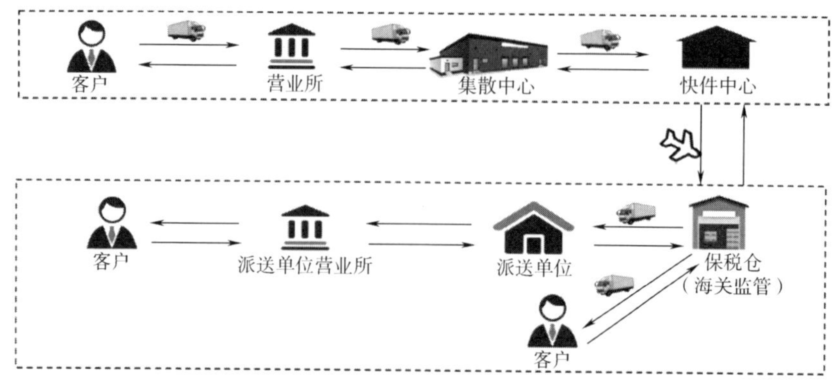

图 7-11 国际快递物流运作流程

（三）海外专线

海外专线主要有跨境电商平台海外专线、第三方物流企业海外专线两种。大多海外专线设置了出口仓库，在仓库完成物品的整理、分拣和包装，采取航空集中托运方式，根据货物流向，统一订购飞机舱位、统一分拣、统一发货，在海外使用邮政系统投递货物的方式。因此，海外专线模式主要针对需求量大的热门路线，需要一定的货量分摊成本，实时出货不会带来产品过期、过季和库存积压等问题。目前，主要在北美、欧洲、澳洲等国家和地区开通了海外专线（如表 7-6 所示）。

表 7-6 部分热门海外专线情况

服务类型	服务分区	时效（工作日）	重量限制（kg）
超级专线系列	美国	5~7	30
	英国	3~5	3
	法国	4~6	3
特惠专线系列	美国	8~10	10
	加拿大	8~10	30
	英国	5~7	3
	德国	5~7	3
	法国	5~7	3
	波兰	5~7	5
	澳大利亚	6~8	5

资料来源：出口易公司官网。

海外专线物流包括接审单、调配车、提收货、出入库、保险服务等环节，运作流程如图 7-12 所示。

（四）海外仓

1. 海外仓概述

（1）海外仓。海外仓，又称海外仓储，是指国内企业在境外设立，面向所在国家或地区市场客户，就近提供进出口货物集并、仓储、分拣、包装和配送等服务的仓储设施。[①] 其本质是将跨境贸易“本地化”。

① 《物流术语》（GB/T 18354—2021）

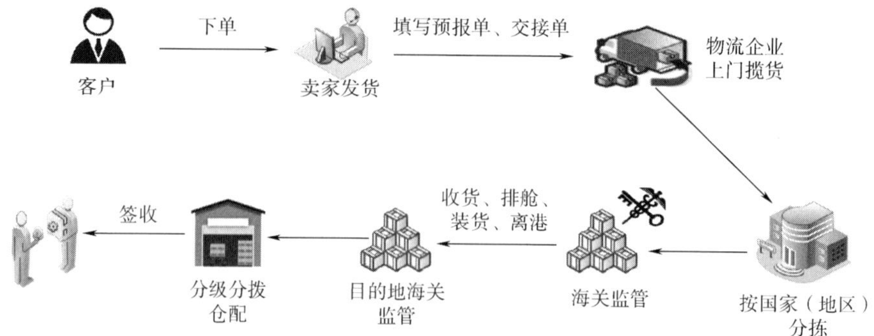

图 7-12　海外专线物流运作流程

（2）海外仓功能。具体如下：

①代收货款。跨境交易存在较大的风险，为解决资金结算不方便、不及时的难题，在合同规定的时限和佣金费率下，海外仓服务商在收到货物的同时可以提供代收货款等业务。

②拆包拼装。在 B2C 模式下，订单数量相对较小、订单金额相对较低，而频率较高。因此，为实现运输规模效应，可对零担货物实行整箱拼装运输。货物到达海外仓后，整箱货物拆箱处理，同时根据客户订单要求，为地域环境集中的用户提供拼装业务，进行整车运输或配送。

③退换标。针对商家账号被关、商品无法上架、贴错 SKU 标签等问题，部分海外仓服务商提供商家退换货、换标处理、重新打包等服务，让商品再次获得价值，在较大程度上避免货物损失。

④一件代发。整柜货、托盘货、散货都可一件代发，在一定期限内可免仓储费用，发货地址的本土化可让商家降低售价，同时，海外仓发货可以享受国际快递 USPS、FedEx、UPS 及 DHL 的折扣费率，使商品更具竞争力。

2. 海外仓运作流程

海外仓的运作流程主要由头程运输、仓储管理和尾程配送三部分构成（如图 7-13 所示）。海外仓管理系统对海外仓实物流过程，即头程运输和尾程配送，进行实时监控与全程追踪。

（1）头程运输。头程运输主要包括国内/地区仓收货及货物处理、出口清关、国际干线物流运输、境外清关、拖车运输等环节（如图 7-14 所示）。[①] 供应

① 《跨境电子商务海外仓服务管理规范》（DB44/T 2201—2019）。

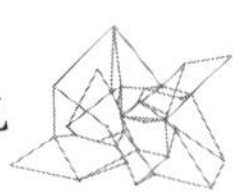

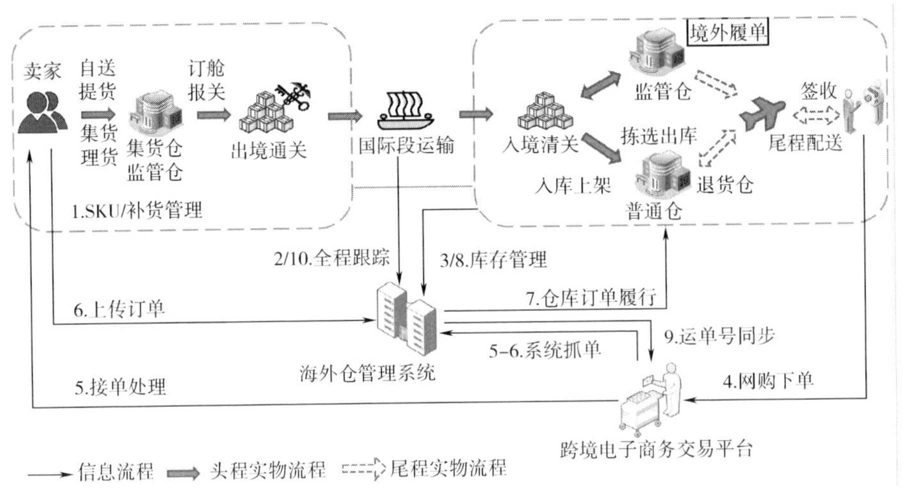

图 7-13 海外仓的运作流程

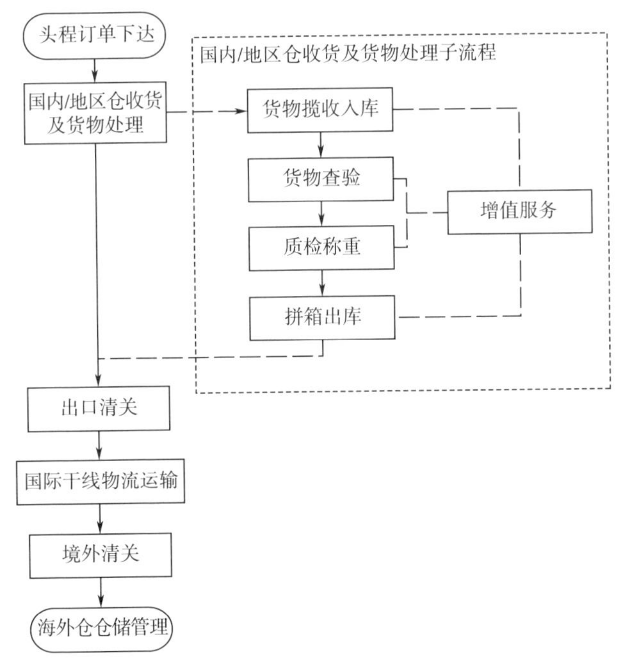

图 7-14 头程运输操作流程

商将货物运送至国内/地区仓，进行拼箱、订舱、申请报关、海关查验、缴纳关税、放行、出口退税等活动，通过海运、空运、陆运或国际多式联运将货物运至目的国；到达后，由收货人或受委托的报关企业向目的国的海关申请清关，经海关查验后缴纳关税、增值税等税金，将货物运至海外仓。

（2）仓储管理。仓储管理包括向客户提供入库上架、库间调拨、库存管理等服务（如图 7-15 所示）。[①]

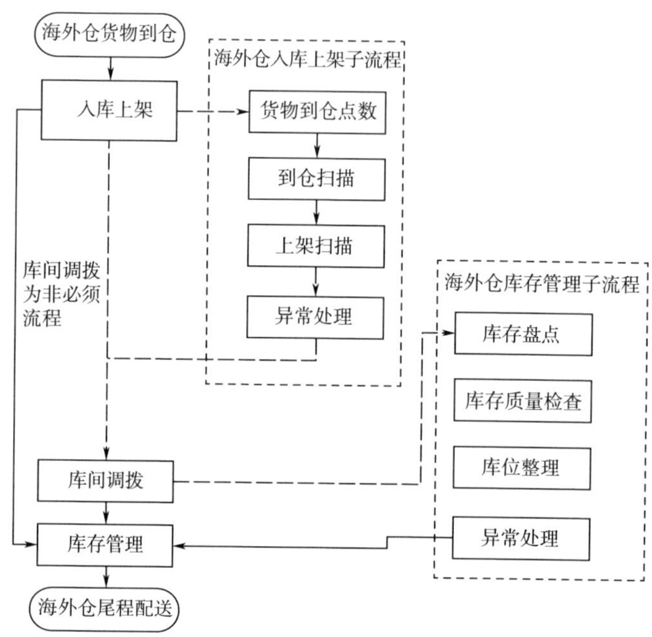

图 7-15　仓储管理操作流程

（3）尾程配送。尾程配送包括向客户提供订单履行、境外物流配送、退货等服务（如图 7-16 所示）。[②] 境外买家通过跨境电商交易平台在线下单，境内卖家接单，并对订单进行审核，同时海外仓管理系统自动获取订单信息，卖家将处理过的订单上传至海外仓储管理系统，海外仓库的工作人员根据订单信息对货物进行分拣、包装，通过当地邮政或快递实现本地配送。

3. 海外仓费用结构

海外仓费用由头程费用、仓储管理费、尾程费用和税金四部分组成。

（1）头程费用。货物从我国到海外仓库产生的运费，分为空运散货、海运散货、海运整柜、当地拖车费用等。

① 《跨境电子商务海外仓服务管理规范》（DB44/T 2201—2019）。

② 《跨境电子商务海外仓服务管理规范》（DB44/T 2201—2019）。

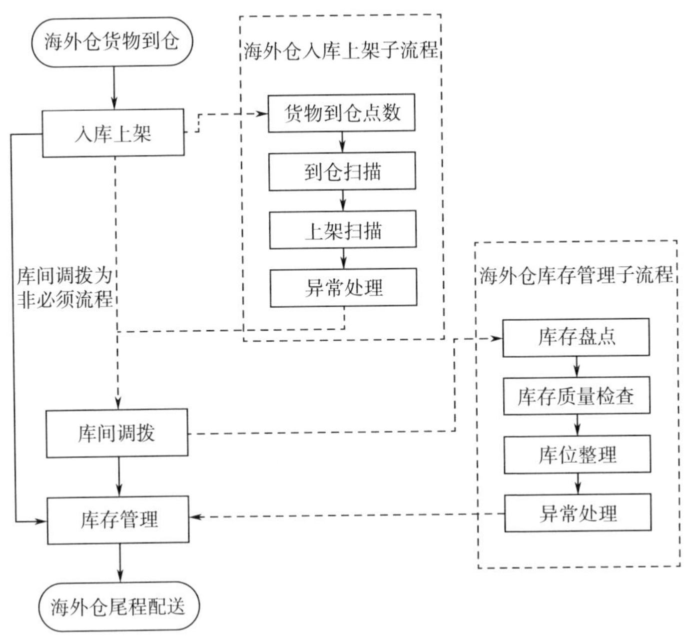

图 7-16　尾程配送操作流程

（2）仓储管理费。客户货物存储在海外仓库、处理分单和当地配送时产生的入库费用、仓储费用、出库费用、订单处理费。

（3）尾程费用，即本地配送费用。在国外对客户商品进行配送产生的本地快递费用。

（4）税金。货物出口到目的国，需按照该国政府相关进口货物政策而缴纳一系列费用。税金包括我国和目的国海关等部门收取的进、出口关税、增值税（Value Added Tax，VAT）以及其他税费等。其中，美洲国家只算进口关税，欧洲国家收取进口关税、增值税，澳洲国家则是进口关税、增值税和附加税（如表7-7 所示）。

表 7-7　主要跨境电商市场税金计算情况

国家	税金	计算公式	备注
美国	关税	税金＝关税＝货值×关税税率	—
英国	关税、VAT	税金＝关税+VAT 关税＝货值×关税税率 VAT=（货值+运费+关税）×20%	—

续表

国家	税金	计算公式	备注
俄罗斯	关税、VAT	税金=关税+VAT 关税=货值×关税税率 VAT=（货值+运费+关税）×20%	食品及儿童用品 VAT 税率为 10%，高科技产品、棉花、药物免缴 VAT，烟、酒、汽车、石油、首饰等 VAT 税率为 25%~90%
德国	关税、VAT	税金=关税+VAT 关税=货值×关税税率 VAT=（货值+运费+关税）×19%	食品、书籍、医疗设备、艺术品等特定商品的供应以及文化活动的服务适用 7%增值税税率
澳大利亚	关税、GST	税金=关税+GST 关税=货值×关税税率 GST =（货值+运费+关税）×20%	GST 是商品及服务税（Good and Service Tax）

第三节 国际物流网络

国际物流节点主要包括口岸、港口和机场、仓库、国际物流中心等，对优化整个国际物流网络起着重要作用。作为国际物流流动路径，通过海运航线、铁路线、飞机航线以及海陆空联合运航线等方式，连接国内外收发货节点，实现货物的有效运输。

一、海上运输

（一）港口

国际物流通道中，海运承担了 90%以上的国际运输量，是最主要的国际运输方式。海运距离长、覆盖范围广，构成了全球物流网络的框架，决定了网络格局。国际航运线路组成了海向通道，港口与内河水系、内陆公路及铁路形成了陆向通道；海运货物通过国际航线到达海陆界面的港口，向腹地渗透。港口作为综合交通运输系统中的重要组成部分，是一个国家或地区对外开放的窗口和桥梁，也是区域经济参与国际分工、合作与竞争的重要依托。

1. 港口重心转移

1970 年，世界集装箱港口以鹿特丹、安特卫普、贝尔法斯特、不来梅为代

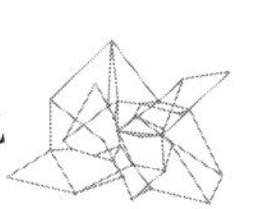

表的欧洲港口占据绝对优势；北美港口在吞吐量规模上略低于欧洲，但是奥克兰、西雅图和洛杉矶三个美西港口，分别占据了排行榜的第 1、第 3、第 7 位；东亚港口只有日本的神户位于前 20 位。20 世纪 90 年代，中国沿海地区开始兴建大型集装箱港口，上海和深圳两港分别于 1997 年和 1999 年进入世界集装箱港口吞吐量排名前 15 位。2020 年，全球排名前 9 位的港口均在亚洲，欧美地区的港口中，只有鹿特丹进入前 10（如表 7-8 所示），承接产业转移与实施出口导向战略使东亚与东南亚港口物流需求快速增长。

表 7-8　2020 年全球前 20 位集装箱港口吞吐量排名

排名	港口	区域	集装箱吞吐量（万 TEU）	同比增速（%）
1	上海港	亚洲	4 350	0.4
2	新加坡港	亚洲	3 687	-0.9
3	宁波舟山港	亚洲	2 872	4.3
4	深圳港	亚洲	2 655	3.0
5	广州港	亚洲	2 317	1.5
6	青岛港	亚洲	2 201	4.7
7	釜山港	亚洲	2 181	-0.8
8	天津港	亚洲	1 835	6.1
9	香港港	亚洲	1 796	-1.9
10	鹿特丹港	欧洲	1 434	-3.2
11	迪拜港	亚洲	1 349	-4.4
12	巴生港	亚洲	1 324	-2.5
13	安特卫普港	欧洲	1 202	1.4
14	厦门港	亚洲	1 141	2.5
15	丹戎帕拉帕斯港	亚洲	980	8.0
16	高雄港	亚洲	962	-7.7
17	洛杉矶港	北美	921	-1.3
18	汉堡港	欧洲	850	-7.9
19	长滩港	北美	811	6.3
20	纽约—新泽西港	北美	759	1.5

资料来源：上海国际航运研究中心《2020 年全球前 20 大港口生产形势评述》。

2. 港口类型

集装箱运输系统在全球形成了稳定的干线航班和集装箱枢纽港，以及与干线和枢纽港口相配套的支线网络和支线港。全球干线航班上的主要集装箱枢纽港包括新加坡、中国香港、釜山、东京、鹿特丹、汉堡、长滩、洛杉矶、安特卫普、纽约等港口（如表 7-9 所示）。

表 7-9 国际集装箱枢纽港的主要类型

类型	主要特点	主要港口
中转型	1. 地处世界三大干线航线①，独特的区位条件； 2. 天然良港，具有港阔水深、口小内宽等优越建港条件； 3. 具有畅通的支线运输系统，有良好的城市环境作依托； 4. 完善的自由港政策和金融、贸易、通信等港口辅助支持系统	香港港、新加坡港
腹地型	1. 区位条件优越； 2. 腹地经济贸易发达，货源充足； 3. 具有系统、高效的内陆集疏运网络； 4. 开放的自由港政策，完善的港口辅助支持系统	鹿特丹港、汉堡港、纽约港、洛杉矶港
复合型	1. 区位条件优越； 2. 发展初期依靠港口自身直接腹地形成规模，具有先发优势，确立了其干线港的地位； 3. 依托干线港口，形成了支线港群； 4. 周边区域经济发达，货源充足	东京港、釜山港、高雄港

3. 港口运输职能的判别

港口运输是由不同港口、不同货物组成的复杂体系，各港口有不同的货物运输规模和结构。其中综合性或专业化是港口运输职能的重要体现，为考察港口货物运输的复杂性，借鉴城市地理学关于城市职能分类的研究方法，构建货物离散指数。货物离散指数 R 可以反映港口货物运输的内部结构，从而判断港口的综合

① 全球海上集装箱运输三大干线航线：
第一，远东—北美航线，包括远东—加利福尼亚航线，远东—西雅图、温哥华航线，日本—纽约航线（远东—北美东岸航线）。
第二，远东—欧洲航线，包括远东—西欧航线，远东—地中海航线。
第三，北美—欧洲、地中海航线，包括北美东岸—地中海航线，北美东岸—欧洲航线，加拿大—欧洲航线。

性或专业化程度。其计算公式如下所示：

$$R_i = \frac{n}{n-1} \times \sum_{j=1}^{n} (t_j - \bar{t})^2 \tag{7-1}$$

其中：

t_j 为港口 i 内第 j 种货物的吞吐量占港口总吞吐量的比例。

R_i 的取值范围为［0，1］，R_i 值越大，港口的专业化特征越显著；反之，综合性特征越突出。当 $R_i = 0$ 时，各货物吞吐量呈现绝对平均的特征，表明港口 i 为绝对综合性港口；当 $R_i = 1$ 时，表明港口 i 的吞吐量集中于一种货物，为绝对专业化港口。

港口内部运输结构及各类货物在全国港口运输体系中的地位，是判定港口运输职能的重要方面①。其中，职能地位维度采用各类货物在港口吞吐量中的占比衡量，用以判定港口内部货物运输结构中的优势货种，是某类货物与港口其他货物运输地位的比较；职能规模维度采用各类货物的吞吐量指标衡量，用于港口某类货物与港口运输体系中该类货物吞吐量的比较。在职能地位维度和职能规模维度上，根据纳尔逊城市职能统计分析方法原理，进行职能强度的判别。其计算公式如下所示：

$$M_i = \frac{(X_i - \bar{X})}{\sqrt{\frac{\sum_{i=1}^{n} (X_i - \bar{X})^2}{n}}} \tag{7-2}$$

其中：

M_i 为职能强度指数。

在职能地位维度中，X_i 为港口内第 i 类货物吞吐量占该港口总吞吐量的占比；$\bar{X}$ 为港口内部各类货物的平均占比；

在职能规模维度中，X_i 为港口 i 类货物的吞吐量；$\bar{X}$ 为全国/全球该类货物的平均吞吐量。

$M_i > 0$，表明该货物运输具有一定的职能强度，$M_i > 1$，表明运输职能突出。

各主要货种在沿海港口中的分布具有不同的空间特征，港口拥有优势货种的

① 本书从职能地位和职能规模两个维度展开研究。

数目与港口吞吐量呈现明显的正相关关系；并且港口货物运输结构反映腹地的资源禀赋和产业结构，也是港口运输职能的直观体现。

（二）海运线路

1. 按船舶运营方式划分

（1）定期航线，又称班轮航线。定期航线是指，使用固定的船舶，按固定的船期在固定的港口间航行，并以相对固定的运价经营客货运输业务的航线。定期航线的经营是以航线上各港口保有持续、稳定的往返客货源为先决条件。

（2）不定期航线。不定期航线是指，使用不定船舶，按不定船期，行驶不定港口和不定航线的营运方式，并使用租船市场运价，是以经营大宗、低价货物运输业务为主的航线。

2. 按航程的远近划分

（1）远洋航线①。航程距离较远，船舶航行跨越大洋的运输航线。例如，远东—欧洲航线、远东—美洲航线等。

（2）近洋航线。本国各港口至邻近国家港口间的海上运输航线。例如，中国—韩国航线、新加坡—马来西亚航线等。

（3）近海航线。本国沿海各港口之间的海上运输航线。例如，大连—上海航线等。

二、航空运输

（一）机场

航空运输是运输体系的重要组成之一，机场是支撑航空运输体系的重要环节之一。随着区域经济社会的快速发展及经济全球化的影响，区域间的客货流动、需求增长旺盛。城市群、大城市等区域形成了多机场区域（Multi-Airport Area），部分国际大城市出现了“一市多场”（Multi-Airport City）的多机场空间服务格局。作为其核心的枢纽机场在航空运输体系中具有“空间模式动力源”之称。目前，全世界主要国际航空货运机场如表 7-10 所示。

---

① 以亚丁港为界，去往亚丁港以西，包括红海两岸和欧洲以及南北美洲广大地区的航线划分为远洋航线；亚丁港以东地区的亚洲和大洋洲的航线称为近洋航线。

表 7-10 2020 年国际航空货运量前 10 位机场

排名	机场（IATA 代码）	国家（地区）	装卸量（吨）	增长率（%）
1	香港国际机场（HKG）	中国	4 420 312	-6.0
2	上海浦东国际机场（PVG）	中国	2 952 602	4.5
3	仁川国际机场（ICN）	韩国	2 759 467	3.6
4	台湾桃园国际机场（TPE）	中国台湾	2 323 412	7.3
5	泰德·史蒂文斯安克雷奇国际机场（ANC）	美国	2 221 804	14.4
6	多哈哈马德国际机场（DOH）	卡塔尔	2 145 076	-1.3
7	成田国际机场（NRT）	日本	1 958 505	-4.0
8	迪拜国际机场（DXB）	阿联酋	1 932 022	-23.2
9	法兰克福国际机场（FRA）	德国	1 818 748	-7.3
10	迈阿密国际机场（MIA）	美国	1 730 859	1.5

资料来源：国际机场协会（ACI）。

（二）航空国际网络的空间集散程度

借鉴集中化指数（CI）反映国际客货流的空间集散情况。其计算公式如下所示：

$$CI = \frac{\left(\sum_{i=1}^{n} p_i^2 - \frac{1}{n}\right)}{\left(1 - \frac{1}{n}\right)} \tag{7-3}$$

其中：

p_i 为某年 i 空港城市的航空运量占总量的比重；

n 为当年空港城市的数目。

$0 < CI < 1$。当 CI 趋于 1 时，国际航空客货流趋于集中；当 CI 趋于 0 时，国际航空客货流趋于分散。

为进一步说明国际客货流的空间集聚程度，采用集中性指标（LI）。其计算公式如下所示：

$$LI = \sum_{i=1}^{n}\left(\frac{t_i}{\sum_{i=1}^{n} t_i}\right),\ i \in (1,\ 2,\ 3,\ \cdots,\ n) \tag{7-4}$$

其中：

t_i 为当年 i 航线（或通往 i 国家、我国 i 机场通往其他国家等）的客货流量。$0 \leqslant LI \leqslant 1$。

三、铁路运输

中欧班列是按照固定车次、线路、班期和全程运行时刻开行，运行于中国与欧洲以及“一带一路”沿线国家间的集装箱等铁路国际联运列车①。

（一）中欧班列的空间布局

中欧班列已形成以“三大通道、四大口岸、五个方向、六大线路”为特点的基本格局。

（1）“三大通道”是指，中欧班列经新疆出境的西通道和经内蒙古出境的中、东通道。

第一，西通道。一是由新疆阿拉山口（霍尔果斯）口岸出境，经哈萨克斯坦与俄罗斯西伯利亚铁路相连，途经白俄罗斯、波兰、德国等国，通达欧洲其他各国。二是由霍尔果斯（阿拉山口）口岸出境，经哈萨克斯坦、土库曼斯坦、伊朗、土耳其等国，通达欧洲其他各国；或经哈萨克斯坦跨里海，进入阿塞拜疆、格鲁吉亚、保加利亚等国，通达欧洲其他各国。三是由吐尔尕特（伊尔克什坦），与规划中的中吉乌铁路等连接，通向吉尔吉斯斯坦、乌兹别克斯坦、土库曼斯坦、伊朗、土耳其等国，通达欧洲其他各国。

第二，中通道。由内蒙古二连浩特口岸出境，途经蒙古国与俄罗斯西伯利亚铁路相连，通达欧洲其他各国。

第三，东通道。由内蒙古满洲里（黑龙江绥芬河）口岸出境，接入俄罗斯西伯利亚铁路，通达欧洲其他各国。

（2）“四大口岸”是指，处在三大通道上的阿拉山口、满洲里、二连浩特、霍尔果斯。其中，阿拉山口是班列出入量最大的口岸。

（3）“五个方向”是指，中欧班列主要终点所在的地区，主要包括欧盟、俄罗斯及部分中东欧、中亚、中东、东南亚国家。其中，欧盟、俄罗斯、中亚是中欧班列线路最为集中的地区和国家，中东、东南亚仅有少量班列线路。

（4）“六大线路”是指，自开通至今运营质量相对较高的班列线路。在目前运营的所有中欧班列线路中，成都、重庆、郑州、武汉、西安、苏州等地开行的

---

① 《物流术语》（GB/T 18354—2021）

线路在规模、货源组织以及运营稳定性等方面的表现较为突出。

（二）中欧班列的运行路线

中欧班列有渝新欧、汉新欧、蓉欧快铁、郑欧班列、苏满欧、营满欧、湘欧快线、义新欧、合新欧等线路（如表 7-11 所示）。

表 7-11　中欧班列部分运行路线

线路起止	出境口	线路距离（公里）	运行时间（天）	货物种类	开通时间
重庆—杜伊斯堡	阿拉山口	11179	16	IT 产品、汽配、服装	2011 年 3 月 19 日
武汉—帕尔杜比采	阿拉山口	10863	23	消费电子产品、光缆	2012 年 10 月 24 日
成都—罗兹	阿拉山口	9826	11	电子产品、汽配、红酒	2013 年 4 月 26 日
郑州—汉堡	阿拉山口	10245	15	轻纺、机械、电子产品	2013 年 7 月 18 日
苏州—华沙	满洲里	11800	18	电子产品、机械、服装、小商品	2013 年 9 月 29 日
营口—莫斯科	满洲里	10500	14	电子产品、机械配件	2014 年 10 月 18 日
长沙—杜伊斯堡	阿拉山口	11808	18	IT 产品、机械、汽配	2014 年 10 月 30 日
义乌—马德里	阿拉山口	13000	21	工艺品、饮品、玩具	2014 年 11 月 18 日
哈尔滨—比克良	满洲里	6578	10	石油勘探设备	2015 年 2 月 28 日
哈尔滨—汉堡	满洲里	9820	14	IT 产品、服装、化工原料等 15 大类产品	2015 年 6 月 13 日
厦门—罗兹	阿拉山口	12733	15	汽配、机械、电子产品	2015 年 8 月 16 日
兰州—汉堡	阿拉山口	8027	15	数控车床、轮胎、对流式电暖气、焦宝石等	2015 年 8 月 21 日
保定—明斯克	满洲里	9500	13	塑料制品、汽车及配件、橡胶及其制品、服装皮革毛皮制品、日用电器、有机玻璃制品、生活日用品	2016 年 4 月 26 日
广州—莫斯科	满洲里	11500	15	电子类，日用商品类	2016 年 8 月 28 日

续表

线路起止	出境口	线路距离（公里）	运行时间（天）	货物种类	开通时间
西宁—安特卫普	阿拉山口	9838	12	藏毯、枸杞等青海特色产品	2016年9月9日
青岛—莫斯科	满洲里	7900	22	机械装备、轮胎橡胶、家电等货物	2017年6月24日
长春—汉堡	满洲里	—	12~15	汽车零部件和纺织品	2017年10月13日
成都—维也纳	霍尔果斯	9800	15	电子配件、LED灯具和睡袋等	2018年4月12日
南昌—莫斯科	二连浩特	10000	15	服饰、电器、箱包等	2018年4月20日
唐山—安特卫普	阿拉山口	11000	16	高岭土、酵母等	2018年4月26日
呼和浩特—巴姆	阿拉山口	9000	15	汽车配件和机械设备	2018年9月4日
景德镇—莫斯科	满洲里	10000	14	陶瓷、茶叶	2018年9月28日
武汉—伊尔库茨克	满洲里	—	15	新鲜水果	2018年11月22日
深圳—杜伊斯堡	阿拉山口	13438	16	优质工业品	2020年8月18日

资料来源：根据“一带一路”官网中欧班列开行线路整理。

1. 渝新欧

在中欧班列中，“渝新欧”班列具有重要意义①。在货物从重庆市出发，通过渝新欧铁路，经沿途海关确认，信息共享，一次申报、查验就可直达欧洲。从重庆市发出的中欧班列，占全国中欧班列的40%，货物总价占所有新欧铁路总价的80%。

自2010年10月起，经过两次测试，渝新欧铁路于2011年3月19日正式运行，首列班车运载的是电子产品，从重庆西站出发，经重庆、兰州、乌鲁木齐和阿拉山口，驶过6个国家，行驶11179公里，耗时16天。2013年2月，首列渝新欧回程班列于德国的杜伊斯堡发出，3月18日抵达重庆。渝新欧铁路打破了我国原有的仅有沿海城市开展对外贸易的格局，加快实现了亚欧铁路的一体化建

① 渝新欧国家铁路联运大通道，“渝”指重庆，“新”指新疆阿拉山口，“欧”指欧洲。

设，成为中欧经济文化交流的新起点。同时，改变了我国内陆的经济发展结构，为使重庆成为我国内陆地区开放的新中心做出了巨大贡献。

2. 义新欧

作为铁路中欧班列重要组成部分，“义新欧”首发线路，将贯穿新丝绸之路经济带；从义乌铁路西站到西班牙马德里，通过新疆阿拉山口口岸出境，途经哈萨克斯坦、俄罗斯、白俄罗斯、波兰、德国、法国、西班牙，全程13 000公里，运行时间 21 天。首趟“义新欧”有 41 节列车，运载 82 个标准集装箱出口，于 2014 年 11 月 18 日上午首发，是当前我国史上行程最长、途经国家和城市最多、境外铁路换轨次数最多的火车专列。与其他“中欧班列”相比，“义新欧”创下了五个第一：

第一，运输线路最长。比原来线路最长的“苏满欧”班列长 1 850 公里，是所有中欧班列中最长的一条。

第二，途经国家最多。除了中国、哈萨克斯坦、俄罗斯、白俄罗斯、波兰、德国外，还增加了法国、西班牙，共计 8 个国家，几乎横贯整个欧亚大陆。

第三，国内穿过省份最多。从浙江出发横贯东西，经过安徽、河南、陕西、甘肃，在新疆阿拉山口口岸出境，共计 6 个省（自治区）。

第四，境外铁路换轨次数最多。其他中欧班列在哈萨克斯坦、波兰两次换轨，“义新欧”班列还需在法国与西班牙交界的伊伦进行第三次换轨。

第五，与第一批列入中欧班列序列的重庆、成都、郑州、武汉、苏州城市相比，义乌是第一个开通中欧班列的县级城市。

（三）中欧班列的瓶颈与挑战

1. 回程班列空载

第一，班列线路重复。目前，国内相近地区开往欧洲同一目的地的线路趋于同质化。其中，新疆、辽宁等地较为严重，导致返程货源腹地交叉，竞争激烈。

第二，运输方式发展不均衡。欧洲境内水路运输占主导地位，依靠莱茵河与多瑙河两大干流以及纵横交错的支流，形成密布的河网。同时，大型的港口城市与集散中心的发展，为水路运输提供便利，进而阻碍了铁路运输与陆路集散中心的发展。

2. 港口货物堆积

第一，中欧贸易不均等。中欧班列出口集装箱数量大于回程集装箱数量，同时，随着去程班列发展迅猛，加速了集装箱在目的地的积压。

第二，基础配套设施不完善。一方面，与我国主要边境口岸对应的俄、蒙边境口岸换装、仓储能力不足，境外承运商无力调配充足的火车车板以承接本国境内段运输，大量出境班列只能暂停在国内不同路段，形成国内堵车；另一方面，波兰作为班列进入欧盟市场的主要过境通道，其边境口岸车站的换装、仓储能力较低，不能满足中欧班列在宽轨段和标准轨段间进行换装运输的要求，形成境外堵车。

案例分析

京东跨境物流发展现状

2013年，京东开始着手跨境电商业务，正式成立“全球购”部门；2015年，是其进口业务全面布局元年。京东通过相继推出“法国馆”“韩国馆”“日本馆”“澳洲馆”“美国馆”等国家特色馆的方式，开展全球购业务；利用京东全球购平台，满足消费者“不出国门、海淘全球”的购物需求。

京东主要采用“自营海外直采+第三方开放平台保税进口”的运营模式。在其双模式驱动下，入驻平台的优质品牌商家对京东自营海外直采进行有效补充，保障了产品质量，确保了产品丰富度；京东则为平台商家提供个性化物流服务，最终实现商品品质与品类、客户体验与性价比的均衡最大化。

在与第三方国际物流企业合作方面，美国市场中，京东与DHL签署战略合作协议，由DHL提供国际快递、仓储、货物始发国配送等综合型物流服务。澳洲市场中，京东与澳大利亚邮政制订合作计划，开展澳大利亚国内配送取货服务、海外仓储合作管理以及到中国各地小包裹直邮等多项服务。欧洲市场中，京东与俄罗斯物流巨头SPSR Express开展跨境合作，将跨境运输时间缩至10小时，商品可以在2天内完成配送。亚洲市场中，京东与日本黑猫宅急便合作，将中日跨境物流配送时间缩短至1天。借助第三方国际物流企业，京东的物流网络已经覆盖全球50多个国家和地区。

在物流技术方面，京东跨境物流致力于无人仓、无人机和无人车的应用，同时，借助人工智能技术打造智慧供应链。其中，仓库巡检无人机可自动设置航线，自动跟踪高温目标并显示温度，巡检速度高达15~22米/秒，巡航时间长达30分钟以上，逐步使京东跨境物流迈向全智能化时代。

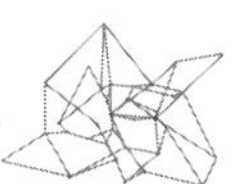

在海外仓建设方面，京东加大对其投入力度，相继在韩国、澳大利亚、美国、欧盟、加拿大、日本等地建立了海外仓，减少不必要的物流成本，加强与国际物流企业的无缝对接，实现供应全流程监管，以打通境外“最后一公里”通道。同时，京东海外仓实施对外开放，进一步促进资源共享。

在电商平台跨境物流服务方面，京东已逐渐形成国际链路与海外运转中心、保税备货、跨境直邮三种服务模式，开通了广州、宁波、上海、郑州、杭州、重庆、天津7个“跨境生态”口岸，逐步开放了上海洋山、广州南沙两个京东自营保税仓。在宁波、杭州、广州3个保税区的口岸服务中：一是与专业的第三方保税仓库服务商合作，最大限度降低仓储作业成本；二是在自营保税仓内使用京东的WMS系统，并搭配其成熟的物流设备与操作流程，有效解决备货仓配、国际供应链等效率较低的问题。

第八章　物流与可持续发展

【学习目标】

1. 了解可持续发展现状。
2. 理解可持续发展相关理论及外部经济理论。
3. 掌握物流领域实现可持续发展的途径。

【重点与难点】

1. 物流外部经济的计算。
2. 实现物流可持续发展的方式。

第一节　可持续发展问题及现状

一、资源环境问题现状

20 世纪是人类社会有史以来经济发展最为迅速的一个世纪。18 世纪，世界经济年平均增长率为 0.5%；19 世纪，世界经济年平均增长率提高至 1%；而在 20 世纪，世界经济年平均增长率达到 2%。其中，20 世纪 50 年代之后，年平均增长率为 4%。可见，在 20 世纪 50 年代以后，全球经济快速增长，社会、科技等领域均取得了巨大的进步，人类的基本生活条件得到了显著改善。而在经济社会发展进步的同时，世界也面临着更加严峻的人口、资源和环境问题。

（一）人口问题

人口问题已成为一个日益严重的全球性问题。它不仅加重了环境和资源问题，也带来严重的社会问题，而且与资源和环境问题交织在一起，对世界安全与可持续发展均产生巨大影响。人口问题主要表现为以下两个方面：

第一，近年来世界人口仍在持续增长。预计全球人口将由 2015 年的 73 亿增加到 2023 年的 81 亿和 2050 年的 96 亿；全球人口最终能稳定在 105 亿或 110 亿。全球人口的高速增长，导致了全球性的生态破坏、环境污染和资源短缺等严重问题。

第二，人口老龄化。目前，全球人口中有 5 亿多人年龄在 60 岁或以上（占全球总人口的 8%）。人口老龄化给世界各国的经济、社会、政治、文化等方面的发展带来了深刻影响，庞大老年群体的养老、医疗、社会服务等方面需求的压力不断增加。

（二）环境问题

环境问题主要包括环境污染和生态破坏等方面。目前，人类主要面临全球气候变暖、臭氧层的耗损与破坏、酸雨蔓延、生物多样性减少、森林锐减、土地荒漠化、大气污染、水污染、海洋污染和危险性废物越境转移等十大全球环境问题。

进入 21 世纪以来，气候变化问题越发突出。受气候变化影响，全球极端天气灾害频发，给有关国家经济和人民生命财产造成巨大损失。气候变化导致海平面持续上升，一些小岛屿国家的生存和发展面临直接威胁。气候变化还可能通过影响粮食、水资源等战略资源的供应与再分配，引发社会动荡甚至国际冲突。

（三）资源问题

全球性资源问题日益凸显。由于人类对自然资源的利用超出其更新能力的20%，如果各国政府再不进行干预，2030 年后，人类的整体生活水平将会下降①。由于人类的过度消耗，地球上的生物种类减少了 35%。其中，淡水生物减少了 54%、海洋生物种类减少了 35%、树木种类减少了 15%。

近年，全球许多资源出现一定程度的危机。世界森林衰退问题严重，全世界的原始森林有 80%遭到破坏；土壤退化问题不容乐观，土壤退化导致世界人均耕地面积减少；水资源短缺和水污染，已成为当代世界最严重和最重大的资源环境问题之一，也是未来人类将面临的最为严峻的挑战之一；2030 年，世界各地面对的“全球水亏缺”，即对水的需求和补水之间的差距，将高达 40%②。

二、可持续发展概念的提出与发展

自 20 世纪 70 年代以来，世界接连受到资源环境问题的威胁，社会各界开始重视对环境和发展问题的研究（如图 8-1 所示）。1980 年，由国际自然资源保护同盟制定了《世界自然资源保护大纲》，首次提出了可持续发展的概念，明确表示必须研究自然的、社会的、生态的、经济的以及利用自然资源过程中的基本关系，以确保全球的可持续发展③。1987 年，在第八次世界环境与发展委员会上，发表了报告《我们共同的未来》（《布伦特兰报告》），系统地阐述了人口、资源、环境和发展的问题，并呼吁各国走上可持续发展之路。

在《我们共同的未来》中，可持续发展被定义为，既满足当代人的需要，又不对后代人满足其需要的能力构成危害的发展。该定义包括了两个重要的理念：一是需要，尤其是世界各国的国民基本需要，应将此放在特别优先的地位来考虑；二是限制，技术状况和社会组织对环境满足眼前和将来需要的能力施加的

① 世界自然保护基金会《活着的地球》（2002）。

② 联合国《世界水资源开发报告》（2015）。

③ 该大纲由联合国环境规划署（United Nations Environment Programme，UNEP）、国际自然资源保护同盟（International Union for Conservation of Natural，IUCN）与世界野生生物基金会（World Wide Fund for Nature or World Wildlife Fund，WWF）共同发起。

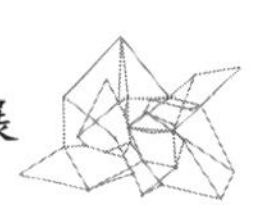

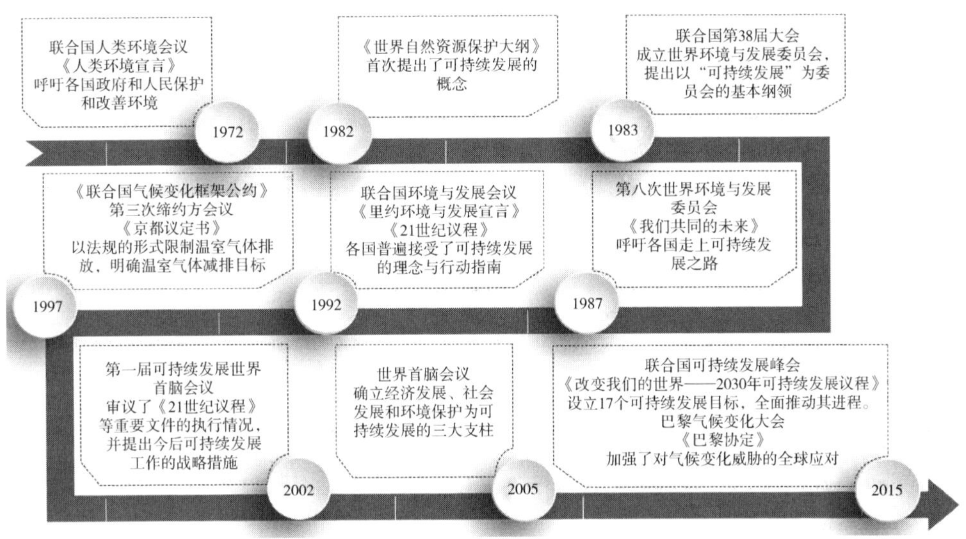

图 8-1 可持续发展时间轴

限制。

2002 年，召开了第一届可持续发展世界首脑会议（World Summit on Sustainable Development，WSSD），全面审议了《21 世纪议程》等重要文件的执行情况，并提出今后可持续发展工作的战略措施。2005 年，世界首脑会议确立经济发展、社会发展和环境保护为可持续发展的三大支柱。其中，经济支柱是企业实施可持续发展的根本条件；社会支柱衡量企业解决劳动力、顾客和社会相关重要问题的能力；环境支柱衡量企业对环境，包括空气、土地、水和生态系统的影响。2015 年，在“联合国可持续发展峰会”上，各联合国会员国共同达成了题为《改变我们的世界——2030 年可持续发展议程》的协议，设立了 17 项可持续发展目标，计划在 2015—2030 年间解决社会、经济环境的发展问题，全面推动可持续发展进程。同年 12 月，在巴黎气候变化大会上，通过了《巴黎协定》，指出各方将加强对气候变化威胁的全球应对，明确了全球共同追求的“硬指标”。

三、联合国可持续发展目标

联合国可持续发展目标（Sustainable Development Goals，SDGs）是指在“联合国可持续发展峰会”上制定的 17 个可持续发展目标（如表 8-1 所示），是

2000—2015 年联合国千年发展目标（Millennium Development Goals，MDGs）的延续①。可持续发展目标旨在从 2015—2030 年间以综合方式彻底解决社会、经济和环境三个维度的发展问题，转向可持续发展道路。

表 8-1　可持续发展目标的主要内容

序号	内容	原文表述
第 1 项	在世界各地消除一切形式的贫困	No poverty
第 2 项	消除饥饿，实现粮食安全，改善营养和促进可持续农业	Zero Hunger
第 3 项	确保健康的生活方式，促进各年龄段人群的福祉	Good Health and Wellbeing
第 4 项	确保包容、公平的优质教育，促进全民享有终身学习机会	Quality Education
第 5 项	实现性别平等，为所有妇女、女童赋权	Gender Equality
第 6 项	人人享有清洁饮水及用水是我们所希望生活的世界的一个重要组成部分	Clean Water and Sanitation
第 7 项	确保人人获得可负担、可靠和可持续的现代能源	Affordable and Clean Energy
第 8 项	促进持久、包容、可持续的经济增长，实现充分和生产性就业，确保人人有体面工作	Decent Work and Economic Growth
第 9 项	建设有风险抵御能力的基础设施，促进包容的可持续工业，并推动创新	Industry，Innovation and Infrastructure
第 10 项	减少国家内部和国家之间的不平等	Reduced Inequalities
第 11 项	建设包容、安全、有风险抵御能力和可持续的城市及人类住区	Sustainable Cities and Communities
第 12 项	确保可持续消费和生产模式	Sustainable Consumption and Production

① 联合国千年发展目标是2000 年 9 月联合国首脑会议上由 189 个国家签署《联合国千年宣言》一致通过的一项行动计划，该计划共分 8 项目标，旨在将全球贫困水平在 2015 年之前降低 50%（以 1990 年的水平为标准）。

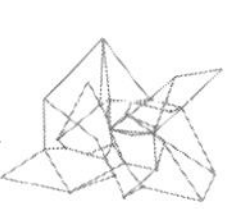

续表

序号	内容	原文表述
第 13 项	采取紧急行动应对气候变化及其影响	Climate Action
第 14 项	保护和可持续利用海洋及海洋资源以促进可持续发展	Life Under Water
第 15 项	保护、恢复和促进可持续利用陆地生态系统、可持续森林管理、防治荒漠化、制止和扭转土地退化现象，遏制生物多样性的丧失	Life on Land
第 16 项	促进有利于可持续发展的和平和包容社会，为所有人提供诉诸司法的机会，在各层级建立有效、负责和包容的机构	Institutions，Good Governance
第 17 项	加强执行手段，重振可持续发展全球伙伴关系	Partnerships for the Goals

为确保在 2030 年实现以 17 个可持续发展目标为核心的 2030 年可持续发展议程，联合国于 2020 年 1 月 22 日正式发起可持续发展目标“行动十年”计划，呼吁加快应对贫困、气候变化等全球面临的最严峻挑战，并呼吁从三个层面推进计划：在全球层面，开展全球行动，增强领导力，投入更多资源，采取更明智的解决方案；在地方层面，强化地方行动，在政府、城市和地方当局的政策、预算、机构和监管框架中进行必要转型；在个人层面，开展包括青年、民间社会、媒体、私营部门、工会、学术界以及其他利益相关方在内的全民行动。

四、企业社会责任与可持续发展

（一）企业社会责任的概念界定

企业社会责任（Corporate Social Responsibility，CSR）是指，企业在承担经济和法律责任的同时，还要承担对消费者、社区和环境等各方的责任，追求对社会有利的长期目标，强调要关注生产过程中人的价值。企业社会责任已成为解决经济发展和社会发展的重要途径，是企业可持续发展的重要指标。

同时，消费者在购买、使用商品和接受商品性服务时，应该承担自觉抵制直接或间接危害社会、经济可持续发展的商品和行为，以维护社会整体利益和长远利益的责任，这被称作消费者社会责任（Consumer Social Responsibility，

Consumer SR)。通过消费者在消费活动中的责任界定，可以进一步完善可持续发展的责任体系，适应以消费者为主导的经济体系。

（二）企业社会责任与可持续发展的关系

1. 企业履行社会责任是企业可持续发展的客观前提

企业对自然环境的污染和消耗起了主要的作用。多年的环境革命，已经扭转了企业对待环境的态度，但环境日渐好转的情况仅发生在部分国家，整个人类社会并未走上可持续发展的道路。因此，集资源、技术、全球影响以及可持续发展动机于一身的企业，应当承担建立可持续发展的全球经济的重任，进而利用这个历史性转型实现自身的发展。

2. 企业可持续发展有利于推动企业履行社会责任

可持续发展作为全新的发展方式，需要依赖企业来实现。引导企业积极履行社会责任，将可持续发展的理念贯穿到企业日常的经营活动与管理活动之中，有利于推动企业可持续发展。企业履行社会责任虽然可能导致企业费用的增加和利润的减少，但却有利于得到社会公众和顾客的认可，有利于促进企业扩大产品销路、提高销售收入。企业的可持续发展为企业改进设备、提高劳动生产率、扩大生产规模提供了良好的外部条件。因此，企业履行社会责任与企业利润的实现并不是直接的反向关系，企业承担社会责任与企业的可持续发展辩证统一（如图8-2所示）。

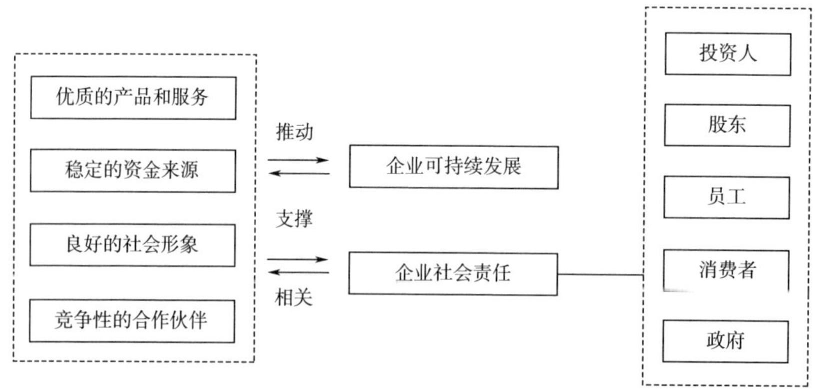

图 8-2　企业社会责任与可持续发展

第二节　可持续发展相关理论

一、增长的极限

1972年，德内拉·梅多斯（Donella Meadows）出版了《增长的极限》一书，其主导思想是该书的副标题“罗马俱乐部关于人类困境的报告”①。《增长的极限》从人口、农业生产、自然资源、工业生产和环境污染等方面阐述了人类发展过程中，尤其是产业革命以来，经济增长模式给地球和人类带来的毁灭性的灾难，以各种数据证明了传统的经济发展模式不但使人类与自然处于尖锐的矛盾之中，且人类将会继续受到自然的报复。《增长的极限》还指出，改变这种增长模式和建立稳定的生态和经济的条件，以支撑遥远未来的人类社会发展是可能的，而且为达到这种结果，工作开始得愈快，成功的可能性就愈大。其中，“零增长”是罗马俱乐部发展观的核心。

（一）增长的极限来自地球的有限性

增长存在极限，主要由地球的有限性所造成。全球系统中的五大因素按照不同的方式发展，人口、经济按照指数方式发展，属于无限制的系统；而人口、经济所依赖的粮食、资源和环境却按照算术方式发展，属于有限制的系统。这样，人口爆炸、经济失控，必然会引发和加剧粮食短缺、资源枯竭和环境污染等问题，这些问题反过来就会进一步限制人口和经济的发展。

（二）反馈环路使全球性环境与发展问题成为一个复杂的整体

全球性环境和发展问题之所以成为一个整体，由全球系统的五大因素之间存在的反馈环路决定，这样就使问题更加严重。反馈环路是一个封闭的线路，联结一个活动和这个活动对周围状况产生的效果，而这些效果反过来又作为信息影响下一步的活动。在这种环路中，一个因素的增长，将通过刺激和反馈的连锁作用，使最初变化的因素增长得更快。全球系统无节制地发展，最终将向其极限增

① 罗马俱乐部（Club of Rome）是关于未来学研究的国际性民间学术团体，也是一个研讨全球问题的全球智囊组织，成立于1968年4月，总部设在意大利罗马。俱乐部的宗旨是研究未来的科学技术革命对人类发展的影响，阐明人类面临的主要困难以引起政策制定者和舆论的注意。目前，该俱乐部主要从事有关全球性问题的宣传、预测和研究活动。

长，并不可避免地陷入恶性循环之中。例如，人口的增长需要更多的工业品，消耗更多的不可再生的资源，造成全球环境污染更加严重。达到增长的极限以后，还将出现投资不能跟上折旧、工业基础崩溃等问题。工业的增长使环境天然吸收污染的能力负荷加重，人口死亡率将由于污染和粮食缺乏而上升。人口增加后，人均粮食消耗量下降，粮食生产已经达到极限。人口和资本的指数增长，必然会带来经济社会的全面崩溃。

（三）全球均衡状态是解决全球性环境与发展问题的最终出路

通过对上述关系到人类生死存亡的重大问题的定量研究，可以得出以下结论：

第一，在世界人口、工业化、污染、粮食生产和资源消耗方面，如果按现在的趋势继续下去，100 年内将达到地球的增长极限。最可能的结果是，人口和工业生产力会突然出现不可控制的衰退。

第二，改变这种增长的趋势并建立稳定的生态、经济条件，可以支撑未来发展。

第三，如果世界人民决心追求增长趋势的改变，那么开始的行动愈早，成功的可能性就愈大。在这个问题上，纯粹技术、经济或法律上的措施和手段的结合，不可能带来实质性的改善。对此，要摒弃以往的经济发展模式，使社会改变方向，向均衡的目标前进。这样，就把全球均衡状态作为了解全球性环境和发展问题的综合对策。

在均衡状态中，技术进步既必要也受欢迎。这里的技术是经过生态化调整的技术，主要包括：收集废料的新方法，以减少污染，并使被抛弃的物质可以用于再循环；更有效地使用循环技术，以降低资源消耗率；合理的产品设计，以延长产品寿命并且便于修理，使得资本的折旧率最小；利用最无污染的太阳能等。

向全球均衡状态的努力是这一代人的挑战，必须在当代人的范围内解决这些问题，而不能延误时机，将之传给下一代。

二、环境库兹涅茨曲线

1955 年，美国经济学家西蒙・史密斯・库兹涅茨（Simon Smith Kuznets）首次提出库兹涅茨曲线（Kuznets Curve），用来分析人均收入水平与分配公平程度之间的关系。库兹涅茨曲线表明，收入不均现象随着经济增长先升后降，呈现倒

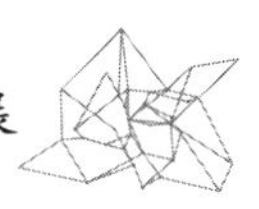

U 形曲线关系。1991 年，美国经济学家格罗斯曼（Grossman）和克鲁格（Krueger）首次实证研究了环境质量与人均收入之间的关系，即污染在低收入水平上随人均 GDP 增加而上升，高收入水平上随 GDP 增长而下降。1993 年，潘那约托（Panayotou）首次将这种环境质量与人均收入间的关系称为环境库兹涅茨曲线（Environment Kuznets Curve，EKC）。

环境库兹涅茨曲线描述的是欧美等国家经济增长和环境污染之间的倒 U 形的关系，整体环境质量随着经济增长的积累呈先恶化后改善的趋势（如图 8-3 所示）。欧美等国家自觉或不自觉地调整经济结构及能源消费结构，当一个国家经济发展水平较低的时候，环境污染的程度较轻，但是随着人均收入的增加，环境污染由低趋高，环境恶化程度随经济的增长而加剧；当经济发展达到一定水平后，也就是说，到达某个临界点或称“拐点”以后，随着人均收入的进一步增加，环境污染又由高趋低，其环境污染的程度逐渐减缓，环境质量逐渐得到改善。环境库兹涅茨曲线的形成主要受到环境需求收入弹性、经济规模、技术和结构，以及自由贸易的影响。

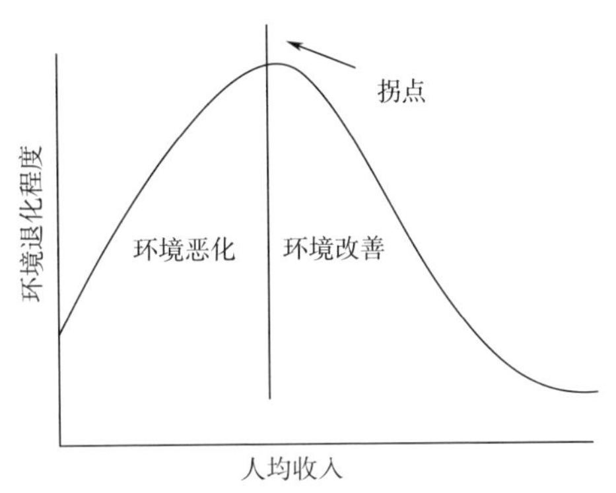

图 8-3　环境库兹涅茨曲线

三、公地悲剧

1968 年，加勒特·哈丁（Garret Hardin）首次提出公地悲剧（the Tragedy of the Commons）的理论模型。公地悲剧描述的是当个体利益与群体利益不完全匹配时，出现的两难现象。在一片完全开放的牧场上，每个牧民都会在公地上尽可能多地放牛，以获取更高的利润。在这片牧场上，放牛的所有收益均由牧民个人获取，每多放一头牛，牧民可获得+1 的正效用，而过度放牧导致的负效用由在此牧场上放牧的所有牧民共同承担，那么从个体来看，任一牧民获得的正效用都远高于负效用。作为一个理性的个体，每一个牧民都在追求自身利益的最大化，因此每个牧民都会无节制地增加自己的放牧数量。由于牧场的资源有限，过度放牧最终导致的结果就是，牧场上的草被吃光，所有的牛将被饿死。在这个信奉公地自由的社会，每个人都在追求自己的最大利益，但最终却将走向毁灭。

当前世界的环境污染问题，就是典型的公地悲剧。如果对公共环境不加以监管控制，企业和个人若是对废弃物、污染物不加以处理、控制，而是随意排放、丢弃到环境中，虽然可以节省下企业和个人的垃圾处理费用，但乱排乱放所产生的环境成本将由全世界共同承担。因此，很难使企业和个人主动承担其社会责任，投资于环境保护和垃圾处理，从而导致生态环境日益恶化。

四、牧童经济

1966年，英国经济学家肯尼斯·博尔丁（Kenneth E. Boulding）提出牧童经济（Cowboy Economy）和宇宙飞船经济（Spaceship Economy）两种经济模式。其中，牧童经济是现有的对自然界进行掠夺、破坏式的经济模式，是开放式经济。牧童经济将地球看作一片牧场，牧童在放牧时仅在意自身利益，致力于让牛羊吃饱，而不管牧场是否会因过度放牧而被破坏。这种经济模式将生存的地球看作开放式系统，作为取之不尽的资源库而进行无节制的索取，并且产生大量废弃物。牧童经济主要指欧美国家的经济模式，其特点是高生产量和高消费量。

五、宇宙飞船经济

宇宙飞船经济是自给自足的、不产生污染的循环式的经济模式，是封闭式经济。宇宙飞船经济将地球看作一个巨大的飞船，飞船是一个相对封闭空间，且空间有限。宇航员十分珍惜飞船内的空间，在有限空间内进行适量资源储备，避免不必要的浪费，且飞船中几乎没有废物。飞船上的资源在被有效利用以后，将其回收处理，实现资源的再利用，从而构成一个循环系统。宇宙飞船经济崇尚节约和循环，追求较低的生产量和消费量。

博尔丁认为，宇宙飞船经济终将替代牧童经济，以储备型经济替代传统的增长型经济；以休养生息经济替代传统的消耗型经济；以福利量经济替代传统的生产量经济；以循环式经济替代传统的单程式经济。衡量经济是否成功的根本不是生产和消费，而是整个资本存量的性质、程度、质量和复杂性，包括系统中人的身体和思想的状态。在宇宙飞船经济中，主要关心的是库存维护，如果有某种技术能够以更少的产量维持给定的总库存，那就是一种进步。

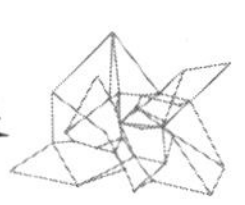

六、循环经济理论

（一）循环经济

循环经济是对物质闭环流动性经济的简称。循环经济是一种以资源的高效利用和循环利用为核心，以“减量化、再利用、再循环”为原则，以低消耗、低排放、高效率为基本特征，符合可持续发展理念的经济增长模式，是对“大量生产、大量消费、大量废弃”的传统增长模式的根本变革。这是以产品清洁生产、资源循环利用、废物高效再生为特征的高级生态经济形态。

借鉴于自然界的长期进化模式，区域发展同样具有“生产者、消费者和分解者”的三大功能（如图 8-4 所示）。一个健康的社会应能对上述三大功能实施综合协调、有机匹配，并实现健康流畅的运行。

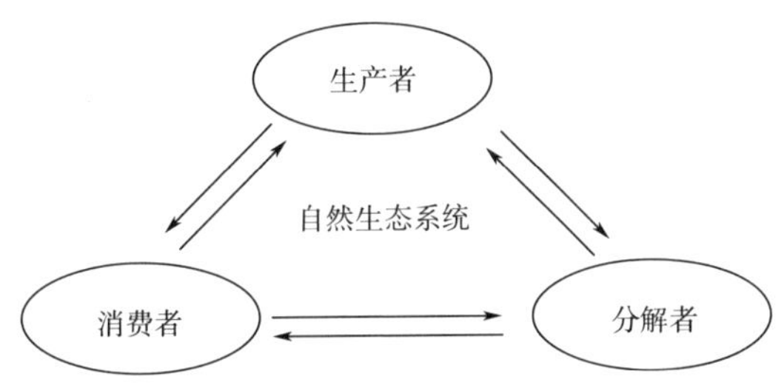

图 8-4　“生产者、消费者和分解者”三大功能

循环经济的“3R”原则即减量化（reduce）、再利用（reuse）、再循环（recycle）。其中，减量化属于输入端，旨在减少进入生产和消费流程的物质量；再利用属于过程，旨在延长产品和服务的时间；再循环属于输出端，旨在把废弃物再次资源化以减少最终处理量。处理废物的优先顺序是：避免产生—循环利用—最终处置。这也体现了循环经济的基本思想，实现环境与发展协调的最高目标是实现从末端治理到源头控制。

（二）循环物流等相关概念辨析

循环物流系统是指，物及其物流衍生物发生的空间和时间的位置移动的循环系统，是由正向物流与逆向物流相互联系构成的物流系统。循环物流系统中流动的物分为两类：一种是消费者需要的物品；另一种是物流过程中形成的衍生物。

随着人们对可持续发展理念认识的深化，物流系统中的资源、环境问题得到了更多的重视，形成了循环物流、绿色物流、逆向物流、回收物流、废弃物物流、闭环供应链等相关研究领域，这些研究领域存在一定的区别与联系（如表8-2所示）。

表 8-2　循环物流相关概念辨析

	循环物流	绿色物流	逆向物流	回收物流	废弃物物流	闭环供应链
提出时间	20世纪90年代中期	20世纪90年代初期	20世纪90年代初期	20世纪90年代	20世纪90年代	20世纪90年代后期
概念内涵	支撑和促进物质资源循环的物流过程	认识物流过程产生的生态环境影响并使其最小化的过程	原材料、加工库存品、产成品以及相关信息从消费地到起始地的高效率、低成本的流动过程，即回收物流过程与废弃物物流过程	不合格物品的返修、退货以及周转使用的包装容器从需方返回到供方所形成的物品实体流动	将经济活动或人民活动中失去原有使用价值的物品，根据实际需要进行收集、分类、加工、包装、搬运、储存等，并分送到专门处理场所的物流活动	将正向供应链与逆向供应链相连接，两条链上的物品从源到汇、再由汇到源的闭环流动过程
共同点	均将降低整个物流过程的污染物排放、废弃物回收与循环利用等资源与环境问题纳入物流的研究范畴，在研究目标上强调经济利益与环境影响的统一与协调					
侧重点	从改造承载资源流动的物流系统角度切入，整合商品物流与废弃物物流，强调从功能上促进资源循环	强调物流过程自身在抑制对环境造成危害的同时，实现对环境的净化，使资源得到充分利用	主要强调废弃物回收与循环利用过程的规划、实施和控制等管理过程，甚少考虑与商品物流进行整合，而且仍主要侧重经济效益	强调回收可再利用的物品，对其进行拆解、加工、再制造等	强调对无法再生使用的物品进行回收处理	强调物流系统从生态上形成闭合的循环网络只是循环物流的一种形式

（三）循环物流的“5R”原则

1. 减量化原则

减量化原则（reduce），要求用较少的原料和能源投入达到既定的生产目的或消费目的，进而达到从经济活动的源头就注意节约资源和减少污染。减量化有几种不同的表现。在生产中，减量化原则表现为要求产品小型化和轻型化。此外，减量化原则要求产品的包装应该追求简单朴实而不是豪华浪费，从而达到减少废物排放的目的。

2. 再利用原则

再利用原则（reuse），要求制造产品和包装容器能够以初始的形式被反复使用。再利用原则要求抵制当今世界一次性用品的泛滥，生产者应该将制品及其包装当作一种日常生活器具来设计，使其像餐具和背包一样可以被重复使用。再利用原则还要求制造商应该尽量延长产品的使用期，而不是非常快地更新换代。

3. 再循环原则

再循环原则（recycle），要求生产出来的物品在完成其使用功能后能重新变成可以利用的资源，而不是不可恢复的垃圾。按照循环经济的思想，再循环有两种情况：一种是原级再循环，即废品被循环用来产生同种类型的新产品，例如，报纸再生报纸、易拉罐再生易拉罐等；另一种是次级再循环，即将废物资源转化成其他产品的原料。原级再循环在减少原材料消耗方面达到的效率要比次级再循环高得多，是循环经济追求的理想境界。

4. 再生性原则

再生性原则（reproduce），要求在资源的使用中，对可再生资源要在能够保证再生的前提下使用，使资源的消耗速度不高于资源的再生速度。很多资源经历了亿万年地球的生化过程才缓慢形成，其更新能力极弱，基本上属于不可再生资源（如石油、矿藏），也称为耗竭性资源。其中，某些耗竭性资源在一定程度上尚可回收使用，例如铁、铜、黏土等金属和非金属；但是，石油、天然气、煤等能源性资源，使用后不能回收、不能恢复原状，属于不可回收性耗竭资源。

5. 替代性原则

替代性原则（replace），要求对不可再生资源应寻求替代性资源，也即开发新的资源。由于人口的日益增长和人均消费水平不可逆地提高，世界上的短缺资源总有被用尽的一天。因此，寻找有利于保护生态环境的替代资源，正在成为全人类的共识。我国为保障能源安全，制定出台了《可再生能源法》等一系列法规、政策，促进了可再生能源的快速发展。替代产生温室气体的能源，主要包括太阳能、风能、水能、潮汐能、核能和生物质能等。虽然替代超出了传统的循环范畴，但提出了新的循环方式，是最终解决人类发展所需资源与环境问题的根本出路。

（四）我国循环物流实践

商品流通构成了城市环境污染源的重要方面，过度包装、一次性包装、不合理运输等商品流通领域内的一些经济活动，直接导致并加重了城市的“垃圾围城”“白色污染”等固体废弃物的污染和大气污染等环境问题。因此，城市的可持续发展仅强调清洁生产、适度消费还不够。由绿色商流和绿色物流构成的绿色流通，应该成为城市可持续发展必不可少的组成部分。

在有关国内企业的循环物流实践方面，由于我国物流业的起步较晚，企业对现代物流重要性的认识才刚刚开始，企业物流系统的构建主要还是以降低成本、提高效益和效率为目标。目前，我国对电器电子、汽车、铅酸蓄电池和包装物四类产品，推行生产者责任延伸制度，以促进产品的回收、循环、处理和再利用。

生产者责任延伸（Extended Producer Responsibility，EPR）制度起源于清洁生产制度。清洁生产从全生命周期系统改善产品和服务的环境表现，包括不断改进设计、使用清洁的能源和原料、采用先进的工艺技术与设备、改善管理、综合利用等措施，从源头削减污染，提高资源利用效率，减少或者避免生产、服务和产品使用过程中污染物的产生和排放，以减轻或者消除对人类健康和环境的危害。以电器电子产品为例，我国已经形成了 EPR 管理的制度框架（如图 8-5 所示）。

目前，循环物流虽然在国内逐渐引起了业界的注意，但同国际上技术先进的国家相比，我国在循环物流的观念、政策以及技术方面均存在较大的差距。循环物流系统的构建和运营，对政府和企业而言都还是一个全新的话题；政府如何从政策、法规方面推进企业循环物流的全面实施，还是一个有待深入研究的课题。

七、低碳经济理论

低碳经济是指，在可持续发展理念指导下，通过技术创新、制度创新、产业转

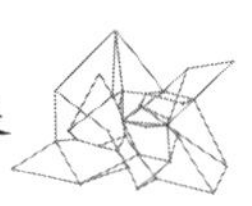

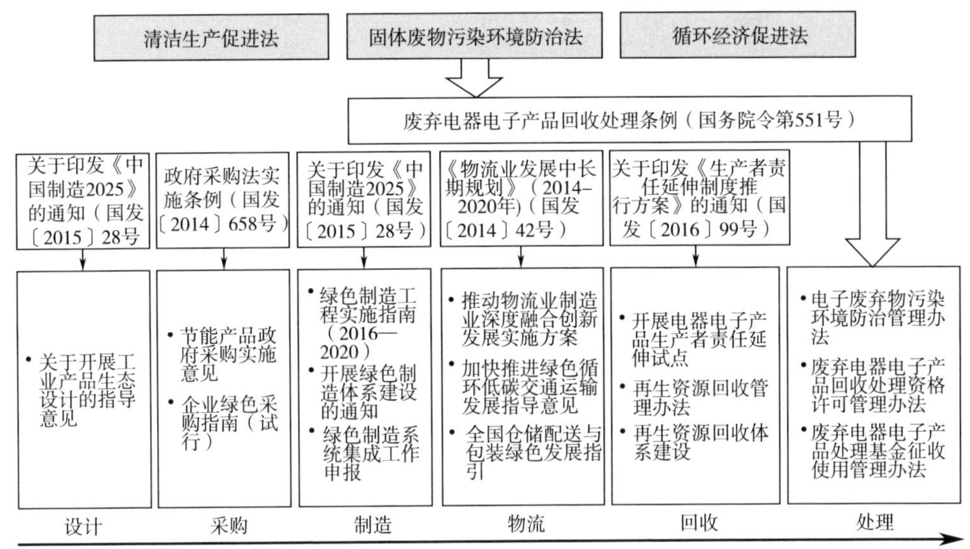

图 8-5　电器电子产品 EPR

资料来源：《中国电器电子产品生产者责任延伸实施情况年度报告》（2020）。

型、新能源开发等多种手段，尽可能减少煤炭、石油等高碳能源消耗，减少温室气体排放，达到经济社会发展与生态环境保护双赢的一种经济发展形态。低碳经济的实质在于提升能源的高效利用、推行区域的清洁发展、促进产品的低碳开发和维持全球的生态平衡。这是从高碳能源时代向低碳能源时代演化的一种经济发展模式。

（一）低碳经济产生背景

自 20 世纪以来，全球平均气温经历了“冷—暖—冷—暖”两次波动，总体上呈上升趋势。进入 80 年代后，全球气温明显上升。导致全球变暖的主要原因是，人类在近一个世纪以来大量使用矿物燃料（煤、石油），排放出大量的 CO_2 等多种温室气体。这些温室气体所产生的温室效应，导致全球气候变暖，威胁了人类的生存环境。1990 年以来，温室气体排放量大体呈上升趋势（如图 8-6 所示）。其中，总排放量最高的国家和地区依次为中国、美国、欧盟、印度、俄罗斯、日本等；人均排放量最大的国家和地区依次为美国、俄罗斯、日本、中国、欧盟、印度等。[①] 如果温室气体排放不能得到有效控制，那么气候变化的影响将日益严重。[②]

① 联合国环境规划署《2020 排放差距报告》。

② 联合国开发计划署《2014 年人类发展报告》。

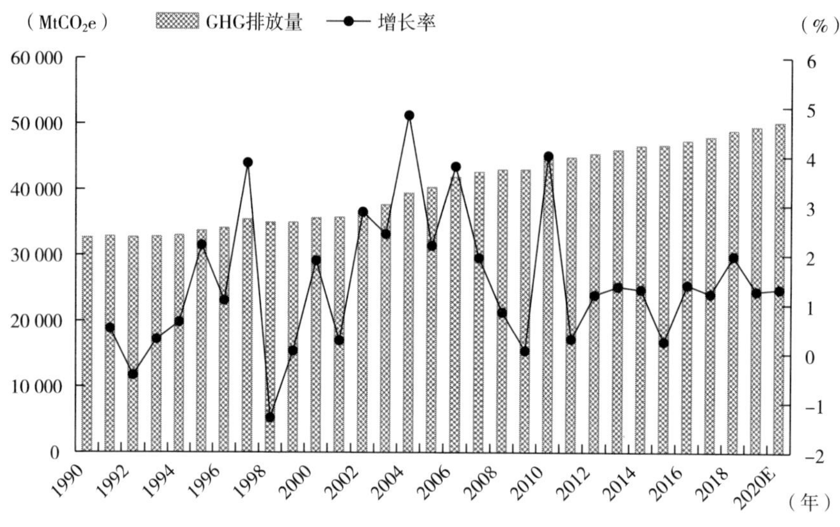

图 8–6　全球温室气体排放总量

应对气候变化的影响已经迫在眉睫。2003 年，“低碳经济” 在英国政府的能源白皮书《我们能源的未来：创建低碳经济》中首次出现。全球对碳排放问题也日益关注，在各个国际会议中形成诸多协议，限制各国碳排放，推动改善气候环境（如图 8–7 所示）。

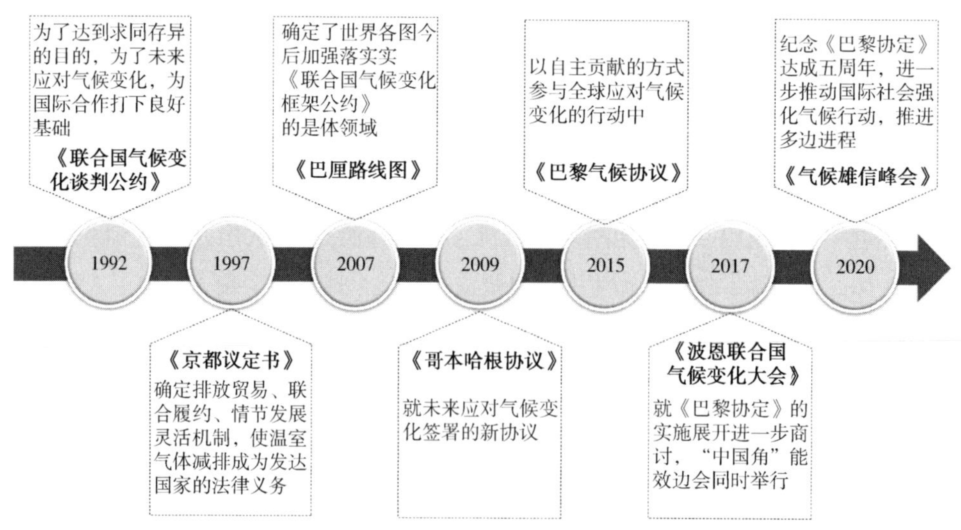

图 8–7　碳排放问题发展时间轴

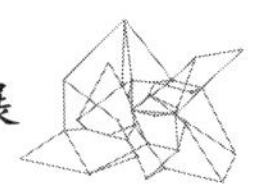

（二）碳达峰与碳中和

解决碳排放问题的思路是，通过对碳足迹进行测算，以碳中和为实施策略，以碳税和碳交易为具体方法①，最终实现低碳的目的。其中，碳足迹是指，企业机构、活动、产品或个人通过交通运输、食品生产和消费以及各类生产过程等，引起的温室气体排放的集合。在碳减排问题上，我国站上了世界的舞台并发挥着自己的作用。为提高国家自主贡献度，我国承担起作为大国的责任，2020 年 9 月，在第 75 届联合国大会上，明确提出 2030 年“碳达峰”与 2060 年“碳中和”的目标（如图 8–8 所示）。2021 年 10 月 26 日，国务院印发《2030 年前碳达峰行动方案》，要求将碳达峰贯穿于经济社会发展全过程和各方面，重点实施“碳达峰十大行动”，为实现“双碳”目标提供了切实可行的行动计划。

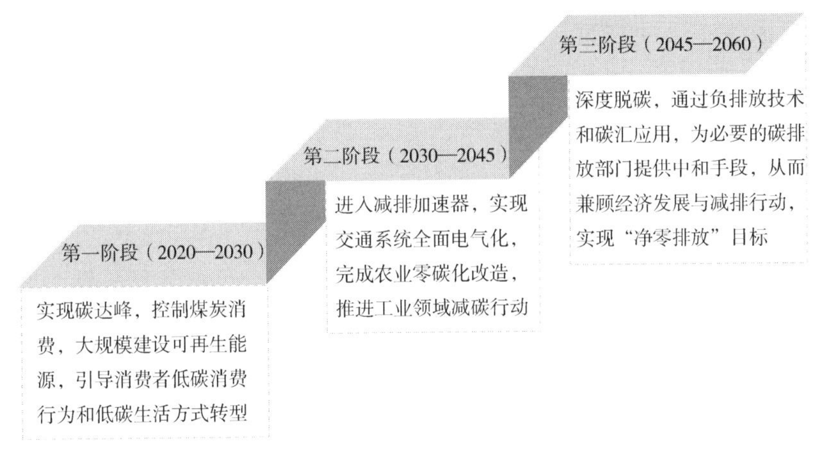

图 8–8　我国“碳达峰”“碳中和”战略目标

“碳达峰”是指，二氧化碳年总量的排放在某一个时期达到历史最高值，达到峰值之后逐步降低，也是二氧化碳排放量由增转降的历史拐点。“碳中和”是指，通过能效提升和能源替代，将人为活动排放的二氧化碳减至最低程度，然后通过碳汇、节能减排、碳捕集、碳封存等其他方式抵消掉二氧化碳的排放，实现源与汇的平衡②。当在一定时期内，通过植树等方式抵消人为产生的二氧化碳，实现二氧化碳净排放为零时，也就实现了“碳中和”。“碳达峰”时间越早，峰

---

① 碳税和碳交易问题将在第三节中的“庇古税理论”和“科斯定理”部分介绍。

② 碳汇主要通过植树造林、森林管理、植被恢复等措施，利用植物光合作用吸收大气中的二氧化碳，并将其固定在植被和土壤中，从而减少温室气体在大气中的浓度。

值排放量越低，对实现“碳中和”的长期目标就越有利（如图 8-9 所示）。

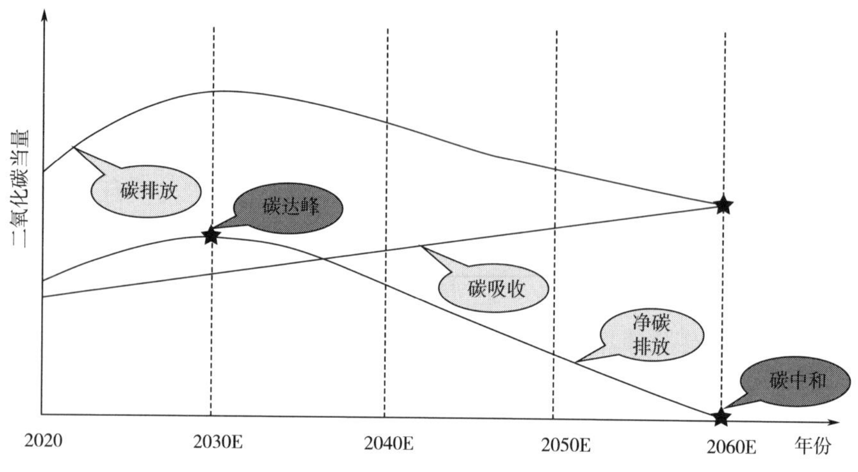

图 8-9 “碳达峰”“碳中和”的实现路径

在 2009—2020 年的 12 届诺贝尔经济学奖中，有两届与可持续发展相关的经济学成果（如表 8-3 所示）。2009 年获奖者奥斯特罗姆对公地悲剧有很深入的研究，通过“在经济管理方面的分析，特别是对公共资源管理的分析”而获奖。2018 年获奖者罗默和诺德豪斯因“在创新、气候和经济增长方面研究的杰出贡献”，解决“如何创造长期可持续的经济增长”的问题而获奖。

表 8-3 2009—2020 年诺贝尔经济学奖得主及贡献

年份	获得者	主要成就	是否与可持续发展相关
2020	保罗·米尔格罗姆（Paul R. Milgrom） 罗伯特·威尔逊（Robert B. Wilson）	对拍卖理论的改进和发明了新拍卖形式	—
2019	阿比吉特·班纳吉（Abhijit Banerjee） 埃斯特尔·杜弗洛（Esther Duflo） 迈克尔·克雷默（Michael Kremer）	为减轻全球贫困所采取的实验性方法	—
2018	保罗·罗默（Paul M. Romer） 威廉·诺德豪斯（William D. Nordhaus）	在创新、气候和经济增长方面研究的杰出贡献，设计了一系列方法来解决当今社会最基本和最紧迫的问题——如何创造长期可持续的经济增长	√

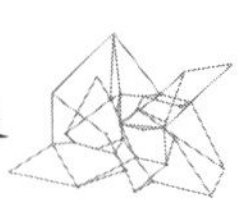

续表

年份	获得者	主要成就	是否与可持续发展相关
2017	理查德·泰勒（Richard Thaler）	将心理上的现实假设纳入经济决策分析中	—
2016	奥利弗·哈特（Oliver Hart） 本特·霍姆斯特罗姆（Bengt Holmstrom）	在契约理论方面的卓越贡献，将相关理论用于公司、企业治理及金融危机期间流动性问题的研究	—
2015	安格斯·迪顿（Angus Stewart Deaton）	对消费、贫困和福利的分析	—
2014	让·梯若尔（Jean Tirole）	对理解和监管行业中少数重要公司的理论研究尤其出色，即对寡头垄断现象的研究	—
2013	尤金·法马（Eugene F. Fama） 拉尔斯·皮特·汉森（Lars Peter Hansen） 罗伯特·希勒（Robert J. Shiller）	对资产价格的经验分析	—
2012	埃尔文·罗斯（Alvin E. Roth） 罗伊德·沙普利（Lloyd S. Shapley）	创建“稳定分配”理论，并进行“市场设计”的实践	—
2011	克里斯托弗·西姆斯（Christopher A. Sims） 托马斯·萨金特（Thomas J. Sargent）	研究政策变量在宏观经济运行中扮演的角色，在宏观经济学中对成因及其影响进行实证研究	—
2010	彼得·戴蒙德（Peter Diamond） 戴尔·莫滕森（Dale T. Mortensen） 克里斯托弗·皮萨里季斯（Christopher A. Pissarides）	对“经济政策如何影响失业率”理论进行了进一步分析	—
2009	埃莉诺·奥斯特罗姆（Elinor Ostrom） 奥利弗·威廉森（Oliver Eaton Williamson）	奥斯特罗姆因为“在经济管理方面的分析，特别是对公共资源管理的分析”而获奖；威廉森则因为“在经济管理方面的分析，特别是对公司边界问题的分析”而获奖	√

第三节 外部性理论

在外部性理论发展的进程中，有三个具有里程碑意义的重要理论：一是马歇尔的“外部经济”理论；二是庇古的“庇古税”理论；三是科斯的“科斯定理”。其中，庇古税和科斯定理均为实现外部效益内部化的重要方法。

一、外部经济理论

（一）外部性

外部性理论源于马歇尔（Alfred Marshall）提出的“外部经济”概念，不同学者从不同的角度对外部性定义进行了阐述。在外部经济理论基础上，庇古（Arthur Cecil Pigou）最早提出了外部性概念，并占据统治地位。

一个经济主体在进行经济活动时，对社会其他成员或者经济主体产生有利或者有害的影响时，就发生了外部性。从行为主体的经济活动是否得到补偿的角度分析，外部性可以分为外部经济和外部不经济。行为主体进行经济活动并为社会其他成员带来利益，没有得到自身补偿，称为外部经济；行为主体的经济活动对社会其他成员造成伤害，但不付出代价，此时就变得不经济。外部经济意味着行为主体的私人收入低于社会收入，或一项行为的私人成本高于社会成本；相反，外部不经济则意味着一项经济行为的私人收入高于社会收入，或者私人成本低于社会成本。

（二）外部成本

如果一些人的生产或消费使另一些人蒙受损失，而前者没有补偿后者，就称为外部成本（External Costs），或称为负的外部经济。目前，能源的过度使用所带来对环境危害、消费者身心健康的危害等向内部转移的溢出效应，就是外部成本。例如，买一辆车的价钱就是制造商的企业成本，生产产品造成的空气污染就是外部成本，生产者并不支付这部分成本，它也不包含在价钱里面；此外，行驶过程中造成的空气污染也是外部成本，但司机并不为污染环境付费。

边际私人成本（Marginal Private Cost，MPC）是指，为生产（消费）一件物品，生产者（消费者）自己所必须承担的边际成本。

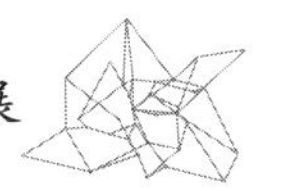

边际外部成本（Marginal External Cost，MEC）是指，因增加一个单位的某种产品产量而给第三者带来的额外成本。

边际社会成本（Marginal Social Cost，MSC）是指，生产者或消费者增加或减少一单位产品的生产或消费时所导致的社会成本的增加或减少量。即个人决策考虑到其行为给社会带来的外部性影响时，总的成本称为边际社会成本。边际社会成本是边际私人成本和边际外部成本的总和，即 $MSC = MEC + MC$（如图 8-10 所示）。

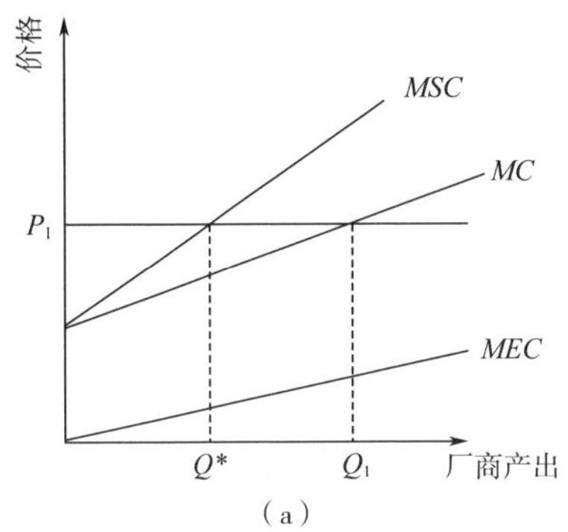

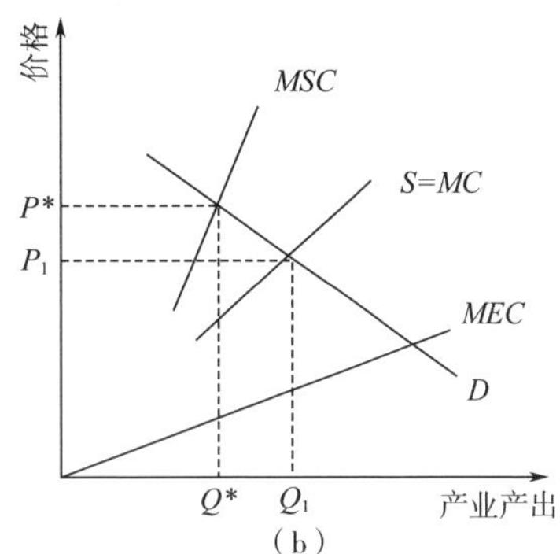

图 8-10　外部成本

从上图可以看出，对于社会来说，Q_1的产出水平太高，造成的污染太多。符合社会最优的产出水平是 Q^*，因为在 Q^* 的产出水平上，边际社会成本等于生产者的边际收益。

产品不正确的定价是无效率的来源。在图 8-10（b）中，定价 P_1过低，仅反映了厂商的边际私人成本，而不是边际社会成本。

当存在外部成本时，长期平均私人生产成本低于长期平均社会成本，外部成本鼓励大多数厂商留在产业内。

（三）外部收益

如果一些人的生产或消费使另一些人受益，而前者无法向后者收费，这种外部经济就称为外部收益（External Benefits，EB），或称为正的外部经济。

边际私人收益（Marginal Private Benefit，MPB）是指，产品或服务的直接消费者增加一个单位的消费所带来的收益，并在该产品或服务的需求曲线上得到反映。边际私人收益通过需求曲线 D 来衡量。

边际外部收益（Marginal External Benefit，MEB）是指，某一市场主体每增加一单位生产量或消费量给其他市场主体所产生的不予收费的收益。

边际社会收益（Marginal Social Benefit，MSB）是指，对某种物品或服务的消费量每增加一个单位所增加的满足程度。一种物品或服务的边际社会收益，随其数量的增加倾向于减少。边际社会收益是边际私人收益和边际外部收益的总和，即 $MSB = D + MEB$（如图 8-11 所示）。

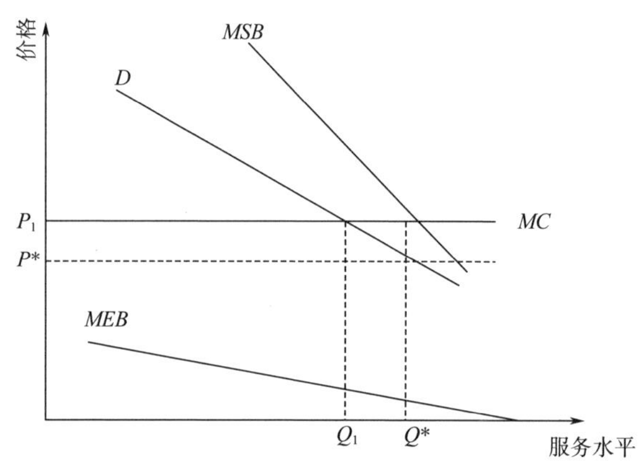

图 8-11　外部收益

（四）绿色 GDP

绿色 GDP 是指，一个国家或地区在考虑了自然资源（土地、森林、矿产、水和海洋）与环境因素（生态环境、自然环境、人文环境）影响之后经济活动的最终成果，即将经济活动中所付出的资源耗减成本和环境降级成本从 GDP 中予以扣除。改革现行的国民经济核算体系，对环境资源进行核算，从现行 GDP 中扣除环境资源成本和对环境资源的保护服务费用，其计算结果即为绿色 GDP。绿色 GDP 这个指标，实质上代表了国民经济增长的净正效应。绿色 GDP 占 GDP 的比重越高，表明国民经济增长的正面效应越高，负面效应越低。绿色 GDP 的计算公式如下所示：

绿色 GDP = 传统 GDP - 自然部分的虚数 - 人文部分的虚数　　（8-1）

二、庇古税理论

（一）庇古税的含义

庇古税是根据污染所造成的危害程度对排污者征税，用税收来弥补排污者生

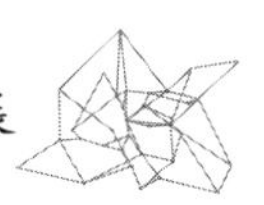

产的私人成本和社会成本之间的差距，使两者相等。庇古税由英国经济学家庇古最先提出。通过把税收确定在边际外部成本的水平上，企业的行为就会与外部成本由企业直接负担时的情况一样。

为了考察在外部性的情况下，政府行为怎样改变市场结果，下面将以化工厂与河流问题为例进行说明。假定政府能够准确地计算外部成本，并且能够严格按照边际外部成本的大小来收税（如图 8-12 所示）。需求曲线与边际社会成本曲线相同，即 $D=MSB$，污染税等于污染的边际外部成本。税收与边际私人成本相加便得到了市场供给曲线，即：$S=MC+$税收$=MSC$。这条曲线之所以是市场供给曲线，是因为其表示在每一价格水平上（既定企业的边际成本与税收）所供给的产品的数量。这条曲线也是边际社会成本曲线，因为所征收的污染税等于边际外部成本。现在的需求曲线与供给曲线决定市场均衡价格为每吨 150 美元，每月化学制品的产量为 2 000 吨。这时的边际社会成本等于边际社会收益，均为 150 美元。因此，这一结果效率较高。这时企业的边际成本是每吨 88 美元，所交税是每吨 62 美元。在图 8-12 中，灰色矩形表示政府的税收，政府每月的税收收入是 12.4 万美元。

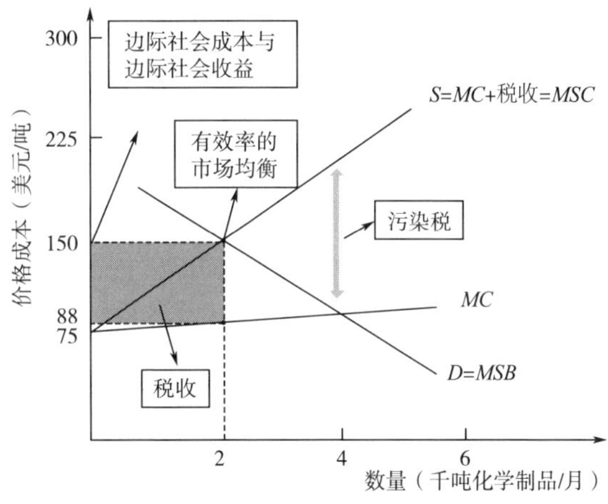

图 8-12　以化学制品为例的污染税征收

（二）庇古税的应用

庇古税在经济活动中得到广泛的应用。在基础设施建设领域采用的“谁受益，谁投资”的政策、环境保护领域采用的“谁污染，谁治理”的政策，都是庇古税理论的具体应用。目前，征收排放税制度已经成为世界各国环境保护的重要经济手段，其理论基础也是庇古税。

每一个排放温室气体的实体都根据其排放的数量被征收排放税费。其中，碳税是庇古税最典型的应用。碳税是通过对碳排放企业进行征税，将二氧化碳等温室气体带来的环境成本转化为生产经营成本，从而使外生的碳排放问题内部化，以价格限制碳排放。截至2020年6月，已有超过30个国家和地区实施碳税政策①。其中，瑞典、芬兰、荷兰等国，单独设立了碳排放税并在全国实行；日本、意大利、德国等则是在能源消费税、环境税等现有税种中加入了碳排放因素，形成了潜在的碳税。

三、科斯定理

（一）科斯定理的含义

科斯定理是指，在某些条件下，经济的外部性或者说非效率可以通过当事人的谈判而得到纠正，从而达到社会效益最大化。科斯定理指出，只要财产权明确，并且交易成本为零或者很小，无论在开始时将财产权赋予谁，市场均衡的最终结果都有效率，能够实现资源配置的帕累托最优。科斯定理的主要内容如下所示：

第一，在交易费用为零的情况下，不管权利如何进行初始配置，当事人之间的谈判都会导致资源配置的帕累托最优。

第二，在交易费用不为零的情况下，不同的权利配置界定会带来不同的资源配置。

第三，因为交易费用的存在，不同的权利界定和分配会带来不同效益的资源配置，所以产权制度的设置是优化资源配置的基础（达到帕累托最优）。

（二）科斯定理的应用

环境保护领域的排污权交易制度就是科斯理论的一个具体运用。科斯理论的成功实践进一步表明，“市场失灵”并不是政府干预的充要条件，政府干预并不一定是解决“市场失灵”的唯一方法。

排污权交易，就是通过建立限量的可交易排污权来限制污染物排放总量。各污染源必须根据自身的排放量获取和交出排污权。如果污染源不能交出适当数量

---

① 世界银行统计。

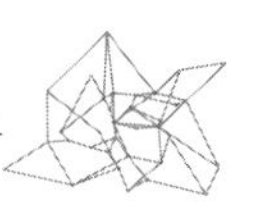

的排污权，就会被课以巨额罚款。在该机制下，首先由政府确定在所有污染源中分配的排污权的总数量。如果污染源排出的污染物低于其所拥有的排污权，则可以把剩余的排污权出售给那些排放超出其限制排放量而需要增加排污权的污染源。排污权的“价格”取决于排污权的供给和需求。欧盟、美国加利福尼亚州已经实施了这一机制。我国部分地区也正在探索通过“碳汇”实现生态价值机制。发达地区可以通过购买欠发达地区的碳汇，弥补本地区的碳赤字，达到区域层面的“碳中和”，欠发达地区则可通过出售本地区的碳盈余，获得经济收益，实现经济价值。2021 年 7 月 16 日，中国碳排放权交易市场启动上线交易。

四、物流外部成本

物流将运输、仓储、搬运、装卸、包装、流通加工、配送、信息处理等基本功能实施有机结合，各个运作环节都会产生外部成本。例如，各种包装工具、运输工具、搬运装卸工具等的使用必然会占用大量的运输资源和土地资源、消耗大量的燃气燃料，同时产生大量的废气污染、噪声污染，并且可能造成交通事故，威胁人的生命和财产安全。

在物流企业的发展中，其外部成本主要体现在运输、仓储、装卸与配送及包装等的外部性中，并造成大气污染、交通事故及堵塞和噪声污染等，其损失成本的核算有利于加强绿色物流的负外部成本内部化的推进与优化。

（一）外部成本计算方法

由于环境资源没有市场价值，不能直接用市场价格来计量，从经济学的角度，环境价值可由环境质量变化引起社会福利变化来衡量。当环境质量改善时，社会福利增加，产生环境效益；当环境质量恶化时，产生环境损失。其中，环境影响经济评价包括以下几个步骤：

第一步，确定环境影响因子。

第二步，筛选环境要素，确定、筛选环境影响。

第三步，影响的量化或影响的货币化。

对于环境影响的经济赋值方法有很多，在这个领域的研究也非常活跃，国内外有大量成果。按照环境功能退化价值评价可分为基于成本和基于损害的评价方法（如表 8-4 所示）。

表 8-4　环境影响评价方法

	环境影响评价方法	计量方法	应用范围
基于成本的评价	避免成本法	从避免环境功能退化的角度将所需要投入的成本作为环境污染的成本	环境资源
	恢复成本法	通过估算恢复已被污染的环境功能所需投入的成本来衡量造成的环境损失	环境资源
基于损害的评价（污染经济损失的评价方法）	直接市场价值法	利用计量因环境质量变化引起的产量和利润的变化，来计量环境质量变化的经济效益或损失	环境资源
	恢复费用法	把修复受污染损害资产或恢复受污染损害资产原来的状况所需要的费用作为环境污染造成的经济损失	环境资源
	医疗费用法	通过治疗疾病花费的费用来计量环境污染对人体健康产生的危害	人体健康
	人力资本法	用个人的未来收入来表示个体由于污染缩短寿命的劳动价值	人体健康
	影子工程法	影子工程法是在某个环境被破坏后，虚拟人工建造一个工程来代替原来的环境功能，用该虚拟工程的建造费用作为环境破坏的经济损失。这是恢复费用法的一种特殊形式	环境资源
	机会成本法	将该资源用于其他方面所产生的最大效益来比照衡量其价值	环境资源
	防护费用法	估算用于治理、扭转由污染或其他有害活动所造成的危害时的花费	环境资源
	工资差额法	利用各种具有不同致病或致死风险的工种之间的工资差异，来评估疾病与死亡风险增加时的成本	人体健康
	旅游费用法	将游客旅游所花费的时间、金钱作为可变许可价格的一种替代品，以此估算价值	环境资源
	支付意愿法	在缺乏价格数据时，不能应用其他方法，可以通过向专家或环境资源的使用者进行调查，估算总人口的总支付意愿。采用的调查技术包括投标博弈、比较博弈、无费用选择法	环境资源

1. 人力资本法

由于环境污染，失去劳动能力或过早死亡时，企业需要对这部分员工进行补偿。而补偿标准由员工在这段时间内通过正常工作而获得的正常收入所确定和衡量，故名人力资本法。人力资本法是对员工工资性收入的损失进行核算，又称工资损失法。根据边际劳动生产力理论进行成本核算。其计算公式如下所示：

$$C_E = N_d \sum_{j=1}^{R-t} GDP_{pcj}^{pv} = N_d \sum_{j=1}^{R-t} \frac{GDP_{pc0}\ (1+\alpha)^j}{(1+r)^j} \tag{8-2}$$

其中：

C_E 为企业负外部性形成的损失成本；

N_d 为负外部性形成的死亡数量；

GDP_{pcj}^{pv} 为人均 GDP 折现率；

GDP_{pc0} 为人均 GDP；

α 为人均 GDP 增长率。

2. 防护费用法

防护费用法，是一种对直接造成环境持续性的伤害进行成本估定的方法。其前提是个体在自愿且精确掌握环境危害评估信息的情况下主动支付，并从侧面反映出对环境产品和服务价值的衡量标准。其计算公式如下所示：

$$CBI = \frac{\text{年防护费用}}{N[\mathrm{dB}\ (A)_1 - \mathrm{dB}\ (A)_2]} \tag{8-3}$$

其中：

CBI 为防护费用的成本效益估算系数；

$\mathrm{dB}(A)_1$ 为噪声未处理等级；

$\mathrm{dB}(A)_2$ 为经过防护后的噪声等级；

N 为参与人员数量。

3. 旅游费用法

旅游费用法实质是对由于环境质量变化后，旅游场所所能获得收益的变化情况进行估算，用次级市场的内在性反映出隐含市场的外在性。依据旅游个体对环境等非实物商品的价值估算，其计算方式为消费者的意愿支付数量与实际支付数量的差值，并用消费者剩余来进行描述，反映出该旅游场所对游客消费的吸引程度和能力。

4. 支付意愿法

支付意愿法（WTP）是指，在获得一定物品或劳动时愿意支付的成本，存在着较强的主观性，能有效体现出边际效用递减规律。采用支付意愿法的前提是通过有效的市场调研获得消费者对即得物品或劳动的个人估计、心理感受、规避风险的偏好及自身意愿等多方面因素。但该方法并未考虑到收入水平、受教育程度差异、身体状况及年龄不同带来的影响，因此适用性不强。

（二）运输外部成本

物流企业的经营环节较多，包括运输、存储、包装、装卸、加工及配送等，而运输则是物流企业经营活动中最基本也是最重要的环节。污染物的排放、噪声污染等运输过程的负外部性对环境有着直接的影响，这些因素的成本核算对于物流企业非常关键。

1. 大气污染成本核算

随着物流业的不断繁荣，交通运输工具的尾气排放已成为影响我国大气环境质量的关键因素，尾气中含有的污染物包括NO_x，CH，CO 及细微的颗粒等。

（1）尾气污染物排放总量的计算。影响机动车污染物排放数量的关键因素包括车辆的类型、数量及道路的通畅情况等。在物流业中最主要的车型为货运车，运输过程中会排放大量污染。其计算公式如下所示：

$$Q_{wk} = \sum_{i=1}^{n}\left[N_i\left(\frac{Q_i}{\bar{q}_i}\right)EW_{ik}\right] \tag{8-4}$$

其中：

Q_{wk} 为 k 类污染物的总排放量；

N_i 为 i 类型车的数量；

Q_i 为 i 类型车辆的周转率；

$\bar{q}_i$ 为 i 类型车的平均运输量；

EW_{ik} 为 i 类型车辆的 k 类污染物的排放平均因子。

（2）大气污染成本计算。由于大气污染数据收集和获取程度有限，大气污染的成本计算存在一定的困难。在此，采用较为代表性的计算方法对大气污染成本进行计算。其计算公式如下所示.

$$C_a = \sum_{k=1}^{n} EC_k Q_{wk} \tag{8-5}$$

其中：

C_a 为大气污染成本；

EC_k 为 k 类型污染物的单位外部成本。

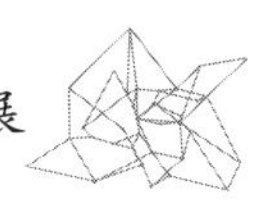

2. 交通事故伤害的成本核算

近年来，随着私家车数量的不断增长和物流运输车辆增加量的不断提升，我国的交通压力大幅度上升。交通事故的增多不仅造成了直接经济损失，也造成了人身伤害、时间和精神损失、执法成本及交通基础设施损耗等无法直接用货币进行衡量的损失。因此，可以将交通事故的损失用直接财产损失和间接财产损失两种成本进行衡量。

（1）直接财产损失的成本核算。直接财产损失成本包括交通基础设施的损坏、物流运输货物损坏及伤亡处理费用等。其计算公式如下所示：

$$EC_Z = \frac{TEC_z \times \gamma}{Q_q} \tag{8-6}$$

其中：

EC_Z 为直接财产损失成本；

TEC_z 为交通事故伤害的直接财产损失数值；

γ 为货运量所占比例；

Q_q 为货运周转总数量。

（2）间接财产损失的成本核算。间接财产损失成本包括伤亡者劳动价值损失、伤亡者亲属的精神损失及相应社会服务部门的消耗性损失三个方面的成本。在伤亡者劳动价值损失的成本计算方面，按照人均 GDP 为基准和经济增长率对年份损失值进行折现计算，并将伤亡人群按照年龄分为三种类型：16 周岁以下不进行损失成本计算；16~60 周岁按照社会劳动价值进行损失成本计算；60 周岁以上则按照社会劳动价值的 25%进行劳动价值损失成本计算。伤亡者劳动价值损失成本的计算公式如下所示：

$$EC_{r1a} = \sum_{a=ns}^{ns+T_{1a}-1} GDP_{ns}\left[\frac{1+R_j}{1+R_s}\right]^{(a-N_s)} \tag{8-7}$$

$$EC_{r2a} = \sum_{a=ns}^{ns+T_{2a}-1} \bar{\omega}_s\, GDP_{ns}\left[\frac{1+R_j}{1+R_s}\right]^{(a-N_s)} \tag{8-8}$$

其中：

EC_{r1a} 为 a 阶段完全丧失劳动能力时间段内的劳动价值损失成本；

EC_{r2a} 为 a 阶段部分丧失劳动能力时间段内的劳动价值损失成本；

GDP_{ns} 为基准年份的人均 GDP；

ns 为确认损失开始年份；

R_j 为国内的 GDP 增长率；

R_s 为折现系数；

N_s 为基准年份；

T_{1a} 为完全丧失劳动能力伤亡者的正常工作时间；

T_{2a} 为部分丧失劳动能力伤亡者的正常工作时间；

$\overline{\omega}_s$ 为劳动能力的折减系数。

3. 交通事故损失成本核算

现阶段关于交通事故损失成本的核算方法，主要有交通事故模型和事故综合经济损失计量模型等。在此，将支付意愿法进行改进，用于对交通事故损失成本的核算。其改进后的计算公式如下所示：

$$C_s = EC_r + EC_z \tag{8-9}$$

其中：

C_s 为交通事故损失成本；

EC_r 为间接财产损失成本；

EC_z 为直接财产损失成本。

4. 噪声污染成本核算

道路噪声污染主要来源于机动车的引擎声、刹车声、鸣笛声等，因此道路噪声污染成本主要与行驶在道路上的机动车的数量、类型以及机动车流的速度等相关。目前，国内外对因噪声污染而产生的经济损失的衡量方法主要有“防护费用法”“恢复费用法”“支付意愿法”等。在全球范围内，欧洲对于噪声污染的控制水平较高，若采用类比法进行噪声污染成本核算，应以欧洲的单位噪声成本为计算基础。其计算公式如下所示：

$$C_n = C_{un} \times \frac{\beta_1}{\beta_2} \times \frac{GDP_1}{GDP_2} \times R_2 \tag{8-10}$$

其中：

C_n 为噪声污染成本；

C_{un} 为欧洲的平均噪声成本；

β_1 为核算地区人口密度；

β_2 为欧洲的人口密度；

GDP_1 为核算地区的 GDP；

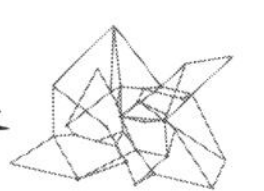

GDP_2 为欧洲的 GDP；

R_2 为欧元与人民币的实时汇率。

为此，确定物流企业运输外部成本。其计算公式如下所示：

$$C_T = C_a + C_s + C_n \tag{8-11}$$

其中：

C_T 为物流企业运输外部成本；

C_a 为大气污染成本；

C_s 为交通事故损失成本；

C_n 为噪声污染成本。

（三）包装外部成本

作为物流企业经营中的辅助手段，包装在经历多年的发展后更加注重美观，但也造成了垃圾种类多、量大且不易被降解，已经占生活垃圾的30%，对整个的社会资源环境造成极大的影响。现阶段的包装材料主要以塑料、木质材料及泡沫为主，因此可以采用防护费用法进行包装外部成本的核算。其计算公式如下所示：

$$C_B = \sum_{m=1}^{n} EB_m Bq_m(1 - \theta_m) \tag{8-12}$$

其中：

C_B 为包装外部成本；

m 为包装材料类型；

EB_m 为 m 类型包装材料的单位成本；

Bq_m 为 m 类型包装材料的单位重量；

θ_m 为 m 类型包装材料的回收利用程度。

综合上述分析，确定物流企业负外部总成本。其计算公式如下所示：

$$C = C_T + C_B \tag{8-13}$$

其中：

C 为物流企业外部总成本；

C_T 为物流企业运输外部成本；

C_B 为物流企业包装外部成本。

第四节　共享物流

一、通包模式

单元器具循环共用，是一种典型的通包模式。从产品出厂开始，使用标准单元器具（托盘、周转箱等）包装产品，在物流公司、批发商、商贸流通企业之间的物流作业中，保持货物与单元器具不分离，上下游企业循环共用单元器具，实现了单元器具的共享，减少了装卸、倒货、搬运，避免了物流作业中货物的磕碰、挤压，大幅度减少了货损，提升了物流作业效率。以托盘为例，单元器具循环共用系统按照系统架构可以分为开放式循环共用和封闭式循环共用，下面以托盘循环共用为例进行分析。

（一）封闭式系统

封闭式的托盘循环共用系统指的是由托盘租赁企业在全国设立租赁运营网点，购买托盘建立托盘池。用户从托盘租赁企业租赁托盘，装载货物后不更换托盘，托盘在不同用户循环共用，分别支付相应的分时租赁费用，一直送达最终客户后，由当地托盘租赁企业的运营网点回收托盘，再出租给其他企业（如图 8-13 所示）。

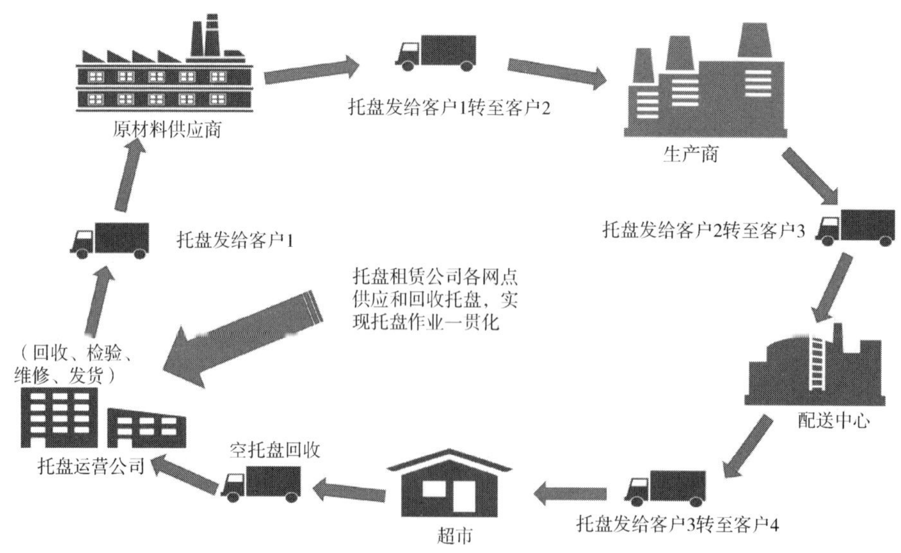

图 8-13　封闭式系统

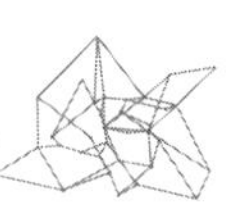

封闭式的托盘循环共用系统的托盘所有权全部归属于托盘租赁企业，用户中的制造企业、物流公司、流通企业和收货企业都不需要拥有托盘，托盘的质量控制、维护修理都由托盘租赁服务公司负责，免去了使用企业管理和维修的麻烦。但是，组建托盘租赁公司，建立庞大的租赁网络需要较大的投资，需要有大量的托盘可用于循环共用的周转，运营系统只有达到足够的规模才能产生效益，否则就难以建立广泛覆盖的运营网点。

1. 静态租赁

用户明确租赁数量和期限，通过用户自提或委托共享物流安排运送围板箱到指定地点。租赁期从承租单据签署之日起，至退租单据签署之日止。租费可以按照每箱每天计算（如图 8-14 所示）。

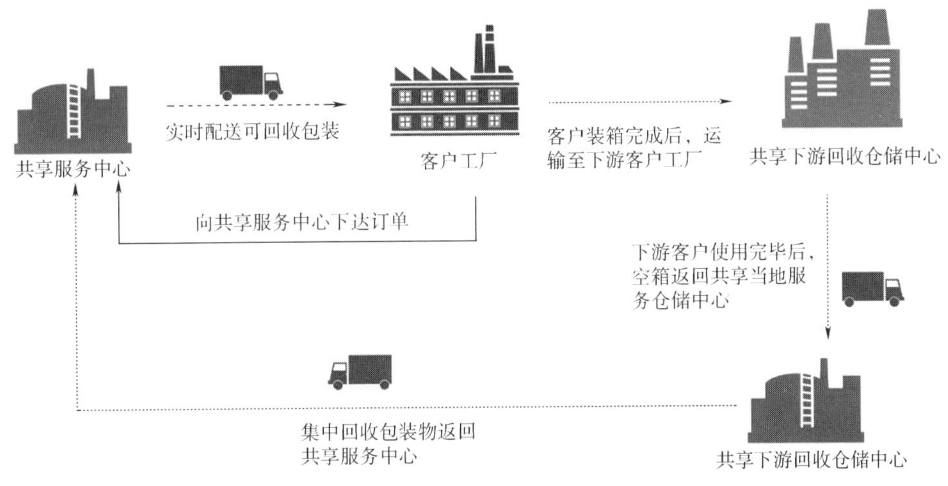

图 8-14　共享单循环物流

2. 动态租赁

用户租赁围板箱后，通过带托向下游企业或渠道商运输交货（如图 8-15 所示）。以此提高物流效率，减少运输成本，真正实现上下游企业间“无缝化、高效率、低成本”的物流衔接。

（二）开放式系统

开放式系统是由众多托盘供给企业（生产企业、运营企业和维修企业）、托盘运营网点和托盘运营管理平台、托盘用户共建托盘池，使用经过认证的开放式

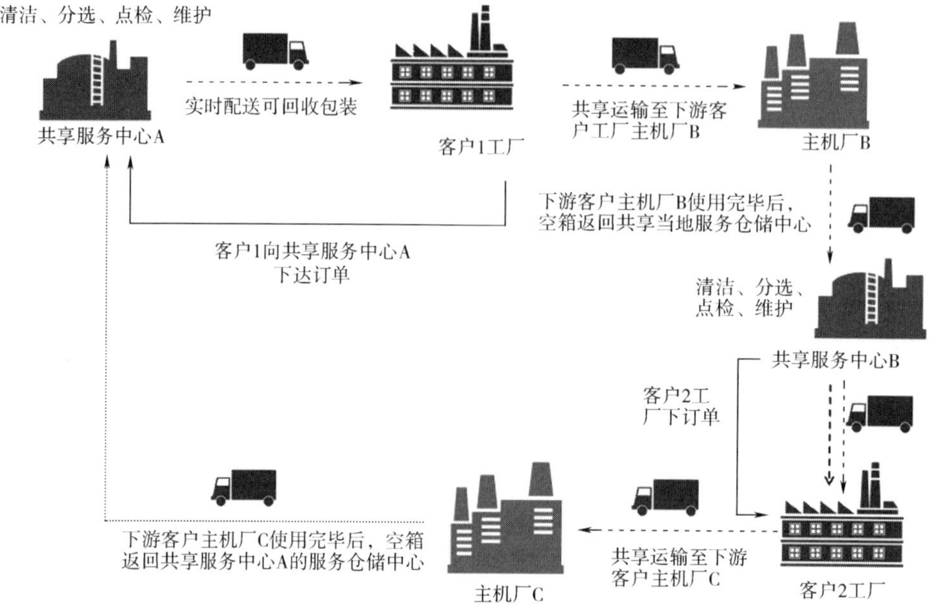

图 8-15　运输包装一体化共享循环

循环共用的标准托盘，为众多用户共同服务的开放式组织系统。开放式循环共用托盘标准对托盘规格、结构与质量均做了统一要求，并需经过统一认证。在实际运作中，托盘随货物在带托运输过程中通过交换、转售，也包括租赁来实现托盘的循环共用，托盘的所有权不停发生变化（如图 8-16 所示）。

二、通存模式

（一）云仓资源共享模式

云仓资源共享模式是指，通过建立云仓系统实现物流节点设施网络的互联互通。在此基础上面向用户开放云仓资源，实现仓储资源共享的模式。

云仓系统是指，基于实体的物流节点设施网络系统打造的在线互联网平台。一方面，通过互联网联通全国各地物流节点的管理系统，实现物流节点数据与云仓平台互联互通；另一方面，基于云计算和大数据分析，整合运筹和管理实体物流节点系统，实现优化物流节点资源配置和实时进行全国物流节点系统的网络化运营与共享的管理。

京东云仓，是京东自建的物流系统，已经开始对社会开放。京东物流依托自

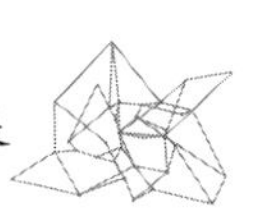

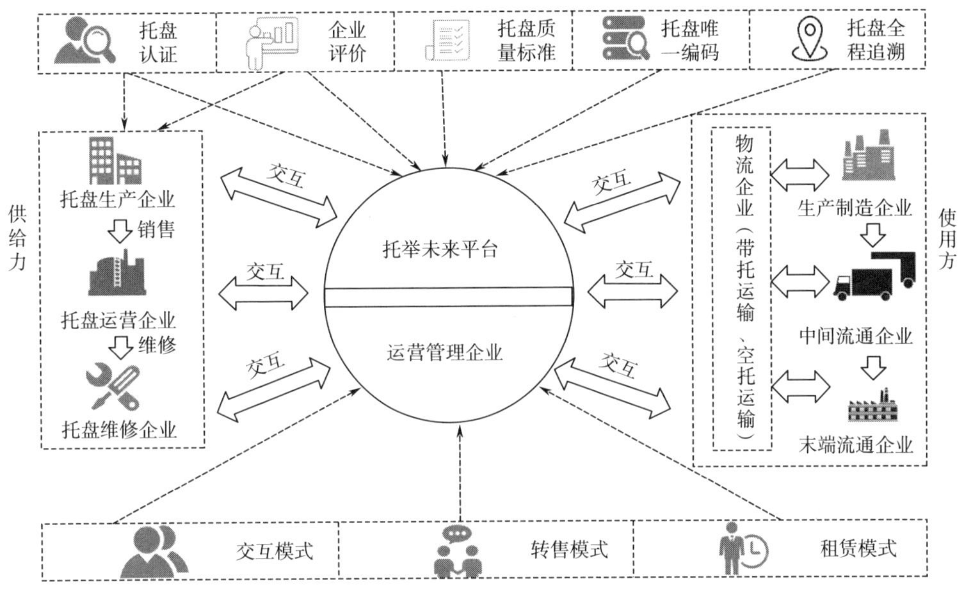

图 8-16　开放式系统

己庞大的物流网络设施系统和京东电商平台，从供应链中部向前后端延伸，为京东平台商家开放云仓共享服务，提升京东平台商家的物流体验。此外，利用京东云仓完善的管理系统，跨界共享给金融机构，推出“互联网+电商物流金融”的服务，利用信息系统全覆盖，实现仓配一体化，能满足电商企业的多维度需求。

（二）设备资源共享模式

仓储物流设备主要包括物料搬运设备、输送分拣设备、货架系统、装卸装备等。企业通过分享物流设备资源与其他企业共用实现共享。企业共享物流设备的方式主要包括借用、租赁、共用、交换等。

随着共享物流的发展，传统叉车租赁也在围绕共享原则开拓创新。例如，企业在物流作业低谷时把闲置叉车资源信息在共享平台注册分享，提供给正处物流作业高峰的需求企业；或者建立共享叉车维修保养体系，为众多品牌叉车提供标准化维修。叉车租赁与传统的叉车购买方式相比，用户只需交纳少量的保证金，即可拥有叉车的使用权，并享有叉车厂家提供的售后服务。在美国、欧洲、日本、韩国及澳大利亚等国家，叉车租赁比较普及。其中，英国、法国等欧洲国家，65%的企业或用户都以租赁的方式使用叉车；日本、韩国等亚洲国家，叉车租赁占叉车销售的50%。相比之下，我国的叉车租赁尚处于起步阶段。

（三）物流中心运营服务的共享模式

仓储物流中心共享运营服务模式是物流系统集成商在制造业服务化转型中创新的模式。该模式是物流系统集成商根据市场上众多客户的共同需求，使用自有资金投资，或者通过联合社会投资机构共同投资，建设共享的仓储物流中心，并利用自身技术专长和优势，负责仓储物流中心的管理运营，向电商企业、第三方物流企业、快递企业、批发零售企业等众多客户开放共享运营服务，按照物流中心实际作业流量和货物周转作业量收取运营管理费用。这类共享的仓储物流中心，都实现了自动化仓储和自动分拣，物流技术水平和运营管理水平较高。

目前，随着业务扩展和企业快速发展，市场上众多电商企业、快递企业和第三方物流企业对先进的仓储物流中心有很大市场需求，但是自身建设物流中心又面临资金短缺、技术不专业、运营管理和维护水平低等很多问题。根据这些企业发展需求，设备集成商利用自身技术优势和资金优势，共同为客户建立共享的仓储物流中心并负责运营，既能满足客户需求，又能够发挥技术优势，同时还能够获得稳定的运营服务收入。

三、通运模式

（一）运力整合服务共享模式

目前，我国公路货运需求都通过外部采购实现了运力整合的共享模式。随着共享物流快速发展，公路货运共享模式向深度共享和智慧共享方向发展，其中山寨“滴滴”模式的公路货运 O2O 模式是最为典型的公路运力整合共享模式，此外还有行业信息平台整合模式、专线公司联盟整合模式等运力资源共享模式。

1. 货运 O2O 整合模式

利用互联网平台整合运力的货运 O2O 模式是典型的运力资源共享模式。其特点是利用信息平台整合车货双方的需求，而车主和货主使用手机客户端即时进行车货匹配的服务交易。该模式成功拷贝了成熟的“滴滴”模式，解决了日常物流服务场景中“找车难”和“找货难”的问题，使运力资源深度共享。

这个领域专注于干线货运共配的相关企业有满帮集团、福佑卡车等，专注于同城配送的企业有云鸟、速派得、货拉拉等。

2. 行业信息平台运力整合共享模式

相对于出租业，公路货运业的复杂程度更高。因此，要整合公路货运业的运

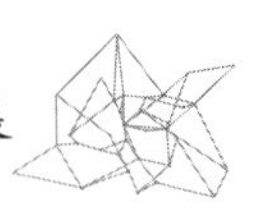

力，需要对这个行业本身有着比较深刻的理解。在行业内，有一批本身起步于公路货运行业的企业，它们利用先进的信息化技术和全新的管理运营模式对公路货运进行整合共享。其中，比较典型的企业有卡行天下、安能物流等。

3. 通过联盟实现运力整合共享模式

在我国的公路货运行业，仅拥有几辆车、十几人的货运企业较多，很多的企业仍然处于行业初级经营状态。目前，我国有 78.9 万家从事公路货运的企业，普遍存在资本小、规模小、覆盖网络少、区域性特征明显、市场集中度低等特征。面对激烈的市场竞争，这些企业联合起来，组成联盟，共享网络资源和运力资源，谋求共同发展，也成为近年比较明显的一个趋势。其中，比较典型的案例包括德坤物流、壹米滴答等。

（二）运输设备跨界共享模式

目前，共享货运装备资源是重要的物流设备共享模式。传统商贸流通企业和物流企业通过自己的车队进行物流配送，会出现高峰期车辆不够、低谷时车辆闲置的问题。通过在众多同城共同配送智慧平台注册车辆资源，可以在高峰期从配送平台调用车辆资源，联合完成物流配送任务；低谷时再把闲置的车辆资源共享给同城共同配送平台，经过平台的智慧整合与调度，从事其他配送业务，获取相关收益。

"互联网+"行动计划，推动互联网成为基础设施，不仅把各类物流资源连接到一起，也把过去的客运资源、门店资源等非物流资源连接起来，直接推动了物流设施设备跨界共享模式。主要有如下创新模式。

1. 共享客运汽车资源的模式

通过与专线的客运企业合作，在部分客运线路中利用客运汽车的行李包裹箱的闲置资源，让包裹和配送货物坐上客车，到达目的地再派专人收取，实现了客货运企业的跨界共享。在面向农村的物流配送中，也有商贸企业与快递公司跨界合作的模式，由农村的商品门店在配送或自提商品的同时，共享资源帮助快递公司完成取件或送件服务。

2. 共享高铁货运资源模式

从 2015 年开始，快递公司与高铁客运线路合作，利用闲置的客运资源为快递公司提供快运服务，让"双十一"包裹坐上了高铁，成为社会热点新闻，这就是典型的高铁客运与物流快递的跨界共享模式。

四、通配模式

（一）物流众包共享模式

物流众包是一种基于互联网平台的开放式配送模式，借助于成熟的移动网络技术，将原来由专职配送员所做的任务，以自愿、有偿的方式，通过网络外包给非特定的群体，这些人只要有一部智能手机和一辆交通工具，在空闲时间就可以抢单、取货、送货，门槛低、时间自由。目前，以达达、人人快递、京东众包、闪送、快收、蜂鸟配送等为代表的众包模式受到了快递人员与消费者的欢迎。

（二）共同配送共享模式

共同配送也称共享第三方物流服务，指多个客户联合起来共同由一个第三方物流公司来提供配送服务。共同配送的本质是共享物流配送资源，通过采取多种方式，进行横向联合、集约协调、求同存异以及效益共享，实现物流配送作业的规模化，提高物流资源的利用效率。围绕着渠道共配和产品共配，城市共同配送创新向着智慧共配方向发展，通过大数据、互联网和 GPS 相结合，可以即时集成区域内订单需求，智慧生成最优共配路径，做到实时共配、随机共配，全面共享城市物流配送资源。共同配送主要有以下几种模式。

1. 产业间的共同配送模式

产业间的共同配送是指，该产业的经营企业为了提高物流效率，通过配送中心集中运输货物的一种方式。具体做法有两种：一是在企业各自分散拥有运输工具和配送中心的情况下，视运输货物量的多少，采取委托或受托的形式开展共同配送（如图 8-17 所示）；二是在开展共同配送前，产业企业间将包装标准统一化，共同建立配送中心，共同购买运载车辆，企业间的货物运输统一经由共同的

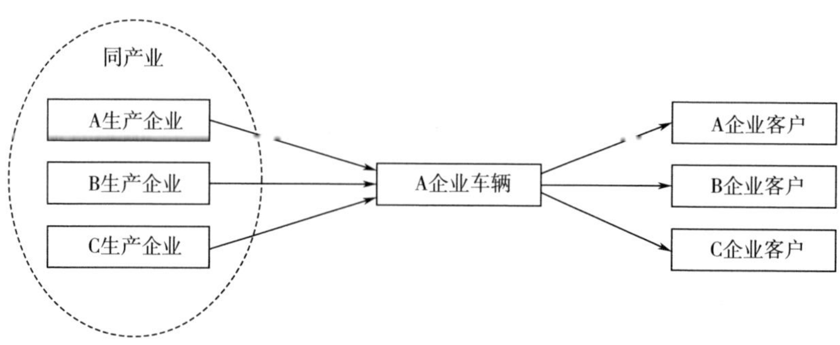

图 8-17　企业内共同配送

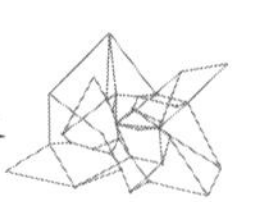

配送中心来开展（如图 8-18 所示）。显然，后一种共同配送形式的规范程度和规模经济要高些，但对于单个企业而言，缺乏相对的物流独立性。

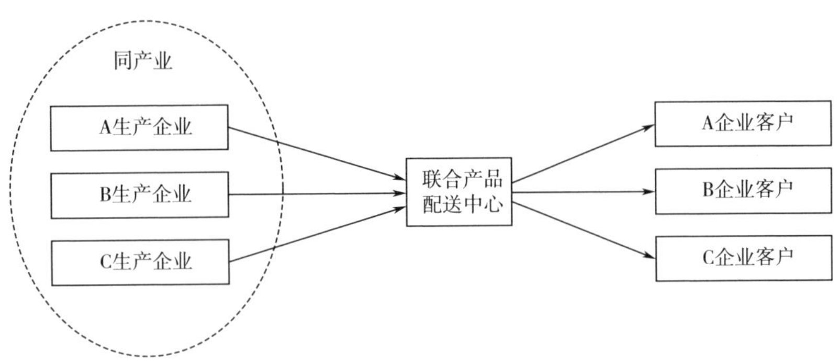

图 8-18 产业企业间共同配送

2. 异产业间的共同配送模式

异产业间的共同配送是指，将不同产业生产的共同配送的商品集中起来，通过配送中心统一输送。与同产业共同配送相比，异产业间共同配送的商品配送范围更加广泛，涉及的部门更加多元化，属于多产业结合型的产业合作。不过两者的基本结构和流程具有相似之处，也分为以下两种形式：一是大型零售业主导的异产业共同配送。这种形式是大型零售业为了追求物流效率化而建立窗口批发制度，由指定批发商统一几种不同厂商的产品，进行集中管理、统一输送（如图 8-19 所示）。二是产、批组合型异产业共同配送（如图 8-20 所示）。这种形式主要是由生产商和批发企业共同出资参加建立的共同配送业，以应对多频度、小单位、统一的配送活动。

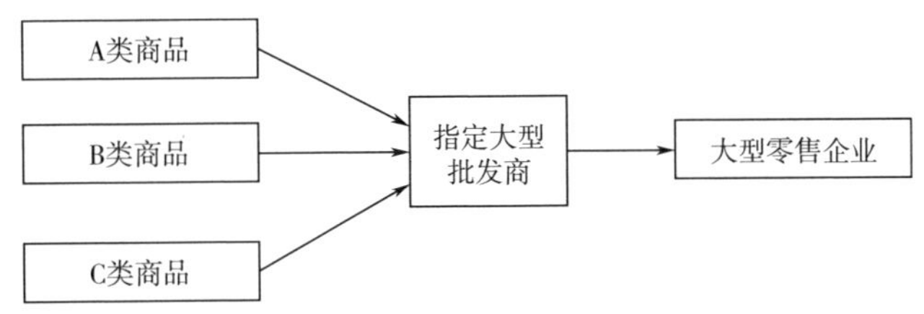

图 8-19 大型零售业主导的异产业共同配送

3. 共同集配

共同集配是指，以大型物流企业为主导的合作型共同配送，即由第三方物流

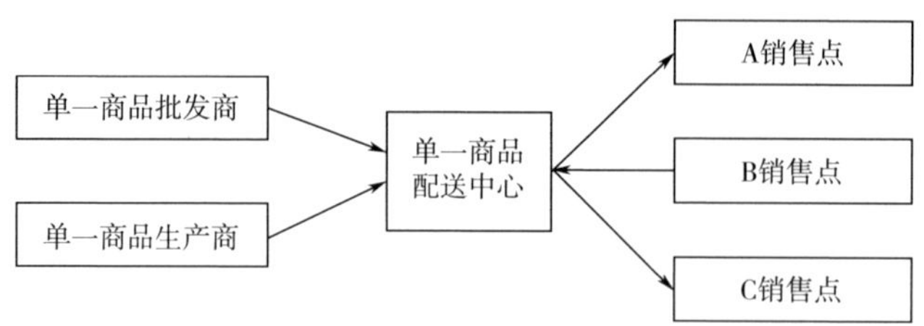

图 8-20 产、批组合型异产业共同配送

企业统一集中货物，合作参与的企业或商家将商品转包给指定运输业者，由运输企业向各地的客户配送（如图 8-21 所示）。以冷链物流为例，冷链物流共同集配的战略联盟由供应企业、第三方物流企业、共同配送中心、销售商和冷链物流共同集配信息平台组成。这种方式是一种理想的冷链物流共同配送方式。

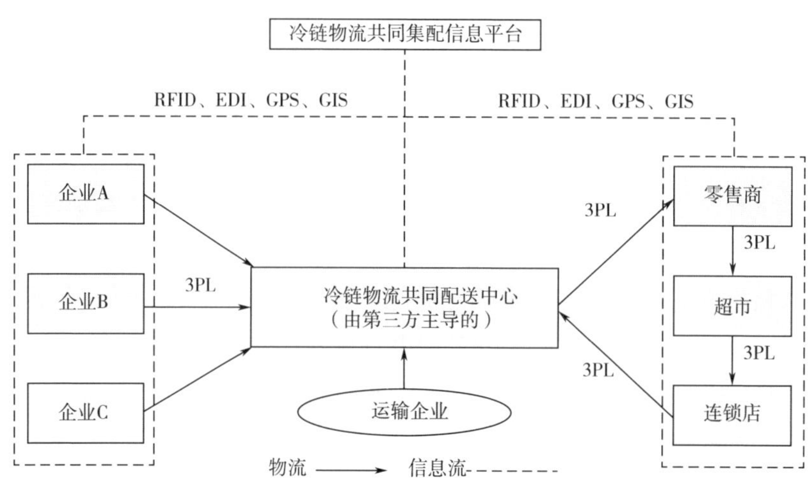

图 8-21 共同集配

五、通取模式（末端网点设施资源共享）

随着我国电子商务和新零售的发展，城乡配送“最后一公里”成为难点和社会关注热点。为了提升末端配送效率，提高物流服务满意度，末端物流网点的各类设施资源共享模式逐渐成为创新热点。各快递物流企业以“互联网+”、智能共享为共识，正携手建设新的“最后一公里”末端网点共享设施网络，主要有以下代表模式。

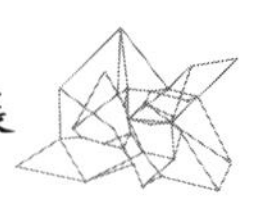

（一）共享收货站点模式

该模式将不同快递企业或电商公司投送的物品集中配送至固定的收货站点，由平台化的站点统一进行物品二次分发，实现了末端站点物流设施资源共享。该模式主要面向社区、高校等团体，由具有一定资质和能力的第三方平台负责代收用户包裹，并提供其他相关服务，例如菜鸟驿站、熊猫快收等平台。

（二）智能快递柜共享模式

智能快递柜被认为是最有效的末端配送替代方案。各个快递企业配送员通过共享智能快递柜派件，可以不必等待用户取件，也无须二次派件，从而节省了时间，有效提高了配送效率。同时，智能快递柜还能全天候作业，用户可以任意时间收发快件，有助于提升消费者物流服务满意度。

智能快递柜作为距离消费者最近的基础设施节点，通过资源开放共享及全开放的数据系统，实现末端物流资源共享的同时提升了物流服务水平，例如丰巢科技、速递易等。

（三）社区信报箱基础设施智慧共享模式

全国各小区建设中，逐渐配备了社区信报箱等基础设施系统。随着信函减少和新媒体发展，众多小区的信报箱设施资源普遍利用率不高，大量被闲置，据初步估算平均利用率不足 10%。通过智能化改造，全国联网，实现智慧共享，信报箱利用率提高了 50%。

末端网点物流基础设施共享价值主要表现在：一是减少各快递公司、第三方物流、电商企业末端网点重复建设；二是配送过程中减少二次派送，方便消费者自取货品，提升客户满意度，同时降低物流资源浪费；三是有助于促进整个物流系统的变革，例如智能快递柜作为社区的接入点能够积累大量的用户数据，有助于商家和快递企业进行大数据分析，提供更有针对性的服务等。

案例分析

宜家平板运输及绿色包装

1956 年，宜家创始人英瓦尔·坎普拉德（Ingvar Kamprad）首次提出“平板包装”理念。“平板包装”特点为“拆分设计、拆分包装”。“平板包装”的诞生源于宜家全球范围采购的需要。为降低生产成本，宜家采取将家具拆分为标准化零部件，在全球范围内甄别价低质优的供应商进行规模化生产。为降低全球化采购的运输成本，宜家独创“平板包装”理念，从产品设计之初就充分考虑产品的可拆分设计，从而最大限度地降低物流成本与运输空间。因此，从低成本战略角度，“平板包装”是贯穿宜家整个价值链背后物流成本控制的基本环节，与“模块化”生产并称为宜家低成本、低价格的双低秘诀。

“平板包装”存在于内部物流与外部物流的环节中，将家具拆分成最有利于运输与包装的标准化、可拆卸的部分，同时设计贴合的纸盒结构，最大限度地减少运输空间与成本，降低产品在运输过程中的损坏率，为家具“拆分设计、拆分生产”的全球范围内的规模化生产、规模化采购提供便利条件。从外部物流来看，“平板包装”为顾客自行提货提供便利，减少购买者运输过程中的不便，最大限度地减少了购买者的运输成本，也将安装成本无形地转嫁给了购买者，从而降低了运营成本。而对于购买者而言，由自己组装则意味着相对购买组装好的成品，减少了费用的支出，同时又体验了 DIY 的乐趣。在内部物流方面，宜家利用“平板包装”理念将家具拆分成方便运输、方便装卸的标准化模块，利用纸盒结构尽可能缩小运输空间，尽最大可能减少运输成本，同时使运输模块最大可能满足于成本领先战略的其他需求。产品组装后运送，可能需要 6 倍于扁平包装所需的空间。宜家在运输中集装箱的平均填充率已超过 65%，为了充分利用空间，有时甚至会把产品内的空气排挤出来。而通过采用平板包装，提高了家具在运输过程中的装箱量，降低了损坏率，节省了仓库的占用空间，从而节约了储运成本。凭借“平板包装”这个经营核心，宜家不仅统一了设计风格，还通过推介 DIY 文化，省去了后端的配送和安装成本。

以格莱马（GLIMMA）茶烛为例，茶烛曾以 100 支为单位零散地放在塑料袋中出售。后来，宜家团队意识到，叠放且紧密包装的茶烛可以节省货盘的盛放空间，促进可持续发展，并为茶烛本身提供更好的保护。这种经过改良的全新包装有助于节省处理时间，同时也意味着每个货盘上可以额外装载 108 个包装，用于运输茶烛的卡车可以减少 400 辆。“平板包装”的实施，一方面，提高了生产效率、减少了浪费；另一方面，增大了装货量，减少了运输次数。这些都使得 CO_2 排放量得到了降低，从而有利于保护环境，具有现实的社会意义，为可持续发展打下了良好的基础。

近年，宜家平板包装还出现了一个引人注目的问题。世界各地的公司广泛使用聚苯乙烯泡沫塑料（EPS）作为包装内部材料，具有良好的缓冲效果，但这种

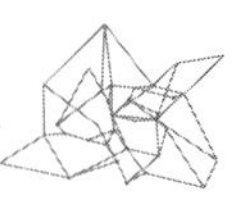

材料由化石燃料制造而成，最好的处理方法是用完后焚烧，难以回收利用，因此造成了严重的环境问题。宜家每两年使用的EPS足够填充整个帝国大厦，而且EPS还经常被丢弃在垃圾场和自然界中，这样需要花费数千年才能降解。这不符合宜家使用更多可再生和回收材料的目标，以及可持续的发展理念。因此，宜家的包装研发团队决定，不再使用任何有害材料填充平板包装内的间隙，而是通过研发可回收材料来替代聚苯乙烯，以期达到相同或者更好的包装效果。同时，新材料也要方便使用，而且价格相当或者更加便宜。

起初，该决定在公司内部和供应商处都遭遇了巨大的阻力。很多人都心存疑惑：为什么这种实用又实惠，且使用多年的材料，要被替换掉呢？但宜家有一种说法："宜家不只是制造产品，而是让产品变得更好。"这是宜家经营理念的缩影。经过多年的不懈努力，宜家找到了一系列的植物纤维和纸质替代材料，可以进行回收利用，并且保护效果与聚苯乙烯泡沫相当。在新材料投放市场使用四年之后，除了家电包装之外，已经取代EPS，成为全球宜家产品的平板包装材料。宜家通过折叠纸质材料，使之具有减震缓冲的保护性能，并使用可制成不同形状和构造的模压纸，提供产品所需的保护性能。此外，宜家还把仓库和商场的废弃材料收集和回收起来，制作新的包装材料和新产品。许多制造商逐渐注意到了宜家包装材料的改变，玩具制造商和电子产品制造商都已经开始使用模压纸方案，宜家新型包装材料得到进一步普及。

宜家作为世界上第一家全面施行"平板包装"设计的家居公司，一直关注构建产品的材料和结构的变化与选择，以成本先行，再有效设计产品的系统化思维解决各个环节中的问题，通过更加细致的设计，让消费者参与到设计、展示、搬运、拼装过程中，达到"我做一点，你做一点，大家省一点"的目标。同时，宜家的"平板包装"理念也影响了众多的公司，成为现代家居产品设计的一个重要理念。

第九章　应急物流的空间研究

【学习目标】

1. 理解应急物流及应急物流系统的基本理论。
2. 理解应急物流管理周期。
3. 理解应急物流中几类问题的建模。
4. 理解应急供应链协调理论与其影响因素。
5. 理解应急供应链协调机制和绩效评估方法。
6. 了解应急供应链业务持续管理。

【重点与难点】

1. 应急物流系统的基本理论。
2. 应急供应链协调理论。
3. 应急供应链业务持续管理。
4. 应急物流空间问题的建模。

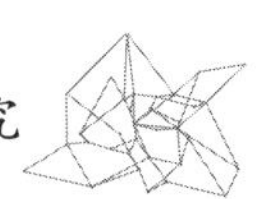

第一节　应急物流

一、应急物流产生的背景

自20世纪以来，自然灾害的爆发次数连年增长。20世纪60年代前，全球自然灾害发生数量在每10年100~500次，发生频率较稳定；但自20世纪70年代开始，自然灾害每年发生数量大幅增长，从每10年500次骤增为2 742次（20世纪90年代），增长了约4倍。进入21世纪，由于气候变化等因素，灾难发生的频率持续增长。联合国2017年发布的一份报告指出，全世界每年至少有1 400万人因自然灾害而无家可归。地震、海啸、水灾与风灾是造成世界居民流离失所的主要灾难。虽然随着科技的进步，自然灾害造成的死亡人数较20世纪大幅下降，但是受灾人数及灾害造成的经济损失却不断增长。

例如，2004年末印度洋的地震与海啸，2005年8月美国南部的“卡特里娜”飓风，2005年10月南亚次大陆7.6级地震，2008年初我国南方地区的重大雪灾，2008年5月12日我国四川省汶川地区的8级地震，2011年3月日本近海9级强震和海啸以及2020年新冠肺炎等。这些大规模的突发事件给受灾地区的经济、人民群众的生命和财产造成了重大损失。面对频繁发生的各种突发事件，如何科学地预防和及时有效地处置，已成为当今世界各国面临的共同问题。

目前，我国已进入经济社会发展的新时代，伴随着发展速度的加快，各类矛盾也逐渐凸显。同发达国家相比，我国应急管理方面的研究起步较晚，在应急物资信息整合和应急物资的生产、储备、调拨及运输体系等方面还亟待提高与完善，在实际救援工作中，还存在应急物资储备不足以及应急物流不能顺畅运行等问题，应急物流由此应运而生。

二、应急物流理论

（一）应急物流定义

应急物流（Emergency Logistics）是应急管理的一部分，应急物流是指，为应对突发事件提供应急生产物资、生活物资供应保障的物流活动。[①] 在国外，应急物流因其不再以经济为目标，而是以突发事件的高效救援为目的，所以也被称为人道主义物流（Humanitarian Logistics）。美国学者对应急物流做出的定义为：为减轻弱势群体的痛苦，规划、实施和控制物资、原材料和相关信息从来源地到消费地的高效、低成本的流动和储存过程。[②]

应急物流来源于军事物流，两者既相互联系又有明显的区别。其相同点在于：应急物流与军事物流一样，均具有很大的突发性；军事物流属于国防消费行为，应急物流属于社会化行为，两者都不以经济效益为目标，具有较弱的经济性。军事物流与应急物流也存在显著区别：首先，目标不同，军事物流的目标是完成军事战略目标，而应急物流的目标则是保证应急物资的有效供给；其次，流体不同，军事物流的流体是军事物资，而应急物资则基本以应急救援物资为主；最后，组织手段不同，军事物流组织手段具有权威性和强制性，而应急物流则由政府部门或企业作为主体，组织手段具有灵活性和自发性。

尽管物流已主要用于商业供应链中，但同时也是救灾行动中的重要基础。应急物流是物流学的一个分支，专门从事在自然灾害或复杂紧急情况下向受灾地区组织物资的运输和仓储。但是，该定义仅聚焦于到达最终目的地的实际货流，实际上应急物流要复杂得多，包括预测和优化资源、管理库存以及供需信息。因此，应急物流更广义的含义为规划、实施和控制从原产地到应急消费地，物资以及相关信息的及时、有效存储和流动的过程。这个定义代表了应急的许多重要方面，包括运输、库存管理、基础设施和通信。

（二）应急物流特点

1. 突发性

应急物流由突发事件引起，突发事件具有突发性的特点，因此其最明显的特征就是突然性和不可预知性，这也是应急物流区别于常态物流的一个最显著的特征。由于突发事件都在短时间内发生，对于应急物流的时效性要求非常高，必须在最短的时间内，以最快捷的流程和最安全的方式来进行应急物流保障，这就使得运用常规物流运行机制已经不能满足应急情况下的物流需要，必须要有一套应急的物流机

---

① 《物流术语》（GB/T 18354—2021）

② Thomas, Anisya (2005). From Logistics to Supply Chain Management: The Path Forward in the Humanitarian Sector. USA: Fritz Institute.

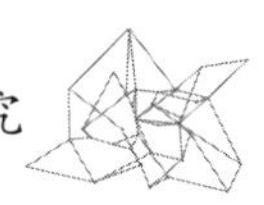

制来组织和实现物流活动。

2. 不确定性

应急物流的不确定性，主要是由于突发事件的不确定性，无法准确地估计突发事件的持续时间、影响范围、强度大小等各种不可预期的因素，因此应急物流的内容随之变得具有不确定性。例如，在新冠肺炎疫情的初期，对各类防护和医疗用品的种类、规格和数量都无法有一个确定的把握，各种防护服的规格和质量要求都是随着对疫情的不断了解而确定的。其他应急物流活动中，许多意料之外的变数可能会导致额外的物流需求，甚至会使应急物流的主要任务和目标发生重大变化。例如，在抗洪应急物流行动中，可能会暴发大范围的疫情，使应急物流的内容发生根本性变化，由最初的对麻袋、救生器材、衣物、食物等物资的需求，变成对医疗药品等物资的需求。

3. 弱经济性

与追求经济效益最大化的常态物流不同，应急物流具有社会公益的性质，如果运用许多常态的物流理念，按部就班地进行，就会无法满足紧急的物流需求。在一些重大险情或事故中，常态物流的经济效益原则将不再作为一个物流活动的中心目标加以考虑，因此应急物流目标具有明显的弱经济性，甚至在某些情况下成为一种纯消费性的行为。

4. 非常规性

与常态物流不同，应急物流不再以提高服务水平作为物流活动的目标，而是更加注重物流活动的效率。本着特事特办的原则，许多常态物流的中间环节将被省略，整个物流流程将表现得更加紧凑，物流机构更加精干，物流行为表现出非常规特征。应急物流的组织指挥中，带有明显的行政性或强制性特点。例如，在新冠肺炎疫情中，中国铁路西安局集团有限公司针对一批医疗器械急需物资紧急运往武汉，直接配属到武汉协和医院、中部战区陆军总院和武昌医院，铁路部门全力协调组织、多方联动，仅用 40 分钟时间就完成装车，快速将货物通过火车发往武汉，超过了常规装车能力。当然，这种行政性和强制性与普通意义上的行政干预不同，前者由专业化的物流组织机构组织，是应急物流目标实现的一个重要保证，而后者可能会取得适得其反的结果。

（三）应急物流作用

1. 灾前预防

在灾害发生之前，通过对不同灾害的风险进行准确定位，分析灾害给物流运作过程带来的风险，评估物流过程存在的各种潜在风险，制定合理的风险应对计划措施和物流应急预案。同时，通过对历史突发事件相关数据的分析，统筹安排采购、调拨、配送机制，明确储备物资的品类和数量，建设应急物资储备库，根据地方区位条件、经济状况、人口密度、保存期限等数据，合理预测，确保储备物资数量充足。

2. 灾中响应

在灾害发生时，短时间内需要大量物资，救灾行动的成效不仅取决于现场营救行动，更依赖于应急物流能力。应急物流能够极大地减轻突发事件在生命和经济成本方面造成的负面影响，通过组织和协调各个参与主体，用统一的信息系统将碎片化的供应和需求联系起来，将各类救灾物资和各类救灾装备及时运输至受灾地，削弱灾害损失。通过实时弥补物资，保证抢险救灾运动顺利进行。此外，应急物流还可以对应急物资的储备、供需、调度等重要信息进行实时采集和分析，辅助完成应急任务，协助救援行动的开展。

3. 灾后恢复

灾害发生后，需要应急物流持续运转以快速供应物资，帮助灾区重建，稳定民心，维护社会经济秩序安定。良好的应急物流体系能够支持企业复工复产，维持物资稳定供应，并不断恢复、提高物资供应水平，促进物资产能恢复，抑制消耗品和制造材料价格上涨造成的损失，降低企业倒闭风险，保障国家产业有序运转，有效降低突发事件带来的产出损失以及就业和税收减少。

此外，应急物流数据反映了从供应商到物流服务提供商的效率以及响应的成本和及时性，应急物资保管的安全性和信息管理水平被认为是可以进行分析以提供事后学习的数据仓库。

三、应急物流发展

我国应急物流经历了救灾物资基础管理、应急物资统一管理、应急物流初级管理、应急物流专业管理、应急物流战略管理、应急物流创新管理六个阶段（如图 9-1 所示）。

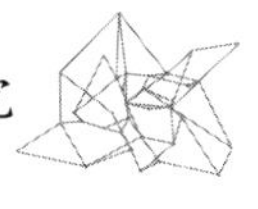

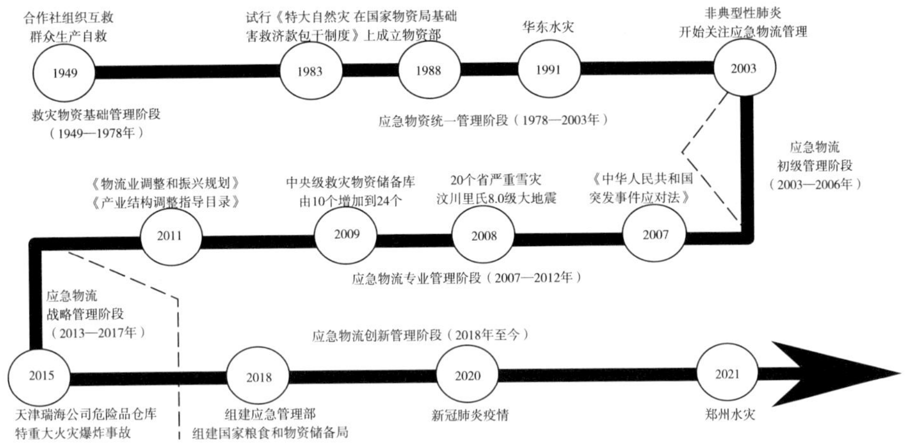

图 9-1　我国应急物流发展历程

2003 年，是我国应急管理发展的重要里程碑，同时也是应急物流发展的元年。在非典疫情期间，各项物资的生产、流通都遇到了困难，有关部门开始意识到突发事件发生时应急物流顺畅实施的必要性。我国成立了国务院抗震救灾指挥部等一批专业对口机构，负责各行业领域内的应急管理工作。应急物流呈职能化、专业化的发展趋势。非典过后，我国一批物流学者开始进行应急物流的研究。

2006 年，经国资委、民政部批准，全国第一个从事应急物流的专业组织——中国物流与采购联合会应急物流专业委员会成立，并制定、发布了《应急物流科研指南》。此后，应急物流理论的研究进入团队协作、系统开发的良性轨道。2007 年，中国物流学会首次将《中国应急物流现状研究》等五个与应急物流相关的课题纳入年度研究规划。

2007 年，以施行的《中华人民共和国突发事件应对法》为标志，我国逐步形成和完善应急管理法律体系。《中华人民共和国突发事件应对法》是我国第一部应对突发事件的综合性法律，第一次以法律的形式要求在国家层面建立健全应急物资储备保障制度，完善重要应急物资的监管、生产、储备、调拨和紧急配送体系。

2010 年，民政部将中央应急物资储备库由 10 个扩充为 18 个。2011 年，发改委制定的《产业结构调整指导目录》中，将应急物流作为鼓励产业。2014 年之后，我国制定的一系列规划都对应急物资的储存、运输、调配从总体或分行业做出了要求，为建设完整链条的应急供应链奠定基础。

近年来，我国的应急物流开始由具体的运作环节向全链条的应急供应链转变。当前，我国应急物流面临新的形势，应急物流的深度有所提高。随着社会经济的发展，出现了很多前所未有的风险，应急物流的广度也有所扩大。随着经济全球化的持续推进和区域交流的加强，小范围的传染病可能会导致世界范围的恐慌，并造成宏观经济衰退。单个企业的生产停滞，可能会导致整条供应链的中断。人类社会已经进入了风险社会，应急物流策略由应对向预防转变。

2018 年 11 月 9 日，为适应新的应急形势，我国将国家各部门的应急管理职责进行整合，组建应急管理部，作为国务院组成部门。

2019 年 12 月，新冠肺炎疫情暴发于湖北省武汉市，并迅速蔓延，干扰了正常的经济社会生活，各地都实施了严格的管控措施，疫情对我国物流业造成了巨大冲击。一方面，疫情暴发以来，因为封城、封路、交通管制原因，全国运输网络出现区域性中断，使得物流运力严重滞后。另一方面，我国物流技术加速创新，推动了物流的智能化升级，物流行业响应疫情防控要求，出现了“无接触配送”等一系列物流新模式。在此期间，物流企业发挥的作用得到广泛认可，顺丰、京东、九州通等一批物流企业在疫情防控中发挥了重要作用，运用成熟的物流运作机制，高效地完成了应急物资供给与调配任务，为疫情救治赢得了宝贵时间。

2021 年，河南暴雨引发严重洪涝灾害，导致河南各地交通中断、物流基础设施损毁，部分地区城市配送、干线运输、中转分拨等物流活动陷入停滞状态，河南省物流业发展受到严重冲击，但灾情过后物流行业迅速恢复。各地迅速开展灾后救援和复工复产工作，物流企业在开展自救工作的同时，积极投入到河南省灾后恢复工作中，为其他行业的灾后救援和复工复产提供了强大的物流保障，对于经济恢复发展的拉动作用明显。

不难看出，中国应急物流随着防灾救灾实践不断发展完善。在东方大地上，中华民族历经风雨，生生不息，勤劳自强，创造了璀璨夺目的文明成果，中华民族也是一个多灾多难的民族，地震、雪灾、洪水、泥石流等各种灾难伴随着中华民族的历史，历久弥坚形成了中华民族坚强、刚毅的精神品质。

正如习近平总书记所强调：“中华民族历史上经历过很多磨难，但从来没有被压垮过，而是愈挫愈勇，不断在磨难中成长、从磨难中奋起。”多难兴邦，实干强国。回望过去，我们历经很多自然灾害，但中国人民从未退缩。

进入社会主义现代化建设改革开放新时期，中国精神谱系也随着应急管理实践不断丰富。面对 1998 年的特大洪水自然灾害，军民团结一心，书写了洪水无

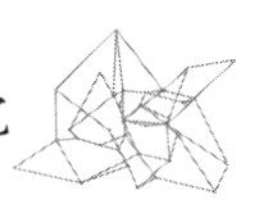

情人有情的人间大爱，形成了“万众一心、众志成城、不怕困难、顽强拼搏、坚忍不拔、敢于胜利”的抗洪精神；2003 年的非典疫情中，广大医务工作者把疫情当敌情，把病房当战场，交出一份生命至上的中国答卷，形成了“万众一心、众志成城；团结互助、和衷共济、迎难而上、敢于胜利”的抗击非典精神；2008 年 5 · 12 汶川地震中，一方有难、八方支援，形成了“万众一心、众志成城，不畏艰险、百折不挠，以人为本、尊重科学”的伟大抗震救灾精神。

从洪水中防汛抗洪救灾第一线的力挽狂澜，到地震中抢险救援和灾后重建的协力奋战，再到抗击非典中隔离区的守望相助，中国精神的内涵，总是在历史进步中不断得到丰富，在一次次重大考验中不断得到升华。

这些伟大精神既是爱国主义、集体主义、社会主义精神的集中体现，又是中国精神在应急中的发展，中国应急物流正是秉持着“万众一心，众志成城”的应急精神内核，迸发出气壮山河、感天动地的巨大力量。

从灾难中走过来的中国人民，更加懂得自强不息、守望相助，更加敬畏自然与尊重科学。

四、应急物流系统

应急物流的顺利实现，是一个系统工程，除了完善应急物流的基础保障外，还涉及应急物资的筹措与采购、应急物资的储备与调度、运输与配送等方面，诸多物流要素共同构成应急物流系统。通过应急物流系统的整体运作，应急物流才能发挥其特定功能。与常态物流系统相比，应急物流系统的约束条件更为苛刻。

（一）约束条件比较

1. 信息约束

在突发事件发生后的短时间内，系统不能够全面掌握有关突发事件的信息，容易造成预测和决策的误差。

2. 时间约束

应急物流系统的目标是在约束时间内最大限度地发挥应急物流系统的功能。突发事件所造成的危害随着应急物流速度的加快而减弱，应急物流系统的各项功能都应该在约束时间范围内进行，超过了约束时间，系统的各项功能所能实现的价值将降低。

3. 系统的资源约束

系统的资源约束是指应急物资和应急资金的约束。

4. 运载能力约束

运载能力约束是指，根据系统目标，对不同种类的应急物资和人员分别给予不同的紧急等级，在满足不同紧急等级下可以获得的运载工具包括飞机、汽车、火车、轮船等运载能力的约束。

5. 运输基础设施约束

突发事件可能对公路、铁路、港口、通信、电力、安全、运输等基础设施造成影响，从而限制应急物流活动的正常进行。

（二）系统要素比较

应急物流系统相较于常规物流系统要素更加简单，要素间关系更加紧密，系统结构更加灵活。在应急物流系统中，常规物流系统中的供应商、批发商、零售商等环节不复存在。为了减少物资运输环节、加快交付速度，只有物资收集点、转运点和需求点。应急物流系统中的设施具有随机性，不仅包括常规设施的使用，还包括根据突发事件发生的位置灵活设定的临时设施。在常规物流系统中，运输模式为保证成本最低进行巡回式运输；而在应急物流系统中，为了提高系统运行效率，只进行往返式运输，即不考虑车辆返程空载的运输。常规物流系统与应急物流系统的对比如表 9-1 所示。

表 9-1　常规物流系统与应急物流系统的对比

比较项目	常规物流系统	应急物流系统
系统要素	供应商、制造商	物资收集点
	批发商、零售商	物资转运点
	客户	物资需求点
设施特性	常设性	临时性、机动性
运输模式	往返式、巡回式	往返式

（三）应急物流系统分析

应急物流系统是一个高效的系统，其输入包括两个方面：首要输入是应急物资需求，这也是应急物流系统的触发条件；次要输入是保证应急物流系统得以顺利实施所需要的资源，这也是应急物流系统的主要约束条件。应急物流系统内部包括两大主要功能，即运输及存储，还有支撑两大功能的软硬件条件，即设施设备与信息系统。凡事“预则立，不预则废”。在应急物流系统中。计划、预案及流程的设定是整个系统的核心。系统的输出也包括两个部分：首要输出对应首要输入，是输出应急物资需求的缓解；次要输出是应急物流经验，类似于 PDCA 循环过程，通过应急物流系统的实施积累经验，不断改进优化系统，发挥系统的功能和作用（如图 9-2 所示）。

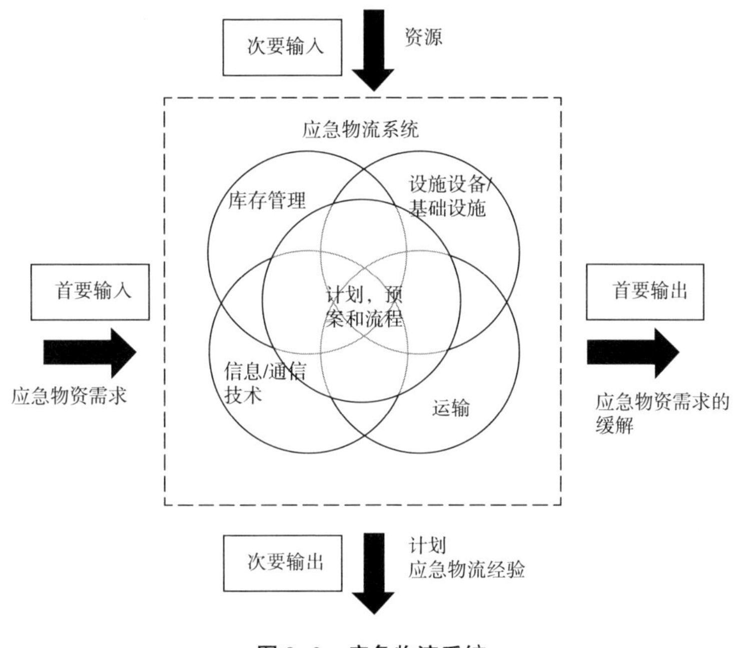

图 9-2　应急物流系统

应急物流系统的流程包含物资收集、调拨、分发三个环节。应急物资的来源包括事前储备、临时采购、应急生产三种。突发性灾难事件发生后，民众及社会团体的捐赠也是应急物资的一大来源，应急物流系统的供应端多元且杂乱。如果物资未加以整合分类就直接运送至需求地，将造成物资的浪费、配送低效率与物资重复运送等问题。因此，需要有一个节点进行应急物资的收集及分发，该职能由应急物资配送中心完成。配送中心承担集散货及信息处理的功能，其仓储职能很弱，应急物资只是短暂经过配送中心。为此，配送中心应尽量靠近物资的需求点，以减少配送距离。经由配送中心的货物可直接送达需求点，在覆盖区域范围较大或前往需求点受阻的情况下，还会经过转运中心（如图 9-3 所示）。

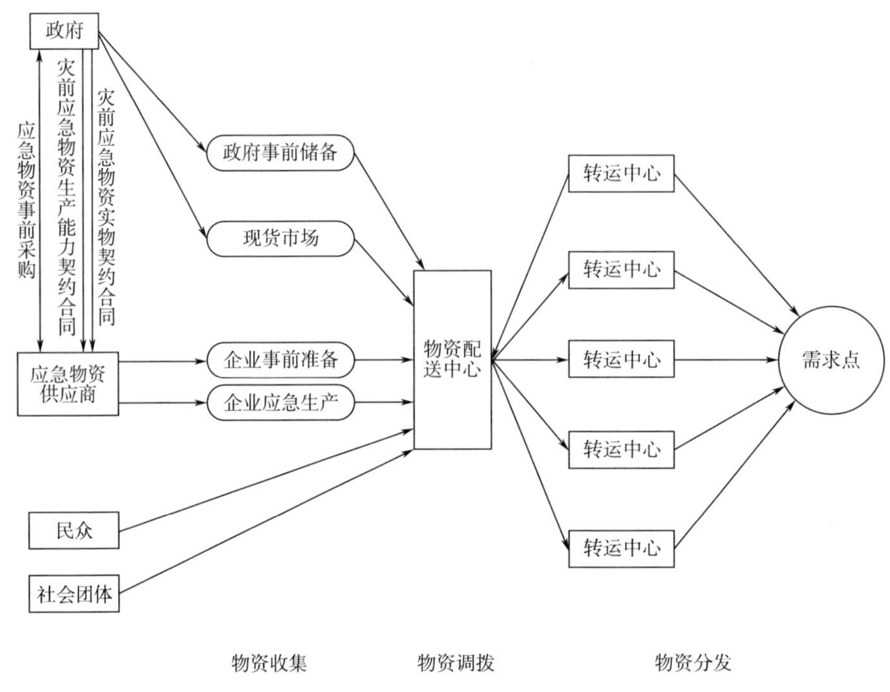

图 9-3　应急物流系统流程

第二节　应急物流管理

一、应急物流管理周期

应急物流管理是一系列在灾难发生前、中、后针对物流实施计划、组织、协调、控制的过程，目的是预防或减轻其影响。具体包括灾前准备、应对灾难，以及在最初的救灾行动结束后重建社会。由于灾难具有不确定性，是人类社会的永久性威胁，因此需要不断监控和改进应急物流管理系统。参与应急物流管理组织间能否达成合作与协调决定了应急物流管理的成功与否。

任何灾难管理系统都包含四个主要阶段：准备、响应、缓解和恢复（如图 9-4 所示）。应急物流管理也遵循这四个阶段的管理过程，每一部分将在本节的

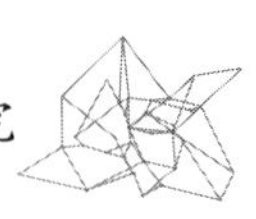

其余部分中讨论。值得注意的是，应急物流管理系统的成功与否，不仅取决于每个灾难的特征和强度，还高度取决于受灾地区的特征。例如，除了通常的物资准备之外，运输和通信基础设施、环境条件、空间条件以及灾害发生时间等因素，也对灾难造成的人员伤亡和破坏程度有重要影响。因此，如果应急物流管理实践不能满足受灾地的地域特征，就无法实现应急物流管理的效果。

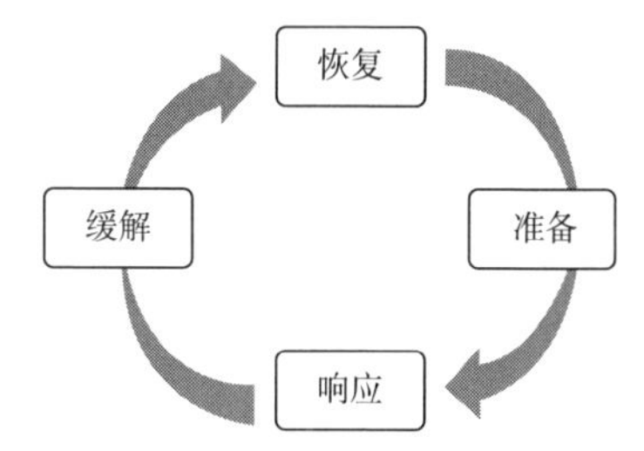

图 9-4　应急物流管理的四个主要阶段

（一）准备

在此阶段，将制定各种计划和解决方案，防止灾难的发生。这些计划和解决方案涵盖应急物流管理的各个方面。例如，应急物流设施的选址、应急物资的储备以及运输人员的调度等。同时，需要预先建立各个应急物流参与组织的协调机制，规定应急物流实施人员的职责并对其进行培训。

（二）响应

在此阶段，需要立即向灾区分发必要的人员、设备和物资。根据灾难的强度和范围，在灾难发生后应立即部署卫生组织、警察或军队、消防员和搜救部队，与之相对应的应急物资（食物、饮用水、衣服、帐篷和药品等）及救援设备需要及时准确地供受灾地区和救灾队伍使用，应急物流的实施需要与应急人员的部署配套。制定有效的应急计划以协调应急物流对灾难管理系统至关重要。

（三）缓解

在此阶段，需要防止灾难的进一步危害或减少其破坏性影响。该阶段与其他三个阶段的不同之处在于需要长期的计划和投资。由于缓解措施的性质，缓解是抵抗灾害影响最直接和最重要的阶段。在这一阶段实施的措施可以分为结构性和非结构性两类。结构性措施利用技术进步（如医疗物资应急供应、应急物流基础设施加固）来减轻灾难的影响。非结构性措施包括出台政策、立法、土地使用计划和保险等。

（四）恢复

在此阶段，主要目的是将受灾地区恢复至以前的状态。这个阶段的应急物流主要支撑次要需求。例如，房屋和城市设施的修复和重建。

二、应急物流管理几类问题

应急物流计划的制订是应急物流管理中最关键的环节。首先，由于灾害的不确定性，在灾害发生之前，许多因素（类型、时间、位置和强度）都未知。其次，关于物流实施的许多决策必须提前（准备阶段）或在灾难发生后不久（响应阶段）做出。最后，灾后时期的混乱使物流管理者的判断和决策容易受到环境的干扰，造成更大的损失。因此，先进的分析决策技术已经被广泛应用于应急物流实践①。

（一）选址模型

应急物流管理的一个重要问题是确定各种物流设施的位置，包括但不限于应急物资的中央仓库、本地仓库、永久性救灾设施（大型医院和固定的救灾设备及车辆）以及临时性设施，科学的选址应急设施将对救灾提供巨大的帮助。为了处理这类设施的选址，一个简单且常用的设施选址模型是 P-中值模型，可以定位 P 个设施并为其分配需求节点，同时使总运输成本最小化。在不失一般性的前提下，假设设施是中央配送中心（Central Distribution Center，CDC），而需求节点是区域配送中心（Regional Distribution Center，RDC），对此问题建立模型。约束的 P-中值的数学模型如下所示：

$$\text{Min} \sum_{i \in CDC} \sum_{j \in CDC} h_i d_{ij} x_{jt} \tag{9-1}$$

$$\text{s.t.} \sum_{i \in CDC} x_{jt} = 1 \ \forall j \in RDC \tag{9-2}$$

$$\sum_{i \in CDC} y_i = p \tag{9-3}$$

$$\sum_{i \in CDC} h_j x_{jt} \leqslant F_i y_i \ \forall i \in CDC \tag{9-4}$$

$$x_{jt} \leqslant Y_i \ \forall i \in CDC,\ j \in RDC \tag{9-5}$$

$$x_{jt} \in \{0,\ 1\} \ \forall i \in CDC,\ j \in RDC \tag{9-6}$$

$$y_i \in \{0,\ 1\} \ \forall i \in CDC \tag{9-7}$$

其中：

CDC 为中央配送中心节点集合；

RDC 为区域配送中心节点集合；

① 在各种分析决策技术中，运筹学能够更好地解决应急物流管理中的问题，优化物流资源空间布局。本部分的其余内容介绍了一些应用运筹学的应急物流基本模型及其解决方案。这些模型可用于建模和优化应急物流管理中的研究。

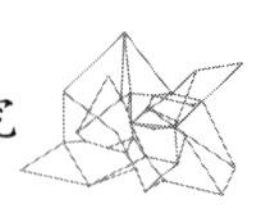

F_i 为第 i 个 CDC 提供的救灾物资；

h_j 为第 j 个 RDC 所需的救济物品数量；

d_{ij}为第 i 个 CDC 和第 j 个 RDC 之间应急物资的单位运输成本；

x_{jt}为用于将第 j 个 RDC 的需求分配给第 i 个 CDC 的二进制变量；

y_i 为用于启用第 i 个 CDC 的二进制变量。

式（9-1）使加权运输总成本最小化。式（9-2）将每个 RDC 的需求仅分配给一个 CDC，而式（9-3）选择了 P 个要启用的新 CDC。式（9-4）限制了各个 CDC 的供应总量，而式（9-5）确保只要启用 CDC，RDC 的需求就只能由 CDC 承担。通过扩展式（9-1）至式（9-7）所代表的模型，来考虑开设新设施的固定成本 FC，将式（9-1）替换为以下目标函数：

$$\text{Min} \sum_{i \in CDC} F'_i C'_i y_i + \sum_{i \in CDC} \sum_{j \in CDC} h_i d_{ij} x_{jt} \tag{9-8}$$

式（9-2）和式（9-7）、式（9-8）被称为固定费用选址问题。尽管以上的两类问题都是非确定性多项式困难问题（NP-Hard），但仍有许多有效的方案来解决这些难题。包括 Benders 分解算法、拉格朗日松弛法和各种元启发式算法。例如，遗传算法、禁忌搜索、模拟退火和神经网络。

P-中值和固定费用选址问题中目标函数的本质是通过将设施选址在尽可能靠近需求节点的位置来推动目标函数值的降低。这种原理有其局限性，因为它并没有考虑应急物资的时间效用，在实际操作中，保证物流的时效性是应急物流活动的关键部分。在这种情况下，最需要的是每个需求节点都可以在特定的时间内到达（或覆盖）。处理此类情况的模型是集合覆盖选址模型。在式（9-9）至式（9-11）所代表的模型中，当且仅当需求节点位于设施的指定辐射距离内时，才认为该设施可覆盖需求节点。如果用 a_{jt} 作为二进制参数来表示设施 i 对需求节点 j 的覆盖，则可以建立如下所述的设置覆盖选址模型：

$$\text{Min} \sum_{i \in CDC} F'_i C'_i y_i \tag{9-9}$$

$$\text{s.t.} \sum_{i \in CDC} a_{jt} y_i \geqslant 1 \; \forall j \in RDC \tag{9-10}$$

$$y_i \in \{0,\ 1\} \; \forall i \in CDC \tag{9-11}$$

其中，式（9-9）使启用 CDC 的总成本最小，而式（9-10）确保每个 RDC 被至少一个启用的 CDC 覆盖。覆盖选址模型可以看作整数问题，因为线性规划解是整数。如果解不是整数，则可以采取分支定界方法通过有限的搜索来处理。

式（9-9）至式（9-11）也并不是完美的选址模型，有两个主要的缺陷：

第一，从经济角度来说，通常情况下为实现成本最小化，则无法找到所有必要设施的位置。

第二，该模型不能区分权重不同的需求节点（人口分布对应急选址的影响）。

为了消除上述缺点，可以将覆盖选址模型进一步改进为最大覆盖选址模型。该模型最多选址 P 个设施来最大限度地满足总需求。如果将 z_j 定义为用于表示 RDC 节点 j 被至少一个设施覆盖的二进制变量，建立最大覆盖模型。其数学模型如下所示：

$$\text{Max} \sum_{j \in CDC} h_j z_j \tag{9-12}$$

$$\text{s. t.} \sum_{i \in CDC} y_i \leqslant p \tag{9-13}$$

$$z_j - \sum_{i \in CDC} a_{jt} y_i \leqslant 0 \ \forall j \in RDC \tag{9-14}$$

$$y_i \in \{0, 1\} \ \forall i \in CDC \tag{9-15}$$

$$z_j \in \{0, 1\} \ \forall j \in RDC \tag{9-16}$$

其中，式（9-12）使启用的设施所覆盖的总需求最大。式（9-13）确保最多定位 P 个设施，而式（9-14）将需求节点覆盖变量与选址决策变量联系起来。尽管此问题是 NP-Hard 问题，但仍可以通过各种启发式方法有效解决。例如，可以使用拉格朗日松弛法来松弛式（9-14），然后使用次梯度优化技术来对模型求解。

由于选址模型除了要确定设施的位置外，还需要确定设施对需求节点的分配，因此隐含地涵盖了运输和库存决策。为此，在应急物流的背景下，进一步考虑库存、运输结构以及成本可以增强选址模型的实际适用能力。

（二）运输和配送模型

应急物流管理的另一个方面是将救灾物资从供应商和仓库转移到需求地的运输活动，然后在受灾地区中进一步分配救灾物资。运输部分是长途运输，可以采用运筹学中各类基本的运输模型决策。可以在二分图 $G=(N, E)$ 上定义此问题，其中 N 由供应（供应商和主要仓库）和需求（本地运营基础）节点组成。为方便处理，和上一部分相同，假定供应节点是 CDC，而需求节点是 RDC。E 表示将图的每个部分中的节点连接到另一部分的边。唯一需要的决策变量是 x_{ij}，x_{ij} 是在第 i 个 CDC 和第 j 个 RDC 之间传输的应急物资数量，C 为单位距离行驶成本，R_{ij} 为 i 点到 j 点的距离。

不同于传统运输和配送模型，应急物流是弱经济性行为，模型的目标不再是

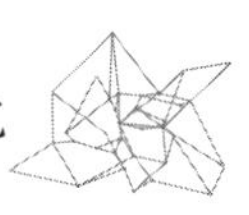

总成本最小，而是物流效率最高。在应急环境下，成本和距离是次要目标（甚至是不需要考虑的因素），时间才是首要目标，因为应急物流的时效性决定了救援活动能否顺利完成。但是，在单位物资的单位行驶成本相同的情况下，即 C 为常数，则时间最小和成本最低是等价目标；而如果做出运输车辆没有区别且车辆行驶速度不变的假设，则时间最小和距离最短是等价目标。因此，在这个模型中，依然采用传统运输配送模型表示。在此，其他符号假设与上部分相同。其数学模型如下所示：

$$\mathrm{Min} \sum_{i \in CDC} \sum_{j \in CDC} CR_{ij} x_{ij} \tag{9-17}$$

$$\mathrm{s.t.} \sum_{i \in CDC} x_{ij} h_j \ \forall j \in RDC \tag{9-18}$$

$$\sum_{j \in RDC} x_{ij} \leqslant F_i' \ \forall i \in CDC \tag{9-19}$$

$$x_{ij} \geqslant 0 \ \forall i \in CDC,\ j \in RDC \tag{9-20}$$

其中，式（9-17）使总运输成本最小，而式（9-18）和式（9-19）分别确保满足需求和供应能力的上限。由于上述问题的矩阵是一个全单位模矩阵（TUM），如果所有右侧系数都是整数，则约束的线性规划松弛式（9-17）至式（9-20）将始终产生整数解。网络单纯形法类的技术可以有效地解决这个问题。另外，可以在此模型中添加各种假设，包括考虑多种类型的应急物资、多个决策周期、多种运输方式以及人员的运输，来提高在更复杂情况下的适用性。

运输问题对交付的情形有一个固定的假设，即每次交付都需要一辆满载的车辆，因此每次交付都必须往返运输（如图 9-5 所示）。这种假设与现实情况存在差异，在实际中，存在到需求点的交付数量少于车辆的容量的情况，因此每次运输的行程都可以服务多个需求节点（如图 9-6 所示）。在应急物资的末端短途配送中，这种情况更加普遍。为此，应急物流管理的另一个方面是通过短途配送在需求地之间分配应急物资。应对这种情况的主要数学模型是车辆路径问题（VRP）模型，该模型最初由丹齐克（Dantzig）和拉姆泽（Ramser）在 1959 年提出。该模型的主要假设是为受灾地区中的每个应急物资需求节点（RDN）提供服务（即应恰好有一辆车进入和离开每个需求节点）。

与上述符号假设相同，其余所需的集合和参数如下：

RDN 为应急物资需求节点集合；

0 为 RDC 作为车辆存放点的索引；

N_1 为属于集合 $RDN \cup \{0\}$ 的所有节点集合；

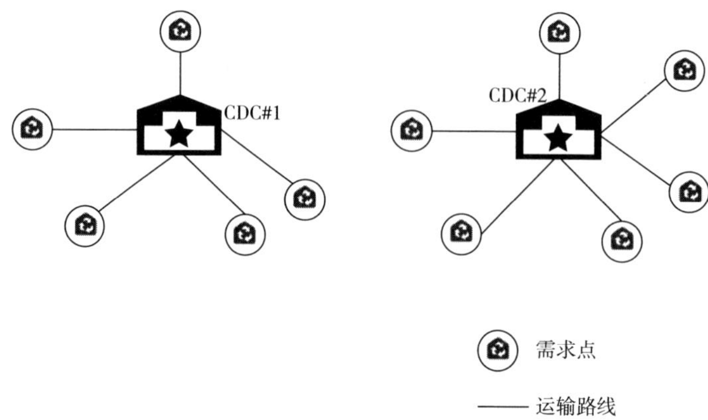

图 9-5　整车需求运输模型

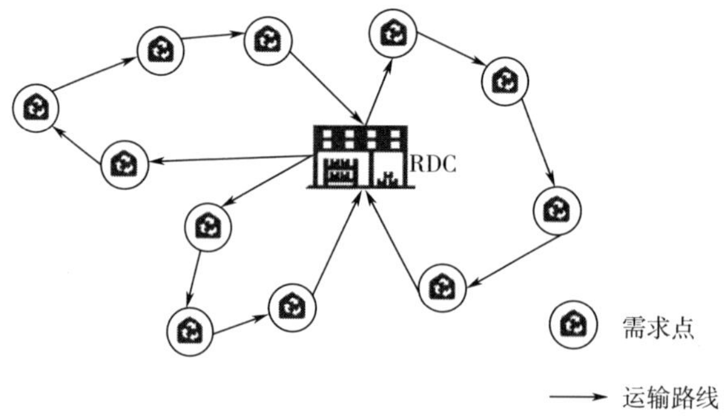

图 9-6　单配送中心需求小于车容量运输模型

L 为所有可用车辆的集合；

α_{km}为节点 k 与 m 之间的运输时间，k 与 $m \in N_1$；

r（S）为提供服务所需的最小车辆数，$\forall S \subseteq RDN$，$S \notin \varnothing$。

同样，需要引入一个二进制变量 v_{km} 来表示边（k，m），其中车辆穿过了 k 和 $m \in N_1(k \neq m)$。通过引入新的变量符号，建立 VRP 模型。其数学模型如下所示：

$$\text{Min} \sum_{m \in N_1} \sum_{k \in N_1} \alpha_{km} v_{km} \tag{9-21}$$

$$\text{s.t.} \sum_{k \in N_1} v_{km} = 1 \quad \forall m \in RDN \tag{9-22}$$

$$\sum_{m \in N_1} v_{km} \quad \forall k \in RDN \tag{9-23}$$

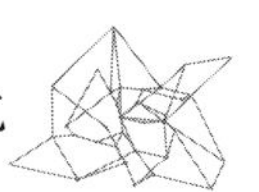

$$\sum_{k \in rdn} v_{k0} = |L| \tag{9-24}$$

$$\sum_{k \in RDN} v_{0k} = |L| \tag{9-25}$$

$$\sum_{k \notin S} \sum_{m \in s} v_{km} \geqslant r(S) \quad \forall S \subseteq RDN, \ S \neq \emptyset \tag{9-26}$$

$$v_{km} \in \{0, 1\} \quad \forall k, \ m \in N_1 \tag{9-27}$$

其中，式（9-21）使总配送时间最小化。式（9-22）和式（9-23）确保恰好有一辆车进入 RDN，同时有一辆车离开 RDN。同样，式（9-24）和式（9-25）确保恰好有 L 辆车离开 RDC，然后返回。最后，式（9-26）充当子路程消除约束以及容量约束。与上一部分中的选址问题类似，VRP 也是 NP-Hard 问题。因此，其求解方法包括精确算法（拉格朗日松弛法和分支定界法）和各种元启发式算法。①

最后，应急物资分配的优先级也是值得关注的重要方面。在灾难期间，各个地区受到不同灾难强度的影响。因此，各种需求节点的受灾状况和紧急程度可能完全不同。在建模中，可以根据伤亡百分比、儿童和老人的百分比、配送所需时间以及交通设施的破坏程度，将不同的需求区域分为不同的组，再将不同组的优先级体现在模型中。

（三）库存模型

应急物流管理需要在准备阶段储备一些救灾所用的应急物资和设备，以提高其对突发灾难的应对水平。但是，类似于商业供应链，高额的库存持有成本可能导致占用大量资金，干扰正常业务的开展，成为常态下的负担。因此，为应急物资储备组织设计高效的库存系统将非常重要。

假设有一组 CDC，这些 CDC 将在多个连续的计划周期 T 内对应急物资 K 的需求做出响应。每类应急物资在各个时期的供应（s_{kt}，$k \in K$，$t \in T$）有限；而且中央配送中心的容量（σ_i，$i \in CDC$）有限。每个 RDC 对每种类型的救济物品的需求用 d_{jkt}（其中，$j \in RDC$，$k \in K$，$t \in T$）表示。同时，分别将 p_{kt}，h_{kt} 和 π_{kt} 视为每种应急物资的购买、持有和短缺成本。在每个计划周期内，I_{kit}，I^+_{kit}，I^-_{kit} 和 q_{kit} 分别表示 CDC 中各类物资的净库存水平、剩余库存水平、缺货库存水平和采购数量。另外，在 t 周期内，RDC 对分配给 CDC 的 k 类应急物资的需求百分比以

① 感兴趣的读者可阅读扩展资料，熟悉应急物流中车辆路径模型的变化以及应用于应急场景优化的案例。

x_{jkit}表示，并假设每个 CDC 中每类物资的初始库存水平是已知的且等于 I_{ki0}。根据假设，建立应急物资储备多周期、多目标库存模型。其数学模型如下所示：

$$\text{Min}\sum_{t \in T}\sum_{k \in K}\left\{p_k \sum_{i \in CDC} q_{kit} + h_k \sum_{i \in CDC} I_{kit}^{+}\right\} \tag{9-28}$$

$$\text{Min}\max_{t \in T}\left\{\sum_{k \in K}\sum_{i \in CDC} I_{kit}^{-}\pi_k\right\} \tag{9-29}$$

$$\text{s.t.}\ I_{kit} - I_{ki(t-1)} = q_{kit} - \sum_{j \in RDN} d_{jkt}x_{jkt},\quad \forall i \in CDC,\ k \in k,\ t \in T \tag{9-30}$$

$$\sum_{i \in CDC} x_{jkit} \leqslant 1\ \ \forall j \in RDC,\ k \in K,\ t \in T \tag{9-31}$$

$$\sum_{i \in CDC} q_{kit} \leqslant s_{kt}\ \ \forall k \in K,\ t \in T \tag{9-32}$$

$$\sum_{k \in K} I_{kit}^{+} \leqslant \sigma_i\ \ \forall i \in CDC,\ t \in T \tag{9-33}$$

$$I_{kit} = I_{kit}^{+} - I_{ki(t-1)}\ \ \forall i \in CDC,\ k \in K,\ t \in T \tag{9-34}$$

$$x_{jkit} \in \{0,\ 1\}\ \ \forall i \in CDC,\ k \in K,\ t \in T \tag{9-35}$$

$$q_{ki} \geqslant 0\ \ \forall k \in K,\ i \in CDC \tag{9-36}$$

其中，式（9-28）使整个计划范围内的总购买和持有成本最小化，而式（9-29）使每个计划周期的最大缺货成本最小化。尽管式（9-29）是非线性优化，但其线性化却非常简单。式（9-30）确保各个周期的每个 CDC 的各类应急物资库存存在剩余。式（9-31）保证每个 RDC 都能够完全满足各类应急物资的需求。式（9-32）和式（9-33）分别保证了各类应急物资在各个周期的供应限制和各个 CD 的容量限制。最后，式（9-34）将净库存水平变量与其相应的剩余和缺货库存水平变量相关联。该模型是一个多目标混合整数线性规划模型，需要使用多目标优化技术（多目标进化算法）来创建非支配解。

此外，由于应急物流管理者主要属于非营利组织，因此允许缺货成本和不满足 RDC 的需求存在问题，并且违反了人道主义原则。但是，该多目标模型可以有效减少这类假设带来的负面影响，因为在不确定的灾难环境中，物资短缺极有可能发生。为此，使用各种建模技术（随机规划和鲁棒优化）对上述模型进行扩展将会适应更复杂情况①。

① 这种扩展的演示超出了本章的范围，读者可以参考文献更进一步了解库存模型建模技术。

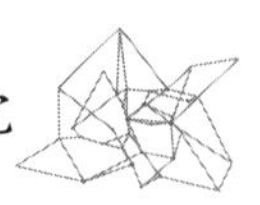

第三节　应急供应链协调

一、供应链协调

供应链协调是在企业的决策和计划系统中应用流程管理方法，协调市场、销售、生产、采购、物流的有效管理机制。为了有效管理供应链，需要供应链中参与运作的各方实现协调。但是，由于每个供应链参与者具有不同的目标并且以自我服务为中心，因此供应链参与者之间存在利益冲突，难以实现全局的优化，无法达到较高协调水平。供应链协调通过集中决策来提高整个供应链的利润和效率，而放弃使每个参与者分散的局部最优决策。因此，协调机制鼓励供应链成员遵循整个供应链的整体最优决策。从广义上讲，供应链协调可分为两大类，即横向协调和纵向协调。纵向协调是指组织与其下游和上游供应链参与者之间的协调。横向协调是指同级别供应链参与者之间的协调。

供应链协调机制可以基于五个特征进行分类：协调形式级别、资源共享结构、决策风格、控制级别以及风险和回报共享方案。因此，为了实现供应链中的协调，可以采用各种技术，例如信息和资源共享、集中决策、联合开发以及应用各种类型的合同（收益共享契约）等方式实现。

二、协调应急供应链影响因素

由于灾难的严重后果，会有多个组织参与应急物流行动。灾后应急供应链，可能对不同组织之间的协调产生直接的负面影响。这些特征如下：

第一，所涉及组织的数量和多样性。由于灾难的严重影响，需要各种在不同政策下、具有不同的培训经历、遵循不同的业务流程和管理方法的组织参与应急供应链行动。尽管参与组织的目标相同，但是供应链管理方法、组织文化和政策的多样性、组织之间使用不同语言进行交流的挑战、受灾地区缺乏协调经验可能导致应急供应链行动协调中出现诸多障碍。

第二，捐助者的期望和资金结构。在大多数情况下，应对灾难需要大量的资金、食物、衣物和其他救灾物资，这些物资在灾难发生后的最初几天可能无法立即获得。各国内不同的国际和私人援助机构，会向受影响的国家政府及其相应组织提供必要的物品和资金。由于援助机构严重依赖捐赠，因此被迫按照捐赠者的要求采取行动，例如在短时间内使用捐赠或特定的救援活动类型，这些限制会成为阻碍应急物流行动协调的障碍。

第三，可预测性。由于各种因素（灾难的位置、时间和强度）的影响，灾难环境实际上非常不确定。不确定性由区域基础设施、救济组织准备水平、国家的政治环境所决定。

第四，资源稀缺和供过于求。在灾前、灾中和灾后应急物流行动中，部署足够的人力资源和设备以及交付适量的应急物品至关重要。但是，由于灾难的内在不确定性，仍然可能发生人力资源、设备和其他物品不足或供过于求的情况。因此，使需求和供应相匹配是应急供应链协调的一个重要方面。

第五，协调费用。无论是在灾前还是灾后，协调应急行动都需要前往不同国家和地区的各种旅行，并需要在相应组织之间进行协商。这些旅行和会议增加了工作人员的工资和旅行费用，由于资源有限，较小的组织和机构可能无法为这些费用提供充足资金。

三、应急供应链协调机制

应急供应链可以分为采购、预先安置、仓储以及运输等几个主要阶段。应急供应链有六个重要协调机制：根据协调成本（即与协调相关的直接成本）、机会风险成本（即与议价能力或资源控制能力降低相关的成本）、运营风险成本（即与合作伙伴绩效不佳相关的成本）、技术要求、利于救灾环境、最终的实施潜力等六个因素相互比较如表 9-2 所示。从表 9-2 可以看出，协作采购和第三方仓储由于其具有的低成本和低技术要求，是目前使用最广泛的协调机制。如果应用发货人协作和 4PL 等服务成本更高的机制，需要应急供应链参与者之间建立新型的关系。

表 9-2　潜在的应急供应链协调机制的特征

协调机制	协调成本	机会风险成本	运营风险成本	技术要求	利于救灾环境	最终的实施潜力
QR[a]，CR[b]，VMI[c]，CVMI[d]	低	高	高	高	否	通常较低（大型非政府组织较高）

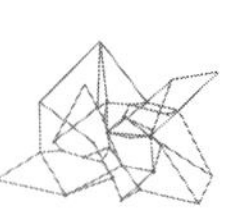

续表

协调机制	协调成本	机会风险成本	运营风险成本	技术要求	利于救灾环境	最终的实施潜力
协作采购	低	低	无合同时低；在竞争环境中高	低	是	高
仓库标准化	高	不同	高	适中	是	低
第三方仓储	低	低	低	低	是	高
第三方运输	适中	适中	不同	低	是	高
发货人协作	高	不同	高	适中	否	低
4PL	高	高	适中	适中	否	低

注：a 为快速响应；b 为持续补货；c 为供应商管理库存；d 为寄售商管理库存。

四、应急供应链绩效评估

每个组织都应遵循组织定位对其客户、员工、供应商和股东的行动负责。因此，无论是营利性组织还是非营利性组织，绩效的衡量和管理都是分析和调整组织绩效的有效路径，对绩效的衡量和不断改进可以使组织不断接近直至达到其既定的愿景和目标。但是在实际评价中，增加流程的灵活性可能需要更高水平的投资和运营成本，导致某些绩效指标会相互冲突。因此，在各种绩效指标中选择有效且关键的指标并确定其权重是绩效评估的核心任务。

对应急供应链的绩效评估以及从先前的应急运作中获得经验并对其进行改进在组织的物流系统中起着重要的作用。这种重要性可归因于两个主要因素：应急环境下生命依赖于应急物流系统的有效性和响应能力，以及灾难发生后用于救灾运作的可用资源有限性（救援组织准备不足和重要基础设施被破坏）。因此，在救援组织中持续使用绩效评估系统可以带来持续的改进和更高的效率。

同时，由于许多参与救援行动的组织都是非营利性组织，绩效评估是其捐助者和赞助者所进行监督的重要路径。有效的绩效评估系统可以帮助非营利性组织制定更好的决策，改善绩效并承担更多的社会责任。此外，通过有效地设计和实施绩效指标，不仅可以得到相关供应商绩效的反馈，对供应商起到激励作用，以提高绩效；也有助于更有效地分配资源，评估替代方法的有效性，提高供应链运营的灵活性。

在评估供应链绩效时，可采用不同的绩效指标，例如成本、质量、时间、供应链的响应度、流程的可靠性、流程的灵活性、资源共享的水平、供应链透明程度、创新性以及供应链中不同参与者之间的信任关系等。但是，由于应急物流的固有特性，应急供应链所需的指标类型和衡量标准与常态供应链的绩效评估体系存在显著差异。应急供应链绩效评估之所以具有独特性，主要是因为以下几方面原因：

第一，应急供应链运作中提供的许多服务无形，因此难以量化。

第二，应急供应链运作的结果未知且难以预测。

第三，应急供应链每个任务的业绩很难量化，因此难以衡量。

第四，应急供应链参与者的利益、目标和标准存在差异。

第五，现有数据的准确程度低。

通过以上总结不难发现，在应急供应链中设计和实施绩效衡量系统是一项复杂且困难的工作。因此，设计应急供应链绩效衡量系统应尽可能地简单，从而作为一种便于使用的方法和工具被广泛应用。常见的应用于应急供应链评估的指标体系如表 9-3 所示。该指标体系基于商业供应链的三个主要指标类型，即资源、输出和灵活性，具有较高的全面性和可操作性。

表 9-3　应急供应链系统绩效衡量指标体系

资源	输出	灵活性
总成本	运送救灾物资总量	可在一段时间内提供的一级供应品的单个单位数量
间接费用	各类救灾物资交付总量	最短响应时间
总运输和搬运成本	向各地区运送的救灾物资总量	物流系统可以在特定时间段内提供不同类型的物资
持有库存价值	向单个受援者运送救灾物资的数量	—
存货过期或损坏	订单完成率/供应率	—
订购和准备成本	平均项目品类完成率/供应率	—
库存持有成本	缺货概率	—
供应成本	逾期订单百分比	—

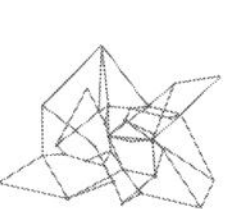

续表

资源	输出	灵活性
服务单个受援者的应急物流人员数量	缺货数量	—
员工加班时长	平均缺货水平	—
单个受援者耗用资金	平均响应时间	—
每段时间收到的捐款	最短响应时间	—

以上指标体系只是基于商业供应链进行了有限改进，使其符合应急供应链系统，具有普遍性。在实际应用中，还应考虑应急供应链的各个方面，特别是应急物流的无形方面，构建更全面的绩效评估体系，使其更加符合应急物流场景。

五、应急供应链业务持续管理

（一）应急供应链 BCM 体系

业务持续性（business continuity，BC），是组织、计划和应对突发事件及业务中断的战略、战术能力，用于在可接受的预定义水平上保持业务持续运营。业务持续管理（business continuity management，BCM）则是识别组织面临的潜在威胁和这些威胁对业务运营影响的整体管理过程。

20 世纪 70 年代，美国认识到灾难恢复（Disaster Recovery，DR）的重要性；90 年代，DR 具有了保障业务持续的功能，随之被 BC 替代，逐渐应用于联邦与州政府的管理层内部。2001 年，借鉴美国经验，日本企业开始关注 BCM，通过政府制定业务持续相关法律，大力发展业务持续规划（Business Continuity Plan，BCP）。2004 年，我国参考日本模式引入 BCM，主要用于 IT、金融等企业内部管理，缩短 KPI 恢复时间（如图 9-7 所示）。

在世界范围内，许多的国家政府、营利性组织及非营利性组织将 BCM 的应用拓展至应急供应链系统。BCM 应急供应链体系主要由操作连续性计划（Continuity of Operations Plan，COOP）、风险分析（Risk Analysis，RA）、业务影响分析（Business Impact Analysis，BIA）、业务持续规划（BCP）、业务恢复计划（Business Recovery Plan，BRP）、数据采集分析（Data Acquisition Analysis，DAA）等要素组成。

在突发事件发生前，通过 COOP 构建应急供应链的组织机构，制定相应政

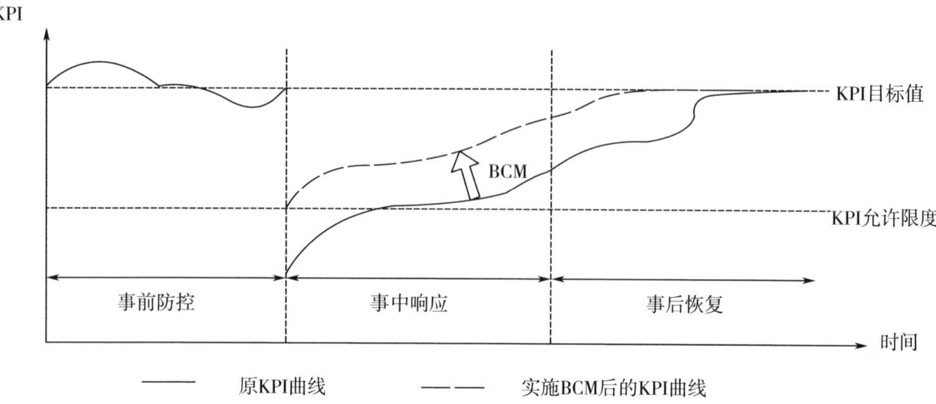

图 9-7　BCM 运作效果

策、法规；通过 RA 和 BIA，对突发事件下供应链可能面临的风险和影响进行评估，确定关键业务并制定 BCP；通过运行 DAA，对历史突发事件相关数据以及物资储备相关数据进行采集和分析。在突发事件发生时，实施业务持续规划（Implement-Business Continuity Plan，I-BCP），保证供应链的关键业务的持续运作，在此过程中启动 BCP 中的 BRP 模块，对各项业务依次进行恢复；同时运行 DAA，对应急物资的储备、供需、调度等重要信息进行实时采集和分析，辅助完成应急任务，协助业务恢复。在突发事件发生后，通过 BRP 继续对业务进行恢复，直至供应链各项业务恢复至正常状态；通过 DAA 对突发事件的重要数据信息及业务恢复信息进行梳理和分析，从而对突发事件进行总结和反思（如图 9-8、图 9-9 所示）。

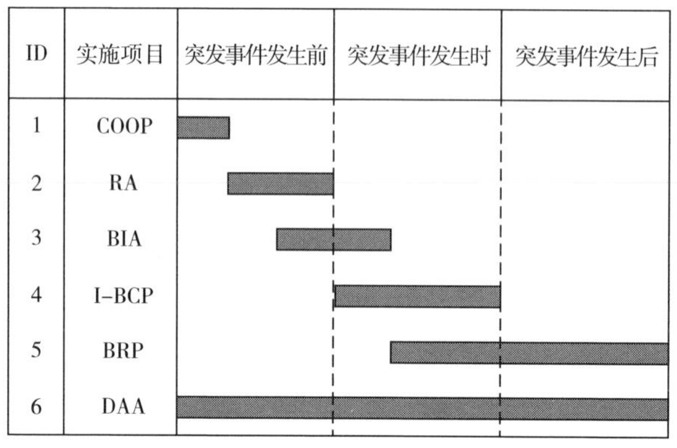

图 9-8　BCM 各项目甘特图

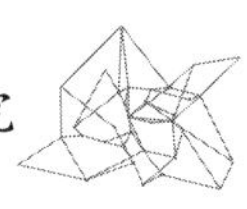

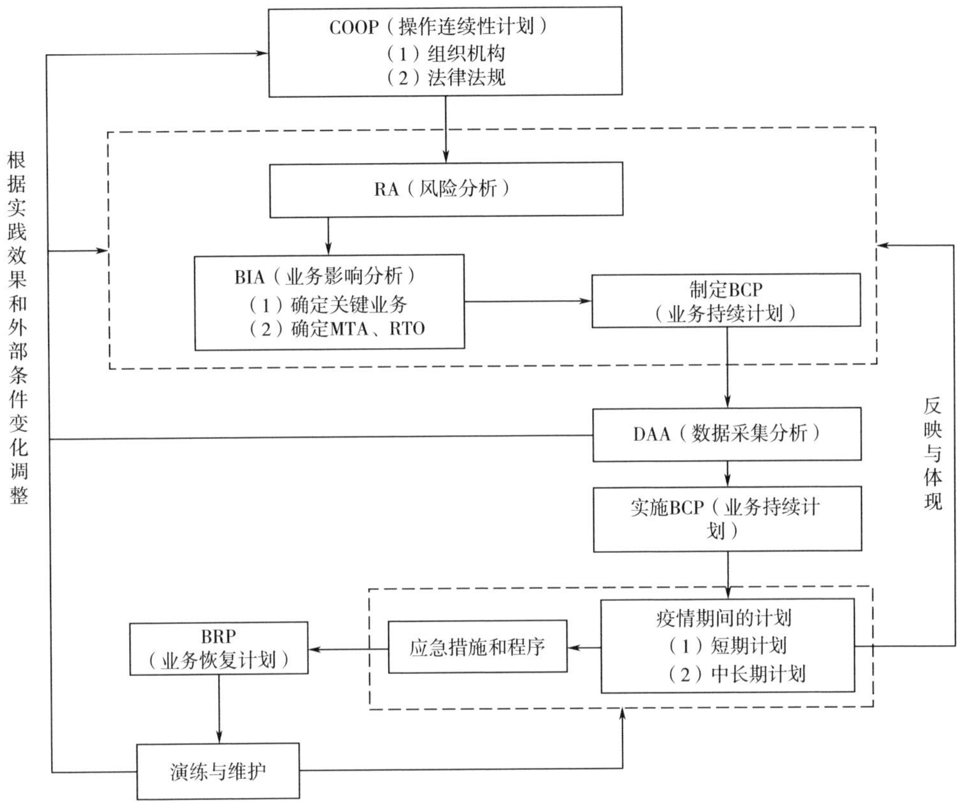

COOP（操作连续性计划）
（1）组织机构
（2）法律法规

RA（风险分析）

BIA（业务影响分析）
（1）确定关键业务
（2）确定MTA、RTO

制定BCP
（业务持续计划）

DAA（数据采集分析）

实施BCP（业务持续计划）

疫情期间的计划
（1）短期计划
（2）中长期计划

应急措施和程序

BRP
（业务恢复计划）

演练与维护

根据实践效果和外部条件变化调整

反映与体现

图 9–9　BCM 系统运作流程图

（二）应急供应链中 BCM 的持续计划制定

1. 风险分析

制定 BCP 是 BCM 的核心内容。由供应链决策制定者对突发事件下供应链的风险进行分析，通过对供应链风险的预测、把控，在不同类型和等级的突发事件下，对应急供应链可能面临的各种情形进行风险识别。

2. 业务影响分析

根据实际发生的风险，通过 BIA 识别供应链断裂可能造成的影响，从而明确关键供应链和关键业务，确定各供应链和业务的恢复时序及时间目标，并识别关键资源。

首先，对关键供应链和供应链内部关键业务进行评估。供应链中的核心企业通过构建应急时的 SCOR 模型，对供应链的运作流程进行解构分析，评估供应链内部的关键业务，并对其他业务进行排序。

其次，对关键供应链和业务的资源需求进行识别，以便在进行计划编制时对相关需求资源做好提前的应急计划安排，保证关键供应链和业务的及时恢复。其需求的资源主要有人力、物资、设备、场地、数据等类型。

最后，根据当前的经济、社会现状，推断关键供应链和关键业务的最大停工时间（Maximum Tolerable Time，MTA），并设定恢复目标时间（Recovery Time Objective，RTO）。当突发事件发生时，为快速恢复供应链的正常运行，应在目标时间内优先对关键供应链和供应链内部的关键业务进行恢复，再依据其他供应链及业务的优先性依次对其进行恢复。

在突发事件下，通过 RA 及 BIA，分析出供应链可能面临的风险，以及关键供应链、关键业务、关键资源，都将作为制订业务持续计划的重要基础。

3. 制定业务持续策略

通过详细策略的制定，保证供应链在各类突发事件下，维持关键业务的持续运作。

4. 制订业务恢复计划

通过制订和执行 BRP，尽快恢复原业务流程，以需求为中心，通过与保障公共事业（供水、供气、供电、通信等行业）运行所需及其他涉及关键供应链和关键业务的相关企业建立临时战略联盟，保障物料供应、生产制造、设备运转、调配运输，从而为业务恢复提供便利条件。

（三）应急供应链中 BCM 的循环维护

在体系构建完成后，首先对应急供应链决策者进行 BCM 的培训，使参与人员充分了解、熟悉 BCM 内容。再由应急供应链决策者定期组织多层次、多形式的应急演练。通过应急演练总结经验、发现不足，从而不断维护 BCM，并对 BCP 进行更新，使其更加完善且符合当前社会实际情况。当突发事件发生时，运作 BCM，并在其运作过程中实现 BCM 的实时更新（如图 9-10 所示）。

六、应急供应链发展趋势

从 2003 年的“非典型肺炎疫情”到 2021 年的“郑州水灾”，我国应急物流管理经历了从“救灾物资”到“应急供应链”的螺旋式上升的发展历程。应急供应链具有弱经济性的特点，不同于常态供应链以经济利益最大化为目标，应急

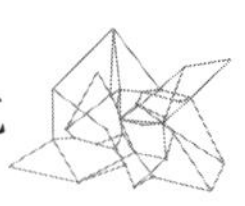

供应链追求恢复时间的最小化和救灾效率的最大化。随着对于应急供应链认识的加深，未来我国供应链将呈现出以下三个方面的发展趋势：

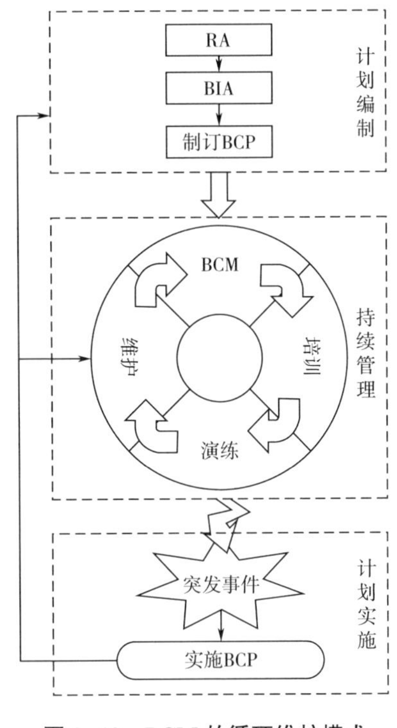

图 9-10　BCM 的循环维护模式

第一，从过度集中化向适度分散化转变。通过全球采购和全球生产，实现采购地的分散化、生产工厂的分散化和物流节点的分散化。通过设置多处物流节点，形成物流节点适度分散化。同时构建多种配送模式，可以强化物流风险管理。

第二，从追求零库存向适度库存转变。政府和企业在灾害后都需要重新评估应急物资库存量，适度增加应急物资与难替代原材料库存，降低灾害中至恢复期的供应链“断链”风险。

第三，从个性化服务向可替代化服务转变。变更特殊原材料选用，实现应急物资原材料通用化，通过“推拉复合式”供应链保障灾害前期大规模需求供应；充分利用受灾地周边城市的物流节点与替代物流节点，解决应急物资的运输与配送等问题，维护供应链稳定。

案例分析

新冠肺炎疫情中的应急物流

2019 年 12 月，我国发现多起病毒性肺炎病例，随后出现了医用口罩、护目镜、医用帽、橡胶手套等医疗物资紧缺问题。截至 2021 年 11 月 3 日 24 时，累计报告确诊病例 97 527 例，累计死亡病例 4 636 例。新冠肺炎疫情是我国最严重的突发公共卫生事件，疫情的暴发在短期内带来了巨量的物资需求，应急物流的重要作用再次凸显出来。

一、新冠肺炎疫情中应急物流的约束

（一）物资需求消耗量大于供应量

作为此次疫情的重要物资，医用口罩、防护服、护目镜等物资日常消耗量巨大，同时又正值春节期间，医疗物资企业也处于低运转速率的状态，难以保障日常大批量消耗，供应不足的现象凸显。在需求量日益增加，但是供应单位又缺乏相关物资的情况下，只能消耗库存物资。这就导致在疫情暴发初期，医疗物资的供应数量远远不足。

（二）疫情物资运输供应的迟滞

随着新冠肺炎疫情的逐渐扩散，运输车辆的正常通行成为保证供应的必要环节，但是为了尽量避免疫情的扩散，供应车辆也要经过重重关卡。各地的主要交通干道上，检查站和路障的层层筛查，导致了供应效率的迟滞。

（三）应急物资保障空间分布不平衡

在煤、电、油、气等物资供应问题上，由于各地区的优先考量政策等原因，出现了优先保障重点地区的煤、电、油、气的供应任务。由于此类地区都承担着经济重担，因此需要保障该地区的生产建设不能出现纰漏。但是经济欠发达地区资源的紧张和集中利用，导致该地区鲜有人员和设备进行供应保障，造成欠发达地区的煤、电、油、气等物资供应紧张的现象发生。

（四）部分生活品类短缺

疫情暴发初期，武汉市的蔬菜销量相较于往年同期暴涨了4~5倍，多地超市出现蔬菜、肉类供不应求的现象。

二、新冠肺炎疫情中应急物流运作能力

（一）政府与企业之间协同合作

针对武汉等疫情重点区域物资供应问题，交通运输部为救援物资运输车辆开通“绿色通道”，高速公路应急车道为此类车辆优先通行，高效保障了各类物资可以安全抵达目的地。

（二）采取“无接触式”配送模式

部分企业开始应用“无接触式”配送模式，同时大多数企业积极响应国家的号召，按照各地方政府公示复工日期，严禁员工提前复工。

（三）国内生产与国外采购相结合

针对药品和医用防护用品短缺问题，我国动用中央储备以保证疫区需要。安

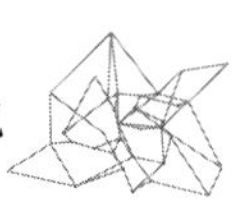

排中央医药储备向武汉紧急调运医用防护服、医用口罩、医用手套、医用防护镜等医用物资。这次疫情，是继 2003 年 SARS 和 2008 年汶川地震后又一次大规模调用中央医药储备。

三、新冠肺炎疫情中应急物流运作效果

（一）应急物流时间效益

面对突发疫情，前期的预警和响应尤为重要。及时启动相应预案，快速开展防治工作对于阻断病毒的传播具有关键性的作用。如果前期发现不及时，将会给后续的防治工作造成极大的困难。2020 年 1 月 24 日，湖北省新型冠状病毒感染的肺炎疫情防控指挥部决定，针对湖北省当前新型冠状病毒感染的肺炎疫情防控形势，根据《湖北省突发公共卫生事件应急预案》，启动湖北省重大突发公共卫生事件一级响应。2020 年 1 月 23 日，浙江省、广东省均根据本省应急预案启动了重大突发公共卫生事件一级响应。及时的预案启动为浙江省与广东省防控工作争取到先机，稳定了疫情形势，取得了疫情防控的主动权。

（二）应急物流流量效益

2020 年 1 月 23 日，湖北省武汉市为了控制疫情的扩散，采取了“关闭离汉通道”措施。为保障湖北武汉生活必需品供应，商务部连夜协调周边数个省区市商务主管部门，与湖北省商务厅和武汉市商务局搭建起 9 省联保联供协作机制平台，开展生活必需品货源对接。通过九省联保联供机制，来自全国的生活必需品及时地供应到了湖北。

同时，发改委、商务部启动了生活必需品市场日报监测制度、应急商品数据库日报制度、31 个省区市商务主管部门生活必需品市场异常情况零报告制度和 8 种生活必需品供应情况报送制度，并派专业人员每天进行信息汇总。为准确掌握武汉市场状况，发改委与商务部还组成了专门小组奔赴武汉一线，协助处理武汉地区保供工作面临的问题。

截至 2020 年 3 月底，全国各地向湖北运送防疫物资和生活物资超过 83 万吨，运送电煤、燃油等生产物资 140 万吨，生活物资供应充足，能够完全满足疫情期间的需求量。

四、伟大抗疫精神

在新冠肺炎疫情中，无数“逆行者”迎难而上，这些“逆行者”除了救死扶伤的白衣天使，还有无数奔波在物资保障前线的物流人。侠之大者，为国为

民。物流之大者，亦为国为民。

从安排防疫物资专用仓库，到组织运力筹备运输，从筹措各类医疗物资，到免费承担防疫物资仓储、运输、配送工作。中国的物流企业克服重重困难，积极履行企业社会责任，通过抗击疫情，凸显了物流行业作用地位，重新塑造了物流行业形象，这正是伟大抗疫精神在应急物流领域的生动体现。

人无精神则不立，国无精神则不强。一个民族只有在精神上达到一定的高度，才能在历史的洪流中屹立不倒、奋勇向前。习近平总书记强调："在这场同严重疫情的殊死较量中，中国人民和中华民族以敢于斗争、敢于胜利的大无畏气概，铸就了生命至上、举国同心、舍生忘死、尊重科学、命运与共的伟大抗疫精神。"从5 000多年文明发展的苦难辉煌中走来的中国人民和中华民族，必将从伟大抗疫精神中汲取磅礴之力，铸起新时代、新征程上熠熠生辉的不朽精神丰碑。

参考文献

[1] 安筱鹏，韩增林，杨荫凯．国际集装箱枢纽港的形成演化机理与发展模式研究 [J]. 地理研究，2000（4）：383-390.

[2] 卞文良，鞠颂东．网格影响下的物流网络及其对物流企业运作的作用 [J]. 中国软科学，2006（2）：140-145.

[3] 曹炳汝，尹娣．基于轴辐式理论的长三角区域物流网络的构建研究 [J]. 地理与地理信息科学，2016，32（2）：105-110.

[4] 曹翠珍，赵国浩．区域物流发展、经济增长与能源消费——基于中国省际面板数据的实证分析 [J]. 财贸研究，2015，26（2）：44-52.

[5] 曹智. 企业社会责任与企业可持续发展 [D]. 中国海洋大学，2009.

[6] 陈上升．基于中心地理论的中心村区位选择与优化——以河南省邓州市构林镇为例 [D]. 河南大学，2013.

[7] 成耀荣，单华夷，刘丰根．物流园区辐射范围的确定及物流量分摊计算 [J]. 交通运输工程学报，2008，8（6）：122-126.

[8] 楚波，金凤君．产业集群辨识方法综述 [J]. 经济地理，2007（5）：708-713.

[9] 崔向阳，王玲侠．江苏省三大城市圈的产业分工研究——基于区位商分析法 [J]. 西安财经学院学报，2017，30（6）：50-55.

[10] 德内拉·梅多斯，乔根·兰德斯，丹尼斯·梅多斯．增长的极限 [M]. 北京：机械工业出版社，2013.

[11] 范庆佩. 企业社会责任对企业可持续发展能力的影响 [D]. 天津大学，2011.

[12] 范月娇，王健．物流通道的空间形成与区域经济空间结构演变 [J]. 中国科技论坛，2016（7）：105-110，153.

[13] 方大春．区域经济学——理论与方法 [M]. 上海：上海财经大学出版社，2017：17-47.

[14] 高玲．港口物流：理论与实务 [M]. 北京：北京大学出版社，2017.

［15］葛喜俊，刘凯．物流区位及其空间结构分析［J］．生产力研究，2009（9）：89-90，169.

［16］耿莉萍，陈念平．经济地理学［M］．北京：机械工业出版社，2006.

［17］郭湖斌，齐源．长三角区域物流与区域经济协同发展水平及空间协同特征研究［J］．经济问题探索，2018（11）：77-85.

［18］郭子雪．模糊信息视域下的应急物流系统决策问题研究［M］．北京：人民出版社，2015.

［19］海峰，靳小平，贾兴洪．物流集群的内涵与特征辨析［J］．中国软科学，2016（8）：137-148.

［20］韩玲冰，胡一波．跨境电商物流［M］．北京：人民邮电出版社，2018.

［21］黄丽丽．物流产业集群形成机理与空间结构演化研究［D］．西南交通大学，2016.

［22］姜旭．中国货运空间分析［A］//日本物流学会．日本物流学会第26届全国大会研究报告集（2009）．东京：日本物流学会编辑委员会，2009：169-172.

［23］姜旭．我国铁路货物运输的空间经济分析［M］//中国物流与采购联合会．中国物流学术前沿报告（2011）．北京：中国物资出版社，2011：57-71.

［24］姜旭．绿色物流的发展与企业的社会责任［J］．物流技术，2011（7）：1-3.

［25］姜旭．构建"第六产业"发展农产品冷链物流［J］．中国物流与采购，2016（9）：72-73.

［26］姜旭．构建"互联网+第六产业"的三产联动发展模式［J］．中国物流与采购，2017（20）：74-75.

［27］姜旭．基于"第六产业"的"智慧供应链集群"耦合研究［J］．中国物流与采购，2018（20）：52-53.

［28］姜旭．日本物流［M］．北京：中国财富出版社，2018.

［29］姜旭．以四方联动机制推动我国绿色物流发展——日本绿色物流经验与启示［J］．环境保护，2019（12）：62-67.

［30］姜旭．日本供应链发展研究［M］．北京：首都经济贸易出版社，2020.

［31］姜旭．铁路货物运输与国民经济发展——中国铁路运输70年［M］．北京：经济管理出版社，2020.

［32］姜旭．基于演化博弈的航空物流基础设施建设奖惩机制设计［J］．管

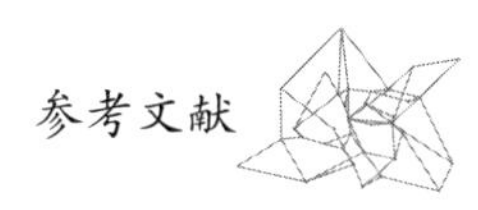

理评论，2020（4）：231-241.

［33］姜旭．基于组合赋权模型的物流企业绩效评价指标体系构建研究［J］. 管理评论，2020（8）：304-313.

［34］姜旭．构建“业务持续管理”的应急物流体系［J］. 中国物流与采购，2020（8）.

［35］姜旭．日本救灾应急物流体系［M］//中国物流与采购联合会．中国物流年鉴（2020）. 北京：中国财富出版社，2020：632-641.

［36］姜旭．基于政府主导下BCM应急供应链体系研究——以我国新冠肺炎疫情下应急供应链为例［J］. 中国软科学，2020（11）：1-12.

［37］姜旭．社会化应急物流管理体系构建——日本经验与启示［J］. 物流研究，2021（1）：14-20.

［38］姜旭．物流园区规划研究进展与热点——基于Citespace的可视化分析［J］. 商业经济研究，2021（6）：103-106.

［39］姜旭．基于熵-IAHP法的重大传染病疫情分级响应模型研究［J］. 医学与社会，2021（34）：39-43.

［40］金凤君．黄河流域生态保护与高质量发展的协调推进策略［J］. 改革，2019（11）：33-39.

［41］金凤君，马丽，许堞．黄河流域产业发展对生态环境的胁迫诊断与优化路径识别［J］. 资源科学，2020，42（1）：127-136.

［42］金凤君，姚作林．新全球化与中国区域发展战略优化对策［J］. 世界地理研究，2021，30（1）：1-11.

［43］鞠颂东，徐杰．物流网络理论及其研究意义和方法［J］. 中国流通经济，2007（8）：10-13.

［44］鞠颂东，徐杰，卞文良，耿勇，刘韧．物流网络理论的提出与探究［J］. 北京交通大学学报（社会科学版），2009，8（2）：16-20.

［45］李斌，陈长彬．区域物流产业集群形成和发展的动力机制分析［J］. 商业经济与管理，2010（7）：18-24.

［46］李国旗，金凤君，陈娱，刘思婧．基于物流热度的中国物流业空间格局［J］. 地理科学进展，2015，34（5）：629-637.

［47］李婷．零售商业区位理论及其对零售业选址的指导［D］. 上海：上海社会科学院，2006.

［48］李小建．经济地理学［M］．北京：高等教育出版社，2018.

［49］李兆前，齐建国，吴贵生. 从 3R 到 5R：现代循环经济基本原则的重构［J］．数量经济技术经济研究，2008（01）：53-59.

［50］刘静暖，代栓平. 对循环经济的再认识——从“3R”到“5R”［J］．税务与经济（长春税务学院学报），2006（02）：79-81，86.

［51］刘启卫．试论宜家“平板包装”理念对产品设计的影响［J］．流行色，2019（4）：106-107.

［52］刘思婧，李国旗，金凤君．中国物流集群的量化甄别与发育程度评价［J］．地理学报，2018，73（8）：1540-1555.

［53］刘思婧，李国旗，金凤君．中国物流集群的量化甄别与发育程度评价（英文）［J］．Journal of Geographical Sciences，2018，28（12）：1825-1844.

［54］刘勇．物流对城市空间结构演化的作用机制研究［J］．现代经济探讨，2008（4）：88-92.

［55］陆端．跨境电子商务物流［M］．北京：人民邮电出版社，2019.

［56］陆琳，肖小虹．应急物流配送管理研究［M］．北京：人民出版社，2016.

［57］罗娟．回收逆向物流环境外部性研究［D］．北京交通大学，2012.

［58］马丽．物流产业集群发展模式研究［D］．武汉理工大学，2008.

［59］马丽，金凤君，刘毅．中国经济与环境污染耦合度格局及工业结构解析［J］．地理学报，2012，67（10）：1299-1307.

［60］马丽，金凤君．我国区域经济发展与生态安全格局的空间耦合研究［J］．环境与发展，2014，26（5）：53-57.

［61］毛海军．物流系统规划与设计［M］．南京：东南大学出版社，2017.

［62］牛文元．可持续发展理论的内涵认知——纪念联合国里约环发大会 20 周年［J］．中国人口·资源与环境，2012，22（5）：9-14.

［63］欧忠文，王会云，姜大立，卢宝亮，甘文旭，梁靖．应急物流［J］．重庆大学学报（自然科学版），2004（3）：164-167.

［64］彭红利．新兴经济体的崛起及其影响［M］．石家庄：河北美术出版社，2015.

［65］单良，马雪娇，董晓菲．“一带一路”助推破解“胡焕庸线”［J］．党政干部学刊，2018（4）：57-63.

［66］宋铭昊．商圈理论在餐饮业选址中的应用——以昊津鱼头餐饮有限公

司为例［D］. 沈阳：沈阳理工大学，2014.

［67］宋志军，刘黎明 .1988 年以来北京郊区城乡一体化进程及启示［J］. 地理科学进展，2012，31（8）：1071-1079.

［68］苏尼尔·乔普拉，彼得·迈因德尔 . 供应链管理［M］. 北京：中国人民大学出版社，2017.

［69］孙久文 . 中国区域经济发展报告（2018）——回顾改革开放 40 周年展望新时代区域经济发展（中国人民大学研究报告系列）［M］. 北京：中国人民大学出版社，2019.

［70］孙君 . 应急物流能力优化研究：以地震灾害为例［M］. 北京：科学出版社，2015.

［71］孙韬 . 跨境电子商务及物流海外仓的运作模式研究［J］. 邮政研究，2016，32（6）：38-41.

［72］孙韬 . 跨境电商与国际物流：机遇、模式及运作［M］. 北京：电子工业出版社，2017.

［73］孙晓，林国龙，刘淑萍 . 产业集群网络结构对企业创新发展的影响——基于上海港口物流产业集群的实证研究［J］. 兰州学刊，2015（2）：169-177.

［74］孙跃，李飞 . 全球物流绩效指数排名分析［J］. 合作经济与科技，2010（5）：109-110.

［75］谭啸 . 中国城市群发展的区域比较分析［D］. 辽宁大学，2012.

［76］唐玉兰，苏胜强 . 物流学概论［M］. 北京：中国人民大学出版社，2011.

［77］陶加强 . 我国物流企业劳动力成本与用工效率及转型升级——基于我国物流上市企业的数据分析［J］. 中国流通经济，2016，30（10）：66-72.

［78］藤田昌久，保罗 R 克鲁格曼，安东尼 J 维纳布尔斯 . 空间经济学——城市、区域与国际贸易［M］. 北京：中国人民大学出版社，2013.

［79］帖智武 . 试论 OD 表在路线方案比选中的应用［J］. 公路，1995（4）：24-28.

［80］王成金，金凤君 . 从航空国际网络看我国对外联系的空间演变［J］. 经济地理，2005（5）：667-672.

［81］王海燕，焦知岳 . 如何缓解中欧班列“返空”尴尬［J］. 对外经贸实务，2018（1）：38-41.

[82] 王继祥. 中国共享物流十大创新模式. [EB/OL]. (2018-3-27) [2021-7-18]. https://mp. weixin. qq. com/s/8zq471Ex7Dndm0046_ dYXg.

[83] 王健. 现代物流网络系统的构建 [M]. 北京: 科学出版社, 2005.

[84] 王健. 物流企业作业流程再造研究 [J]. 福州大学学报 (哲学社会科学版), 2007 (4): 17-22, 112.

[85] 王岚, 罗小明. 从俄林到克鲁格曼: 区位对贸易意味着什么? ——区际贸易理论和新经济地理学的比较 [J]. 当代财经, 2012 (12): 104-111.

[86] 王美英, 李军, 罗姗姗. 跨境电商综合实训指导教程 [M]. 成都: 西南财经大学出版社, 2018.

[87] 王伟, 王成金, 金凤君. 基于货物结构的中国沿海港口运输职能判别 [J]. 地理研究, 2018, 37 (3): 527-538.

[88] 王伟, 金凤君. 全球集装箱航运企业的航线网络格局及影响因素 [J]. 地理研究, 2020, 39 (5): 1088-1103.

[89] 王卫东. 产业集群网络结构风险预警研究 [M]. 北京: 中国人民大学出版社, 2016.

[90] 王旭坪, 傅克俊, 胡祥培. 应急物流系统及其快速反应机制研究 [J]. 中国软科学, 2005 (6): 127-131.

[91] 王玉勤. 物流园区的物流资源聚集效应分析 [J]. 铁路采购与物流, 2012, 7 (11): 52-53.

[92] 王韵茗. 快餐巨头麦当劳选址策略分析 [J]. 商场现代化, 2017 (18): 74-75.

[93] 王振江, 绿色物流负外部成本核算研究——以鲁中物流为例 [J]. 财会通讯, 2018 (5): 65-69.

[94] 王铮, 邓悦, 葛昭攀等. 理论经济地理学 [M]. 北京: 科学出版社, 2002.

[95] 王之泰. 新编现代物流学 [M]. 北京: 首都经济贸易大学出版社, 2018.

[96] 魏后凯. 现代区域经济学 [M]. 北京: 经济管理出版社, 2011: 79-105.

[97] 吴健妮. 熵权法筛选港口物流产业集群竞争力指标研究 [J]. 科技管理研究, 2013, 33 (6): 45-49, 54.

［98］吴俊红．中国区域物流发展差异及其影响因素研究［D］．成都：西南交通大学，2014.

［99］物流前瞻. 德国物流发展经验专题（三）：港口篇［EB/OL］.（2021-03-25）［2022-01-05］. https：//mp. weixin. qq. com/s/JKyFJhczIpSsWj4dKuq-2g.

［100］吴险．商圈测定理论缺陷及分析［D］．兰州：兰州商学院，2011.

［101］吴兆喆．如何内化物流行业的负外部性——基于外部成本构成的思考［J］．商业时代，2014（16）：24-25.

［102］谢如鹤，邱祝强．论应急物流体系的构建及其运作管理［J］．物流技术，2005（10）：78-80.

［103］谢雨蓉，高咏玲，王庆云．经济全球化背景下的国际物流格局演变［J］．宏观经济研究，2020（2）：102-111.

［104］许恒勤，成晓韵．物流系统规划［M］．北京：科学出版社，2010.

［105］徐杰，鞠颂东．物流网络的内涵分析［J］．北京交通大学学报（社会科学版），2005（2）：22-26.

［106］阎薪宇，李崇茂，聂锐，田绍. 乳制品冷链物流的配送研究［J］．中国乳品工业，2017，45（02）：39-42.

［107］叶尔兰·库都孜．电商平台跨境物流发展现状及提升策略——以京东跨境物流发展为例［J］．对外经贸实务，2017（8）：89-92.

［108］叶怀珍．物流工程学［M］．北京：机械工业出版社，2008.

［109］杨光华，邹敏．区域物流网络结构演化分析与实证［J］．物流科技，2010，33（8）：40-42，107.

［110］殷毅．中国近代物流业的兴起及其特征——与英国近代物流业兴起的比较分析［J］．中国流通经济，2006（12）：15-18.

［111］于良，金凤君，王成金．国际贸易空间格局特征及其驱动因素［J］．地理科学进展，2006（5）：112-119，134.

［112］左锋．跨境电商物流业务操作［M］．北京：中国人民大学出版社，2018.

［113］章竞，汝宜红．绿色物流［M］．北京：北京交通大学出版社，2018.

［114］张建升．区域物流发展差异及其影响因素研究［J］．北京交通大学学报（社会科学版），2011，10（3）：48-53.

［115］张立国．新常态下我国物流业升级目标及路径［J］．技术经济与管理

研究，2018（7）：113-118.

［116］张良卫，黄建明，曾亮兵等．区域物流学——发展与管理［M］．武汉：武汉大学出版社，2012.

［117］张琳，庞燕，夏江雪．乳制品企业冷链物流共同配送研究［J］．企业经济，2011，30（12）：89-92.

［118］张淑静．产业集群的识别、测度和绩效评价研究［D］．武汉：华中科技大学，2006.

［119］张祥建，涂永前．“一带一路”：中国大战略与全球新未来［M］．上海：格致出版社，2017.

［120］张志元，张梁．区域经济差异的资本形成机制研究［M］．北京：中国人民大学出版社，2013.

［121］赵道致，张春琴，孙德奎．物流产业集群形成机理研究［J］．北京理工大学学报（社会科学版），2012，14（6）：71-76，121.

［122］赵家俊，于宝琴．现代物流配送管理［M］．北京：北京大学出版社，2004.

［123］赵进．产业集群生态系统的协同演化机理研究［D］．北京：北京交通大学，2011.

［124］周会敏．中国食品产业集群发展潜力研究［D］．北京：中国地质大学，2015.

［125］周凌云，赵钢．物流中心规划与设计［M］．北京：北京交通大学出版社，2014.

［126］周一星，胡智勇．从航空运输看中国城市体系的空间网络结构［J］．地理研究，2002（3）：276-286.

［127］朱长征．城市物流［M］．北京：清华大学出版社，2018.

［128］朱慧，周根贵．基于引力模型的内陆型区域物流空间联系研究——以浙江金衢丽地区为例［J］．地域研究与开发，2015，34（1）：43-49.

［129］朱文英，张昊，王晓丽．物流外部成本内部化策略分析［J］．商业时代，2012（24）：37-38.

［130］Balcik B，Beamon B M. Facility location in humanitarian relief［J］. International Journal of Logistics，2008，11（2）：101-121.

［131］Balcik B，Beamon B M，Smilowitz K. Last mile distribution in humanitarian relief [J]. Journal of Intelligent Transportation Systems, 2008, 12 (2): 51-63.

[132] Barbarosoǧlu G, Özdamar L, Cevik A. An interactive approach for hierarchical analysis of helicopter logistics in disaster relief operations [J]. European Journal of Operational Research, 2002, 140 (1): 118-133.

[133] Ben-Tal A, El Ghaoui L, Nemirovski A. Robust optimization [M]. Princeton University Press, 2009.

[134] Bowen J T. A spatial analysis of FedEx and UPS: hubs, spokes, and network structure [J]. Journal of Transport Geography, 2012, 24: 419-431.

[135] Dantzig G B, Ramser J H. The truck dispatching problem [J]. Management Science, 1959, 6 (1): 80-91.

[136] Galvão R D, ReVelle C. A Lagrangean heuristic for the maximal covering location problem [J]. European Journal of Operational Research, 1996, 88 (1): 114-123.

[137] Grossman G M, Krueger A B. Environmental Impacts of a North American Free Trade Agreement [J]. CEPR Discussion Papers, 1992, 8 (2): 223-250.

[138] Jiang X. Economic Analysis of Freight Transportation in Chin [J]. Journal of Japan Logistics Society, 2011 (1): 207-213.

[139] Lumsden K, Dallari F, Ruggeri R. Improving the efficiency of the Hub and Spoke system for the SKF European distribution network [J]. International Journal of Physical Distribution & Logistics Management, 1999, 29 (1): 50-66.

[140] Marianov V, Serra D, Drezner Z. Location problems in the public sector [J]. Facility Location: Applications and Theory, 2002 (1): 119-150.

[141] Michael Browne, Sönke Behrends, Jose HolguinVeras, Genevieve Giuliano, Johan Woxenius. Urban Logistics [M]. 2018-12-03.

[142] Özdamar L, Ekinci E, Küçükyazici B. Emergency logistics planning in natural disasters [J]. Annals of Operations Research, 2004, 129 (1): 217-245.

[143] ReVelle C S, Eiselt H A. Location analysis: A synthesis and survey [J]. European Journal of Operational Research, 2005, 165 (1): 1-19.

[144] Sheffi Yossi. Logistics Clusters: Delivering Value and Driving Growth [M]. The MIT Press, 2012.